Beltz Taschenbuch 59

Über dieses Buch:
Gibt es einen »roten Faden« in der Sucht, eine Grundursache für süchtige Abhängigkeit?

Auf der Grundlage der neuesten Erkenntnisse der Säuglingsforschung und der daraus abgeleiteten Entwicklungspsychologie entwickelt der Autor interaktionstheoretische Thesen zur Entstehung süchtiger Abhängigkeit und führt aus, dass der Sucht als »roter Faden« ein Verlust des Selbst-Gefühls von Urheberschaft und Wirksamkeit zugrunde liegt. Damit hebt er Sucht und Abhängigkeit aus dem individuellen oder familiären »Verschuldungsraum« heraus und stellt sie auch in gesellschaftliche Zusammenhänge.

Die These wird anhand vieler Fallgeschichten und unter kritischer Interpretation anderer Suchttheorien ausführlich theoretisch erläutert.

Im zweiten Teil des Buches beschreibt der Autor Sucht- und Drogenkarrieren zwischen Genuss und Missbrauch und gibt konkrete Hilfestellungen für die Arbeit mit Suchtgefährdeten und Süchtigen.

Praktisch erprobte Verfahren für die präventive wie therapeutische Arbeit in verschiedenen Settings und mit unterschiedlichen Zielgruppen sowie konkrete handhabbare Methoden vervollständigen den Praxisteil.

Ein Buch nicht nur für ein wissenschaftliches Fachpublikum sondern für alle, die präventiv, beratend und therapeutisch in der Suchthilfe tätig sind. Darüber hinaus auch ein Buch für alle professionellen oder ehrenamtlichen Helfer im Bereich psychosozialer Versorgung und nicht zuletzt ein »Ratgeber« für Eltern und Lehrer, die wirkungsvoller und verständiger auf das Thema »Sucht und Drogen« reagieren wollen.

Über den Autor:
Helmut Kuntz arbeitet als Familientherapeut und ist seit langem in der Drogenberatung tätig. 1998 erschien bei Beltz sein viel beachtetes Buch »Ecstasy – auf der Suche nach dem verlorenen Glück«.

Helmut Kuntz

Der rote Faden in der Sucht

Neue Ansätze
in Theorie und Praxis

Besuchen Sie uns im Internet:
www.beltz.de

Beltz Taschenbuch 59
Originalausgabe

2 3 4 5   05 04 03 02

© 2000 Beltz Verlag, Weinheim und Basel
Umschlaggestaltung: Federico Luci, Köln
Umschlagphotographie: Bavaria Bildagentur, München
Satz: Satz- und Reprotechnik GmbH, Hemsbach
Druck und Bindung: Druckhaus Beltz, Hemsbach
Printed in Germany

ISBN 3 407 22059 6

Inhaltsverzeichnis

Vorwort   11

I. Teil:
Die Theorie der Sucht und Abhängigkeit   17

Vertraute (bisherige) Theorien zur Erklärung von
Suchtverhalten. Ein kurzer historischer Überblick   19
  ● Frühe triebpsychologische oder oral fixierte Ansätze . . .   19
  ● Neuere psychoanalytisch orientierte Ansätze   22
    • Ich- oder strukturpsychologische Modelle   22
    • Selbstpsychologische Modelle   25
    • Objektpsychologische Modelle   27
    • Das psychoanalytisch-interaktionelle Modell   28
  ● Systemische Modelle   30
    • Die analytische und systemische Familientherapie . . .   30
    • Ein kontextuell-bezogener Ansatz oder ein Modell
      süchtiger Beziehungsstruktur   32
  ● Lern- und sozialisationstheoretische Modelle   33
  ● Neurobiologische Modelle   34
  ● Die Fixierung auf die Fixierung   35

Eine neue interaktionstheoretische Grundlage zur Erklärung
von Suchtverhalten   37
  ● Spekulationen über das menschliche Kontinuum   37
  ● Die Wurzeln des Selbst   44
    • Die frühe Entwicklung des Selbst   46
    • Die Phase des auftauchenden Selbst   47

• Die Phase des Kern-Selbst 51
• Die Phase des subjektiven, bezogenen Selbst 57
• Die Phase des verbalen Selbst 60
• Dic Phase des narrativen Selbst 63

Eine erste Entstehung von Suchtstrukturen durch Brüche
im Selbst-Empfinden 65

Das Lebensthemen-Konzept 76

Wandlungsprozesse – Identität als integratives
Selbst-Empfinden 79
• Die Entwicklung zum integrativen Selbst –
  eine Übersicht 84
• Lebensthemen, Wandlungsprozesse und
  Suchtmittelgebrauch im Erwachsenenalter 86
• Wandlungsprozesse und Sucht im Alter 87

Selbst-Empfindungs- und Lebensthemen-bezogene Thesen
zur Entstehung von Suchtverhalten 89
• Die entwicklungspsychologische Disposition
  zur Sucht – ein Vorurteil? 93
• Der rote Faden in der Sucht: Der Verlust von
  Urheberschaft und Wirksamkeit 94
• Depression als Antwort auf den Verlust des
  Selbst-Gefühls von Urheberschaft und Wirksamkeit. . . . 96

Vorschläge zur Revision »lieb gewonnener« theoretischer
Konzepte in der Suchtarbeit 103
• Sucht – die Krankheit, die sowohl keine
  wie eine besondere, wie eine mehrfache ist 103
• Symbiose und Verschmelzung oder: Die Mär vom
  »Fass ohne Boden« 105
• Sucht und Grandiosität. 118
• Sucht und Aggression – zwei gleiche Gesichter 136
• Die Repräsentationen oder: Das Abbilden der Welt 150
• Introjektion, Projektion und Phantasie im Prozess
  der projektiven Identifizierung. 165

II. Teil:
Die Praxis der präventiven, beratenden und therapeutischen
Suchtarbeit oder: Die Suche nach Worten und Berührungen,
die befreien können 169

● Die Sucht und Drogenkarriere zwischen Genuss und
  Missbrauch 169
  ● Diagnostische Kriterien 169
  ● Hilfestellungen für sucht»kontaminierte«
    Arbeitsfelder. 170
  ● Die süchtige Karriereleiter – eine Ortsbestimmung. . . 172
  ● Das Primat eines Symptoms 178
    ● *Die Illusion der drogenfreien Räume.* 181
  ● Die Alltäglichkeit der Gefährdung 189
    ● *Schule als Risikofaktor für die Entstehung von
      Drogengebrauch und Suchtverhalten.* 190
    ● *Die öffentliche Verwaltung und die Gesichter
      der Abhängigkeit* 197
    ● *Die Gefährdung auf dem Lebensweg und die Spuren
      der Vergangenheit – eine Familiengeschichte* 199
  ● Von der Schönheit des Augenblicks zur süchtigen
    Abhängigkeit oder: Ist Therapie überhaupt angesagt?. 202
  ● Der doppelte Verlust von Urheberschaft und
    Wirksamkeit. 213

Konsequenzen für Prävention und Therapie 219
  ● Die Lösung aus süchtigen Verstrickungen 219
  ● Macht und Ohnmacht bzw. Abhängigkeit versus
    Unabhängigkeit in der süchtigen Beziehungsstruktur. . . 222
  ● Die Wirksamkeitsfalle 226

Therapeutische und präventive Verfahren 234
  ● Therapeutischer Methodenpluralismus 234
  ● Plädoyer für einen unorthodoxen Therapiestil 235

Therapeutische und präventive Settings 238
  ● Motivationsarbeit 238

● Einzeltherapie 241
● Die Arbeit mit Gruppen 245
● Die Arbeit mit Familien 249
● Die Arbeit mit (werdenden) suchtkranken Müttern. . . . 255

Konkrete praktische Methoden oder: Wege zur inneren
Achtsamkeit 259
● Die 6-Wochen-ohne-Methode 259
● Die Arbeit mit dem Körper 265
● Die Arbeit mit Inszenierungen 273
● Urheberschaftliche oder wirksamkeitsorientierte
Interventionen. 280

Wider den süchtigen Kulturpessimismus oder: Das
überlebensfähige Maß an Hoffnung 284

Literaturverzeichnis. 288

Für die Menschen
die mir
in beständiger Freundschaft
verbunden sind.

Vorwort

»*Sucht hat viele Ursachen!*« Lange Jahre habe ich mehr gefühlsmäßig als hinterfragend mit diesem Satz sympathisiert. Mittlerweile versehe ich ihn mit einem dicken Fragezeichen. Keinerlei Zweifel hege ich dagegen an seinem Zwillingssatz: »*Sucht hat viele Gesichter.*« In der Tat begegnet uns die süchtige Abhängigkeit in der Realität mit vielen Gesichtern und in vielen Gewändern. Außerdem gehe ich weiterhin davon aus, dass wir auf einer erklärenden Ebene sehr sinnvoll mit den aktuell vorliegenden multifaktoriellen Ursachenmodellen von Sucht arbeiten können. Sie sind uns dienlich, die vielen Einflussfaktoren zu erfassen, die während der Entstehungsgeschichte seiner Sucht auf einen individuellen Menschen einwirken können. Ich bin aber keineswegs mehr davon überzeugt, dass Sucht tatsächlich so viele unterschiedliche Ursachen haben soll. Vielmehr hat sich bei mir in den Jahren der praktischen Arbeit immer mehr der Eindruck vertieft, dass wir die zahlreichen Ursprünge süchtiger Abhängigkeit letztlich auf eine gemeinsame Grundursache zurückführen können. So glaube ich, dass wir in den verschlungenen Pfaden der Sucht einen roten Faden finden können, dem zu folgen sich in Prävention wie Therapie als überaus hilfreich erweist. Diesen roten Faden in der Sucht werde ich in dem vorliegenden Buch beschreiben. Er wird den Leser durch den theoretischen wie praktischen Teil des Textes geleiten.

Im theoretischen Teil unterziehe ich zunächst einflussreiche bisherige Suchttheorien einer zusammenfassenden Gesamtschau mit kritischer Würdigung. Anschließend werde ich auf der Grundlage der neuesten Erkenntnisse der Säuglingsforschung und der daraus abgeleiteten Entwicklungspsychologie eigene interaktionstheoretische Thesen zur Entstehung süchtiger Abhängigkeit vorstellen. Dabei lege ich einen neuen Fokus auf den von mir verfolgten roten Faden in der Sucht. In einem weiteren Schritt werde ich verbreitete entwicklungspsychologische und theoretische Konzepte, die unsere bis heute gültigen Vorstellungen von süchtigem Verhalten maßgeblich beeinflußt haben, einer kritischen Überprüfung unterziehen und Vorschläge zu ihrer Revision machen, wo es mir angebracht erscheint. Auf diese Weise arbeite ich immer deutlicher die Grundursache aller süchtigen Abhängigkeit heraus.

Im praktischen Teil des Buches beschreibe ich die Sucht- und Drogenkarriere zwischen Genuss und Missbrauch und gebe konkrete Hilfestellungen für sucht»kontaminierte« Arbeitsfelder. Sie sollen dem Leser bei der Arbeit mit Drogen benutzenden Klienten deren genauere Lokalisierung auf der süchtigen Karriereleiter ermöglichen, um den aktuellen Handlungsbedarf präziser zu ermitteln. Wo ich versuche, einen Einblick in das »Schöne« an der Sucht zu geben, dient das ebenfalls einem vertieften Verständnis des süchtigen Geschehens, aus dem ein unmittelbarer Gewinn an Handlungskompetenz erwachsen kann. Im Praxisteil beschreibe ich des Weiteren die »Wirksamkeitsfalle« und die mögliche Ohnmacht des professionellen Helfers in der Arbeit mit Suchtmittel gebrauchenden Klienten. In meinen Vorschlägen zur Lösung aus den süchtigen Verstrickungen sehe ich gangbare Wege. Praktisch erprobte Verfahren für die präventive wie therapeutische Arbeit in verschiedenen Settings und mit unterschiedlichen Zielgruppen sowie konkrete, handhabbare Methoden vervollständigen den auf die Praxis der Suchtarbeit zugeschnittenen Teil des Buches. Wo nötig, gehe ich dabei so ins Detail, dass die beschriebenen Verfahren und Methoden ganz konkret nachvollziehbar sind. Zahlreiche Beispiele aus der eigenen praktischen Arbeit sorgen zusätzlich für die anschauliche Verbindung von Theorie und Praxis. Der Leser wird auch im zweiten Teil des Buches durchgängig von dem roten Faden in der Sucht durch die Kapitel geleitet.

Mit meinem Buch wende ich mich nicht nur an ein wissenschaftlich orientiertes Fachpublikum, sondern an alle präventiv, beratend und therapeutisch tätigen Kolleginnen und Kollegen des Suchthilfebereichs. Darüber hinaus spreche ich damit alle professionellen und ehrenamtlichen Helfer im weiten Feld der allgemeinen psychosozialen Versorgung und der Sozialarbeit an. Nicht zuletzt sollen aber auch Lehrer oder interessierte Eltern Nutzen aus seinen Seiten ziehen können, indem sie verständiger und folglich wirkungsvoller auf das Thema »Sucht und Drogen« zu reagieren vermögen. Aus Gründen der Lesbarkeit werde ich mich daher bemühen, den gesamten Text so anschaulich wie möglich zu halten. Kompliziertere Sachverhalte übertrage ich aus der bisweilen allzu abstrakten Fachsprache der Wissenschaft in verständlichere Worte. Wo ich den Originalcharakter bedeutsamer theoretischer Konzepte aufgrund ihres Stellenwerts im Zusammenhang jedoch bewahren will, werde ich sie zunächst in ihrer ursprünglichen Fassung zitieren und erst dann in meinen eigenen Worten darauf eingehen. Ein Mindestmaß an terminologischem Verständnis setze ich allerdings voraus.

Um das Buch nicht mit Anmerkungen zu überfrachten, beabsichtige ich, weitestgehend der verbreiteten Zitiersucht zu widerstehen. Wo ich dennoch wiederholt andere Autoren zitiere oder mich fremder Gedanken bediene, werde ich mich nicht immer nur auf die Quellenangabe beschränken, sondern erlaube mir, den Verweis auf die Sekundärliteratur gelegentlich durch einen kleinen persönlichen Kommentar zu ergänzen, um dem Leser eine nützliche Orientierung hinsichtlich der erwähnten Werke zu ermöglichen.

Mein erklärtes Ziel mit dem vorliegenden Buch ist eine wohl begründete Vereinfachung: Ich möchte das Chaos der vielen teils nebeneinander bestehenden, teils sich widersprechenden, teils miteinander verwandten Konzepte und Theorien zu Sucht auf einen kleinsten gemeinsamen Nenner reduzieren. Denn es ist ein spezifischer Bereich unserer Selbst-Empfindungen, in dem ich den roten Faden in der Sucht sehe.

Begrifflich werde ich im Text häufig den gedoppelten Terminus *»Süchtige Abhängigkeit«* verwenden. Zwar dürfte sich jeder eine Vorstellung davon machen, was unser deutsches Wort »Sucht« meint. Im klinischen Sinne bezeichnet es einen mehr oder weniger scharf umgrenzten krankhaften oder zwanghaften Zustand stofflicher oder nichtstofflicher Abhängigkeit. Im weiteren Sinne erfährt der Begriff jedoch einen inflationären Gebrauch und ufert immer weiter aus. Damit verfügen wir zwar über eine zweckmäßige Bezeichnung für die Tatsache, dass nahezu jedes menschliche Verhalten suchtartigen Charakter annehmen kann, aber der Begriff verliert an Trennschärfe und fällt einer gewissen Beliebigkeit anheim. Ihn vollends mit »Abhängigkeit« gleichzustellen, greift ebenfalls am Offenkundigen vorbei. Wo die Weltgesundheitsorganisation (WHO) verschiedene Typen der Drogen-Abhängigkeit unterscheidet, erfasst sie nur einen äußerst begrenzten Ausschnitt des süchtigen Geschehens. Außerdem ist »Abhängigkeit« heutzutage zu einem Hauptmerkmal in der Organisation der globalen wirtschaftlichen, politischen und interaktiven Vernetzung geworden. Wir leben insofern in vielen Abhängigkeiten, die mit Sucht direkt nichts zu tun haben. Für sich allein genommen vermag der Begriff das Spezifische der süchtigen Dynamik also ebenfalls nicht mehr zu erfassen. Um daher sowohl den Prozess der süchtigen Entwicklung wie den Zustand der Abhängigkeit begrifflich einzufangen, habe ich mich entschlossen, die beiden Wortbezeichnungen zusammenzuziehen und von »*süchtiger Abhängigkeit*« zu sprechen. Im Verlauf meiner Ausführungen wird wiederholt deutlich werden, dass mit der doppelten Verknüpfung die süchtige Dynamik treffend wiedergegeben ist.

Leider kann ich in meinem Buch das Dilemma der vermännlichten deutschen Sprache nicht zufrieden stellend lösen. Den Leser*innen* vermag ich damit sprachlich kaum gerecht zu werden. Eine durchgehende Wiederholung von weiblicher wie männlicher Form würde erheblich den Lesefluss behindern. Ich müsste so häufig von Klientinnen und Klienten oder Therapeutinnen und Therapeuten schreiben, dass allein dadurch manche Sätze zu Satzungeheuern würden. Mit der heute verbreiteten Schreibweise, über das große »I« auch den LeserInnen genüge zu tun, vermag ich mich genauso wenig anzufreunden. Und letztlich hat sich auch der alternierende Wechsel zwischen weiblicher und männlicher Form als den Lesefluss hemmend erwiesen. Ich bitte die Leserinnen des Buches daher um Nachsicht und hoffe, dass sie den Inhalt für sich sprechen lassen können.

Am Schluss des Vorworts möchte ich mich bei einigen Menschen bedanken, ohne deren Existenz ich nie in der Lage gewesen wäre, dieses Buch zu schreiben. Das möchte ich nicht mit einem allgemeinen »Dankeschön« abtun. Da Menschen Namen tragen, die in aller Regel zu einem Teil von ihnen geworden sind, möchte ich wenigstens die wichtigsten namentlich nennen. Auf eigene Art dankbar bin ich Gertrud und Hans Kuntz (trotz und wegen alledem!). Dankbar bin ich auch zwei Menschen, von denen ich in den vergangenen Jahren im besten Sinne lernen durfte: Tilmann Moser und Dagmar Hoffmann-Axthelm. Meinen persönlichen Freunden und Freundinnen danke ich neben ihrem Interesse für mein Schreiben insbesondere für ihre Zuneigung und Beständigkeit. Beides ist mit keinem Geld der Welt zu erkaufen. Ein weiterer Dank geht an meine direkten Kollegen der »Arbeitsstelle Prävention«, Stefanie Mohra, Karin Berty und Fernando Espinoza, für ihren pfleglichen Umgang mit dem »Teamgeist« sowie an die sonstigen Mitarbeiter der »Aktionsgemeinschaft Drogenberatung e.V.« in Saarbrücken für die alltäglichen Begegnungen sowie für manch fachlichen Austausch.

Bei meinen Klienten bedanke ich mich für ihr Vertrauen in die gemeinsame Arbeit sowie für ihre Zustimmung zum Abdruck ihrer »Geschichten«. Außerdem spreche ihnen meine ausdrückliche Anerkennung für ihren Mut zur Veränderung aus.

Ein besonderer Dank geht auch an Dr. Claus Koch vom Beltz-Verlag, der mir beim Schreiben des Buches die größtmöglichen Freiheiten ließ und nur äußerst behutsam in die Endfasssung des Textes eingriff. Die Zusammenarbeit mit ihm empfinde ich als sehr wohltuend.

I. Teil:
Die Theorie der Sucht und Abhängigkeit

Süchtige Abhängigkeit ist ein stark verbreitetes Phänomen. Doch viele Erfahrungen und Umstände müssen im Leben eines Menschen zusammenkommen, auf vielen verschlungenen Pfaden muss er sich verirren, bis er den Weg in die Sucht wählt. Sucht ist kein Schicksal, sondern eine Wahl, für die der Wählende mitverantwortlich ist. *Die* Suchtpersönlichkeit gibt es nicht. Ein süchtiger Mensch hat immer eine ganz individuelle Lebensgeschichte, die seinen Weg in die Sucht erklären mag. Wir können süchtige Abhängigkeit auch nicht monokausal erklären. Es gibt zahlreiche Theorien und Erklärungsansätze für die Psychogenese von Sucht. In der Fülle der Theorien finden wir kulturelle, soziologische, sozialpolitische, sozialpsychologische, lernpsychologische, triebpsychologische, ichpsychologische, selbstpsychologische, objektbeziehungspsychologische oder systemische Ansätze zum Verständnis des schillernden Phänomens »Sucht«. Kein Erklärungsansatz kann Allgemeingültigkeit beanspruchen, kaum einer ist völlig zu verwerfen. Alle erklären sie lediglich Teilaspekte der vielen Gesichter von Sucht, je nachdem, aus welchem Blickwinkel sie das Phänomen betrachten.

Ich beabsichtige nicht, eine erschöpfende Gesamtschau bisher aufgestellter Suchttheorien vorzunehmen.[1] Ich werde allerdings di-

---

1 Dies haben andere Autoren bereits in hervorragender Weise geleistet. Insbesondere verweise ich auf das Standardwerk von W.-D. Rost: Psychoanalyse des Alkoholismus. Theorie, Diagnostik, Behandlung. Stuttgart 1992, sowie auf den Klassiker von L. Wurmser: Die verborgene Dimension. Psychodynamik des Drogenzwangs. Göttingen 1997. Léon Wurmsers bereits 1978 im Original erschienenes »Suchtbuch« ist jetzt endlich auch in der deutschen Übersetzung erhältlich.

rekt anschließend kurz diejenigen Erklärungsansätze herausgreifen, auf deren theoretischen Grundlagen heute die meisten praktischen Suchttherapien beruhen. Später werde ich ein neues interaktionstheoretisches Modell zur Erklärung von süchtiger Abhängigkeit entwickeln, auf seiner Basis die bisherigen Theorien überprüfen und »lieb gewonnene« Konzepte einer nötig gewordenen Revision unterziehen.

Vertraute (bisherige) Theorien zur Erklärung von Suchtverhalten. Ein kurzer historischer Überblick

Frühe triebpsychologische oder oral fixierte Ansätze

In seinen frühesten Äußerungen zu Sucht sah Sigmund Freud, der Urvater der Psychoanalyse, in diesem Symptom die verfehlte Lösung eines Triebkonflikts. Die Ursucht war für Freud die Masturbation. In einem Brief an Wilhelm Fließ vom 22.12.1897 schreibt er: »Es ist mir die Einsicht aufgegangen, dass die Masturbation die einzige große Gewohnheit, die ›Ursucht‹ ist, als deren Ersatz und Ablösung erst die anderen Süchte nach Alkohol, Morphium, Tabak etc. ins Leben treten.«

Suchtstoffe hatten für Freud bereits die Funktion eines Ersatzmittels. Später verschob er den Ursprung der süchtigen Abhängigkeit von der genitalen Fixierung auf entwicklungsgeschichtlich frühere Entstehungszeitpunkte während der oralen Phase. Gleichzeitig maß er den Rauschmitteln eine differenziertere Bedeutung zu. In der programmatischen Schrift »Das Unbehagen in der Kultur« betont Freud 1930 die seelischen Wirkungen der körperfremden Stoffe: Deren Leistung »im Kampf um das Glück und zur Fernhaltung des Elends wird so sehr als Wohltat geschätzt«, da man mit ihrer Hilfe mühelos nicht nur einen »unmittelbaren Lustgewinn, sondern auch ein heiß begehrtes Stück Unabhängigkeit von der Außenwelt« erlangen kann. Durch den Einsatz der Sorgenbrecher vermag sich ihr Nutzer der Realität zu entziehen »und in einer eigenen Welt mit besseren Empfindungsbedingungen Zuflucht« zu finden. Die Droge verheiße so die willentliche Regulierung des Seelenlebens.[1]

---

1 Zitate: S. Freud: Aus den Anfängen der Psychoanalyse – Briefe an Wilhelm Fließ. Abhandlungen und Notizen aus den Jahren 1887–1902. Frankfurt 1962, S. 205, sowie S. Freud: Das Unbehagen in der Kultur. Und andere kulturtheoretische Schriften. 5. Aufl., Frankfurt 1997, S. 44.

In vielen weiteren frühen Konzepten zur Sucht wird immer wieder die Oralität des süchtigen Menschen betont. Seine orale Fixierung diene der Befriedigung frühkindlicher primärer Bedürfnisse in einem rezeptiv-passiven, narzisstischen Zustand leiblich-seelischer Sättigung.

Für Sándor Radó (1926) bieten die Rauschmittel dem Menschen in seiner Bedrängnis »*Hilfe*« und »*Lust*«. Radó rückt den Suchtmittelrausch in die Nähe des Sexualrauschs. Für ihn bedient sich der Süchtige seines Mittels, um einen »pharmakogenen Orgasmus« anzusteuern, der ihm mit seinem lang gestreckten Verlauf »eine neue Art der erotischen Befriedigung« biete. Ließen deren »ungewöhnliche Vorzüge« den »*Rauschwunsch*« obsiegen, sei das Individuum der Sucht verfallen. Da Radó für suchtabhängige Menschen eine oralerotische Fixierung annahm, weitet er sein Konzept zum »*alimentären Orgasmus*« aus. Als »fertiger psycho-physiologischer Mechanismus« stelle er die Urform jeglichen Wollustgefühls dar: »Wir haben im alimentären Orgasmus mit seinem eben skizzierten psychischen Überbau die spezifische Fixierungsstelle zu erblicken, die zur Süchtigkeit disponiert. Der pharmakotoxische Orgasmus erweist sich als eine Neuauflage des alimentären, mit dem er den gestreckten Verlauf und vieles andere gemeinsam hat, den er aber sonst in seinen Lustcharakteren weitaus übertrifft.«[1]

1934 ergänzt Radó sein triebpsychologisches Suchtkonzept um einen Aspekt, der bereits die Tatsache berücksichtigt, dass der Süchtige über den Stoff als Mittel zum Zweck sein Selbst-Befinden reguliert. Mithilfe der Unlust verhindernden wie Lust erzeugenden Wirkungen der Rauschgifte manipuliere das Individuum seine »*Initialverstimmung*«. Das selbst vollbrachte »Wunder des pharmakogenen Lusterfolgs« verleiht der Droge ihre Macht: Eine »magische Handbewegung« führt dem Körper ein Zaubermittel zu« und das Ich erlebt sich als »der allmächtige Riese, für den es sich zutiefst immer gehalten hat«. Deshalb spricht Radó von der »*pharmakothy-*

---

1 S. Radó: Die psychischen Wirkungen der Rauschgifte. Versuch einer psychoanalytischen Theorie der Süchte. In: Internationale Zeitschrift für Psychoanalyse, 12/1926, S. 541ff. Die Sperrungen im Original sind von H. K. durch Kursivschrift ersetzt.

me(n) Steuerung« des Süchtigen durch das Mittel seiner Wahl, mit der er artifiziell seinem Narzissmus huldige.[1]

Von allen Ansätzen, die Sucht in Verbindung mit Triebhaftigkeit, Sexualität oder Genitalität bringen, bleibt ein realer Aspekt: Süchtige Menschen haben in der Regel keine stabile Geschlechtsidentität entwickelt und sind wenig bis gar nicht in der Lage, befriedigende sexuelle Beziehungen zu leben.

Den oralen Charakter des typisch Süchtigen gibt es nicht, schon gar nicht in seiner triebhaften Fixierung auf das Erleben von Lust. Das Leiden des Süchtigen wurzelt im Gegenteil: Er ist in erheblichem Maße lust- und genussunfähig. Verweilender Genuss braucht Zeit, die sich der rastlos Süchtige nicht nimmt. Die Fähigkeit zum Genießen ist das Gegenteil süchtiger Unmäßigkeit. Deshalb beschreibt Paul Matussek das Charakteristische des süchtigen Weltbezugs als das genusslose »Verschlingen«, das nie zu einem Gefühl von Sättigung führt. Um die angestrebte Sättigung dennoch zu erreichen, ist der Sucht immer die »Tendenz zum Exzessiven« immanent.[2]

Zwar erklärt heutzutage niemand mehr Sucht mit der ausschließlichen Wirksamkeit eines oralen Partialtriebs, doch können wir nach wie vor eine Fixierung vieler suchttheoretischer Ansätze auf die frühe psychosexuelle Entwicklungsstufe der Oralität konstatieren. Dem Süchtigen wird vielfach eine passiv-orale Anspruchlichkeit unterstellt, die ihn zu einem »Fass ohne Boden« mache. Diesen Mythos gilt es zu revidieren.

---

1 S. Radó: Psychoanalyse der Pharmakothymie (Rauschgiftsucht). In: Internationale Zeitschrift für Psychoanalyse, 20/1936, S. 19ff. Die Sperrungen im Original sind vom Autor durch Kursivschrift ersetzt. Trotz und wegen des großen zeitlichen Abstands ist es immer noch spannend, Radós Aufsätze im Original zu lesen.

2 P. Matussek: Süchtige Fehlhaltungen. In: Grundzüge der Neurosenlehre. München, Berlin, Wien 1972, S. 122.

Neuere psychoanalytisch orientierte Ansätze

Ich- oder strukturpsychologische Modelle

In den ich- oder strukturpsychologischen Modellen zur Erklärung süchtiger Abhängigkeit treten an die Stelle der Triebkonflikte die Brüche und Störungen in der Persönlichkeitsstruktur des Süchtigen. Im Strukturmodell, das aus Es, Ich und Überich besteht, konzentriert sich die Theorie vorwiegend auf das Ich mit seinen steuernden Funktionen. Übereinstimmung herrscht dahingehend, dass das Ich des Süchtigen im Kern unterentwickelt geblieben ist. Infolgedessen bleiben natürlich auch seine Ich-Funktionen strukturell defizitär und in ihrer Funktion eingeschränkt.

Menschen werden demnach nicht aufgrund unbewältigter Triebkonflikte süchtig, sondern infolge der Auswirkungen ihrer Ich-Funktions-Defizite. Nicht ausreichend entwickelt sind bei Suchtkranken häufig die Ich-Funktionen der zuverlässigen Selbst- und Fremdwahrnehmung, die Realitätseinschätzung, die Frustrationstoleranz, die Affekt- und Impulskontrolle, die Einschätzung der Wirkung des eigenen Verhaltens auf andere (Antizipation) sowie eine angemessene Struktur des Überichs. Diese Defekte in seiner Persönlichkeit versucht der Süchtige im Sinne einer Selbst-Heilung durch den Einsatz von Suchtmitteln zu mildern. Die Droge wird demnach funktional als ein »Baustein« für das Ich genutzt. Drogenabhängige sprechen häufiger wörtlich davon, dass sie sich »Drogen einbauen«. So in Dienst genommen, schützen und stabilisieren sie das schwache Ich.

Für die Ichpsychologie ist der süchtige Mensch ein ich-kranker Mensch, der verzweifelt versucht, mit seinem Suchtverhalten die Defekte in seiner Persönlichkeit zu kompensieren. Henry Krystal und Herbert A. Raskin gelangten zu der Auffassung, »dass Drogenabhängigkeit Ausdruck einer bestimmten Funktionsweise des Ichs ist. Das heißt: Sie ist eine Form der Anpassung, vielleicht der einzige Anpassungsmechanismus an akute Probleme, der dem Betreffenden in diesem Augenblick zur Verfügung steht. Sie stellt einen Versuch dar, sich selbst zu helfen, sein Leben auf die beste ihm mögliche Weise zu leben. Wir sehen darin eine Symptom-Repräsentanz, eine sich im Verhalten spiegelnde Form der psychischen Stressbewältigung, einen Versuch, ein intrapsychisches Ungleichgewicht, einen Konflikt oder eine Erregung zu meistern oder zumindest irgendwie damit umzugehen. Es ist der Griff nach dem Strohhalm, um dem grauenhaften Gefühl der unvermeidlichen Desintegration des Selbst zu entkommen, der psychischen Desorganisation, und damit dem Sturz in den Abgrund totaler Hilflosigkeit.«[1] Wir erinnern uns hier an Radós Begriff der »pharmakothymen Steuerung«.

Krystal und Raskin haben mit ihrer ich- und beziehungspsychologischen Betrachtungsweise der Drogenabhängigkeit die Theorie wie Praxis der Suchtarbeit maßgeblich beeinflusst. Sie fragen ausdrücklich nach dem subjektiven Sinn des Suchtverhaltens und begreifen somit die psychische Abhängigkeit als das Kernproblem der Sucht.

Drei Bereichen von Ich-Funktionen messen sie für die Psychogenese von süchtigem Verhalten prägende Bedeutung zu:
1. dem Umgang des Ichs mit seinen Affekten. Das Suchtmittel kann bedrohliche Affekte wie insbesondere Angst und Depression abschirmen oder umgekehrt unterdrückte Gefühle stimulieren;
2. den zwischenmenschlichen Beziehungen bzw. den Selbst- und Objekt-Repräsentanzen (d.h. den inneren Bildern vom eigenen Ich und vom Anderen als Gegenüber);
3. den Veränderungen des Bewusstseins durch die psychoaktiven Wirkungen der Suchtmittel.[2]

Wie viele andere psychoanalytisch orientierte Autoren gehen Krystal und Raskin davon aus, dass ein Kind anfänglich einen symbiotisch-verschmolzenen Zustand mit der Mutter erlebt. Aus diesem Zustand der Undifferenziertheit entwickeln sich nach und nach das Gefühl für Getrenntheit sowie die unterscheidbaren Affekte.

Sie vermuten weiterhin, dass der Säugling zu Anfang auf Stress ausschließlich körperlich und ungesteuert reagiert. Affektive Stö-

---

1 H. Krystal/H. A. Raskin: Drogensucht: Aspekte der Ichfunktion. Göttingen 1983, S. 15f.
2 Vgl. ebd., S. 17.

rungen schlügen sich unmittelbar in körperlichen Veränderungen mit schmerzhaften Symptomen nieder. Dieser mangelnde Reizschutz erkläre, warum ein Säugling von einer überwältigenden Angst überflutet werden könne, die zudem mit absoluter Hilflosigkeit einhergehe. Hilflosigkeit und Resignation seien identisch mit Depression, während Angst einer Reaktion auf zu erwartende Gefahr entspringe. Beide stammten aus einem gemeinsamen Ursprung, dem »Uraffekt«. Erst allmählich tauchten aus dem »infantilen ›totalen‹ und somatischen Stressmuster« als Uraffekt die »genau umrissenen erwachsenen Affektschema(ta)« auf.[1]

Bei Drogenabhängigen finden wir in der Tat häufiger einen Affekt, in dem Angst und Depression miteinander verschmolzen scheinen. Diese Tatsache spielt für die Theorie der Sucht eine wichtige Rolle. Das Dilemma des Drogenabhängigen sehen Krystal und Raskin in seiner Furcht, von den verbackenen Unlust-Affekten Schmerz, Angst und Depression überwältigt zu werden. Diese Gefahr versuchten sie durch den Abwehrmechanismus der Leugnung sowie den Einsatz von Drogen abzuwenden. Die Droge als Mittel zum Zweck verstärke den Reizschutz des Abhängigen.

Da die überwältigenden Uraffekte im Übrigen durch den Verlust des primären Liebesobjekts ausgelöst würden, diene die Droge gleichzeitig als »Ersatz für das Liebesobjekt, und die ersehnte Form der Beziehung zu diesem Objekt ist die Vereinigung mit ihm bzw. seine Einverleibung«.[2]

Die Droge sei demnach im übertragenen Sinne das einverleibte Liebesobjekt. Die Angst vor dem erneuten Verlust desselben sei zunächst ausgeschaltet, da die Droge sich beliebig kontrollieren ließe. Weil aber letztlich auch das so besetzte Mittel versage und enttäusche, werde seine Einverleibung fortlaufend wiederholt. Zusätzliche Komplikationen für den Abhängigen ergäben sich dadurch, dass die Droge quasi oral-kannibalistisch zugeführt werde, was erhebliche Schuldgefühle mobilisiere. Indes greife die Wirkung der Substanz auch in diesen unlustvollen Mechanismus ein, da sie veränderte Bewusstseinszustände erzeuge. Die eigene seelische Realität

---

1 Ebd., S. 23 u. S. 25.
2 Ebd., S. 51.

könne somit mühelos umgeformt und erträglicher gestaltet werden.

In der Theorie von Krystal und Raskin wird meiner Meinung nach die symbiotische Nähe zum Objekt zu stark betont. Die »Abhängigkeit« wird dadurch quasi beziehungsimmanent. Ein großer Verdienst von beiden ist sicherlich, dass ihr Verständnis von Drogenabhängigkeit das Tor zu einer psychodynamischen Betrachtungsweise des Problems weit aufgestoßen hat.

Selbstpsychologische Modelle

Die Selbstpsychologie baut auf den suchttheoretischen Konzepten der Ichpsychologie auf. Sie versteht den Drogengebrauch als einen adaptiven Versuch des Abhängigen, einen strukturellen Defekt im Selbst auszugleichen.

Der exponierteste Vertreter der Selbstpsychologie, Heinz Kohut, definiert das Selbst im Rahmen eines tiefenpsychologischen Konzepts. Es »bezieht sich auf den Kern der Persönlichkeit, der aus verschiedenen Bestandteilen im Zusammenspiel mit den frühesten Selbst-Objekten des Kindes entstanden ist. Es enthält die grundlegenden Strebungen einer Persönlichkeit, ihre zentralen idealisierten Ziele, die grundlegenden Begabungen und Fertigkeiten, die zwischen Strebungen und Zielen vermitteln – all das verbunden mit dem Gefühl, eine Einheit in Raum und Zeit zu sein, Empfänger von Eindrücken und Initiator von Handlungen.«[1]

Ursachen einer in die Sucht führenden Entwicklung sind für Kohut narzisstische (frühe) Störungen des Selbst-Wertgefühls durch unzulängliche Beziehungsgestaltung zwischen Kind und primären Bezugspersonen. Das Wesentliche an der Psyche des süchtigen Menschen sind nicht unbefriedigend gelöste Konflikte, »sondern das Vorhandensein struktureller Defekte«, die das Drogenerlebnis ausfüllen soll. Das aus der Kindheit stammende entscheidende Beziehungsmuster des Süchtigen sieht für Kohut folgendermaßen aus:»Während eines Entwicklungsstadiums, in dem

---

1 Zitiert nach: J. vom Scheidt: Der falsche Weg zum Selbst – Studien zur Drogenkarriere. München 1976, S. 166, Anmerkung 4.

das Kind eine narzisstisch erlebte andere Person (ein Selbst-Objekt) zur Aufrechterhaltung seines Selbst (seines Selbstwertgefühls) braucht, fehlt dieses Objekt. (Dieses Fehlen kann in der Abwesenheit des Selbst-Objekts bestehen oder, was häufiger ist, in der Unfähigkeit des Selbst-Objekts, empathisch auf das Kind zu reagieren.) Das Kind ist also mit dem Verlust der psychischen Struktur konfrontiert (das Selbst-Objekt *ist* zu dieser Zeit die psychische Struktur des Kindes). Um das Selbst-Objekt zu ersetzen – die Empathie des Selbst-Objekts, den Trost des Selbst-Objekts, das Verständnis des Selbst-Objekts –, greift das Kind zur Selbst-Stimulation. Zu diesem Zweck benützt es orale, anale und phallische Masturbation; es benutzt Schmerz, den es sich selbst zufügt (was besser ist, als gar nichts zu fühlen); und es benutzt Phantasien. Mit all diesen Aktivitäten versucht es, das abwesende Selbst-Objekt zu ersetzen und natürlich auch den Mangel an psychischer Struktur zu beheben.« Eine solche konnte nicht gebildet werden, weil das empathisch helfende Objekt nicht zur Verfügung stand. Kohut glaubt, dass die Drogenerfahrung den kindlichen Versuch wiederholt, das helfende Objekt sowie die psychische Struktur zu ersetzen »und dem Gefühl, tot zu sein, entgegenzuwirken, das in Ermangelung des empathischen Milieus auftritt, welches durch das Selbst-Objekt« hergestellt werden sollte. »Phantasien, die vom Kind entwickelt werden (später: durch halluzinogene Drogen geschaffene Phantasien), sind die Mittel, durch die unter diesen Umständen das Selbst-Objekt ersetzt und das Gefühl des Totseins bekämpft wird.«[1]

Die vielfach vorhandenen Grandiositätsphantasien des süchtig Abhängigen gründen nach Kohut darin, dass er unter allen Umständen das unterstützende Selbst-Objekt zurückerlangen möchte, das ihn allzu früh und traumatisch allein ließ. Ich werde darauf im Kapitel »Sucht und Grandiosität« zurückkommen.

Die Selbst-Psychologen richten in ihrem Verständnis von Sucht den Fokus auf die narzisstische Verwundbarkeit des Süchtigen, sein mangelndes Selbst-Wertgefühl sowie die Selbst-Heilungsfunktion der Droge. Doch kann die strukturelle Leere weder durch orales

---

1 Zitiert nach einem Brief Kohuts vom 3. Februar 1975 an J. vom Scheidt. In: vom Scheidt, a.a.O., S. 173 und 175, Anmerkung 37.

Einverleiben noch durch andere Arten süchtigen Verhaltens gefüllt werden. Charakteristisch ist ebenso, dass der Abhängige zwar süchtige Aktivität entfalten kann, sein Verhalten jedoch immer ein defensives ist, da er die Auseinandersetzung mit den negativen Affekten vermeidet. Es ist deshalb »gerade die Unwirksamkeit der defensiven Manöver, die erklärt, warum sie so rastlos verfolgt werden.«[1] Ganz verkürzt und bildlich gesprochen, kann man sich die Defekte im Selbst des Süchtigen als ein ungeheures »schwarzes Loch« vorstellen. Mit exakt diesen Worten beschreiben viele Abhängige die schmerzlich empfundenen emotionalen Leerstellen in ihrem Inneren.

Objektpsychologische Modelle

Die Objektpsychologen greifen zur Erklärung süchtiger Lebensmuster einerseits Elemente auf, wie sie uns bereits in der Ich- und Selbst-Psychologie begegnet sind, fügen zusätzlich allerdings bisher vernachlässigte wichtige Aspekte des Suchtverhaltens hinzu.

Für sie ist die Suchtkrankheit immer eine Beziehungskrankheit. Störungen im zwischenmenschlichen Feld sind ursächlich verantwortlich für die Störungen im Selbst. Die psychoanalytischen Theorien der Objektbeziehungen konzentrieren sich daher vor allem auf die frühen Wechselwirkungen zwischen dem Kind und seiner Umwelt. Die Fixierungen für die Psychogenese von Sucht sehen sie im Übergangsstadium von einer angenommenen primären Symbiose zur Individuation.

In den Theoriegebäuden einiger Objektbeziehungs-Autoren finden sich jedoch allzu viele Grundannahmen zur Erlebniswelt des Kindes, die mit seinem realen Empfinden wenig zu tun haben dürften. Es sind vielmehr aus der Sicht der Erwachsenen entwickelte Konzepte, die den Säugling rekonstruieren. Über fortlaufende Prozesse von Spaltungen, Projektionen, Introjektionen, projektive Identifizierungen sowie Phantasien zur quasi magischen Kontrolle der Selbst-Objekte bilde sich die innerpsychische Struktur des Kindes aus. Die Internalisierung eines guten Objektes sei die Grundla-

---

1 H. Kohut: Die Heilung des Selbst. Frankfurt 1979, S. 170.

ge für die Entwicklung einer stabilen Persönlichkeit. Blieben die Objekte in »gute« und »böse« Teilobjekte gespalten, sei die Selbst-Entwicklung fundamental gestört. Internalisiere das Kind gar nur destruktive und sadistische Teilobjekte, würden übermächtiger Hass und Sadismus zu den eigentlichen Wurzeln süchtigen Verhaltens. Auch das Suchtmittel bekomme dann Objektcharakter mit zerstörerischen Eigenschaften.[1]

Die Objektpsychologen betonen entschieden die Wichtigkeit der frühen Austauschprozesse zwischen dem Kind (dem Selbst) und dem Anderen (dem Objekt). Donald W. Winnicott mit seinen Vorstellungen von »primärer Mütterlichkeit« oder Michael Balint mit seinem Konzept der »primären Liebe« verdeutlichen eindringlich, dass das Kind vorbehaltlos geliebt und in seinem So-Sein bestätigt werden muss, damit es stabile Selbst-Kerne ausbilden kann.[2]

Erfährt das Kind umgekehrt wiederholte Ablehnung seiner Person oder gar seelische wie körperliche Gewalt, kann es kein Bild von sich als liebenswertem Menschen zeichnen. Es bleibt gefangen zwischen stark ambivalenten Gefühlen von Liebe und Hass sowie Schonung der Objekte und aggressiver Wut auf die Objekte. Die verinnerlichte Tendenz zur Selbst-Abwertung wie Selbst-Zerstörung kann später in süchtiges Verhalten münden. Sucht wohnt daher immer ein selbst-zerstörerischer Aspekt inne.

Das psychoanalytisch-interaktionelle Modell

Das 1973 von Annelise Heigl-Evers und Franz S. Heigl erstmals vorgestellte und seitdem in seinen theoretischen Grundannahmen wie therapeutischen Folgerungen stetig weiterentwickelte psycho-

---

1 Zu diesen vielfältigen Mechanismen siehe M. Klein: Das Seelenleben des Kleinkindes und andere Beiträge zur Psychoanalyse. Reinbek bei Hamburg 1972; Gedankengänge wie Sprache Melanie Kleins muten bisweilen äußerst bizarr an.

2 Vgl.: D. W. Winnicott: Die Theorie von der Beziehung zwischen Mutter und Kind. In: ders.: Reifungsprozesse und fördernde Umwelt. München 1974, sowie M. Balint: Die Urformen der Liebe und die Technik der Psychoanalyse. Stuttgart 1966, und M. Balint: Therapeutische Aspekte der Regression. Reinbek bei Hamburg 1973.

analytisch-interaktionelle Modell zum Verständnis von süchtiger Abhängigkeit ist genau genommen gar kein Modell, sondern eine Methode zur Therapie suchtkranker Menschen. Da die Methode große Anerkennung erfahren hat, erwähne ich sie hier als eigenen Ansatz.

In ihren theoretischen Grundannahmen finden wir eine Synthese aller bisher vorgestellten Modelle. Das Besondere der psychoanalytisch-interaktionellen Methode ist die konsequente Weiterentwicklung einer therapeutischen Haltung, die in etwa mit Kohuts emphatischem Therapiestil vergleichbar ist.

Um suchtkranke Menschen mit entwicklungsbedingten strukturellen Ich-Störungen bzw. Defekten in der Struktur des Selbst effektiv therapeutisch zu behandeln, bemüht sich die psychoanalytisch-interaktionelle Methode um »die drei Grundeinstellungen der *Präsenz*, des *Respekts* und der *Akzeptanz* gegenüber dem Patienten«.

Präsenz beinhaltet eine große innere Achtsamkeit gegenüber den verbalen wie non-verbalen Bekundungen des suchtkranken Patienten. Respekt bedeutet, den süchtigen Menschen in seiner individuellen Lebensgeschichte ernst zu nehmen, einschließlich seines Suchtverhaltens als eines adaptiven Lebensbewältigungs-Mechanismus vor dem Hintergrund seiner strukturellen Defekte. Akzeptanz letztlich meint, dem Süchtigen mit affektiver Annahme und Mit-Gefühl zu begegnen.[1]

Indem der Therapeut dem suchtkranken Menschen nicht deutend, sondern als haltende, unterstützende und antwortende Real-Person im therapeutischen Setting begegnet, kann dieser neue emotionale Interaktionserfahrungen machen. Sie verhelfen seinen defizitären Ich-Funktionen zur Reifung und lassen an den Stellen der Defekte im Selbst neue innere Strukturen wachsen.

---

1 S. A. Heigl-Evers und J. Ott: Zur Einführung in die psychoanalytisch-interaktionelle Therapie. In: A. Heigl-Evers/J. Ott (Hrsg.): Die psychoanalytisch-interaktionelle Methode. Theorie und Praxis. 3. überarb. Auflage. Göttingen 1998, S. 24; der Band gibt sehr gut den aktuellen theoretischen wie praktischen Stand der psychoanalytisch-interaktionellen Methode wieder.

Systemische Modelle

Die analytische und systemische Familientherapie

Keine Theorie hat unser Verständnis süchtigen Verhaltens in der jüngeren Vergangenheit so sehr präzisiert, wie die vielen Ansätze der analytisch oder systemisch orientierten Familientherapie. Sie greifen zwar teilweise auf psychoanalytische Entwicklungsmodelle zurück, gehen ansonsten jedoch ganz eigene Wege. Ich fasse die Schulen der Familientherapie hier unterschiedslos unter die »systemischen Ansätze«, da sie alle die sozialen Strukturen, in denen wir als Menschen leben, als durch viele wechselseitige Austauschprozesse gesteuerte Systeme begreifen.

Sucht entwickelt sich nach systemischer Sichtweise in gemeinsam gelebten Beziehungs- und Kommunikationsstrukturen. Sie ist das Ergebnis eines adaptiven Verhaltens im familiären oder sozialen Kontext. Als Symptom ist sie ein Indikator für zwischenmenschlich gestörte, dysfunktionale Beziehungsstrukturen. Der Symptomträger bzw. der »Indexpatient« erfüllt mit seinem Verhalten eine wichtige Funktion für das unangemessen ver-rückte System.

Viele theoretische Konzepte beschreiben treffend Teilaspekte des dynamischen Beziehungsgeschehens: Nach dem Konzept der familiären System- und Charakterneurosen von Horst-Eberhard Richter werden geeignete Familienmitglieder unbewusst zur Ausbildung einer manifesten Störung gedrängt, um zum »Lokalsymptom« der Familie zu werden. Gemäß dem »Delegationsprinzip« von Helm Stierlin bekommen ausgewählte Familienmitglieder (un)bewusste Aufträge, stellvertretend für andere nicht gelebte Selbst-Anteile zu realisieren. Dem »Kollusionskonzept« von Jürg Willi liegt die Beobachtung zugrunde, dass das Verhalten eines Symptomträgers immer Ergebnis gemeinsamer unbewusster Übereinstimmungen im Umgang mit Störungen im System ist. Die Beteiligten ergänzen und stabilisieren sich wechselseitig. Ähnliches meint auch die »interpersonale Abwehr« von Stavros Mentzos, die zu gemeinsamen Kompromissbildungen im Umgang mit Bedürfnissen und Strukturkonflikten führt. Tief empfundene, »unsichtbare Bindungen« verpflichten zur Loyalität gegenüber der Familie bzw. dem System.

Eherne Familiengesetze, -mythen oder -geheimnisse werden untergründig weitergegeben und binden die Beteiligten zusätzlich aneinander. Die Individuation Einzelner wird dadurch zur Bedrohung und muss abgewehrt werden. Über »Hierarchie-« oder »Rollenumkehrungen« kann es zur »Parentifizierung« von Kindern kommen, d.h., sie übernehmen die Elternrolle mit der entsprechenden Verantwortung. Die Generationengrenzen werden nicht mehr gewahrt, sind verwischt oder diffus. Die vielfältigen Formen möglicher Verstrickungen der Familienmitglieder untereinander verhelfen uns auch zu einem nachvollziehbaren Verstehen des Phänomens »Co-Abhängigkeit«. Das fruchtbare Konzept der »Mehrgenerationenperspektive« ist ebenfalls überaus ergiebig zum Verständnis generationenübergreifender familiärer Suchtgeschichten.

Selbst meine begrenzte Auswahl aus dem Fundus systemischer Konzepte und ihrer Anwendungen in der therapeutischen Praxis verdeutlicht mühelos, welchen Gewinn sie für die Suchtforschung bedeuten.

Jeder Mensch ist der Konstrukteur seiner eigenen Wirklichkeit. Aufeinander bezogen, konstruieren wir indes auch gemeinsame Lebensgeschichten. Dieses Geschehen wird klar und eindrücklich von der Vorstellung der »bezogenen Individuation« erfasst. Nach systemischer Sichtweise sind Süchtige also einerseits für die Wahl ihres süchtigen Weges mit-verantwortlich, vermögen umgekehrt allerdings eine Entscheidung zu treffen, ihr Verhalten zu ändern. Andererseits steht nicht der Einzelne im Mittelpunkt systemischer Betrachtungsweisen, sondern ein Familiensystem, in dem sich ein bestimmtes Verhalten entwickelt. Systemtheorien gehen überdies weit über familiäre Zusammenhänge hinaus. Ihre Konzepte sind ebenso gut auf Institutionen und Organisationen anzuwenden. Systemische Theorien werden dem komplexen Wirkungsgeflecht süchtiger Abhängigkeit in besonders differenzierter Weise gerecht.[1] Ihre familientherapeutischen Konzepte haben

---

1 Aus der Fülle der Literatur verweise ich auf: Richter 1969, 1970; Stierlin 1978, 1980, 1984; Weber/Stierlin 1989; Willi 1972, 1975, 1978; Mentzos 1977; Boszormenyi-Nagy/Spark 1995; Massing u.a. 1994; Cierpka 1995; Cirillo u.a. 1998; Welter-Enderlin 1982; Textor 1989.

überdies zu einer außerordentlich konstruktiven Befruchtung der psychoanalytischen Theorie geführt, die viele systemische Gedanken assimiliert hat.

Ein kontextuell-bezogener Ansatz oder ein Modell süchtiger Beziehungsstruktur

Einen neueren systemischen Ansatz möchte ich aufgrund seiner klaren Analyse der süchtigen Beziehungsstrukturen gesondert hervorheben.

In seiner »Grammatik der Sucht« arbeitet Rainer Baudis eine Beziehungsstruktur heraus, die einen spezifischen Erfahrungsraum absteckt. Ihre Merkmale sind die unbestimmte Vieldeutigkeit der Beziehungsinformation, die untergründige Spannung und Ambivalenz, die erbitterte Verweigerung von Kommunikation, das Sich-Einengen auf eine selbst-geschaffene Welt durch Rückzug aus der lebendigen Welt, der Verlust von Werterfahrung, die Empfindungstaubheit sowie die chronische Grenzverletzung und die Desorganisation des zwischenmenschlichen Felds. Wir haben damit die komplette Grammatik der »süchtigen Beziehungsstruktur«.

Für Baudis steht der innere Raum des menschlichen Selbst immer in einem systemischen Kräftefeld. Als Grundelement, das »die Kommunizierenden als menschliche Personen hinsichtlich ihrer inneren Organisation, ihrer kommunikativen Beziehungsgestaltung, ihres Kontexts und ihrer psychosozialen Matrix« zu verbinden vermag, dient ihm der Begriff der »Information«. Informationen erzeugen Unterschiede und sie verbinden. Über Informationen werden Kontexte gestaltet. Süchtige Kontextgestaltung ist von besonderer Mächtigkeit. Sie untersteht dem Machtvorbehalt, die jeweilige Beziehung durch das »Induzieren von Inkompetenz« zu definieren und zu lähmen. Zusätzlich entwertet sie die Beziehungsangebote eines Gegenübers. Beide Kommunikationsstrategien können vom Süchtigen aktiv wie passiv verfolgt werden. In einem schleichenden Prozess, der sich im »psychosozialen Gewebe« ausbreitet, wird das Selbst, das Gegenüber und der interaktive Zusammenhang vom süchtigen Virus derart infiziert, dass es durch chronische Grenzverletzungen zur Eskalation kommt. Sie mündet für Baudis im »Prozess der *Schismogenese*«, d.h., das Selbst, die Gruppe oder das soziale System werden gespalten. Die zerstörerische Entwertung und Desorganisation erfasst alle zwischenmenschlichen wie kontextuellen Bezüge. Der »Suchtprozess« trennt sich vom »Lebensprozess«.[1] Baudis widmet dem Selbst und seinem psychosozialen Feld große Aufmerksamkeit. In der Terminologie gewöhnungsbedürftig, verdeutlicht seine Analyse der süchtigen Beziehungsmuster die gesamte Dynamik des suchtkontaminierten Geschehens. Mit seinen therapeutischen Schlussfolgerungen für die Wiederbelebung des zerstörten Selbst sowie zur Reorganisation der Person und ihres systemischen Feldes kommt Baudis überdies den Praktikern der psychoanalytisch-interaktionellen Methode nahe.

Lern- und sozialisationstheoretische Modelle

Lern- und sozialisationstheoretische Modelle erklären Suchtverhalten als aufgrund lerntheoretischer Gesetzmäßigkeiten erworbenes Verhalten. Über klassische oder instrumentelle Konditionierung werden Situationen und Verhaltensweisen gekoppelt. Drogen können sich so mit bestimmten Lebensgefühlen verbinden. Anschließend werden sie zur Erreichung angestrebter Gefühlszustände instrumentalisiert. Über Generalisierungsprozesse weitet sich der Einflussbereich von Drogen im Leben des Drogengebrauchers situationsbezogen aus. Auch über Modell-Lernen, d.h. Nachahmung von und Identifikation mit Modell-Personen, kann Suchtverhalten erworben und verfestigt werden.

Lern- und Sozialisationstheorien können zwar durchaus wertvolle Hinweise zu Situationen liefern wie: »Immer, wenn ich mit meinen Freunden zusammen bin, rauche ich Haschisch.« Insgesamt jedoch bewegen sich die Theorien ebenso wie die daraus abge-

---

1 Alle Zitate: R. Baudis: Psychotherapie von Sucht und Drogenabhängigkeit oder Der goldene Vogel. 2. Aufl., Rudersberg 1995, S. 25–74. Das »gewichtige« Buch muss man sich als Leser geduldig erarbeiten.

leiteten verhaltenstherapeutischen Ansätze eher auf einer Oberflächenebene von Sucht. Die individuelle Psychodynamik süchtigen Verhaltens wird deswegen möglicherweise übersehen.[1]

Neurobiologische Modelle

Neurobiologische Erklärungsmodelle begründen die Entstehung und Verfestigung süchtiger Abhängigkeit vor allem mit Stoffwechselvorgängen im menschlichen Gehirn. Das Gehirn des Süchtigen krankt an den biochemischen Veränderungen in seinen neuronalen, zellulären und molekularen Strukturen, die von den Drogen bewirkt werden. Die Entdeckung morphinähnlich wirkender, körpereigener »Suchtstoffe«, Endorphine genannt, hat der Forschung wertvolle neue Erkentnisse gebracht. Wir wissen heute recht viel über die Morphinrezeptoren im zentralen Nervensystem sowie die biochemischen Wechselwirkungen von Endorphinen und Neurotransmittern (Botenstoffen) mit von außen zugeführten Drogen. Die Erkenntnisse der Neurophysiologie, der Gehirnforschung und der Biochemie sind überaus nützlich für unser Verständnis der Wirkungen von Drogen auf das menschliche Gehirn. Die Psychodynamik der Sucht erklären sie indes nicht.[2]

---

1 S. M. Sieber: Zwölf Jahre Drogen. Verlaufsuntersuchung des Alkohol-, Tabak- und Haschischkonsums. Bern 1988 und J. M. Niederberger: Rauchen als sozial erlerntes Verhalten. Physiologie und Sozialisationstheorie einer alltäglichen Sucht. Stuttgart 1987.
2 S. D. Ladewig: Sucht und Suchtkrankheiten. Ursachen, Symptome, Therapien. München 1996; H. Ewig: Einstieg zum Ausstieg. Ratingen 1993; J. Fritze: Zur Biologie der Abhängigkeit und der Sucht. In: G. Nissen (Hrsg.): Abhängigkeit und Sucht. Prävention und Therapie. Bern, Göttingen, Toronto, Seattle 1994; und S. H. Snyder: Chemie der Psyche. Drogenwirkungen im Gehirn. Heidelberg 1994.

Die Fixierung auf die Fixierung

Sucht kleidet sich in so viele Gewänder, dass auch alle Theorien vereint sich dem Phänomen nur annähern können. Es bleibt die Tatsache, dass es keinen allgemein gültigen Erklärungsstrang für Sucht gibt. Jeder der bisher vorgestellten Ansätze zum Verständnis süchtiger Abhängigkeit hat seinen eigenen Geltungsbereich. Mancher Ansatz greift von vornherein zu kurz. Die systemischen und psychoanalytisch orientierten Konzepte bieten die weitreichendsten Antworten zur Auflösung des Rätsels Sucht. Charakteristisch für Letztere ist indes eine Fixierung auf die Fixierung. Die psychoanalytisch orientierten Theorien nehmen an, dass es in der Entwicklungsgeschichte des Süchtigen unterschiedliche Fixierungspunkte gibt, die Ausmaß und Tiefe seiner Sucht bestimmen.

Die weitreichendste Fixierung ist auf die narzisstisch-symbiotische und orale Phase bezogen. Psychogenetisch sehr frühe Störungen oder strukturelle Defekte im Ich bzw. Selbst sind die Folge, wenn die frühen Objektbeziehungen entgleisen. Symbiotische Verschmelzungsphantasien werden vorherrschend, die ihren bildlichen Ausdruck im »Fass ohne Boden« finden. Übereinstimmung herrscht dahingehend, dass die Droge als Selbst-Heilungsmittel in die defizitäre Struktur des Süchtigen eingebaut wird.

Für eine weitere Psychogenese von Sucht wird eine Fixierung auf der analen Stufe angenommen. Aggressive und sadistisch- oder masochistisch-destruktive Impulse treten in den Vordergrund. Auch die Droge wird zum (selbst-)zerstörerischen Objekt.

Eine dritte vermutete Fixierung betrifft die phallisch-ödipale Stufe der psychosexuellen Entwicklung. Ödipale Konflikte sind nicht gelöst worden. Die Triangulierung, d.h. die Beziehungsherstellung zum Dritten im Bunde, ist nicht angemessen gelungen.

Die angenommenen Fixierungen implizieren einen Entwicklungsstillstand bzw. ein inneres Verharren des Süchtigen auf einer bestimmten Stufe seiner Selbst-Entwicklung. Problematisch erscheint mir allerdings eine eigene Fixierung der psychoanalytischen Theoriebildungen auf die postulierte normative Entwicklung der frühen Objektbeziehungen, wie sie von Margaret S. Mahler dargestellt wurde. Kurz gesagt nimmt die »normale« Geschichte der Objektbeziehungen ihren Weg von existentieller Verschmelzung zu autonomer Verselbständigung, von einer symbiotischen Dual-Union zu einer getrennten und differenzierten Beziehung des Säuglings zu seinen primären Betreuungspersonen. Gesteuert wird die »normale« Entwicklung zum einen durch Wachstums- und Reifungsprozesse, zum anderen durch Enttäuschungen und Versagungen. Auf der Mahlerschen Entwicklungspsychologie beruht nach wie vor ein Großteil der psychoanalytischen Theorien.[1] Ich werde Anlass haben, verschiedentlich auf ihre einflussreichen Vorstellungen zurückzukommen.

Im Gefolge der angenommenen »normalen« Entwicklung geistern in den analytisch orientierten Theorien zu süchtiger Abhängigkeit Vorstellungen über kindliche Erlebniswelten, Abwehrmechanismen und Phantasien herum, die es zu hinterfragen und zu revidieren gilt. Insgesamt scheint mir das Phänomen Sucht übertheoretisiert. Martin Dornes spricht im Zusammenhang mit einer ähnlichen Übertheoretisierung des Säuglings von einer der Theoriebildung eigenen »Sucht nach ›Tiefe‹«.[2] Offenkundiges wird vernachlässigt, hinter jedem Phänomen dagegen noch ein weiteres vermutet. Das produktive Chaos in der Theorie führt so letztlich zu ihrer Überfrachtung.

Einige zentrale Konzepte zur Erklärung von Sucht möchte ich deshalb auf den Prüfstein stellen und sie auf Nützlichkeit und Realitätsgehalt untersuchen. Ich halte es für an der Zeit, veraltete Konzepte zu entrümpeln. Die Einführung neuerer entwicklungspsychologischer Erkenntnisse über die frühe Lebenserfahrung des Säuglings in die Theorie der süchtigen Abhängigkeit, wie ich sie im Folgenden vornehmen werde, zieht nötige Revisionen »lieb gewonnener« Konzepte nach sich. Wir vermögen dadurch suchtkranken wie -gefährdeten Menschen gezieltere und wirksamere therapeutische Angebote zu machen.

---

1 S. M. S. Mahler u.a.: Die psychische Geburt des Menschen. Symbiose und Individuation. Frankfurt 1978. Selbst in neueren Handbüchern zur Diagnostik von Sucht dient ihre Theorie als Modell für die Objektbeziehungen, so z.B. in: R. Aßfalg/H. Rothenbacher: Die Diagnose der Suchterkrankung. Ein Leitfaden für die Praxis. Hamburg 1990.
2 Dornes 1997, S. 194.

Eine neue interaktionstheoretische Grundlage zur Erklärung von Suchtverhalten

Als mein Vater mich zum ersten Mal fragte, was ich mal werden will,
sagte ich nach kurzer Denkpause »Ich möchte mal glücklich werden«.
Da sah mein Vater sehr unglücklich aus. Aber dann bin ich doch was
anderes geworden, und alle waren mit mir zufrieden.

Jacques Prévert

Spekulationen über das menschliche Kontinuum

Im Vergleich zu nicht menschlichem Leben ist die Evolutionsgeschichte des Menschen erst relativ kurz bemessen. Dennoch hat keine andere Gattung einen so hohen Entwicklungsstand erreicht wie die unsrige. Was den Menschen zum Menschen macht, ist sein Selbst- oder sein bewusst reflexives Ich-Bewusstsein. Gleichzeitig macht ihn sein Geist zu einem Rätsel für diejenigen, die diesen Geist unter allen Umständen logisch-wissenschaftlich enträtseln wollen. Ich möchte den Streit über die Gehirn-Geist-Hypothesen nicht kommentieren, aber ich muss meinen eigenen Standpunkt darin festlegen, um mir selbst denkbare Antworten auf Fragen zu geben, über die wir als Menschen zu Lebzeiten nur spekulieren können.

Solange keine befriedigendere Erklärung zur Verfügung steht, nehme ich an, dass sich im Verlauf der Menschheitsgeschichte ein »Etwas« ausgebildet hat, das wir als menschliches »Kontinuum« bezeichnen können. Jean Liedloff versteht darunter »die Erfahrungsfolge, welche vereinbar ist mit den Erwartungen und Bestrebungen unserer Gattung in einer Umgebung, die mit derjenigen, in der jene Erwartungen und Bestrebungen sich ausprägten, übereinstimmt. Es schließt *angemessenes* Verhalten anderer und entsprechende Behandlung durch sie als Teil jener Umgebung ein.« Die spezifischen

Erwartungen und Neigungen des menschlichen Kontinuums gehen zurück auf »die lang während, formgebende Vorgeschichte«, deren Geheimnis die »Erfahrungskette« ist, die einen Menschen auf sein Erdenleben vorbereitet und die mit »den Abenteuern der ersten einzelligen Einheit lebender Substanz« begann.[1]

Die Annahme eines überdauernden Kontinuums vermag uns ein Phänomen zu erklären, das wir zwar beobachten, aber ansonsten nicht zufrieden stellend erklären können. Die moderne Säuglingsforschung hat erwiesen, dass entgegen früherer Annahmen Neugeborene keineswegs als unbeschriebene Blätter oder undifferenzierte »Bündel Mensch« zur Welt kommen. Sie verfügen im Gegenteil von Geburt an über hochkomplexe Fähigkeiten und präzise festgelegte Erwartungen, wie die Welt um sie herum zu sein habe. Der Säugling bedient sich von Beginn an eines großen Verhaltensrepertoires, um den Rahmen der Bezogenheit zu seiner Umwelt zu regulieren. Er bringt ein implizites oder prozedurales (d. h. nie ins wache Bewusstsein drängendes) Beziehungs»wissen« mit, mit dem er menschliche Interaktion entschlüsselt und versteht. Selbstverständlich stehen ihm auch die Mechanismen zur eigenen Ausführung aller Verhaltensweisen zur Verfügung, mit deren Hilfe er aktiv Motive und Entwicklungsstrebungen verfolgt. Der Säugling besitzt zudem eine innere Erwartung an eine bestimmungsgemäße Ausprägung seiner angeborenen affektmotorischen Anlagen. In einem Rahmen mit präzisen Toleranzgrenzen erwartet er, dass die Interaktionen mit seiner menschlichen Umwelt für ihn stimmig und »richtig« verlaufen.

Eine bestimmungsgemäße Entwicklung vollzieht sich für den Säugling auf der Grundlage angeborener motivationaler Erwartungen, die angemessen erfüllt werden müssen, bevor sein in Entwicklung begriffenes Wesen unversehrt in die nächst folgende Entwicklungsstufe eintreten kann. Auf diese Weise entsteht das grundlegende Gefühl von »Richtigkeit«.

Das »Wissen« des Neugeborenen über die eigenen Bedürfnisse und ihre »richtige« Befriedigung ist unfehlbar. Wenn Säuglinge die

---

1 J. Liedloff: Auf der Suche nach dem verlorenen Glück. Gegen die Zerstörung unserer Glücksfähigkeit in der frühen Kindheit. München 1992, S. 38 und S. 35. Hervorhebung vom Autor.

Wahl haben, wählen sie zuverlässig das für sie Stimmige. Bei den vielen zu bewältigenden Entwicklungsaufgaben sind sie in der Lage, *unbewusst* eine Fülle an Selbst-Empfindungen, Sinneswahrnehmungen, Informationen, Eindrücken, Beobachtungen, Affekten und Handlungsimpulsen gleichzeitig und für sie absolut »richtig« zu verarbeiten. »Richtig« bedeutet nicht, dass Säuglinge bewusste kognitive Abwägungen zwischen Alternativen treffen oder dass sie handelnd durchdachte Ziele verfolgen. »Richtig« bedeutet hier das, *»was dem altüberlieferten Kontinuum unserer Gattung entspricht, insofern es den Neigungen und Erwartungen angemessen ist, mit denen wir uns entwickelt haben«*[1].

Werden die präzisen Erwartungen des Neugeborenen an seine Umwelt enttäuscht, reagiert es unmittelbar und höchst sensibel, und zwar ganzheitlich auf allen Ausdruckskanälen. Sein Ziel gemäß des menschlichen Kontinuums ist die Korrektur der Beziehung zur Umwelt. Wird das, was wir an richtiger Behandlung und an Lebensumständen unbewusst erwarten, angemessen verfügbar, entwickeln wir uns auch im Sinne von »Richtigkeit«. Tritt die erwartete richtige Behandlung nicht ein, bemühen sich zunächst korrigierende oder ausgleichende Kräfte um die Wiederherstellung der Kontinuität. Säuglinge verfolgen mit großer Beharrlichkeit die Ordnung ihrer Welt, denn nur bei stimmiger Entwicklung ihrer angelegten affektmotorischen Anlagen können sie erfolgreich von einer Ebene zur nächsten voranschreiten.

Das angeborene Grundrepertoire des Säuglings ist überall das gleiche, gleichgültig, wo auf der Welt er das Licht des Lebens erblickt. Während seiner Entwicklung muss er nur die kulturellen und sozialen Variationen der universalen Grund»Sprache« erlernen. Durch die fortschreitende motorische, affektive und geistige Entwicklung perfektioniert und verfeinert ein Kind selbstverständlich auch beständig seine Verhaltensmöglichkeiten.

All die erstaunlichen angeborenen Fähigkeiten des Säuglings müssten uns nicht weiter beschäftigen, wenn wir sie nicht nur beobachten könnten, sondern auch zu erklären wüssten. Da wir sein implizites Beziehungswissen bei aller Anstrengung der Wissenschaft

---

1 Ebd., S. 35.

allerdings nicht in einer genetischen Basis finden, benötigen wir andere Erklärungen. Das Kontinuum erklärt sich nicht genetisch, weshalb schon Alfred Wallace, Darwins Co-Entdecker des Prozesses der natürlichen Auslese, betonte, dass eine rein materialistische Erklärung der menschlichen Evolution nicht die geistige Natur des Menschen erfassen könne. Für deren Ursprung vermutete er folglich »eine Ursache im unsichtbaren Universum des Geistes.«[1]

Der Philosoph Karl Popper formulierte: »Die Emergenz eines vollen, der Selbstreflexion fähigen Bewusstseins … ist eigentlich eines der größten Wunder.«[2] Den Übergang von Materie zu Bewusstsein, von Gehirn zu geistvollen Bewusstseinszuständen erklärt er mit seiner Drei-Welten-Philosophie. Im Kern beinhaltet sie, dass es aus der Materie-Energie-Welt der physischen Gegenstände und Zustände und der immateriellen Welt objektiven bewussten Wissens Verbindungen zu einer weiteren immateriellen Welt der Bewusstseinszustände gibt. Bewusstsein kann außerdem unabhängig von Materie existieren und weitergegeben werden. Für den Gehirnforscher und Nobelpreisträger Sir John Eccles ist das immaterielle Bewusstsein dem materialisierten Gehirn übergeordnet. Es kann sowohl vor der Zeugung und Geburt, also vor der biologischen Existenz eines Menschen existieren als auch nach dessen Tod überdauern.[3]

Dass es Welten jenseits der Materie und des materiell existierenden Gehirns gibt, wird mittlerweile selbst von Teilen der Naturwissenschaften anerkannt. Der Quantenphysiker Burkhard Heim hält eine psychische Welt für ebenso real wie die tatsächlich existierende materialisierte Außenwelt. »*Paranormale spirituelle Phänomene*« im gesamten »kosmischen Erlebnisraum« des Menschen sind für ihn ebenfalls denkbar. Zudem bescheinigt er den Menschen eine »*postmortale Erlebnisfähigkeit*« und sieht in dem »*Tod kein einfaches Verlöschen*«, sondern den »*Übergang in einen anderen Existenzzustand unter Beibehaltung personaler Integri-*

---

1 Zitiert nach: J. C. Eccles/D. N. Robinson: Das Wunder des Menschseins – Gehirn und Geist. München 1991, S. 40.
2 K. R. Popper/J. C. Eccles: Das Ich und sein Gehirn. München 1994, S. 167; im gleichen Werk entwickelt Popper seine 3-Welten-Theorie.
3 Siehe J. C. Eccles/H. Zeier: Gehirn und Geist. München 1980.

tät und Erlebnisfähigkeit«.[1] Heim tritt den physikalisch-logischen Beweis für die Weiterexistenz von Bewusstsein (oder Seele) nach dem Tod an. Eine geistige oder bewusstseinsmäßige Essenz überdauert seiner Meinung nach also außerhalb der materiellen Welt in Parallelwelten oder anderen Zeitzuständen. Über solche Dimensionen kann auch das immaterielle Substrat des menschlichen Kontinuums mit seinem Informationsgehalt weitervermittelt werden. Für Sir John Eccles ist es erwiesen, dass »nach der Konzeption des *Kontinuums*« jeder »Säugling schon lange vor der Geburt ein bewusstes Wesen war«. Er sieht »sichere Indikatoren für ein kontinuierliches Bewusstsein, das größtenteils jenseits der Erinnerung liegt«.[2]

Als neugeborener Mensch bringt dieses Wesen Fähigkeiten mit ins Leben, die wir bisher nicht erklären können. Solange nichts anderes zweifelsfrei erwiesen ist, gehe ich daher von der Gültigkeit der Kontinuum-Theorie aus, zumal die Annahme einer solchen Theorie keine offenkundigen Nachteile hat und unschädlich ist. Ihr Vorteil liegt darin, dass sie uns wenigstens *eine* plausible Erklärung für ansonsten unerklärliche Prozesse ermöglicht. Auch an der Diskussion paranormaler Phänomene, die Erlebnisräume jenseits der logischen Realität erschließen, kommen wir an dieser Stelle nicht vorbei. Sie liefern den Erklärungsrahmen für ein annäherndes Verständnis der außergewöhnlichen Bewusstseinszustände, die von so vielen Menschen bezeugt werden, und das nicht nur unter Drogeneinfluss.

Die gesamte wissenschaftliche Auseinandersetzung um Gehirn, Geist und Bewusstsein hängt letztendlich von unserem Bild des

---

1 B. Heim: Der kosmische Erlebnisraum des Menschen. Innsbruck 1995, S. 43 und S. 49, s. ders.: 1980 und 1994. Ich möchte sicherheitshalber darauf hinweisen, dass Heim nicht gerade einfach zu lesen ist. Es handelt sich weniger um philosophische oder psychologische Schriften, sondern um Quantenphysik mit einer Fülle höchst komplizierter physikalischer Formeln.
2 Eccles/Robinson 1991, S. 44/45. Für viele andere Gehirnforscher, Naturwissenschaftler oder kognitive Psychologen sind die hier beschriebenen Annahmen ein Gräuel. Vgl. hierzu: G. Roth: Das Gehirn und seine Wirklichkeit. Kognitive Neurobiologie und ihre philosophischen Konsequenzen. Frankfurt 1996.

Menschen und unserem Verständnis von Wissenschaft ab. Entweder wir schließen immaterielle Bewusstseinszustände außerhalb des »Feuerns von Neuronen« im Gehirn kategorisch aus, oder wir glauben, halten für möglich bzw. schließen zumindest nicht aus, dass es Erlebensräume gibt, die sich der begrenzten Logik des bewussten Denkens entziehen.

Bezogen auf süchtige Abhängigkeit birgt die Kontinuum-Theorie mehrere bedeutende Gesichtspunkte. Menschen streben von Geburt an grundsätzlich nach Selbst-Verwirklichung, bereichernden Beziehungen und Glück. Ihre primäre angeborene Fähigkeit für Glücksempfinden kann indes nur unversehrt überdauern, wenn ihre Entwicklung innerhalb der vom Kontinuum vorgegebenen Toleranzgrenzen erfolgt. Zwar verfügt jedes Individuum zusätzlich über konstitutive individuelle Toleranzen, doch gibt es ebenso einen universellen Rahmen, in dem intuitiv über »Richtigkeit« und »Nicht-Richtigkeit« entschieden wird. Kontinuum-gerechte Entwicklung verläuft unbewusst und selbst-tätig. Sie ermöglicht die Ausbildung ausreichend starker Selbst-Kerne, prägt unsere bejahende Einstellung zur belebten Welt, respektiert die Rechte anderer und stärkt die Lebenskräfte, die auf Freude, Gesundheit und Überleben abzielen, ebenso wie die Kräfte, die uns dazu verhelfen, grundlegende menschliche Lebensthemen erfolgreich zu bewältigen. Entwicklung innerhalb der Grenzen des Kontinuums hält das Gleichgewicht bei all unseren Tätigkeiten, und sie ist bewahrend in unserer Nutzung von Pflanzen, Tieren und Umwelt. Sie lässt Spielraum für individuelle und kulturelle Unterschiede, bei grundsätzlicher Bewahrung der Grenzen, deren untolerierbare Überschreitung zu mannigfaltigen Formen individueller wie kollektiver Selbst-Zerstörung führt.

Wo Kontinuum-gerechte Entwicklung durch Fehlentwicklungen in Beziehungen oder durch deregulierende Eingriffe in die Umwelt entgleist, entsteht die Fülle von Problemen, mit denen wir heute in der Realität zu kämpfen haben. Wir sind aus dem Kontinuum herausgefallen. Eine bittere Konsequenz ist die verheerende kollektive Zerstörung von »Mutter Erde« sowie die weit verbreitete individuelle Selbst-Zerstörung durch Suchtverhalten. Je mehr wir, ziel- und planlos geworden, das Leben als sinnlos empfinden, desto anfälliger werden wir für künstlich geschaffene Welten, wie wir sie durch Suchtmittel mühelos betreten können. Da wir im Übrigen nicht genau zu sagen wissen, was der Sinn unseres Lebens ist, schlage ich vor, dass wir uns mit Liedloff auf einen sehr pragmatischen Lebenssinn verständigen: »Das Ziel des Lebens ist Leben; das Ziel des Wohlbefindens ist, jenes Verhalten zu ermutigen, das Wohlgefühl hervorruft.«[1] Zugegeben: Das ist simpel und vereinfachend, aber sinnvoll, weil es unser Augenmerk auf das Offenkundige lenkt. Wir müssen unser Leben wirksam gestalten, solange wir uns darin befinden. Dabei braucht die aktuelle Gegenwart ihre eigenen Belohnungen in Form lebendiger Erfahrungen. Auf der jahrtausendealten Suche nach Fülle, Tiefe und Sinnhaftigkeit sowie dem »Gefühl unvermischten Daseins, diesem Gefühl des ›Soseins‹ der Dinge, aller Dinge, ... haben die Menschen Disziplinen und Rituale gefunden, mittels derer sich die Tendenz zum Denken umkehren lässt«[2]. Allen magisch-spirituellen Ritualen ist eines gemeinsam: das Streben nach Glück. Seit Menschengedenken gehören zu den entsprechenden Zeremonien auch fest gefügte Drogenrituale weit jenseits von süchtiger Abhängigkeit. Leider hat sich der zivilisierte Mensch auch von Initiationsriten und jedweder sozial verträglichen Drogen-»Kultur« verabschiedet. Da uns zudem das Gespür für »unvermischtes Da-Sein« sowie das »So-Sein der Dinge« fremd geworden, das Bedürfnis danach aber entwicklungsgeschichtlich fest in uns verankert ist, schaffen sich heutige Drogenkonsumenten ihre eigenen Gegenwelten.

Währenddessen führen besorgte Kreise über Medien oder öffentliche Veranstaltungen kontroverse Diskussionen über die Ursachen des steigenden Drogengebrauchs sowie den Sinn des Lebens. Leider versanden gut gemeinte Diskussionen viel zu häufig in Parteiengezänk oder versteigen sich in akademisch-philosophische Höhenflüge. Nur allzu regelmäßig entfernen sie sich damit von den aktuellen Lebenswirklichkeiten so weit, dass die Diskussionsinhalte eher ermüden als richtungsweisende Perspektiven erschließen. Sie verfehlen den Hunger nach sinnhafter Erfahrung, der zum Leben gehört. Bei unserer Lebensweise mündet der Lebenshunger ohnehin mehr

---

1 Liedloff, a.a.O., S. 92.
2 Ebd., S. 172.

und mehr in Wünsche nach immer neuen, immer aufregenderen, immer extremeren äußeren Anreizen. Artifizielle Erregung und Nervenkitzel um jeden Preis verdrängen die stillen inneren Befindlichkeiten im ruhigen Fluss des Da-Seins. Die nagende »Sehnsucht nach *mehr* ersetzt das Bedürfnis nach *Tiefe*, die unseren natürlichen Umgang mit der Welt prägen könnte, wenn wir nicht so abgestumpft wären. Wir suchen intuitiv diese Tiefe und Fülle des Gewahrseins, die unser angeborenes Recht ist, und wenn wir sie nicht finden, suchen wir unsere Reize in der Umwelt« oder im Drogengebrauch. Ist Letzterer ausschließlich hedonistisch motiviert und bar jeder weiteren Sinnhaftigkeit oder dient er der Füllung der Langeweile in der totzuschlagenden Zeit oder gar der Linderung des Leidens an der Welt, ist er in allen Fällen ein Symptom für die Krankheit der Moderne. In ihr droht der lebendige Lebensfluss zu versiegen dadurch, »dass wir Substanz durch Symbole ersetzen, Erfahrungen durch geistige Konstrukte, Wirklichkeit durch Reflektion über die Wirklichkeit im Spiegel des Intellekts«[1]. Drogenkonsumenten spiegeln uns den Verlust von Erfahrung und Wirklichkeit sowie das tragische Versiegen des Lebensstroms nur allzu deutlich. Vieles in der Gegenwart entgeht uns, weil wir kein zuverlässiges Gefühl mehr dafür haben, wer wir sind und was im Leben wirklich wichtig ist. Deshalb betone ich mit Liedloff noch einmal: Der Sinn des Lebens ist zunächst einmal das Leben selbst mit seinem Hunger nach Fülle und Tiefe.

Die Wurzeln des Selbst

Wenn wir uns fragen, mit welcher angeborenen Ausstattung Menschen auf die Welt kommen, wie sich »Richtigkeit« ausbildet oder das »richtige« Selbst-Empfinden verloren geht, wenn wir überhaupt über die menschliche Natur nachdenken, müssen wir uns dem frühesten Erleben der Welt zuwenden. Die neuere Säuglingsforschung gewährt uns dabei faszinierende Einblicke in die Erlebniswelt von Säuglingen und Kleinkindern.

---

1 C. Naranjo: Gestalt. Grundhaltung und Praxis einer lebendigen Therapie. Freiamt 1996, S. 66f. und S. 60f.

In unserer frühesten Lebensgeschichte wird entschieden über unsere spätere existentielle Befindlichkeit, d.h. über unser Selbst-Gefühl im Sinne von »Richtigkeit« und Glücksfähigkeit oder »Falschheit« sowie den Verlust des primären Glücksempfindens. Die Selbst-Entwicklung rückt damit in das Zentrum unserer Aufmerksamkeit.

Niemand weiß eigentlich so recht genau zu definieren, was das Selbst ist. Doch ist es eine spürbare innere Realität, dass wir etwas, das wir »Selbst« nennen können, subjektiv erleben. Erwachsene Menschen haben in der Regel ein sehr reales, wenn auch nicht unbedingt immer realistisches Selbst-Empfinden, das unser alltägliches soziales Leben prägt.

Bereits vor über 100 Jahren hat uns Friedrich Nietzsche in seiner philosophischen Dichtung »Also sprach Zarathustra« eine Definition des Selbst vorgegeben: »Hinter deinen Gedanken und Gefühlen, mein Bruder, steht ein mächtiger Gebieter, ein unbekannter Weiser – der heißt Selbst. In deinem Leibe wohnt er, dein Leib ist er.«[1] Modernere Vorstellungen vom Selbst unterscheiden sich nur wenig von Nietzsches philosophischer Definition. Im selbstpsychologischen Ansatz zur Erklärung von Suchtverhalten haben wir bereits gesehen, dass Kohut das Selbst als das Zentrum unserer gesamten Person und als die zentrale Quelle aller unserer Antriebe bezeichnet hat. Er widersetzte sich allerdings konsequent Forderungen, das Selbst in eine exakte, fest gefügte Definition zu fassen. Die »Essenz des Selbst« als leiblich-seelischer Kern der Persönlichkeit entzog sich für ihn der abstrakten Wissenschaftlichkeit.[2] Da niemand eine Insel ist, steht unser Selbst im ständigen Austausch mit seiner umgebenden Mitwelt. Das Selbst als höchster psychischer Organisator reguliert das Eingebundensein in ständig wechselnde Beziehungen und Kontexte.

In der Tat empfinden wir ein einzelnes abgegrenztes Körper-Selbst, ein Selbst als Handlungsinstanz, ein Selbst als Sitz unserer Gefühle, ein Selbst, das Absichten verfolgt und motivational han-

---

1 Hier zitiert nach: F. Nietzsche: Also sprach Zarathustra. Ein Buch für Alle und Keinen. Goldmann, 12. Aufl. 1996, S. 29.

2 H. Kohut: Die Heilung des Selbst. Frankfurt 1979, S. 299.

delt, das spricht und sich mitteilt. Den bewussten Teil des Selbst bezeichnen wir als »Ich«. Doch das Selbst ist mehr als das »Ich«. Es ist unser Gebieter und »auch des Ichs Beherrscher«.[1] Viele Prozesse unseres Selbst-Empfindens bleiben gewöhnlich außerhalb unseres bewussten Denkens. Wir verarbeiten sie jedoch zu einer ganz individuellen, subjektiven Selbst-Organisation, die unser persönliches Selbst-Empfinden prägt. Vieles, was unser Selbst ausmacht, entzieht sich der direkten wissenschaftlichen Beobachtung und Erkenntnis, aber durch die Beobachtung von Säuglingen können wir durchaus mehr erfahren. Einen hervorragenden Beitrag zur Erforschung der frühkindlichen Entwicklung hat Daniel Stern geleistet. Seine Theorien über die frühe Lebenserfahrung des Säuglings haben unsere Vorstellungen von dessen innerer Welt enorm präzisiert. Für mich sind sie der Schlüssel zur Aufstellung neuer Thesen zu Sucht und Abhängigkeit.

Die frühe Entwicklung des Selbst

Daniel Stern unterteilt die frühe Lebenserfahrung des Säuglings in fünf Arten des Selbst-Empfindens. Wenn ich sie im Folgenden als »Phasen« bezeichne, dient mir der Begriff hilfsweise einer besser beschreibbaren Unterscheidung des Entwicklungsgeschehens. Mit »Phase« ist keine Zeitspanne gemeint in dem Sinne, dass eine nachfolgende Selbst-Empfindung die vorhergehende ablösen würde. Keine Selbst-Empfindungsart geht verloren. Alle existieren nach ihrem Auftauchen lebenslang parallel und zeitgleich weiter.

Fünf Selbst-Empfindungen tauchen nacheinander auf:
zwischen 0 und 2 Monaten: Phase des auftauchenden Selbst-Empfindens,
zwischen 2–3 und 7–9 Monaten: Phase des Kern-Selbst-Empfindens,
zwischen 7–9 und 15–18 Monaten: Phase des (inter)subjektiven, bezogenen Selbst-Empfindens,
ab 15–18 Monaten: Phase des verbalen Selbst-Empfindens,

---

1 Nietzsche, a.a.O., S. 29.

ab 30–36 Monaten (und später): Phase des narrativen Selbst-Empfindens.[1]

Die Phase des auftauchenden Selbst (zwischen 0 und 2 Monaten)

Bereits während der ersten beiden Lebensmonate entwickeln Säuglinge aktiv ein Empfinden für ihr im Auftauchen begriffenes Selbst. Sie reagieren bereits im frühesten Stadium auf ihre soziale Umwelt. Sie suchen die für ihre Entwicklung angemessene sensorische Stimulierung. Sie äußern deutliche Vorlieben und Abneigungen gegenüber Sinneseindrücken und Wahrnehmungen. Das Gespür, was für sie »richtig« ist, ist angeboren. Wir finden hier eine direkte Entsprechung zur Kontinuum-Theorie Liedloffs. Säuglinge nehmen frühe »Einschätzungen« darüber vor, was in ihrer Welt vor sich geht. Dabei lassen sich affektive und kognitive Prozesse nicht trennen. Werden die vielfältigen, zunächst isolierten Erlebnisse des Säuglings auf irgendeine Weise miteinander in Beziehung gesetzt, so erlebt der Säugling das erste Auftauchen von Geordnetheit und Organisation. Ein Selbst-Empfinden kann überhaupt erst dann existieren, wenn schon eine irgendwie geartete Organisation entstanden ist, die als Bezugspunkt dient. Dieser erste Bezugspunkt ist der Körper: seine Kohärenz, seine Bewegungen und Handlungen sowie die mit ihm verbundenen Gefühle. Alle ersten Erfahrungen sind körpernahe Vorgänge, und die gesamte spätere Entwicklung des Selbst-Gefühls, des Selbst-Bewusstseins und des Selbst-Wertgefühls nehmen ihren Ursprung in diesen ersten Körpererfahrungen. Unsere frühesten Erinnerungen sind im Körper gespeicherte Erinnerungen und unser ursprüngliches Selbst ist zunächst immer »ein Körperselbst. Aus ihm heraus bilden sich nacheinander ein Körper-Ich und ein Körper-Schema heraus. Die sensomotorischen Prozesse des Körperselbst organisieren sich nach archetypischen Mustern.«[2] Diese Muster sind Bestandteil des menschlichen Kontinuums.

---

1 Ich habe die entwicklungspsychologischen Vorstellungen D. Sterns bereits in meinem Buch »Ecstasy – auf der Suche nach dem verlorenen Glück«, Weinheim und Basel 1998, vorgestellt.
2 G. Heisterkamp: Heilsame Berührungen. Praxis leibfundierter analytischer Psychotherapie. München 1993, S.10.

Liedloff beschreibt zusätzlich noch treffend ein pränatales Körper-Selbst. Das Kind im Mutterleib spürt und hört den Herzschlag der Mutter »und ihre Stimme sowie die Stimmen anderer Menschen und Tiere. Es vernimmt die Geräusche ihres Körpers beim Verdauen, Schnarchen, Lachen, Singen, Husten und so weiter und ist nicht beunruhigt, denn seine Anpassungen haben diese mit berücksichtigt.« Aufgrund entwicklungsgeschichtlicher »Erfahrung erwartet es die Geräusche, das Herumgestoßenwerden und die plötzlichen Bewegungen; sie sind Bestandteil der Erfahrung, die es zur Vollendung seiner vorgeburtlichen Entwicklung benötigt«.[1] Liedloffs mehr intuitive Annahmen sind mittlerweile durch intrauterine Ultraschall-Beobachtungsstudien bestätigt.

Die aktuellen Forschungsergebnisse Alessandra Piontellis beweisen eindrücklich, dass es ein erstaunlich differenziertes vorgeburtliches Erleben gibt, bis hin zum Empfinden dafür, ob ein Kind »richtig« und willkommen ist oder nicht. Piontelli bescheinigt dem Fetus bereits ab der 6./7. Lebenswoche eine »rudimentäre Fähigkeit zur ›Ich-Nicht-Ich‹ Differenzierung« sowie einen eigenen Willen. Eine »Art innerer Aktivierungsquelle« lässt ihn autonome, spontane Impulse ausführen. Sein bereits erstaunliches Empfindungsvermögen nährt ein eigenes »Seins-Gewahrsein«.[2] Piontellis Aufsehen erregende Beobachtungsstudie ist von herausragender Bedeutung. Sie erhärtet Sterns Grundannahmen zur differenzierten Lebenserfahrung des Säuglings.

Stern misst dem Säugling bereits unmittelbar nach der Geburt verschiedene Fähigkeiten zu, die in seiner frühesten Wahrnehmungswelt für Ordnung sorgen: vor allem die »amodale Wahrnehmung« und das Eintauchen in die »Vitalitätsaffekte«. Säuglinge verfügen über eine angeborene generelle Fähigkeit, Wahrnehmungen oder Informationen, die über verschiedene Sinneskanäle aufgenommen werden, miteinander in Beziehung zu setzen und zu vergleichen. Diese Fähigkeit bezeichnet Stern als »amodale« oder

---

1 Liedloff, a.a.O., S.42.
2 A. Piontelli: Vom Fetus zum Kind. Die Ursprünge des psychischen Lebens. Eine psychoanalytische Beobachtungsstudie. Stuttgart 1996, S. 323.

»transmodale Wahrnehmung«.[1] Die exakte Beobachtung dieses Phänomens hat frühere Vorstellungen über angeborene Fähigkeiten des Säuglings revolutioniert. Wie diese angeborenen Prozesse innerlich ablaufen, wissen wir nicht. Dennoch sind sie im Ergebnis beobachtbar. Darüber hinaus hat der Säugling sogar Wahrnehmungserwartungen im Sinne von »richtig« oder »nicht-richtig«. Er reagiert unmittelbar, wenn er etwas als nicht stimmig erlebt.

Durch die transmodale Wahrnehmungsfähigkeit des Säuglings, mit der er Merkmale von Menschen oder Dingen wie Form, Intensität, Bewegung, Gestalt, Rhythmus usw. als global registriert, lebt er in der Einheit der Sinne. Sein Erleben ist von Ganzheit geprägt. Dies schließt auch sein Empfinden für kategoriale oder diskrete Affekte wie Freude, Trauer, Zorn, Angst, Ekel usw. ein. Zusätzlich empfindet er Erlebnisqualitäten, die Stern »Vitalitätsaffekte« nennt. Dies meint die Aktivierungs- oder Intensitätskonturen seiner Welt, die genaue Stärke oder feinfühliger noch die Tönungen und Farben seiner Empfindungen. Sein Gefühlsleben ist dadurch bereits in hohem Maße differenziert. Von Säuglingen feinst unterschiedene Vitalitätsaffekte kann man mit Worten wie »explodierend, aufwallend, überflutend, sich hinziehend, schleichend, verblassend, flüchtig, pulsierend« usw. beschreiben.

Das auftauchende Selbst-Empfinden, das auch bereits auf andere Menschen bezogen ist, bedeutet, dass Säuglinge aufgrund sich wiederholender, spürbarer Strukturen im Wahrnehmungs- und Affektbereich in sich und der Außenwelt zusammenhängende Gefüge, Regelmäßigkeiten und gleichartige Konstellationen entdecken und dadurch ein Gefühl von auftauchender Ordnung entsteht. Diese Regelmäßigkeiten sind das Fundament des auftauchenden Selbst-Empfindens. Es gibt also keine anfängliche Hör-, Seh-, Körper- und Fühlwelt, die im Laufe der Entwicklung zu einer Einheit koordiniert werden, sondern eine ganzheitlich erlebte Welt, die sich im Laufe der Erfahrung in viele einzeln unterschiedene Welten aufgliedert.

---

1 Siehe dazu: D. Stern: Die Lebenserfahrung des Säuglings. 2. Aufl., Stuttgart 1992, S. 74ff., ergänzend M. Dornes: Der kompetente Säugling. Die präverbale Entwicklung des Menschen. Frankfurt 1993, S. 43ff. Dornes benutzt den Ausdruck »kreuzmodal«.

Die früheste Erlebniswelt des Säuglings ist nicht unbezogen, undifferenziert oder gar chaotisch, sondern von der ganz besonderen Ordnung einer empfundenen Ganzheit und »Richtigkeit«. Selbstverständlich bleibt dieses Erleben außerhalb des bewussten Gewahrseins oder gar Denkens. Es ist absolut präreflexiv und bewegt sich auf der Ebene unmittelbaren Erlebens. Mit diesem auftauchenden Selbst als Erfahrungsfundament und erstem Programmspeicher treten wir ein in die Welt.

Es ist für erwachsene Menschen schwierig, sich die besondere Ordnung in der Welt des Säuglings wirklich vorzustellen, weil sich sein Erleben unseren normativen erwachsenen Kategorien entzieht. Das »frühkindliche Erleben ist einheitlicher und globaler. Den Säugling kümmert es nicht, in welchem Bereich seine Erfahrungen auftreten. Er nimmt Empfindungen, Wahrnehmungen, Aktionen, Kognitionen, innere motivationale und Verhaltenszustände unmittelbar wahr: als Intensität, Form, Zeitmuster, als Vitalitätsaffekte, kategoriale Affekte, Lust oder Unlust. Dies sind die Grundelemente des frühkindlichen subjektiven Erlebens. Erkenntnisse, Aktionen und Wahrnehmungen als solche gibt es nicht. Alle Erfahrungen werden zu strukturierten Konstellationen sämtlicher Grundelemente des subjektiven Erlebens umgeformt.«[1]

Die Ergebnisse der Säuglingsforschung über die ersten Lebenswochen des Säuglings widerlegen auch die Vorstellung von der Existenz eines normalen infantilen Autismus, wie ihn Margaret Mahler und ihre Mitarbeiter konzipiert haben.[2] Sie verstanden unter Autismus die Innen-Bezogenheit des Säuglings, seinen Mangel an Interesse für seine äußere Umwelt und die noch fehlende Fähigkeit, diese überhaupt differenziert wahrzunehmen. Dieses Autismus-Konzept ist eindeutig widerlegt. Der Säugling ist zu außerordentlich differenzierten Sinneswahrnehmungen in allen Wahrnehmungsmodalitäten in der Lage. Sein Koordinationsvermögen ist bereits stark ausgeprägt und er sucht den aktiven Austausch mit seiner Umwelt im Sinne der für ihn »richtigen« sensorischen Stimulierung.

---

1 Stern 1992, S. 102.
2 Siehe dazu: M. S. Mahler/F. Pine/A. Bergman: Die psychische Geburt des Menschen. Symbiose und Individuation. Frankfurt 1978.

Die Phase des Kern-Selbst (zwischen 2–3 und 7–9 Monaten)

Sterns Hauptthese zur Empfindung eines Kern-Selbst ist, dass es zu keinem Zeitpunkt der Entwicklung eine undifferenzierte Verschmelzung von Selbst und Anderem (Symbiose) gibt. Damit steht er im Gegensatz zu bisherigen psychoanalytischen Entwicklungstheorien – vor allem zu Mahler, die davon ausging, dass Säuglinge eine undifferenzierte Phase der Verschmelzung oder »Dualunion« mit der Mutter erleben. Diese »normale Symbiose« war für sie das Primäre. Aus ihr entwickelt sich die Separation.[1] Stern dagegen sieht die Getrenntheitserlebnisse als das Primäre. Auf deren Basis werden Gemeinschaftserlebnisse mit einem Anderen möglich, die aber nicht das Gespür für das eigene getrennte Selbst auslöschen. Diese Entdeckung begründet auch eine Neufassung mancher »lieb gewonnener« Vorstellungen im Suchtbereich.

Bevor der Säugling zielgerichtet motiviert Kontakt und Beziehung zu anderen Menschen herstellt, entwickelt er anfänglich also erst einmal das stabile Empfinden eines Kern-Selbst und eines Kern-Anderen.

Aus vier verschiedenen Arten der Selbst-Erfahrung geht das Empfinden eines organisierten Kern-Selbst hervor: der Urheberschaft, der Selbst-Kohärenz, der Selbst-Affektivität und der Selbst-Geschichtlichkeit. Deren Verbindung verläuft völlig selbstverständlich und wird nicht bewusst vollzogen. Das Entscheidende ist das Selbst-*Empfinden* als die Integration des Erlebens. Der ordnende Akt ist also keine Leistung des verstandesmäßigen Bewusstseins. Auch Liedloff nennt den Bewusstseinszustand des frühen Säuglings eher »empfindend« denn »bewusst«.[2] In Form unmittelbaren Gewahrseins entwickelt das neugeborene Kind von den ersten Lebenstagen an ein Gefühl für die eigene Existenz sowie den eigenen Lebensfluss. Ein beständiger Strom von Empfindungen durchzieht das Selbst, das von Beginn an als integrierender psychischer Organisator tätig wird.

---

1 Siehe dazu: Mahler et al., a.a.O.; der theoretisch interessierte Leser sei zur Diskussion hierzu verwiesen auf: Dornes 1993, sowie ders.: Die frühe Kindheit. Entwicklungspsychologie der ersten Lebensjahre. Frankfurt 1997.
2 Liedloff, a.a.O., S.44.

Stern betrachtet die vier Arten der Selbst-Erfahrung auch als Selbst-Invarianten, d.h., als das, was angesichts aller Dinge, die sich verändern, unverändert bleibt. Auf der Grundlage dieser Selbst-Invarianten identifiziert der Säugling über die Prozesse der wechselseitigen Regulierung das eigene Kern-Selbst und den Kern-Anderen. Die höchst sozialen Prozesse und Interaktionen in dieser Lebensphase sind kaum kognitive Vorgänge, sondern absoluten Vorrang hat die Regulierung von Affekt und Erregung.

Die wichtigste Invariante des Kern-Selbst-Erlebens ist die *Urheberschaft*. Diese bezeichnet das sichere Gefühl des Säuglings, selbst der Urheber der eigenen Handlungen zu sein. In Verbindung mit dem eigenen Willensgefühl wird die Welt unterteilt in Wirkungen, die das eigene Selbst verursacht, und Wirkungen, die vom anderen bewirkt werden. Auf das Selbst-Gefühl von Urheberschaft und Wirksamkeit werde ich zur Erklärung von Suchtverhalten später einen Fokus legen.

Über verschiedene gleich bleibende (invariante) Merkmale des interpersonalen Erlebens wie Einheit des Ortes, Kohärenz der Bewegung, der zeitlichen Struktur, der Form sowie der Intensitätsstruktur entsteht das Gefühl, eine eigene körperlich abgegrenzte Einheit zu sein, die der Ort und Sitz von Empfindungen und Aktivitäten ist. Diese *Selbst-Kohärenz* ist die zweite wichtige Komponente des Kern-Selbst-Empfindens.

Selbst-Affektivität bedeutet die Wahrnehmung innerer unterschiedener Gefühlsqualitäten, die als Affekte in andere Selbst-Erfahrungen eingebettet sind. Wesentlich dabei ist, dass diese Gefühle eindeutig und unverwechselbar als dem eigenen Selbst zugehörig empfunden werden. Sie tragen damit zu urheberschaftlicher Eindeutigkeit bei.

Selbst-Geschichtlichkeit meint das Empfinden von Kontinuität. Das Selbst erlebt sich als eingebunden in ein fortdauerndes Sein. Auch wenn selbst bewirkte oder von außen bewirkte Veränderungen eintreten, bleibt ein fortdauerndes Gefühl von Beständigkeit erhalten. Nur so wird das Erleben des eigenen ununterbrochenen Da-Seins auch in der Zeit gesichert.

Da jedes Selbst und jeder Andere seine eigene unverwechselbare Kontur hat, die als Unterschied von Anfang an exakt wahrgenommen wird, werden auch Selbst und Objekt von Beginn an als getrennt empfunden. Durch die Integration von Selbst- und Objekt-Invarianten im »Gedächtnis« entsteht so frühzeitig ein einheitliches, organisiertes Empfinden vom eigenen Kern-Selbst und vom Kern-Anderen. Sie ist das Gegenteil von undifferenzierter Symbiose. Die wahrgenommene Unterscheidung von Selbst und Objekt ist präreflexiv. Sie ist eine Empfindung des frühen existentiellen Selbst im Lebensfluss und keine Leistung im Sinne eines vorhandenen reflexiven Ich-Bewusstseins. Ein »kategoriales Selbst, das den gefühlten Unterschied zu einem klaren Ich-Bewusstsein bringt«[1] wird erst viel später ausgebildet.

Stern geht wie kaum ein anderer darauf ein, wie sich der Säugling als Selbst in Beziehung zum Anderen erlebt. Er betrachtet intensive Wir-Gefühle in den frühesten erlebten Beziehungen als aktive Fähigkeit des Kleinkindes, zwischenmenschliche Gemeinsamkeit herzustellen und zu integrieren, und nicht als passives Unvermögen, Differenzierungen überhaupt zu empfinden oder zu entwickeln. In allen Beziehungen laufen ständige, gegenseitige Abstimmungs- und Regulierungsvorgänge ab. Insofern übernimmt das Gegenüber für den Säugling auch die Funktion eines das Selbst regulierenden Anderen. Bei allen objektiven Vorgängen, die unsere primären Bedürfnisse wie Liebe, Nähe, Geborgenheit, Körperkontakt und Sicherheit betreffen, werden so gemeinsam geschaffene Erfahrungen erlebt. Bei diesen höchst sensiblen sozialen Vorgängen übernimmt der Säugling überdies eine sehr aktive Rolle, um das für ihn »richtige« und angemessene Verhalten hervorzurufen. Solche zielstrebigen Eigenleistungen wurden ihm bisher nicht zugetraut. Über diesen Weg der wechselseitigen Regulierungsprozesse lernt das Kleinkind die lebenswichtigen »*Verbindungsschemata*«[2], d.h. die Muster, die eine andere Person als erreichbar zeigen, sowie das Bild von sich selbst als einem Wesen, das die Brücke zu eben jenem Anderen wirksam schlagen kann.

Über die prägende Rolle von Bewegung und Körperlichkeit entwickelt der Säugling zuerst grundlegende motorische Überzeugun-

---

1 Dornes 1993, S. 101.
2 Der Begriff stammt von G. Downing: Körper und Wort in der Psychotherapie. Leitlinien für die Praxis, München 1996, S.138.

gen, die er in jede zwischenmenschliche Interaktion mit einbringt. In Gemeinschaft mit dem Anderen kommen bestimmte affektive Färbungen sowie eine Reihe kognitiver Einschätzungen dazu. Das Zusammenspiel von sensorischen, motorischen, affektiven und kognitiven Ebenen bezeichnet George Downing als »affektmotorisches Schema«[1]. Es gibt angeborene, vorgeprägte Versionen dieser affektmotorischen Muster.

Viele Experimente mit Säuglingen beweisen, dass sie bei ihren Interaktionen mit den frühen Bezugspersonen von Anfang an deutliche Erwartungen haben nach bestimmten Regelmäßigkeiten im Umgang mit ihnen. Diese Erwartungen, bei denen es jedoch individuellen Spielraum gibt, betreffen die Intensität, den Rhythmus, das Ausmaß an Stimulierung und die »richtige« Wechselseitigkeit des Austauschs. Säuglinge erwarten eindeutig, dass eine Interaktion in bestimmten Bahnen verläuft. Eine unangemessene Entgleisung löst sofort gegensteuernde Reaktionen bzw. Unbehagen und Besorgnis aus. Wenn die Entwicklung ungestört verlaufen soll, kann sich das zwischenmenschliche Feld also nur in einem bestimmten Rahmen strukturieren.

Die hohe Kompetenz des Kleinkindes im Wahrnehmungs- und Gefühlsbereich ist zwar als menschliche Grundausstattung vorgegeben, muss aber durch seine Bezugspersonen gefördert werden, um ihre optimale Ausprägung zu erhalten. Das praktische »Wissen« um eigene und nicht-eigene Handlungsmöglichkeiten muss Schritt für Schritt erworben werden, um erfolgreich beziehungsfähig sein zu können. Als Voraussetzung gilt: Der »Selbst-Körper als eine Quelle von Wirkungskraft und Macht muss deutlich, muss differenziert werden. Und damit einhergehend auch der Andere-Körper, der Objekt-Körper, als einer, der erreichbar ist oder dem Grenzen gesetzt werden können und Ähnliches mehr.«[2] Über diesen Weg werden auf dem Fundament des Selbst-Gefühls von Urheberschaft und Wirksamkeit schrittweise die tragenden Wände und Säulen des praktischen Handlungswissens errichtet.

---

1 Ebd., S.130.
2 Ebd., S.173.

Der Säugling steht vor der schwierigen Aufgabe, seine in ihm angelegten Fähigkeiten dahingehend zu verfeinern, dass er sie urheberschaftlich einsetzen kann, um das für ihn »Richtige« zu erreichen. Dazu muss er seine Fähigkeiten in immer neuen Situationen praktizieren und erproben, um Lern-Erfahrungen zu speichern, die sein affektmotorisches Handlungsrepertoire bereichern. Seine Fähigkeiten lernend praktizieren kann der Säugling aber nur, wenn die Bezugspersonen in seiner Umwelt sie auf die »richtige« Art und Weise effektiv stimulieren und regulieren. Bereits die Beobachtungen Liedloffs unterstreichen die Bedeutung von Assoziieren und Differenzieren bei diesen Prozessen. Ausgehend von den eindeutigen Erwartungen seines menschlichen Kontinuums nimmt der Säugling die Welt zunächst als Ganzes in sich auf, um später durch immer feinere Ausdifferenzierung zu lernen, wie es ist, am Leben zu sein. Für den Säugling und seine Entwicklung entscheidend ist dabei immer die angemessene Qualität der zwischenmenschlichen Berührung. Er muss das »richtige« Handeln motorisch-affektiv mehrmals erleben, bevor es in das Selbst als Baustein stabil integriert wird. In diesem zwischenmenschlichen Tanz misst Downing den Differenzierungsschemata ein größeres Gewicht zu als Stern. Er teilt jedoch dessen Grundthesen über die frühe Entwicklung des Selbst sowie die durch ihn angeregte Neufassung der Konzepte und der zeitlichen Reihenfolge der Selbst-Objekt-Differenzierung wie Selbst-Objekt-Verbindung. Ebenso betont er ausdrücklich deren Nützlichkeit für die Erklärung auffälliger Verhaltensweisen oder klinischer Phänomene bei Kindern und Erwachsenen. Sucht ist eine solche erklärungsbedürftige Form abweichenden Verhaltens.

Ich fasse die wichtige Phase der Kern-Selbst-Entwicklung zusammen und stelle einen ersten Zusammenhang mit süchtiger Abhängigkeit her: Durch die komplexe Wahrnehmung der eigenen Handlungsfähigkeit und Affektivität in Abstimmung mit dem Anderen konsolidiert der Säugling zwischen dem 2/3. und 7/9. Lebensmonat die Empfindung eines Kern-Selbst als eigenständiger, kohärenter und abgegrenzter körperlicher Einheit. Er erlebt keine undifferenzierte symbiotische Phase. Das subjektive Erleben von intensiver Zweisamkeit bzw. des Einsseins mit einem anderen Menschen kann vielmehr erst entstehen, wenn das deutliche Empfinden eines Kern-Selbst und Kern-Anderen etabliert ist. Symbioseähnliche Verschmelzungserfahrungen werden dann als das Gelingen einer aktiv herbeigeführten Gemeinsamkeit mit dem Anderen erlebt, nicht aber als passive Unfähigkeit, zwischen Selbst und Anderem zu unterscheiden. Diese Reihenfolge der kindlichen Entwicklung war im Kern bereits formuliert von Liedloff, die sehr stark die aktive Rolle des Säuglings beim Herstellen von Gemeinschaftserfahrungen hervorhebt. Für sie ist gleichermaßen eindeutig erwiesen, dass sich der Säugling nur in den Situationen in weniger differenzierte emotionale Haltungen zurückzieht (regrediert), die er mit seinen gegenwärtigen Kräften nicht bewältigen kann. Wenn wir heute weiterhin mit dem Symbiosebegriff arbeiten, müssen wir ihn folgerichtig neu und präziser fassen. Dornes schlägt daher vor, Symbiose als den »Zufluchtsort des *überforderten* Säuglings« zu verstehen.[1] Seine Neudefinition werde ich weiter unten in mein Verständnis von süchtiger Abhängigkeit einführen, um die »Mär vom Fass ohne Boden« zu revidieren.

Wenn sich das Kern-Selbst bestimmungsgemäß im Rahmen seiner Toleranzgrenzen entwickelt, wird es zum tragenden Fundament eines Gefühls von existentieller Sicherheit. Als Urvertrauen ist es der sichere Hafen, von dem aus wir in die ruhigen Gewässer und die Stürme des Lebens starten. In seiner Eigenheit gelten für das vom Anderen getrennte Kern-Selbst die Zeilen eines Gedichts von Tove Ditlevsen:

»Mit dem Wichtigsten
auf der Welt
ist man
alleine.

Es ist eine
ewige Bürde
und eine
leise Freude,

---

1 Dornes 1993, S.77.

dass dich niemand
dort erreicht
und du keinen
hereinlässt.«[1]

Die Meisterung der Aufgabe, als vom Anderen getrenntes Wesen eigenständig zu existieren, ist ein Lebensthema und eine ewige Bürde. Es ist aber gleichzeitig eine leise Freude, entscheidungsmächtig über regulierungsfähige Selbst-Grenzen zu verfügen. Die Fähigkeit zur Abgrenzung geht so einher mit der Möglichkeit zur innigen Bindung unter Wahrung unseres inneren Kerns. Das Kern-Selbst indes auf- und an einen Anderen abzugeben bedeutet nicht symbiotische Verschmelzung als beglückender passagerer Zustand, sondern Selbst-Aufgabe in Abhängigkeit.

Im Kern-Selbst sind wir bleibend getrennt und vom Kern-Selbst aus stellen wir Gemeinsamkeit mit Anderen her. Das meint in letzter Konsequenz wohlverstandenes All-Ein-Sein. Es ist unser ureigenster Ruhepol im Universum.

Die Phase des subjektiven, bezogenen Selbst (zwischen 7–9 und 15–18 Monaten)

Eine neue Qualität erlebt der Säugling in seinem Selbst-Empfinden, wenn er entdeckt, dass er über ein eigenes Gefühls- und Seelenleben verfügt und dass selbiges auch auf die anderen Personen zutrifft. Wenn er ähnliche oder gleiche innere Zustände mit anderen teilen kann, wird»der Säugling in einen neuen *Bereich der intersubjektiven Bezogenheit* hineinkatapultiert. Eine neue organisierende subjektive Perspektive auf das Selbst taucht auf.«[2] Im zwischenmenschlichen Feld bewegt man sich von der Interaktion, bei der affektbetonte Handlungsmuster ausgetauscht werden, zur Beziehung, bei der das Gefühlserleben selber das Ziel und der erklärte Gegenstand des wechselseitigen Austauschs ist. Gemeinsames Erleben verschiebt sich von der Regulierung auf die Teilung innerer Wahrneh-

---

1 Zitiert nach: H. Mollehave: Lene. Reinbek bei Hamburg 1983, S. 261.
2 Stern 1992, S.180.

57

mungswelten. Damit ist das Empfinden im intersubjektiven Bereich durch die Verwandlung der zwischenmenschlichen Welt völlig verschieden von dem im Bereich der Kern-Bezogenheit, die jedoch weiterhin als Fundament bestehen bleibt.

Im Bereich der Kern-Bezogenheit bleibt die empathische, d.h. einfühlende Reaktion der Bezugsperson für den Säugling als Prozess noch unbemerkt. Er nimmt nur die Reaktion als solche wahr, die für ihn »richtig« oder »nicht-richtig« ist. Im Bereich der intersubjektiven Bezogenheit nimmt er nun auch den empathischen Prozess als solchen wahr. Wie einfühlsam bzw. uneinfühlsam seine Umwelt auf ihn reagiert, entscheidet über seine psychische Einbindung in die zwischenmenschliche Gemeinschaft bzw. über seine psychische Einsamkeit. Spätestens zu diesem Zeitpunkt der Entwicklung wird die zukünftige existentielle Befindlichkeit eines Säuglings geprägt.

Zwischenmenschliche Bezogenheit wird besonders durch drei innere Erlebnisweisen hergestellt: durch die gemeinsame Aufmerksamkeit, die gemeinsame Absicht und die Gemeinsamkeit affektiver Zustände. Das geteilte Erleben von Gefühlen ist das auffälligste Merkmal der intersubjektiven Bezogenheit. Dennoch weiß man bisher nicht, wie die gemeinsame Abstimmung von Emotionen eigentlich vonstatten geht. Sicher ist nur, dass die Prozesse, die Stern als wechselseitige Abstimmung von Affekten beschreibt, Zwischenmenschlichkeit auf hohem Niveau sind. Sie haben überwiegend transmodalen Charakter, indem sie intuitiv über die Grenzen der verschiedenen Sinnesmodalitäten verlaufen. Die amodalen Charakteristika von Affekten wie Intensität, Rhythmus, zeitliche Kontur und Gestalt sind die Wege der gemeinsamen Abstimmung. Die besondere Bedeutung von Rhythmus während der ersten Lebenserfahrungen des Säuglings hat bereits Liedloff treffend beobachtet. Rhythmus wird für den Säugling »zu einem Charakteristikum seiner Umwelt und bleibt mit der wohltuenden ›Richtigkeit‹ des eigenen Selbst assoziiert«, wenn die rhythmischen Abstimmungen angemessen sind.[1]

Obwohl bei diesen Ab- und Einstimmungsvorgängen organismische, motorische, affektive und »kognitive« Wahrnehmungen

---

1 Liedloff, a.a.O., S. 75.

zusammenspielen, lebt das Kind auch in der Phase der intersubjektiven Bezogenheit immer noch in der Einheit der Sinne. Seine Wahrnehmung der Welt bleibt eine ganzheitliche.

Stern entwickelt eine sehr feinfühlige Klassifikation der amodalen Ab- und Einstimmungsprozesse. Die Genauigkeit ihres Zusammenspiels, ihre »Richtigkeit« für das Kind, sind das Ziel, das in sich selbst entwicklungsfördernd sein soll. Das maximale Erleben von gemeinsam geteilten Gefühlen vermittelt die grundlegende Erfahrung, dass innere Zustände keine bloßen privaten Ereignisse sind, sondern soziale Prozesse und Beziehungsangelegenheiten von zutiefst sozialen Wesen. Es ist zugleich eine »Antwort auf die Frage: Siehst du, was ich fühle? Und es ist eine positive Reaktion auf das anthropologisch tief sitzende Bedürfnis nach Wahrnehmung und Anerkennung des eigenen Gefühlszustands.«[1] Exakt dieses Bedürfnis hat Liedloffs Kontinuum-Theorie in ihrem Verständnis von »Richtigkeit« erfasst. Danach ist für sie auch der Wunsch nach vertrauter Nähe zum Objekt ein angeborener und zutiefst menschlicher Impuls. Sterns Beobachtungen untermauern diese Annahme einer angeborenen sozialen Bezogenheit. Da das Wesen der Intersubjektivität darin besteht, affektive Zustände mit Anderen zu teilen und sich mitzuteilen, geht Sterns Theorie ebenso von einem primären Bedürfnis nach Kontakt und Berührung aus.

Die Nähe ist zum einen psychischer Natur, zum anderen aber auch konkret körperlicher Natur. Für die Entwicklung von Körpergefühl und Beziehungsfähigkeit ist nichts so entscheidend, wie die stimmige »Interaktion im Rahmen eines engen Körperkontakts«.[2] Entscheidend bei den Berührungsduetten ist nicht in erster Linie die Quantität der Körperkontakte, sondern die Qualität der Berührungen. Dies meint zum einen ihre harmonierende Stimmigkeit, zum anderen die Erfahrung des Kleinkindes, dass es selbst willentlich Berührung und körperlichen Austausch herstellen und regulieren kann. Orientiert sich der Körperkontakt nur an den Bedürfnissen des Anderen, verliert das Kind das Empfinden für seine körper-

---

1 Dornes 1993, S.159f.
2 Auf diese Tatsache machen M. Ainsworth u.a. Vertreter der Bindungstheorie aufmerksam, hier zitiert nach: Downing, a.a.O., S.152.

liche Urheberschaft und sein eigenes Wirkungsvermögen in der Gestaltung von Beziehung. In der alten occitanischen Sprache (Languedoc/Roussillon in Südfrankreich) gibt es ein Wort, das heißt: »mit dem Körper rufen«. Als vollkommenes Wort-Bild erfasst es intuitiv die lebenswichtige Bedeutung eines stimmigen Körperkontakts. Misslingt die Begegnung, bleibt die SehnSucht nach stimmiger Berührung lebenslang in den Zellen gespeichert und der Körper ruft nach einer korrigierenden Erfahrung.

Obwohl in der Phase des intersubjektiven Selbst-Empfindens bei den Abstimmungsprozessen auch schon Laute und Vokalisierungen eine erhebliche Rolle spielen, bewegt sich das Kind immer noch im vorsprachlichen Stadium seines Selbst-Erlebens. Mit dem Eintritt in die Welt der Symbole und Sprache findet eine einschneidende Veränderung im Selbst-Erleben statt.

Die Phase des verbalen Selbst (ab 15–18 Monaten)

Etwa in der Mitte des zweiten Lebensjahres beginnen Kinder, sich die Welt um sie herum auch mit Hilfe von Symbolen, Zeichen und Bildern vorzustellen – oder, wie man sagt, psychisch zu repräsentieren. Dies verändert ihre Weltsicht fundamental. Sie können sich nun selbst zunehmend zum Objekt der eigenen Reflexion machen, über Personen und Dinge kommunizieren, die nicht mehr direkt anwesend sind, im Spiel symbolisch handeln oder Gefühle und empathisches Verhalten in Worte fassen. Sie beginnen, von sich selbst als Person zu sprechen und konsolidieren ihre Geschlechtsidentität. Neue Formen von Gemeinsamkeit über die Sprache werden möglich. Dabei führt der Spracherwerb aber zu einem Selbst- wie zu einem interpersonalen Problem bei der Einordnung von Bedeutungen dessen, was wahrgenommen wird. Die Bedeutung im Sinne eines Bindeglieds zwischen erfahrener oder gedachter Welt und Wörtern ist nun keine naturgegebene, unmittelbar einleuchtende Tatsache mehr. Sie muss vielmehr zwischen dem Kind und den Eltern wechselseitig ausgehandelt werden. Bedeutungen ergeben sich also fortan aus Verhandlungen zwischen Kind und Bezugspersonen, die vereinbaren, was sie als gemeinsam verstehen. Neben dem individuellen Erleben von Wirklichkeit muss über gemeinsame Ich-Du-

und »*Wir*-Bedeutungen«[1] auch eine gemeinsame Konstruktion von Wirklichkeit hergestellt werden. In dieser Wirklichkeit wird das Kind fortan auch noch mit zusätzlichen Anforderungen konfrontiert, die sein bisheriges Welterleben und sein Gefühl von Eigen-Mächtigkeit zutiefst verändern.

Die Phase im Leben des Kindes, in der es selbstständig zu gehen und zu sprechen beginnt, ist eine hoch kritische Phase. Das Kind wird von der Mutter und anderen vertrauten Bezugspersonen aus der rein privaten Lebensordnung mit ihnen auf eine fremde, soziale Ordnung hin umorientiert. Bisher ging es für das Kind nur darum zu lernen, wie es ist, am Leben zu sein. Beziehungen und Interaktionen waren spielerisch, spontan und ungeplant sowie relativ unorganisiert, was ihre soziale Zielgerichtetheit betraf. Es ging im Erleben um Da-Sein und pures Zusammen-Sein. Nun wird vom Kind plötzlich verlangt, sein Da-Sein und Handeln auf lebenspraktische und sozial festgelegte Ziele hin auszurichten: Es soll selbstständig werden und sich sein Spielzeug selber holen; es soll bestimmte Verhaltensweisen beherrschen und ohne Hilfe aus seiner Tasse trinken; es soll sich sozialen Maßstäben gemäß gut benehmen und sein Essen nicht auf dem Tisch verteilen; es soll in jeder Hinsicht sauber werden und die aufregenden Spiele mit seinen Ausscheidungen sowie mit Pfützen, Sand und Schlamm aufgeben; es soll sozial hochkomplexe Situationen meistern und »danke« sagen; es soll seine Bedürfnisse kontrollieren lernen und auf seinen geliebten Keks warten können und so weiter. Zwar möchte das Kind vieles auch aus eigenem Antrieb lernen, doch wird es andererseits erheblich verunsichert und fürchtet die unpersönlichen Normen der nur schwer zu verstehenden sozialen Ordnung, die es so weit von der persönlichen Ordnung seiner frühen Kindheit fortführen.

Das Kind erreicht mit dem Spracherwerb zwar die nächste Entwicklungsstufe der sozialen Bezogenheit, wird aber auf ihr auch vermehrt mit vielen neuen Lebensanforderungen konfrontiert, die den Übertritt in die Welt der Sprache zur zweischneidigen Angelegenheit werden lassen.

---

1 Stern 1992, S. 242.

Das Kind verlässt vor allem den Bereich des nonverbalen ganzheitlichen Erlebens. Durch das Fassen in Worte kann das anfängliche globale Erleben jetzt zerrissen, entstellt oder unzulänglich wiedergegeben werden. Schließlich sind bestimmte ganzheitliche Erlebnisweisen – wie z.b. das eigentliche Empfinden eines Kern-Selbst – der Sprache überhaupt nicht in dem Maße zugänglich, dass sie einen Teil herausgreifen und mit Worten exakt wiedergeben könnte. Diese Erfahrungen führen dann einfach eine untergründige, wort- und namenlose, aber nichtsdestotrotz höchst reale wie lebensbestimmende Existenz. Das transmodale, ganzheitliche Erleben wird also aufgebrochen oder in den Untergrund verbannt.

Der Erwerb der Sprache ist ein gewaltiger Entwicklungsschritt, aber eben einer mit zwei Gesichtern. Das Kind gewinnt enorm hinzu, verliert aber mindestens ebenso viel. Die Welt der Sprache ist noch anfälliger für Verwirrung in den Beziehungen als die non-verbalen Interaktionssysteme zu Zeiten der Kern-Bezogenheit und der intersubjektiven Bezogenheit. Das Kind erlebt echte Missverständnisse in Bezug auf Inhalt und Bedeutung von Wörtern. Es probiert unter großen Schwierigkeiten, innere Befindlichkeiten, Gefühle, Affekte und persönliche Überzeugungen in angemessene Sprache zu kleiden. Das Auseinanderfallen von verbalen und affektiven Botschaften in »double-bind«-Situationen[1] nimmt dem Erleben des Kindes überdies die sichere Eindeutigkeit. Die Sprache trennt die zwei simultanen Formen von zwischenmenschlichem Erleben: die Form, wie wir Interpersonalität direkt leben, und die Form, wie wir sie verbal ausdrücken. Wenn das, was wir sprachlich ausdrücken, vom Kind zunehmend als das Wirkliche betrachtet wird, unterliegt sein Erleben in den anderen Wahrnehmungs-Bereichen einer Entfremdung. Durch den von der Sprache erzwungenen Zwischenraum zwischen erlebter und sprachlich repräsentierter Erfahrung wird also eine Spaltung im Selbst-Erleben bewirkt. Zusätzlich verlagert die Sprache die Bezogenheit von der persönlichen, unmittelbaren Ebene der Selbst-Empfindungsbereiche auf die ihr eigene unpersönliche und abstrakte Ebene.

---

1 Der Begriff wurde von G. Bateson 1956 geprägt. Siehe dazu: Bateson, G., Jackson, D., Haley, H., und Weakland, J.: Vorstudien zu einer Theorie der Schizophrenie. In: G. Bateson: Ökologie des Geistes. Frankfurt 1981, S. 270–301).

Die Phase des narrativen Selbst (ab 30–36 Monate und später)

Während der Phase des verbalen Selbst lernt das Kind den grundlegenden Gebrauch von Wörtern. Es erzählt indes noch keine Narrative. Die Phase des narrativen Selbst setzt ein, wenn Kinder über die reine Bezogenheit mit Wörtern hinaus ihre Gefühle, Erlebnissse und Absichten in erzählender Form organisieren. Narrative sind Geschichten über das Leben und zugleich seine »Grundbausteine«.[1] Die Geschichten haben eine Oberflächen- und eine Tiefenstruktur. Erstere ist die explizit erzählte Geschichte. Die Tiefenstruktur dagegen erfasst den intuitiv empfundenen Teil des zwischenmenschlichen Erlebens, der nicht in Worte zu fassen ist.

Die Tiefenstruktur eines Narrativs gehört damit zur »Kategorie des prozeduralen oder impliziten Wissens«. Neugeborene verfügen von Geburt an über ein implizites »Beziehungswissen«[2], wie sie sich in bestimmten Situationen »richtig« verhalten. Solches Wissen, über das wir nie nachdenken müssen, weil wir automatisch darüber verfügen, ist unbewusst. Wie es uns von Geburt an mitgegeben wird, wissen wir nicht. Liedloff würde es mit dem Kontinuum-Wissen erklären.

Implizites Wissen hat eine erzählähnliche, narrative Struktur, obwohl es nicht verbalisiert wird. Das passive Verstehen der besonderen Erzählstruktur beherrschen Säuglinge von klein auf. Darüber hinaus begreift sich ein Säugling als Urheber von Handlungen, er verfolgt Ziele und bringt Orte wie Akteure in Zusammenhang mit dem erlebten Geschehen. Er verfügt damit über alle Elemente einer interaktiven Handlung.

Während der Phase der intersubjektiven Bezogenheit kommt die Fähigkeit hinzu, Gefühlszustände zu teilen. Sie werden jedoch noch nicht nachdenkend in Worte gefasst. Selbst wenn die persönliche Wirklichkeit eines Kindes mit beginnender verbaler Bezogenheit zunehmend durch ihre Reflektion im Spiegel der Sprache ge-

---

1 D. N. Stern: Das narrative Selbst. In: P. Buchheim, M. Cierpka, Th. Seifert (Hrsg.): Das Narrativ – aus dem Leben Erzähltes. Lindauer Texte. Berlin, Heidelberg, New York 1998, S. 1.

2 Ebd. S. 3.

brochen wird und es beginnt, sie in Sätzen zu fassen, spricht es noch nicht in episodischer Erzählform. Strukturierte Narrative entwickeln sich erst, wenn ein Kind selbst-reflexiv Geschichten über sein eigenes Leben zu erzählen beginnt. Von diesem Zeitpunkt an zerlegen wir unser gesamtes Leben in narrationsähnliche Episoden, die uns als verdichtete Erfahrungen ein Gefühl von Kontinuität und Bedeutung vermitteln. Entwickelt werden die selbst-biographischen Geschichten aus dem gemeinsamen Leben mit Anderen. Es ist ein hoch entwickelter Prozess, weil beide Seiten gemeinsam den Teil der Realität gestalten, der die Form eines einzelnen Narrativs annimmt. Es ist eine gemeinsame Konstruktion von Wirklichkeit. Was die Akteure so miteinander entwickeln, »wird die ›offizielle‹ autobiographische Version ihres Lebens« bzw. die »historische ›Wahrheit‹«.[1]

Narrative als verdichtetes, erzähltes Leben können nur reichhaltig werden, wenn sie die gelebte Dynamik, den Rhythmus, die Spannungsbögen des Geschehens sowie die Farben und Tönungen der emotionalen Empfindungen beinhalten. Bleibt die Gemeinsamkeit unbelebt, verblassen die Farben in den Geschichten des Lebens.

---

1 Ebd. S. 8.

Eine erste Entstehung von Suchtstrukturen durch Brüche im Selbst-Empfinden

Die Entstehung und sichere Konsolidierung einer jeden Selbst-Empfindung ist eine kritische Phase im Leben eines Kindes. Sie kann für das Kind angemessen und befriedigend verlaufen, sie kann aber auch durch die Komplexität der wechselseitigen Regulierungsvorgänge so empfindlich gestört werden, dass ein stabiles Selbst sich gar nicht oder nur bruchstückhaft zu entwickeln vermag. In diesem Falle wird auch eine Kontinuum-gerechte Entwicklung im Sinne Liedloffs blockiert.

Neugeborene Kinder bringen erhebliche individuelle Unterschiede mit auf die Welt. Diese Unterschiede betreffen mindestens ihre konstitutionellen Fähigkeiten, ihr Temperament sowie ihre pränatalen »Erfahrungen«. Gemeinsam ist ihnen die Kompetenz, Wahrnehmungen aus einer Sinnesmodalität in eine andere zu transformieren, um so über organismische Empfindungen und vielfältige Affekte erste Inseln im Selbst zu organisieren. Die schwierige Aufgabe der betreuenden Personen ist es, das für die gemeinsame Interaktion jeweils passende Stimulierungsniveau herauszufinden, wobei es für verschiedene Personen und verschiedene Arten der Stimulierung voneinander abweichende Toleranzschwellen gibt.

Kommt es in der Phase des auftauchenden Selbst bereits zu Vernachlässigung, Störungen, Übergriffen oder invasiven Eingriffen, die die Bewältigungs- und Regulierungsmechanismen des Säuglings übersteigen, wird die Ausbildung eines Kern-Selbst und Kern-Anderen und damit die gesamte soziale Bezogenheit massiv gefährdet.

Ohne angemessene Anregung von außen kann ein Kind seine angelegten Fähigkeiten nicht entwickeln. Was für es angemessen ist, »weiß« es aus der angeborenen Kontinuum-Erfahrung. Angemessene Stimulierung bedeutet nicht »perfekte gemeinsame Konturierung der Erregung«[1], sondern das gemeinsame Spiel mit konstruktiver entwicklungsfördernder Unter- und Überstimulierung in der dem jeweiligen Kind eigenen Toleranzgrenzen. Mit erwartungsgemäßer tolerierbarer Überstimulierung werden Kinder spielend fertig, sie bereichert sogar das Selbst-Erleben des Kindes. Auch richtig dosierte Frustrationsepisoden wirken entwicklungsfördernd. Unerträgliche Überstimulierung überfordert aber die Bewältigungsmechanismen des Säuglings im Bereich der Kern-Bezogenheit. Aufdringliche Überstimulierung ist z.b. die invasive Verfolgung mit dem eigenen (Erwachsenen-)Blick, wenn Kinder den Blickkontakt von sich aus unterbrechen. Auch ausgeprägte Kontrolle aller Aktivitäten des Kindes durch seine Bezugsperson sind eine Form unerträglicher Fehlstimulierung. Die Adaptions- und Reaktionsmöglichkeiten der Kinder variieren: Einige wehren sich aktiv, andere ziehen sich zurück oder passen sich extrem an. Eine ständige unangemessene Überstimulierung während der Phase der Kern-Bezogenheit kann in späterer Lebenszeit zum Gebrauch ruhig stellender Drogen prädisponieren. Aber auch das Gegenteil ist möglich: Ein fortwährend unter Strom stehender Mensch greift zusätzlich noch zu Stimulantien, um sein Erregungsniveau künstlich hoch zu halten, weil er einen Spannungsabfall sowie ruhigere Befindlichkeiten nicht ertragen kann.

Unerträgliche Unterstimulierung kann die Ausbildung eines stabilen Kern-Selbst ebenfalls stark gefährden. Vielfältige Interaktionserfahrungen mit einem das eigene Selbst regulierenden Gegenüber sind für die normalerweise zu erwartende Selbst-Entfaltung eines Kindes unerlässlich. Fehlt das volle Spektrum an Stimulierung, Antwort und Spiegelung, so entstehen notwendigerweise Erfahrungs- und Entwicklungsdefizite. Ist die Entwicklung so beeinträchtigt, dass sich erste auffällige Symptome ausbilden, können wir von Krankheiten sprechen, die auf der mangelnden Sensibilität des Selbst-regulierenden Anderen beruhen. Die sich selbst aufrichtende Tendenz der affektmotorischen Muster hilft den aktiveren Kindern über eigene Anstrengung doch noch Gefühle des verbundenen Zusammenseins mit einem Anderen herzustellen. Vielleicht

---

1 Stern 1992, S. 270.

werden diese später einmal sehr leistungsorientiert. Wo die regulativen Kräfte des Kindes nicht stark genug sind, der Unterstimulierung aktiv zu begegnen, schlagen Kinder den depressiven Weg ein. Andauernde Unterstimulierung führt in späteren Lebensjahren vielleicht zum Gebrauch stimulierender Suchtmittel.

Für alle primären Bedürfnisse und Motivationssysteme des Säuglings gibt es durch angemessene oder unangemessene Regulierung unterschiedliche Entwicklungslinien, die die Konstituierung des Kern-Selbst ausmachen. Als Einheit der vier Selbst-Invarianten Urheberschaft, Kohärenz, Affektivität und Kontinuität ist das Empfinden eines Kern-Selbst immer fließend. Verläuft die Entwicklung angemessen, ist das Selbst-Empfinden im Gleichgewicht. Weil sich das Gleichgewicht aus einer Fülle von dynamischen Interaktionsprozessen ergeben muss, ist es aber zugleich ständig gefährdet. Störungen im aus dem Gleichgewicht gebrachten Kern-Selbst-Empfinden sowie Angst vor invasiven Beeinträchtigungen lassen sich in der Realität häufig feststellen. Donald W. Winnicott gebührt das Verdienst, die möglichen »archaischen Qualen« oder »unvorstellbaren Ängste« von Kindern benannt zu haben: Isolierungsgefühle, »weil es keine Kommunikationsmöglichkeit mehr gibt«, den Anderen zu erreichen, Angst »auseinander zu fallen«, »keine Beziehung zum Körper zu haben«, »ins Bodenlose zu fallen«, »orientierungslos zu sein«, die Gewähr eines »fortwährenden Seins« zu verlieren.[1] Für Kinder sind dies keine phantasierten Ängste, sondern organismische und gefühlsmäßige Realität, weil ihr Erleben direkt, unmittelbar und ganzheitlich ist. Die Beschreibungen ihrer Ängste durch Winnicott dagegen können nur in Bildern und Metaphern aus Erwachsenensicht erfolgen. Viele seiner Beschreibungen unterstreichen indes deutlich, dass das erste Selbst-Erleben ein körperliches ist. Es ist als geprägtes Muster im Körper-Gedächtnis gespeichert und dort wieder zu mobilisieren.

Stern übernimmt den Ausdruck »archaische Qualen« von Winnicott und bezeichnet damit speziell Brüche in jenen Lebensfunk-

---

1 Siehe dazu D. W. Winnicott: Von der Kinderheilkunde zur Psychoanalyse. München 1976; ders.: Reifungsprozesse und fördernde Umwelt. München 1974; sowie ders.: Vom Spiel zur Kreativität. Stuttgart, 4. Aufl. 1987.

tionen, »deren kontinuierliche Aktivität zur Aufrechterhaltung der wichtigsten sozialen oder interpersonellen Zustände erforderlich ist«. Für ihn muss der Säugling immer dann ganz globale archaische Qualen erleiden, wenn »zeitweilige und partielle Auflösungen des Kern-Selbst-Empfindens eintreten«, Phänomene also, wie wir sie vermehrt auch bei vielen suchtkranken Menschen mit Persönlichkeits»störungen« beobachten können. Diese ganzheitlichen Qualen treten auf, lange bevor aufgrund erster kognitiver Einschätzungen im Alter von ungefähr sechs Monaten zum direkten Erleben der Qual noch die Angst hinzukommt. Furcht- und Angstgefühle, wie Erwachsene sie kennen, resultieren aus der Fähigkeit, eine situationsbezogene Einschätzung der unmittelbar bevorstehenden Zukunft vornehmen zu können. Diese Fähigkeit wird von Kindern erst jenseits des sechsten Lebensmonats ausgebildet. Qualen, die sie in der Phase der Kern-Bezogenheit leiden, sind daher umfassende, sie völlig ausfüllende Leiden. Ihre Dosierung hängt von der gelebten zwischenmenschlichen Realität ab. Führt Letztere während der Ausprägung der Kern-Bezogenheit bei einem Säugling zu auffälligen Problemen wie Schlaf- oder Ernährungsstörungen, stellen diese niemals »Anzeichen oder Symptome eines intrapsychischen Konflikts dar«. Vielmehr spiegeln sie die vom Säugling erlebte fortdauernde zwischenmenschliche Beziehungsrealität, sodass wir sie als unmittelbare Ausdrucksformen eines problematischen interpersonalen Austauschs, »nicht jedoch als Psychopathologie auf der dynamischen Ebene betrachten können«.[1] Es gibt beim Säugling in dieser Phase genau genommen keine seelischen Störungen, sondern nur gestörte Beziehungen, in die er eingebunden ist.

Liedloffs frühere Beobachtungen betonen ebenfalls die prägende Kraft der Beziehungsrealität. Die natürlichen angeborenen Erwartungsfolgen des Säuglings mischen sich mit dem realen Beziehungsgeschehen. Das Ausmaß der Differenz zwischen erwarteter und realer Beziehung bestimmt auch das Ausmaß von Wohlbefinden des Säuglings oder seiner archaischen Qualen. Eine unangemessene Differenz bestimmt im späteren Leben dann auch die Entfernung, die einen Menschen von seiner angeborenen Glücksfähigkeit

---

1 Stern 1992, S. 284.

trennt. Die durch gestörte Beziehungen betrogenen Erwartungen des Säuglings an das Leben können noch eine Zeit lang als leise Hoffnungen überdauern. Beständig erlittene Enttäuschungen finden jedoch ihren langfristigen Niederschlag in Misstrauen, Zweifel, Angst vor weiterer Verletzung oder Resignation. Liedloff sieht in solchen Reaktionen »Schutzvorrichtungen des Kontinuums in Aktion«.[1] Resignation und Depression als Ergebnis getäuschter Hoffnungen bewirken letztlich eine fatale Betäubung des angeborenen Grundvertrauens, dass Erwartungs- und Motivationsfolgen angemessen erfüllt und befriedigt werden. An dem Punkt, an dem ihre jeweiligen Bedürfnisse nach förderlichen Erfahrungen nicht mehr ausreichend erfüllt werden, kommen die kindlichen Entwicklungsreihen und Motivationssysteme in Folge zum Stillstand. Aber alle vorhandenen Entwicklungsreihen, ob in Gänze entwickelt, blockiert oder verstümmelt, wirken weiter so zusammen, wie sie entwickelt sind, »eine jede in Erwartung jener Erfahrung, die ihr Bedürfnis erfüllen kann, und unfähig, sich irgendetwas anderem zuzuwenden. Das Sichwohlfühlen hängt sehr davon ab, *in welcher Weise* und inwiefern ihr Funktionieren begrenzt ist.«[2] Für die Extremfälle gestörter Beziehungen hat das Kontinuum keine Lösung mehr. Aber solange der Mensch lebt, werden die Urkräfte des Kontinuums sich immer wieder bemerkbar machen, um ihn daran zu erinnern, sich um die Erlangung seines inneren Gleichgewichts zu bemühen. Alle in ihrer Funktion begrenzten affektmotorischen Muster behalten ihre sich selbst aufrichtende Tendenz sowie ihr angeborenes Entwicklungspotential. Sie warten regelrecht auf einen situativ stimmigen Auslöser, um wieder an ihren bestimmungsgemäßen Reifungsprozess anknüpfen zu können. Damit beinhaltet die Kontinuum-Theorie auch eine Begründung für den so genannten Wiederholungszwang, der blockierte Entwicklungen einer angemessenen Lösung zuführen soll.

In der Phase des Kern-Selbst-Empfindens konsolidiert sich entweder das normalerweise zu erwartende Gefühl von Stimmigkeit und »Richtigkeit« des eigenen Selbst oder es kommt zu ersten

---

1 Liedloff, a.a.O., S. 45.
2 Ebd., S. 46.

Bruchstellen in der Struktur des Selbst. Außerdem werden die individuellen Wege eingebahnt, wie künftig das wichtige innere Gleichgewichtsempfinden reguliert werden kann. Tief reichende Brüche im Selbst-Empfinden führen zu narzisstischen oder Persönlichkeits»störungen«, wie sie vermehrt bei süchtig Abhängigen diagnostiziert werden. Bei derart verletzten Menschen finden die archaischen Qualen der Säuglinge ihre Entsprechung auf der Erwachsenenebene: Fragmentierungsängste als Brüche der Kohärenz, Gelähmtheit in der Handlung und der Willensbekundung als unmittelbarer Ausdruck fehlender Urheberschaft oder Wirksamkeit, Vernichtungsängste als Brüche im Kontinuitätsempfinden sowie Dissoziationserleben als Störung in der Einheit von körperlichem und seelischem Affektempfinden können innerhalb eines weiten Angstspektrums streuen. Es reicht von rational zu kontrollierenden passageren Verunsicherungen bis zum Sich-Verlieren in Zuständen unvorstellbarer Panik. Die entsprechenden Wahrnehmungen sind jedoch stets in einem spezifischen Bereich des Kern-Selbst-Empfindens lokalisiert.

Die Entwicklungsthemen, um die es während der Entstehungsphase der intersubjektiven Bezogenheit geht, sind die gleichen wie während der Phase der Kern-Bezogenheit. Nun allerdings steht nicht mehr die Selbst-Regulierung durch den Anderen im Zentrum der Wahrnehmung, sondern die wechselseitige Beeinflussung und vor allem die Teilung des inneren Erlebens von Menschen. Die Fähigkeit, das subjektive innere Erleben mit dem Gegenüber zu teilen, wird durch feinste Abstimmungsprozesse gefördert oder behindert. Durch selektives Abstimmungsverhalten der Bezugspersonen wird die seelische Erlebniswelt des Kindes konturiert. Je breiter die Skala von Erlebnisweisen, Affekten, Aktivierungsstufen und Vitalitätsaffekten ist, die von den Bezugspersonen berücksichtigt werden, desto farbiger und lebendiger wird die Welt des Kindes. Je mehr sich die Skala verengt, desto mehr Grautöne oder sogar Schwarz enthält die Welt, desto unlebendiger wird das Erleben des Kindes. Erfahren Kinder auf eigene Teile ihres reichen Innenlebens keine Antwort und Abstimmung, fallen diese aus der interpersonalen Welt heraus. Sie sind nicht mitteilbar, können aber »privat« überdauern. Umgekehrt erfahren diejenigen kindlichen Gefühlszustände eine Betonung oder Verstärkung, die von den Betreuungspersonen in der gemeinsam gelebten Wirklichkeit besonders gewürdigt werden. Dies ist auch der Mechanismus, über den ein »falsches Selbst«[1] angelegt wird. Dabei wird jener Teil des inneren Erlebens, der beim Anderen bevorzugte zwischenmenschliche Akzeptanz findet, auf Kosten der übrigen, ebenso legitimen Teile des Selbst-Erlebens in der Interaktion besonders aktiviert. Ein ganzes Repertoire von Erfahrungen wird unter Umständen aus dem zwischenmenschlichen Erleben ausgeschlossen. Erste Entfremdungserfahrungen und Verdrängungen greifen Raum, wenn gewünschte Verhaltensweisen positiv beantwortet, andere aber entweder gar nicht wahrgenommen werden, unbeantwortet bleiben oder sogar spürbar abgelehnt werden. Diese Prozesse werden üblicherweise als »Spiegelung« bezeichnet. In den aufeinander folgenden Phasen des Selbst-Erlebens umfasst die Spiegelung nach Stern jedoch drei unterschiedliche zwischenmenschliche Prozesse mit jeweils altersspezifischer Funktion: Während der Phase der Kern-Bezogenheit beinhaltet die Spiegelung das angemessene Reagieren und Regulieren, während der Phase der intersubjektiven Bezogenheit geht es um die wichtigen Abstimmungsprozesse und während der Phase der verbalen Bezogenheit muss die Wahrnehmungswelt des Kindes auch sprachlich bestätigend gespiegelt werden, wenn es verstärkende Resonanz erfahren soll.[2] Ich füge einen vierten Aspekt hinzu: Während der Phase der narrativen Bezogenheit beinhaltet Spiegelung überdies das gemeinsame Kreieren von Lebensgeschichten mit einer möglichst genauen Übereinstimmung von erzählter oder gedachter sowie tatsächlich erlebter Geschichte. Insbesondere müssen die Vitalität, die Spannungsbögen, die Gefühlsfarben sowie die affektiven Tönungen des lebendigen Geschehens treffend erfasst werden.

Unsensible Fehlabstimmungen können das Erleben des Kindes verändern, es ihm über einen »Raub der Gefühle«[3] sogar gänzlich nehmen. Wenn das Gefühl für authentische, stimmige Abstimmun-

---

1 Zu diesem Begriff siehe D. W. Winnicott: Ich-Verzerrung in Form des wahren und des falschen Selbst. In: Reifungsprozesse und fördernde Umwelt.
2 Vgl. Stern 1992, S. 295.
3 Ebd., S. 299.

gen und Aufrichtigkeit beeinträchtigt wird, läuft das darauf hinaus, dass diese Menschen sich später nicht mehr auf ihre Gefühle verlassen können. Gravierende Abstimmungsmängel und Nicht-Authentizität während der Phase intersubjektiver Bezogenheit machen zuverlässige zwischenmenschliche Orientierung zunichte.

Verlaufen Entstehung und Konsolidierung der Phase der intersubjektiven Bezogenheit, die mit sieben bis neun Monaten beginnt und etwa im Alter von achtzehn Monaten in die Phase der verbalen Bezogenheit mündet, nicht ausreichend stimmig, können erste neuroseähnliche Symptome, charakterliche Auffälligkeiten und Selbst-Defekte beobachtet werden. Die Selbst-Verunsicherung kann das Gefühl für die Selbst-Kerne so tief greifend beschädigen, dass Menschen in späteren Jahren unter der Überzeugung leiden: »Ich stimme nicht.«[1] In den drei knappen Worten ist das existentielle Lebensgefühl vieler suchtkranker Menschen komprimiert.

Paradoxerweise kann die Sprache sowohl einen gewaltigen Realitätsgewinn ermöglichen, als auch durch die ihr eigenen Mechanismen die Realität, wie wir sie wahrnehmen, entstellen. Die Sprache spaltet das zwischenmenschliche Selbst-Erleben in das unmittelbare Erleben und in dessen sprachliche Fassung. Die unterschiedlichen Versionen der Realität begünstigen auch das Auseinanderklaffen von Selbst-Empfindungen. Ein »falsches« und ein »wahres Selbst« entstehen, »wenn das persönliche Erleben des Selbst in zwei Kategorien gespalten wird. Bestimmte Selbsterfahrungen werden selektiert und gesteigert, weil sie den Wünschen und Bedürfnissen eines anderen (des falschen Selbst) entsprechen, ohne Rücksicht darauf, dass sie unter Umständen von denjenigen Selbsterlebnissen abweichen, die in höherem Maß durch den ›inneren Entwurf‹ (das wahre Selbst) bestimmt sind«.[2] Dieser Spaltungsprozess beginnt während der Kern-Bezogenheit und wird durch selektive Abstimmung während der intersubjektiven Bezogenheit weiter befördert. Auf der Entwicklungsstufe der verbalen Bezogenheit kann die Spaltung schließlich dadurch verfestigt werden, dass dem Selbst eine zwar

---

1 Vgl.: M. Lawrence: »Ich stimme nicht«. Identitätskrise und Magersucht. Reinbek bei Hamburg 1986.
2 Stern 1992, S. 318.

falsche, aber verbal privilegierte Fassung der Wirklichkeit vermittelt wird. Sprachliche Aussagen darüber, wer das Kind ist, was es tut, was es fühlt, was es erlebt, können es in eine völlig falsche Richtung führen und es sich selbst entfremden. Sein inneres Selbst-Erleben kann völlig verschieden sein von der sprachlichen Rückmeldung, die es von außen erhält. Es verfügt dann zwar nach wie vor über viele Gefühle, Wahrnehmungen und Erlebnisweisen, kann aber nichts davon adäquat in Worte übersetzen. Deshalb ist es in dieser Phase der Bezogenheit von größter Bedeutung, dass dem Kind getreue Spiegelungen angeboten, seine Gefühle und Wahrnehmungen einfühlsam erfasst und sprachlich bestätigt werden. Nur so kann es »richtig« bleiben. Anderenfalls können tiefe Verlassenheitsgefühle und Trauer entstehen, weil den Gemeinsamkeitserlebnissen auf der sprachlichen Ebene die innere Verbundenheit fehlt.

Zum ersten Mal wird jetzt auch Selbst-Täuschung und Realitätsverzerrung möglich, wenn nämlich bei innerlich gleichermaßen »realen« Erfahrungen der sprachlichen Fassung der Welt immer das lebensbestimmende oder handlungsleitende Gewicht zugemessen wird.

Im narrativen Selbst kann das Auseinanderfallen von erzählter oder gedachter sowie tatsächlich erlebter Geschichte immer fester zementiert werden. Die Einheit beider Fassungen vermag völlig verloren zu gehen. Die verdichtete Geschichte, die ein Mensch über seine Vergangenheit konstruiert, an die er glaubt, nach der er lebt und die er erzählt, nimmt eine so überzeugende »narrative Kohärenz« an, dass sie »sein gegenwärtiges psychisches Leben stärker beeinflusst als die ›historische Wahrheit‹, die man ohnehin nur durch die Narration kennen lernen kann«.[1] Die historische, tatsächlich erlebte Wahrheit kann durch eine narrativ konstruierte Lebensgeschichte völlig überschrieben werden, mit allen selbst-entfremdenden Konsequenzen. Nicht zutreffend ist allerdings, dass nach einer solchen Überarbeitung der Vergangenheit eines Menschen einzig noch die narrative Wahrheit existiert. Seine gelebte Wahrheit ist im

---

1 D. N. Stern: Die Mutterschaftskonstellation. Eine vergleichende Darstellung verschiedener Formen der Mutter-Kind-Psychotherapie. Stuttgart 1998, S. 50.

späteren Leben einer detailgetreu nachempfundenen Rekonstruktion zugänglich, und zwar unter Umständen, in denen durch wieder erweckte Erinnerungen des Körpergedächtnisses alle Speicherformate des ursprünglichen Erlebens reaktiviert werden. Im Körper-Gedächtnis sind nämlich die gelebten Original-Versionen biographisch bedeutsamer Ursprungssituationen unvergesslich eingebrannt.

Menschen verbannen nahezu regelhaft Teile ihres Erlebens in den seelischen Untergrund oder formen es so um, dass die Realität erträglicher erscheint. Für die so vollzogene narrative Umgestaltung der faktisch erlebten Wahrheit gibt es neuerdings einen überaus eindrücklichen Beleg von Piontelli: Mittels Ultraschall hat sie ausführlich das Erleben von Feten im Mutterleib verfolgt. Nach der Geburt wurden die Neugeborenen über Jahre hinweg aufmerksam von ihr begleitet und beobachtet. Besonders auffällig war, dass die Kinder im Alter von vier bis fünf Jahren »die ›Fakten‹ des pränatalen Lebens« umarbeiteten, also genau zu der Zeit, zu der die narrative Fassung der Welt wachsende Bedeutung erlangt. Die lineare, ursprüngliche Version der Vergangenheit, die bis dahin kontinuierlich im beobachtbaren Verhalten der Kinder weiterwirkte, verlor ihre realistische Qualität und wurde stark mit »Phantasieaffekten« verbunden. Die Phantasie vermochte die Wirklichkeit zu verdrängen.[1]

Welchen Stellenwert im Leben von Kindern Abwehrprozesse und Abwandlungen der Realität, die das symbolische Medium Sprache sowie Phantasievorstellungen ermöglichen, tatsächlich einnehmen, wird erst in späteren Entwicklungsjahren in vollem Umfang deutlich. Narrative Überarbeitungen im Rahmen einer für die Vergangenheit tolerierbaren Geschichte bleiben ohne verwirrende

---

1 Piontelli, a.a.O., S. 330; im wissenschaftlichen Diskurs gibt es aktuell eine heftig geführte Kontroverse um die Bedeutung der Vergangenheit eines Menschen, die darin gipfelt, dass manche Autoren die frühe Kindheit schlichtweg für obsolet erklären. Nicht sie sei seine maßgeblich prägende Realität, sondern seine narrative Identität in der Gegenwart. Zu den Positionen der Debatte sowie den modernistisch motivierten Interessen, die Vergangenheit eines Menschen zeitgeistgemäß verschwinden zu lassen, siehe den Beitrag von M. Dornes: Das Verschwinden der Vergangenheit. In: Psyche 6/1999.

Folgen. Eine schmerzlich erlebte, biographische Wahrheit lässt sich jedoch niemals auslöschen und sei ihre Überarbeitung noch so vielschichtig. In jedem Falle gilt: Wenn der Vergangenheit nicht freiwillig der ihr gebührende Platz in der Gegenwart eingeräumt wird, nimmt sie ihn sich zwangsweise. Unter Umständen schafft sie damit viel neues Leiden. Das gilt für individuelle Lebensgeschichten wie für die kollektive, politische Historie.

Das Lebensthemen-Konzept

Die von Daniel Stern beschriebenen Entstehungsphasen des Selbst-Empfindens treten für ihn als sensible Entwicklungsperioden an die Stelle der bislang dem menschlichen Reifungsprozess zugrunde gelegten psychosexuellen Entwicklungsstufen und klinischen Entwicklungsthemen. Bisherige Vorstellungen über die frühkindliche Entwicklung der Objektbeziehungen sind damit nicht gänzlich bedeutungslos geworden. Sie müssen allerdings im Lichte der neuen Erkenntnisse über die Lebenserfahrung des Säuglings neu überdacht und eingeordnet werden. Es gibt keine abgeschlossenen Entwicklungsphasen und -themen, sondern nur Lebensthemen, die zeitlebens nach stimmiger Ausprägung streben. Auch sämtliche Bereiche des Selbst-Empfindens bleiben nach Stern das ganze Leben hindurch aktiv und in Entwicklung begriffen. Deshalb sind sie folgerichtig das ganze Leben über für Verletzungen offen, umgekehrt aber ebenso für Heilung. Für unser Verständnis von Sucht spielt diese Tatsache eine herausragende Rolle.

Stern betrachtet seelische Erkrankungen aus entwicklungspsychologischer Sicht als »Kontinuum akkumulierender Muster«[1]. Mögliche Entstehungspunkte seelischer Krankheiten können in den sensiblen Auftauchperioden der Selbst-Empfindungen liegen, aber genauso weit jenseits davon in späteren Lebensphasen. Wir werden daher anschließend noch die Adoleszenz und das höhere Alter zu betrachten haben. Grundsätzlich geht es in Behandlung und Therapie immer darum herauszufinden, in welchem Bereich der Bezogenheit und Selbst-Empfindung die »affektive Komponente der Schlüsselerfahrung steckt«[2], die eine seelische Erkrankung oder abweichendes Verhalten auslöst. An diesem Ursprungsort

---

1 Stern 1992, S. 362.
2 Stern 1992, S. 365.

können neue Erfahrungen gemacht werden, die den blockierten oder falsch geprägten Entwicklungslinien wieder ihre erwartungsgemäße und angemessene Richtung geben. Für Liedloff wären es die angeborenen Kontinuum-Kräfte, die neu aktiviert werden können. Ihre Sichtweise stützt Downing, der unterentwickelten affektmotorischen Schemata »eine starke ›sich selbst-aufrichtende‹ Tendenz« bescheinigt, »eine leicht zu stimulierende, angeborene Bereitschaft, sich weiterzuentwickeln und zu verfeinern«[1], vorausgesetzt, sie werden von einem sensiblen Gegenüber in adäquater Weise angesprochen und dadurch wieder belebt.

Sterns präzise Konzeptualisierungen über die Arten des Selbst-Empfindenes werden zwar zunehmend zur Kenntnis genommen, haben aber im Kern noch nicht zu der meiner Meinung nach anstehenden Revision der objektbeziehungspsychologischen Theoriebildung geführt. Psychoanalytisch orientierte Ansätze beharren vielfach auf bisher vertretenen Vorstellungen von Prozessen wie Spaltung, Projektion, Introjektion, Symbiose usw. Ihre Terminologie erfasst bestenfalls ein Ergebnis dieser höchst komplizierten wechselseitigen Vorgänge, entspricht allerdings selten der Realität des frühkindlichen Erlebens. Die frühe Lebenswelt eines Menschen ist von einer ganz besonderen Ordnung. Viele Theorien indes fixieren weiterhin »die fragmentierte, verwirrende und tendenziell chaotische innere Welt eines Kindes«.[2]

Von einer normativen Vorstellung über die Entwicklung der Objektbeziehungen wird nach wie vor auch die Diagnostik der den Suchterkrankungen zugrunde liegenden Störungsmuster abgeleitet: Menschen, die die primäre Unterscheidung zwischen Subjekt und Objekt nicht angemessen vollziehen konnten, entwickeln eine *präpsychotische Persönlichkeit* mit symbiotischer Abwehrstruktur. Menschen, die den zweiten Entwicklungsschritt der Integration guter und böser Teilobjekte nicht vollziehen, bilden eine *Borderline-Struktur* mit dem Abwehrmechanismus der Spaltung aus. Diejenigen schließlich, die während einer dritten Entwicklungsphase die

---

1 Downing, a.a.O., S. 192.
2 W. Mertens: Psychoanalyse. 5., überarb. und erw. Aufl., Stuttgart, Berlin, Köln 1996, S. 90.

frühen Spannungen zwischen dem realen Selbst, den Idealvorstellungen vom Selbst und den Objekten nicht aushalten, entwickeln eine *narzisstische Persönlichkeitsstörung.* Sie nehmen Zuflucht bei Größenphantasien und Entwertungen. In diese drei Grundstrukturen teilt die Theorie das Gros der Süchtigen. Eine vierte ist noch die entwicklungspsychologisch später gebildete *depressive Persönlichkeitsstruktur.*[1]

Zwar haftet jeder noch so differenzierten Diagnose eine gewisse Grobstofflichkeit an, weil sie die einzigartige Befindlichkeit eines Individuums nur gerastert zu erfassen vermag, doch sind die gerade erwähnten diagnostischen Kriterien durchaus hilfreich, um zu verstehen, was wir bei suchtkranken Menschen an Störungsbildern tatsächlich feststellen können. Vor dem Hintergrund eines Lebensthemenkonzepts mit seinen Vorstellungen von der Entwicklung des Selbst und der Objektbeziehungen müssen wir indes den Entstehungszeitpunkt sowie die Psychogenese solcher Krankheitsbilder ernsthaft hinterfragen. Bei einer konsequenten Anwendung von Sterns Theorien auf Erklärungen zur Entstehungsgeschichte von Sucht und Abhängigkeitserkrankungen, führt kein Weg daran vorbei, etliche »lieb gewonnene«, aber meiner Meinung nach überholte Grundannahmen neu zu bewerten sowie praktische Ansätze in der Suchtarbeit zu verfeinern.

---

1 Vgl.: F. S. Heigl, A. Heigl-Evers und E. Schultze-Dierbach: Überlegungen zur Indikation von Einzel- und Gruppentherapie bei Suchtkranken, insbesondere Alkoholkranken. In: Sozialtherapie in der Praxis. Kassel 1983, S. 26 f.

Wandlungsprozesse – Identität als integratives Selbst-Empfinden

Die Wurzeln des Selbst gründen in seinen frühen Lebenserfahrungen, wie sie Stern beschrieben hat. Mit der narrativen Phase beschließt Stern seine entwicklungspsychologischen Darlegungen.

Mitbedacht, dass alle Selbst-Erfahrungen das ganze Leben über aktiv bleiben, fehlt für ein Buch, das sich mit den verschlungenen Pfaden der Sucht beschäftigt, jedoch etwas Entscheidendes. Eine Theorie der frühen Lebensjahre ist unverzichtbar. Hier wird das Fundament der Persönlichkeit gelegt, wenngleich ihr Innenausbau damit noch lange nicht fertig gestellt ist. Eine Fixierung auf die frühe Kindheit, mit der wir alle weiteren Lebenswendungen erklären wollen, reicht folglich nicht aus. Suchtverhalten und Drogenabhängigkeit führen uns auf direktem Wege in andere Phasen des Lebens: mitten hinein in die Turbulenzen von Pubertät, Adoleszenz und Erwachsenwerden. Der Lebensfluss des Selbst wird hier von einer völlig neuen Dynamik erfasst.

Zwar werden während der neuen »Lehrjahre« alle ungelösten Konflikte und Entwicklungsaufgaben der bisherigen Lebensgeschichte erneut virulent, doch durch die adoleszente Entwicklung kommen bisher nicht verfügbare Entwicklungsmöglichkeiten ins Spiel. Die Lebensthemen bleiben die gleichen, stellen die Lebensaufgaben allerdings in veränderten Varianten.

Zur Meisterung der andrängenden Entwicklungsaufgaben erhält das Selbst einen gewaltigen Schub durch das sprunghafte Anwachsen neuer kognitiver, emotional-affektiver und ethisch-moralischer Verfügungsmöglichkeiten. Das Selbst tritt in eine neue Phase organisierender Individuation ein. Die sich vollziehende Integration aller Selbst-Empfindungen führt zu einem Umbau in der psychischen Organisation des Adoleszenten.

Für Erik H. Erikson findet sie ihr Ergebnis in der Ausbildung eines stabilen Identitätsgefühls.[1] Das integrative Selbst mit festem Fundament, tragenden Wänden und vollendetem Innenausbau definiert die empfundenen Grenzen wie die Bezogenheit:»Das bin ›Ich‹, dort bist ›Du‹, und über Gemeinschaftserlebnisse stellen wir ein gemeinsames ›Wir‹ her«.

Es würde hier zu weit führen, die einzelnen Phasen des Erwachsenwerdens detailliert zu beschreiben.[2] Der gesamte Weg ist eine Zeit der Lebensstürme, Krisen, Risiken und Chancen. Den frühkindlichen psychosexuellen Entwicklungsstufen anhaftende Fixierungskonzepte werden dem Prozess nicht gerecht. Besser wird das dynamische Geschehen von systemisch-analytischen Blickwinkeln erfasst, die das Individuum im Kontext von Familie und Umwelt betrachten.

Adoleszenz bedeutet, immer weitere Schritte in die Welt zu wagen und an den vielen Weggabelungen des Lebens eine Wahl zu treffen. Dabei erfahren insbesondere die Lebensthemen von Trennung, Bindung und Individuation eine ständige Neuauflage. »Unsichtbare Bindungen« und Loyalitätsverstrickungen können den Weg in die Selbstständigkeit blockieren und extreme Schuldgefühle wecken, sowohl gegenüber dem eigenen Selbst wie gegenüber den Anderen. Helm Stierlins »bezogene Individuation«, die wir als eine auf das soziale Umfeld ausgedehnte Erweiterung der intersubjektiven Bezogenheit nach Stern verstehen dürfen, macht die Ambivalenzen zwischen Trennung und Verbundenheit deutlich. Individuation sowie soziale Umorientiertung werden entweder zu Endlosdramen oder bewirken die erfolgreiche Reorganisation des Selbst.

Eine sichere Selbst-Identität wird umso wirkungsvoller erreicht, je mehr es in der Adoleszenz gelingt, auch drückende »Altlasten« aktiv und versöhnlich zu bewältigen. Stierlin weist nachdrücklich auf die Bedeutung der Versöhnungsaufgaben im Individuations-

---

1 Siehe E. H. Erikson: Identität und Lebenszyklus. Frankfurt 1970; sowie ders.: Jugend und Krise. Die Psychodynamik im sozialen Wandel. München 1988.
2 Der interessierte Leser sei verwiesen auf P. Blos 1983 und 1990, K. Flaake/V. King 1995, W. Bohleber 1996 und 1999 sowie R. Baudis 1995.

prozess hin.[1] Versöhnung bedeutet »ins Reine kommen« mit der eigenen Vergangenheit. Um frei von »Bringschulden« ins Leben gehen zu können, bedürfen Adoleszenten des symbolischen Segens der Eltern, insbesondere des gleichgeschlechtlichen Elternteils. Gelingt dieser Schritt nicht, beeinflussen weiterhin nicht zum Schweigen gebrachte innere Stimmen und Ressentiments in unangemessener Weise den zukünftigen Lebensweg.

Die vitalen reparierenden Kräfte der Adoleszenz sind vergleichbar denen der frühen Kindheit. Erlittene Mängel, falsches Selbst, blockierte Motivationssysteme oder strukturelle Defekte sind nicht unveränderlich fixiert, sondern können reparativ bearbeitet werden. Die sich selbst-aufrichtende Tendenz blockierter affektmotorischer Muster habe ich weiter oben bereits beschrieben. Während der Adoleszenz werden alle bestehenden Strukturen aufgebrochen und einer wie auch immer gearteten Neuorganisation zugänglich gemacht. Die Kräfte des Kontinuums sind erneut am Werk und formen eine Fülle von Repräsentationen um.

Das wirksam korrigierende Bearbeiten der eigenen Vergangenheit erfordert Mühe und die Bereitschaft zu emotionaler Auseinandersetzung mit sich und Anderen. Über diesen Weg vollzieht sich der endgültige Abschied von der Kindheit. In unserer modernen Zivilisation werden die Adoleszenten damit weitgehend alleine gelassen. Die Initiationsriten anderer Kulturen, auf die wir mit zivilisierter Überheblichkeit herunterblicken, werden dem zu durchlaufenden Wandlungsprozess in besonderer Weise gerecht. In der an Beziehungsarmut krankenden Konsumgesellschaft erfüllt gelegentlich der Drogengebrauch in der Adoleszenz ersatzweise den Zweck eines verkümmerten Initiationsrituals.

Entscheidend für den Prozess der Neuorganisation der Persönlichkeit während der Adoleszenz ist die erfolgreiche Integration aller Selbst-Empfindungsbereiche im Gefühl der eigenen Identität. Gelingen kann die Wandlung nur, wenn die Gewissheit überdauert

---

1 Siehe H. Stierlin: Eltern und Kinder. Das Drama von Trennung und Versöhnung im Jugendalter. Frankfurt 1980; sowie »Psychosomatische« und »schizopräsente Familien: Wechselfälle der bezogenen Individuation. In: Familiendynamik 9/1984.

oder wieder entsteht, mit dem eigenen Handeln wirksam und erfolgreich Einfluss auf den Gang der Dinge zu nehmen. Geht das Selbst-Empfinden für die eigene Urheberschaft und Wirksamkeit verloren, machen sich Versagensgefühle und Scham breit. Der alte Beatles-Titel »I'm a loser« gibt das entsprechende Lebensskript wieder. Die erfolgreiche Lebensbewältigung durch persönliche Entwicklung ist von der Position des Versagers aus existentiell gefährdet. Gelegentlich wird das Image des Verlierers oder des »lonesome cowboys« nur zu einem Selbst-Bild, mit dem junge Menschen in einer Zwischenphase der Adoleszenz vorübergehend kokettieren, um es zu einem späteren Zeitpunkt erfolgreich zu korrigieren.

Kann das Gefühl, im Leben etwas bewirken und andere Menschen erreichen zu können, wirksam etabliert werden, erfährt es zusätzliche Nahrung durch die neue Qualität der kognitiven Bewusstseinsleistungen des Adoleszenten. Operatives, symbolisches und narratives Denken, praktische Handlungsfähigkeit, selbst-reflexives Verhalten, soziale Kompetenz wie Chancenwahrnehmung verfeinern sich und führen zu einem beständigen Zuwachs im Selbst-Wertgefühl.

Misserfolge, Ablehnungen und Beschämungen dagegen unterhöhlen das Selbst-Gefühl und machen anfällig für abweichendes Verhalten als Ausdruck ernst zu nehmender Störungen im Prozess der Reorganisation, Wandlung und Versöhnung mit der eigenen Vergangenheit.

Die Adoleszenz stellt enorme Entwicklungsaufgaben und verlangt den jungen Menschen eine Fülle von Entscheidungen ab. Sie haben auf ihrem Lebensweg nahezu unablässig eine Wahl zwischen mehreren Alternativen zu treffen. Der Gebrauch von Suchtmitteln ist eine solche Wahl, der Verzicht darauf eine andere. Drogenabhängigkeit ist kein unabwendbar auferlegtes, sondern mit-verantwortetes Schicksal. Es ist ebenso eine Wahl, auf einem »Stand-Punkt« im Leben zu verharren, eine andere, das Leben in Angriff zu nehmen.

Der persönliche Weg ins Leben kann lang, schmerzvoll und verworren sein, wie das folgende Beispiel zeigt: Eine als Kind vom Vater konkret sexuell wie narzisstisch ausgebeutete junge Frau verharrte jahrelang in der passiven Leidensrolle. Ihre Gefühle steuerte sie über Essen und synthetische Drogen. Als sie in der therapeutischen Zusammenarbeit die bestätigende Anerkennung für das Recht ihrer Anklagen erhalten hatte, gab sie die Opferrolle auf und begann, aktiv an der Aussöhnung mit ihrer Vergangenheit zu arbeiten. Um Schuld und Verantwortung zu sortieren, waren für sie in dieser Phase die von ihr gestellten Re-Inszenierungen der übergriffigen Lebenserfahrungen mit Methoden der Gestalt-und Körpertherapie besonders hilfreich. Parallel dazu reduzierte sie ihren Suchtmittelgebrauch. Nach langen Vorarbeiten vollzog sie während einer entscheidenden »Rückschau« eine innere Wende. Sie richtete den Blick von der Vergangenheit auf die Zukunft, ließ ihren mittlerweile verstorbenen Vater los und trennte sich in klärenden Gesprächen von ihrer Mutter. Weil sie wieder ungetrübt die Farben ihrer Gefühle sehen wollte, stellte sie als Nächstes ihren Drogengebrauch völlig ein. Ihr real erlittenes Unrecht konnte niemand aus der Welt schaffen, aber sie versöhnte sich mit sich selbst und begab sich aus einer passiv-erleidenden in eine aktiv-gestaltende Lebenshaltung. Die innere Wandlung ging mit zahlreichen äußeren Veränderungen ihrer Lebensumstände einher.

Junge Menschen halten bei erfolgreich bewältigter Adoleszenz nicht nur eine ausgleichende, reparativ-versöhnliche Rückschau auf ihr Leben, sondern eine ebenso bedeutsame perspektische Vorschau auf ihren Lebensplan. Im Falle gelungener Individuation können sie wie in den Motiven zahlreicher Märchen eine elterliche »Verstoßung« durch das Bestehen von »Reifeprüfungen« heilen oder – ebenfalls wie im Märchen – durch eine weise Begleitung auf einem Stück ihres Weges mit dem wohlwollenden Segen der Eltern ins Leben ziehen.

Auf dem Weg zum Erwachsenwerden sind für eine eventuelle Genese von Drogengebrauch und Suchtverhalten nicht nur die innerpsychischen oder psychosozialen Wandlungsprozesse verantwortlich. Im multifaktoriellen dynamischen Ursachenmodell von Sucht müssen wir uns ganz ausdrücklich den gesellschaftspolitischen Gegebenheiten zuwenden. Wo globale Abhängigkeit zum hervorstechendsten Merkmal wirtschaftlicher und politischer Systeme wird, wo Menschen wiederholt die Erfahrung ohnmächtiger Wirkungslosigkeit erleiden müssen, wo die Perspektivlosigkeit in das Lebensgefühl mündet, nichts mehr zu verlieren zu haben, da brauchen wir uns nach den tieferen Ursachen von Drogengebrauch kaum noch zu fragen. Die offenkundigen springen uns in die Augen. Abwehrmechanismen wie Verleugnung und Verdrängung funktionieren allerdings auch kollektiv. Ein Drogenspruch wie »Arbeitslos und ›Gras‹ (d.h. Marihuana) dabei« drückt weniger innerpsychisches Empfinden als bedrückende gesellschaftliche Realität aus, die nur allzu gern als ein Problem des Einzelnen bemäntelt wird.

Die Entwicklung zum integrativen Selbst – eine Übersicht

Zusammenfassend stelle ich den Entwicklungsverlauf des Selbst in nachstehender Abbildung dar[1]:

In seiner Entwicklung bildet ein Individuum nacheinander und aufeinander aufbauend verschiedene Selbst-Empfindungsbereiche aus, die seinen inneren Kern wie seine soziale Bezogenheit ausmachen. Konstituiert werden sie jeweils durch die Selbst-Bausteine der Kohärenz, Urheberschaft und Wirksamkeit, Affektivität und Kontinuität. Alle Empfindungsbereiche bleiben ein Leben lang aktiv, keiner geht je ganz verloren. Sie können lediglich einen unterschiedlich stimmigen oder aber problematischen Entwicklungsverlauf nehmen. Deshalb sprechen wir entwicklungspsychologisch besser von Bereichen der Bezogenheit als von fest umrissenen Entwicklungsphasen. Die Entstehungszeitpunkte einer jeden Selbst-Empfindung können wir dagegen durchaus als sensible oder kritische Phasen im Leben eines Menschen betrachten.

Prägende menschliche Grundthemen wie Vertrauen, Bindung, Individuation, Autonomie, Abhängigkeit, Selbstständigkeit, Wertigkeit, Bemeisterung usw. bleiben ebenfalls über die gesamte Lebensspanne hinweg relevant. Die Tatsache, dass kein Grundthema in den frühen Lebensjahren in einer endgültigen Version ausgeformt wird, begründet eine zu vollziehende Abkehr von jeglichen Fixierungskonzepten. Es gibt wohl Brüche, vorübergehende Stillstände sowie Blockierungen in den verschiedenen Bereichen der Bezogen-

---

1 In Anlehnung an zwei Abbildungen von Stern 1992, S. 55 und S. 56.

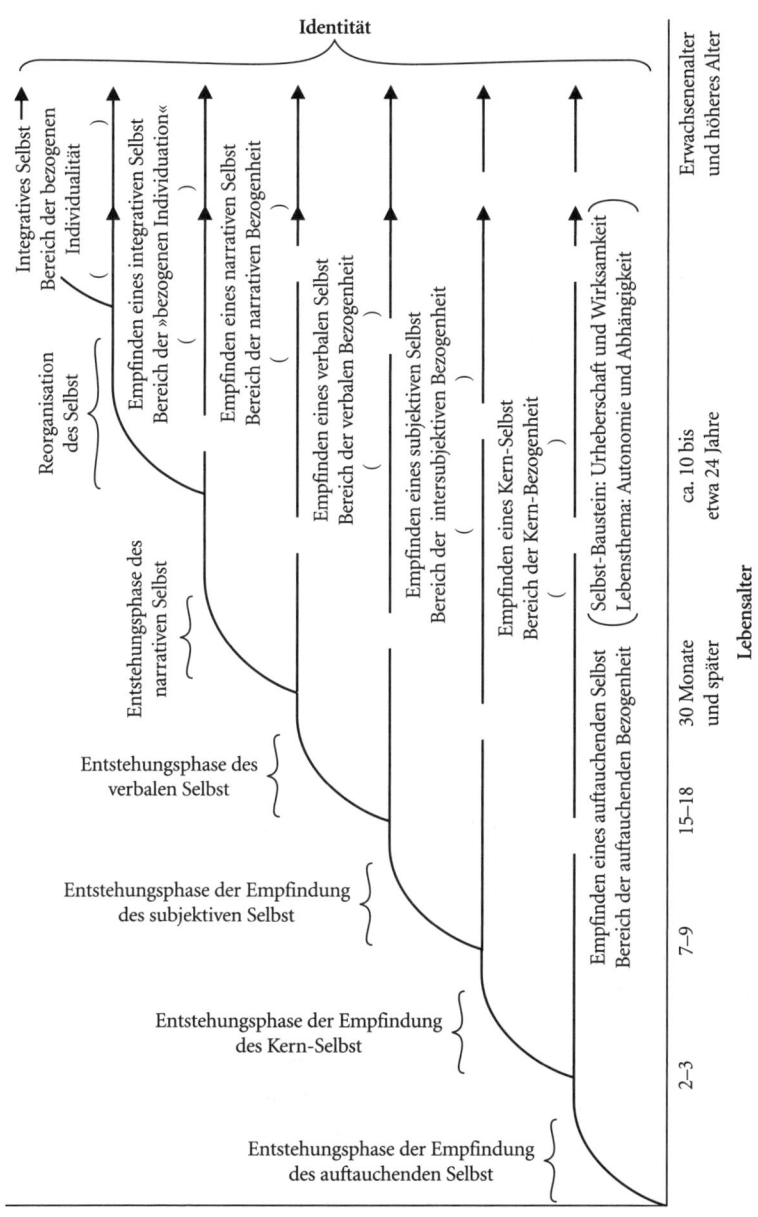

Identität

Integratives Selbst →
Bereich der bezogenen
Individualität

Empfinden eines integrativen Selbst
Bereich der »bezogenen Individuation«

Reorganisation
des Selbst

Empfinden eines narrativen Selbst
Bereich der narrativen Bezogenheit

Empfinden eines verbalen Selbst
Bereich der verbalen Bezogenheit

Entstehungsphase des
narrativen Selbst

Empfinden eines subjektiven Selbst
Bereich der intersubjektiven Bezogenheit

Entstehungsphase des
verbalen Selbst

Empfinden eines Kern-Selbst
Bereich der Kern-Bezogenheit

Selbst-Baustein: Urheberschaft und Wirksamkeit
Lebensthema: Autonomie und Abhängigkeit

Entstehungsphase der Empfindung
des subjektiven Selbst

Empfinden eines auftauchenden Selbst
Bereich der auftauchenden Bezogenheit

Entstehungsphase der Empfindung
des Kern-Selbst

Entstehungsphase der Empfindung
des auftauchenden Selbst

Selbst-Empfindungen/
Bereich der Bezogenheit

Erwachsenenalter
und höheres Alter

ca. 10 bis
etwa 24 Jahre

Lebensalter

30 Monate
und später

15–18

7–9

2–3

heit, aber die darin eingelagerten Lebensthemen werden lebenslang bearbeitet. Mit jedem neu konsolidierten Bereich der Bezogenheit gehen qualitative Entwicklungssprünge einher, durch die sich dem Individuum neue Verhaltensweisen und Gestaltungsmöglichkeiten für die grundlegenden Lebensthemen eröffnen. Somit werden deren altersgemäße Varianten als zu lösende Entwicklungsaufgaben zwischen dem Selbst und seiner Umwelt ständig neu verhandelt. Bei der Psychogenese von Sucht ist ein bedeutsames Grundthema das Spannungsverhältnis zwischen Autonomie und Abhängigkeit. Mit dem Durchlaufen der Adoleszenz wird in der Regel ein integratives Selbst erreicht, das sich im fortdauernden Identitätsgefühl ausdrückt. Am Grundprinzip ändert sich allerdings nichts: Auch mit dem Erreichen der »bezogenen Individuation« bzw. nach gelungener Verselbstständigung durch eine täglich gelebte bezogene Individualität bleiben die Selbst-Empfindungen aktiv. Die Variationen der Lebensthemen stellen uns obendrein bis zum Tod vor weitere Lebensaufgaben.

Wo immer die Bearbeitung der menschlichen Grundthemen unangemessen oder bruchstückhaft erfolgt, kann es zu abweichendem Verhalten kommen, dessen eine uns vertraute Form die vielen Gesichter von Sucht sind.

Lebensthemen, Wandlungsprozesse und Suchtmittelgebrauch im Erwachsenenalter

Da sich an den bislang beschriebenen Wirkungszusammenhängen zwischen menschlichen Lebensthemen, psychosozialen Wandlungsprozessen und Suchtverhalten nach dem Erreichen des Erwachsenenalters nichts Grundlegendes ändert, werde ich zum Suchtmittelgebrauch nach der Adoleszenz nur noch wenige Bemerkungen machen.

Wenn die Reorganisation des Selbst während der Adoleszenz gelingt, verfügen Menschen als Erwachsene in der Regel über eine ausreichend stabile Persönlichkeit, um die Lebensaufgaben des Erwachsenenalters in Angriff zu nehmen. In unserer Kultur bedeutet dies in der Regel das Eingehen verbindlicher Beziehungen, das Bewältigen einer beruflichen Laufbahn sowie die Beteiligung am gesellschaftlichen Leben. Das Vertrauen in die eigene Handlungsfähigkeit sowie das sichere Eingebundensein in befriedigende soziale Beziehungen sind wesentliche Garanten einer erfolgreichen Lebensgestaltung, die den altersspezifischen Varianten der Lebensthemen gerecht werden.

Machen Menschen als Erwachsene dagegen in einem unerträglichen Maße die Erfahrung, mit dem eigenen Handeln zu scheitern, werden sie von der Teilnahme am Arbeitsprozess ausgeschlossen, fühlen sie sich gar ohnmächtig ausgeliefert oder dominieren Gefühle der sozialen Unbezogenheit, erhöht sich die Wahrscheinlichkeit, dass sie in einem Suchtmittelgebrauch Zuflucht suchen.

Gegenüber der Adoleszenz verändert sich allerdings das Drogenverhalten. Wird gegen Ende der Adoleszenz im Alter von etwa 24 Jahren ein Höhepunkt im Gebrauch illegaler Drogen erreicht, sind die Suchtmittel der Erwachsenenwelt eindeutig die legalen Drogen Alkohol, Nikotin und Medikamente. Ebenso verfestigt sich zunehmend ein geschlechtsspezifisches Suchtverhalten.

Wandlungsprozesse und Sucht im Alter

Es gibt bisher nur wenige Erkenntnisse über das Suchtverhalten von Menschen im höheren Alter. Während dieser Lebensspanne stellen sich die Lebensthemen wiederum in veränderter Form. Verlust, Trennung und Abschied werden zu herausragenden Themen, die erfolgreich bewältigt werden wollen. In einer Gesellschaft, in der selbst der Begriff des Alters immer wieder euphemistisch geschönt wird, erleben viele betagte Menschen den Alterungsprozess als schmerzliche Kränkung.

Die Aufgabe einer Berufstätigkeit verändert erheblich den gewohnten Lebensrhythmus. Dies bedeutet nicht automatisch ein Risiko. Es kann im Gegenteil sogar eine neue Chance in der Lebensführung mit sich bringen, wenn die persönlichen Lebenskräfte und Ressourcen ausreichen, die Chance zu gestalten. Indes fürchten viele ältere Menschen das Schwinden ihrer körperlichen und geistigen Kräfte. In der Tat bringt der Alterungsprozess für viele den zwangsweisen Abschied von körperlicher Unversehrtheit mit sich. Die körperlichen Kräfte nehmen ab, Krankheiten mehren sich oder münden in einen chronischen Verlauf. Spontane Impulse können seltener umgesetzt werden, weil die Menschen zunehmend weniger so agieren können, wie sie gerne möchten, was neue Anpassungsleistungen von ihnen erfordert. Viele alte Menschen fühlen sich vermehrt von Unterstützung abhängig und in ihrer Selbstständigkeit bedroht. Der Verlust lieb gewonnener Menschen erfordert die eigene Auseinandersetzung mit Sterben und Tod. Der Lebensfluss droht zu versiegen und vielfach breitet sich Überforderung und Resignation im Alter aus. Der gezielte Gebrauch von Suchtmitteln mag manchem Betroffenen als Ausweg erscheinen oder wenigstens kurzfristige Erleichterung verschaffen.

Wiederum ändern sich allerdings die eingesetzten Stoffe. Es gibt zwar noch die Spätalkoholiker, doch entspricht es mehr einer verbreiteten sozialen Phantasie, die vermutlich von eigener Angst genährt wird, als der Realität, dass ältere Menschen vermehrt zu Alkohol greifen, um ihre Einsamkeitsgefühle zu mildern. Ihre Anzahl ist allerdings deutlich im Steigen begriffen. Die verbreitetsten Drogen im Alter sind gleichwohl Medikamente. Psychopharmaka, Schlaf- und Schmerzmittel werden nicht selten in Dauermedikation verabreicht. In der Folge kommt es nicht selten zu einer ärztlich verordneten Abhängigkeit. Haben ältere Menschen in der Vergangenheit gewohnheitsmäßigen Missbrauch mit Suchtmitteln betrieben, leiden sie nun nicht bloß unter den psychischen, sondern möglicherweise verstärkt an den medizinisch behandlungsbedürftigen leiblich-organischen Spätfolgen.

Suchtverhalten im Alter ist zwar nicht gerade ein Tabuthema, aber mit Sicherheit ein äußerst vernachlässigtes Thema. In der praktischen Suchtarbeit kommen alte Menschen so gut wie nicht vor. Das mag unter anderem daran liegen, dass Sucht im Alter still, leise und unspektakulär daherkommt. Sie findet mehr hinter verschlossenen Türen und weniger im öffentlichen Raum statt. Die Veränderung in der Bevölkerungsstruktur wird uns zukünftig sicherlich zwingen, der therapeutischen Arbeit mit älteren Menschen generell mehr Aufmerksamkeit zukommen zu lassen.[1]

---

1 Siehe dazu H. Buijssen/R. Hirsch: Probleme im Alter. Diagnose, Beratung, Therapie, Prävention. Weinheim 1997.

Selbst-Empfindungs- und Lebensthemen-bezogene Thesen zur Entstehung von Suchtverhalten

Basierend auf Sterns Vorstellungen von den frühen Lebenserfahrungen eines Menschen sowie ihrer Erweiterung um spätere Lebenszyklen möchte ich neu fokussierte Thesen zur Entstehung von Suchtverhalten formulieren. Meiner Meinung nach prädisponieren besonders bestimmte, nachstehend aufgeführte Selbst-Empfindungen zu einer süchtigen (Beziehungs)struktur:

⇨ wenn sich das Körper-Selbst nicht angemessen stimmig entwickeln kann;
⇨ wenn während der Phase der Kern-Selbst-Entwicklung bzw. Kern-Bezogenheit
  • durch unerträgliche Über- oder Unterstimulierung das Gefühl für die eigene Willensbekundung, Urheberschaft und Wirksamkeit nachhaltig beeinträchtigt wird,
  • sich durch unlebendiges, die Vitalität einebnendes Antwortverhalten des Anderen nicht das volle affektive und vitale Spektrum entfalten kann,
  • durch invasiv-übergriffige Stimulierung das Selbst-Gefühl der eigenen Kohärenz und Unabhängigkeit beschädigt wird,
  • durch chronische Fehlstimulierung die Fähigkeit zur Regulierung des inneren Gleichgewichts Schaden nimmt;
⇨ wenn während der Phase der intersubjektiven Bezogenheit
  • durch uneinfühlsame Abstimmung das Gefühl für die Erreichbarkeit des Anderen sowie die gemeinsame Teilung innerer Befindlichkeiten und dadurch wiederum das Gefühl für Urheberschaft und Wirksamkeit verloren geht,
  • durch selektive Abstimmung ein falsches Selbst eingebahnt wird,

- durch nicht-authentisches Antwortverhalten die zuverlässige zwischenmenschliche Orientierung zunichte gemacht wird,
- durch übermäßig kontrollierende Bestimmung durch den Anderen dem Kind die eigenen Rhythmen genommen werden, einschließlich seiner Fähigkeit zur Willensbekundung und wirksamen Selbst-Regulierung;

⇨ wenn während der Phase des verbalen Selbst

- das eigene innere Erleben und seine sprachliche Fassung zunehmend auseinander fallen und sich eine Spaltung im Selbst-Erleben einschleicht,
- das eigene innere Erleben vom Anderen nicht sprachlich gespiegelt und bestätigt wird und in Folge die affektive Ausdrucksfähigkeit leidet sowie die Erfahrung der emotionalen Erreichbarkeit des Anderen;

⇨ wenn während der Phase des narrativen Selbst

- die eigenen vitalen Lebensbekundungen die Toleranzgrenzen übersteigende, unangemessene Fremdbestimmung erfahren und dadurch wiederum das Vertrauen in die eigene Wirkmächtigkeit Schaden nimmt,
- die tatsächliche (historische) Lebensgeschichte von der narrativen Lebensgeschichte in einem Maße umgeformt wird, dass das Körpergedächtnis und das bewusste Gedächtnis unvereinbar auseinander fallen,
- die gemeinsame (bezogene) Konstruktion von Wirklichkeit die eigene innere Wirklichkeit unvereinbar dominiert bzw. die gemeinsam konstruierte Geschichte eine farb- und leblose ist;

⇨ wenn während der Wandlungsprozesse zum integrativen Selbst

- die narrative Fassung der Welt untolerierbar vom »wahren« Selbst-Empfinden abweicht,
- die »bezogene Individuation« derart entgleist, dass eine fördernde Wechselseitigkeit nicht ausreichend erreicht wird,
- das stabile Selbst-Gefühl von Urheberschaft und Wirksamkeit nicht angemessen überdauern oder wiederhergestellt werden kann,
- die verschiedenen Bereiche des Selbst-Empfindens nicht zu-

sammenwirkend in einem sicheren Identitätsgefühl integriert werden können;

⇨ wenn während späterer Lebenszyklen durch die jeweilige Ausprägung der Lebensthemen oder durch nicht wirksam zu beeinflussende äußere Umstände

- die angemessene Funktionsfähigkeit des integrierten Selbst überfordert wird und daher nicht dauerhaft aufrechterhalten werden kann,
- insbesondere die tragende Selbst-Empfindung von Urheberschaft und Wirksamkeit und damit das Vertrauen in die Sinnhaftigkeit der eigenen Willensbekundung sowie die Wirksamkeit des eigenen zielgerichteten Handelns zusammenbricht.

Wichtige grundlegende Selbst-Empfindungen sind vorsprachlicher Natur. Sie formen unser existentielles Lebensgefühl. Doch auch nach dem vollbrachten Eintritt in die Welt der Sprache gibt es weitere prägende Kindheitserlebnisse und später kann die Lebensgeschichte eines Menschen während der adoleszenten »Wanderjahre« vielfältige denkwürdige Wendungen nehmen. Für seinen Werdegang ist die gesamte Lebensspanne eines Menschen von Bedeutung. Wenn sich in der Anamnese einzelner Klienten jedoch erweist, dass die psychischen Fundamente ihrer präverbalen Lebensgeschichte maßgeblich ihr Verhalten im Hier und Jetzt beeinflussen, muss dies in der therapeutischen Praxis mit suchtkranken Menschen nicht nur mit bedacht werden, sondern es muss auch konkrete Konsequenzen für die therapeutische Arbeit haben.

Am Beispiel eines existentiellen Grundgefühls vieler suchtkranker Menschen führe ich durch meine Thesen: Deren tiefe Gefühle von Verlassenheit im »schwarzen Loch« erklären sich in den verschiedenen Phasen der Bezogenheit unterschiedlich. Ist ein Kind unerwünscht, kann es sich bereits in einem pränatalen Stadium seiner Ablehnung gewahr werden. Bei seelischer Zurückweisung durch die erste Pflegeperson sowie Vernachlässigung oder grenzüberschreitende Behandlung während der ersten Lebenswochen kann im Neugeborenen kein Gefühl von Geborgenheit auftauchen. Auch seine körperliche Unversehrtheit nimmt frühen Schaden. Insgesamt fühlt sich das Leben von der Geburt weg »nicht-richtig« an. Vermag der Säugling dem über seine angeborenen Fähigkeiten nichts entgegenzusetzen, kann er sich nur tief in sich selbst zurückziehen. Gelingt es dem Neugeborenen weiterhin nicht, seine Betreuungsperson mit seinem Wesen emotional zu berühren, und findet keine Interaktion im Rahmen sicheren körperlichen Halts statt, erlebt er ein abgrundtiefes Alleinsein im Bereich der Kern-Bezogenheit sowie die frühe Lähmung seines Gefühls von Wirkmächtigkeit. Wird ihm durch uneinfühlsame Behandlung die Teilung gemeinsamer Gefühlszustände verweigert, ergreift ihn die hoffnungslose Einsamkeit im Bereich der intersubjektiven Bezogenheit. Bleiben das Wesen und die Gefühlsfarben des Kindes ohne wohlwollende Spiegelung, leidet sein Selbst-Wert. Um Liebesentzug, Ablehnung und Verlassenwerden zu vermeiden, bildet es ein sich anpassendes falsches Selbst aus. Es bezahlt mit dem Preis der unterdrückten Selbst-Behauptung und Willensbekundung. Sein Gefühl für Urheberschaft und Wirksamkeit bricht unter der Fremdkontrolle zusammen. Ohnmächtige Minderwertigkeit oder auf der Abwehr beruhende Grandiositätsvorstellungen führen in sekundäre Einsamkeit im Bereich der verbalen Bezogenheit. Das »schwarze Loch« breitet sich im inneren Erleben weiter aus, wenn während der narrativen Bezogenheit keine von innigen Gemeinsamkeitserlebnissen beseelten Lebensgeschichten gewirkt werden. Gelingt dem im Aufbruch begriffenen Mensch innerhalb der Wandlungsprozesse zum integrativen Selbst keine grundlegende Neuorganisation, können seine Verlassenheitsgefühle so fest zementiert werden, dass er sich regelrecht in sich selbst eingemauert fühlt.

In allen Bereichen der Bezogenheit kann der gleiche Gefühlszustand verspürt werden: Hoffnungslose Einsamkeit, weil es aufgrund der tief greifenden Beschädigung des Kern-Gefühls von Urheberschaft und Wirksamkeit nicht mehr gelingt, die verbindende Brücke zum Anderen zu schlagen. Je nachdem, in welchem Selbst-Empfindungsbereich das Einsamkeitsgefühl zum ersten Mal entsteht, entwickelt es sich in den nachfolgenden Bereichen der Bezogenheit weiter oder erfährt seine Wandlung durch gelingende zwischenmenschliche Berührung. Gelingt es im therapeutischen Prozess, den Schlüsselbereich zu ergründen, der vom Klienten als besonders schmerzhaft erlebt wird, kann der Therapeut durch speziell angemessene Interventionen Eintritt in die dunkle Welt des Klienten finden. Alle Selbst-Empfindungen eines Menschen bleiben das ganze Leben hindurch aktiv. Als sensible Bereiche sind sie bei entsprechenden Lebensbelastungen jederzeit anfällig für Störungen, aber auch zugänglich für Weiterentwicklung. Folgerichtig führen Prädispositionen zur Sucht oder angelegte Suchtstrukturen im späteren Leben nicht automatisch zu Suchtverhalten oder Drogenmissbrauch. Es müssen in kritischen Lebenslagen weitere ursächliche Auslösefaktoren hinzukommen. Bleiben unterschiedliche Bereiche der Selbst-Empfindungen jedoch dauerhaft defizitär entwickelt oder brechen sie unter Belastung zusammen, kommt es in der Regel zu unterschiedlichen Persönlichkeitsstörungen. Münden sie zusätzlich in Suchtverhalten, oder löst Letzteres seinerseits diagnostizierbare Persönlichkeitsstörungen aus, sprechen wir von den so genannten Doppeldiagnosen.[1]

Die entwicklungspsychologische Disposition zur Sucht – ein Vorurteil?

Lange Zeit ging ich wie die psychoanalytischen Theorien davon aus, dass die Disposition zur Sucht in der frühesten Lebensgeschichte eines Menschen angelegt wird. Mittlerweile relativiere ich diese Vorstellung zunehmend.

Grundsätzlich gilt: Zu jedem Zeitpunkt im Leben kann unter den entsprechenden Voraussetzungen ein Selbst-Empfindungsbereich derart durch spezifische Lebensthemen beansprucht werden, dass seine Funktionsfähigkeit leidet. Die Zuflucht zu Suchtverhalten kann eine Folge sein. In den Lebensgeschichten einzelner Menschen finden wir Ursachen für süchtige Abhängigkeit, die wir zwar gut mit den lebenslang aktiven Selbst-Empfindungen in spezifischen Bereichen der Bezogenheit erklären können, aber nicht ausschließlich mit Fixierungen auf die frühe Kindheit. Selbst wenn in

---

1 Siehe hierzu: D. R. Schwoon/M. Krausz (Hrsg.): Psychose und Sucht. Krankheitsmodelle, Verbreitung, therapeutische Ansätze. Freiburg 1992.

den frühesten Jahren die prägende Disposition einer süchtigen Beziehungsstruktur angelegt wird, folgt daraus nicht zwangsläufig und automatisch die manifeste Ausformung eines Suchtverhaltens. Vitale Selbst-Organisationskräfte vermögen zur Sucht disponierende Muster umzuformen und zu heilen. Umgekehrt kann ein ursprünglich stabiles Selbst unter entsprechender Belastung dekompensieren und mit süchtigem Ausweichverhalten antworten.

Die Herkunftsgeschichten suchtabhängiger Menschen belegen bei weitem nicht immer eine Kindheit, aus der man ursächlich ihren Weg in die Sucht ableiten könnte. Häufiger erzählen sie sogar über »relativ glückliche als auch stabile Kindheiten – oft mit beiden Eltern«.[1] Selbst wenn man berücksichtigt, dass die Erzählungen von Lebensgeschichten häufiger narrativ überarbeitet sind und nicht der erfahrenen »Wahrheit« entsprechen, bleibt die Tatsache, dass die frühe Kindheit nicht jeden sich in einer spezifischen Lebenssituation ausprägenden Suchtmittelgebrauch zu erklären vermag.

Zu welchem Zeitpunkt im Leben eines Menschen sich sein Suchtverhalten auch ausprägen mag, mit den von Stern beschriebenen Selbst-Empfindungen lässt sich zuverlässig erfassen, in welchem Bereich der Bezogenheit bzw. Selbst-Empfindung die prägenden Dispositionen oder aktuell hervorgerufenen Störungen in der Funktion des integrativen Selbst angesiedelt sind. Wenn damit gleichzeitig deutlicher wird, in welchen Bereichen die Schlüsselerfahrungen stecken und welche Selbst-Empfindung die entscheidenden Affekte enthält, können sie durch entsprechende Interventionstechniken auch gezielter therapeutisch angesprochen werden.

Der rote Faden in der Sucht: Der Verlust von Urheberschaft und Wirksamkeit

Meine Thesen zur Entstehung von süchtiger Abhängigkeit sind nicht in Gänze neu und viele bisherige Annahmen ließen sich damit in Übereinstimmung bringen. Neu indes ist die konsequente

---

1 M. Rennert: Co-Abhängigkeit. Was Sucht für die Familie bedeutet. Freiburg 1990, S. 20; siehe auch: R. Welter-Enderlin 1982.

Fokussierung des Selbst-Empfindungsbereichs, in dem die eigene Willensbekundung, Urheberschaft und Wirkmächtigkeit wurzeln. Mit einem solchen Fokus habe ich in der praktischen Arbeit gute Erfahrungen gemacht.

Die unseren Wesenskern konstituierenden Selbst-Empfindungsbereiche wirken im Identitätsgefühl integrativ zusammen. Das Gefühl, mit dem eigenen willentlichen Handeln erfolgreich etwas bewirken zu können, ist dabei die wichtigste Selbst-Empfindung. Ich möchte es sogar noch enger fassen: Es reicht nicht aus, erfolgreich *etwas* bewirken zu können, sondern zur Stabilisierung eines positiven Selbst-Gefühls ist es erforderlich, *konstruktiv* etwas bewirken zu können. Damit steht und fällt die Fähigkeit, unseren Selbst-Wert stabil zu regulieren.

Wir dürfen uns den Verlust des Selbst-Gefühls von Urheberschaft und Wirksamkeit nicht als einen Totalausfall vorstellen. In der Regel entstehen und überdauern nahezu immer Segmente, in denen Menschen erfolgreich agieren. Jemand kann sogar in lebenspraktischen Angelegenheiten überaus kompetent sein, ist aber nicht in der Lage, stimmige Bezogenheit mit anderen Menschen zu erreichen. Umgekehrt beweist jemand soziale Fähigkeiten im zwischenmenschlichen Bereich, verfügt aber nur sehr eingeschränkt über praktische Handlungskompetenz. In einem weiteren Fall vermag jemand in beiden Bereichen ursprünglich erfolgreich zu agieren und dennoch in Suchtverhalten zu entgleiten, weil sein Gefühl für Wirkmächtigkeit eine übergroße Verletzung durch ein ohnmächtiges Sich-Ausgeliefert-Fühlen an übermächtige wirtschaftliche, politische und gesellschaftliche Kontexte erfährt. Er fühlt sich zunehmend von der strukturell ausgeübten Gewalt verschlungen, ohne länger wirksam widerstehen zu können. Menschen vermögen sogar eine nach außen hin erfolgreiche Karriere zu durchlaufen, bleiben innerlich allerdings von der heimlichen Überzeugung getrieben, ihren Erfolg eigentlich nicht verdient zu haben und folglich früher oder später in einem peinlichen Versagen entdeckt zu werden. Ich werde daher im weiteren Verlauf meiner Ausführungen den Zusammenhang zwischen dem beschädigten Selbst-Gefühl von Wirkmächtigkeit sowie Suchtverhalten vertiefend beschreiben: sowohl an konkreten Fallbeispielen als auch an Beispielen aus dem öffentlichen Leben, in denen alle Faktoren des multifaktoriellen Ursachenmodells so zwingend zusammenwirken, dass sie die Standhaftigkeit von Menschen brechen und sie in Suchtverhalten treiben können. Auf Letztere lege ich ausdrücklichen Wert, um die süchtige Abhängigkeit entschieden aus dem anrüchig beleumdeten individuellen oder familiären »Verschuldungsraum« herauszuheben und ihr den gebührenden Platz im öffentlichen Leben einzuräumen.

Depression als Antwort auf den Verlust des Selbst-Gefühls von Urheberschaft und Wirksamkeit

Zunächst verdeutliche ich den roten Faden in der Sucht anhand der Entstehungsgeschichte depressiver Verstimmungen. In ihrem Modell der Drogenabhängigkeit betonen Krystal und Raskin einen beim Süchtigen häufig zu beobachtenden »Uraffekt«, in dem Depression und Angst bzw. Schmerz verwoben scheinen. In der Tat finden wir Formen von Depression in unterschiedlicher Ausprägung bei allen suchtabhängigen Menschen.

Ich sehe in der Depression eine Reaktion auf den Verlust des Selbst-Gefühls von Urheberschaft und Wirksamkeit. Der für die Depression vielfach verantwortlich gemachte Verlust des frühen Objekts ist nur ein Bestandteil der depressiv verstimmenden Gesamterfahrung des Selbst.

In den Phasen der präverbalen Bezogenheit werden Affekte über die Kanäle von Körpersprache, Rhythmus, Mimik und Gestik vermittelt. Gefühle sind Blicke, Berührungen, Töne und Farben. Jeder kennt die charakteristischen Ausdrucksformen von Niedergeschlagenheit und Depression. Befinden sich Säuglinge in zwischenmenschlicher Interaktion mit frühen depressiven Bezugspersonen, reagieren sie gemäß ihres angeborenen impliziten Beziehungswissens. Zunächst verstärkt das Kleinkind deutlich und nachhaltig seine Interaktionsangebote an den Anderen. Hat er damit Erfolg, kann er die Beziehung wirksam normalisieren. Scheitern seine aktiven Bemühungen, zieht sich der Säugling aus der Beziehung zurück. Seine Lebendigkeit und sein Aktivierungsniveau sinken drastisch ab. Stern charakterisiert das wiederholte Erleben des Säuglings als »Mikrodepression«[1]. Damit entmystifiziert er das vielbeschworene Trauma und rückt es ins Alltägliche. Das ist wichtig für unsere Erklärungen von Suchtverhalten. Krystal und Raskin sehen in frühen Kindheitstraumen die wesentliche Ursache für Drogenabhängigkeit. Dem entspreche, dass Abhängige sich »mithilfe der Droge in einen Zustand des ›Vergessens‹«[2] versetzten, um ihren traumatisierenden Affekten zu entkommen. Stern betont zusätzlich die prägende Bedeutung von alltäglichen Mikroereignissen für die psychosoziale menschliche Entwicklung. Das gewöhnliche, völlig undramatische Sich-Verfehlen auf der Beziehungsebene verhindert das Herstellen befriedigender Gemeinsamkeitserlebnissse. Die »Mikrodepression« des Säuglings wird durch sein Bedürfnis nach Gemeinsamkeit mit der Mutter ausgelöst. Erlebt er sie depressiv herabgestimmt, versucht er sie lebendig zu machen. Scheitert er mit seinen Bemühungen, kann er Gemeinsamkeit nur über Anpassung und Nachahmung herstellen. Er reagiert von innen heraus mit Identifizierungsversuchen, die über verstärkte Imitation und Einstimmung für den Säugling zwangsläufig eine »Verringerung der Urheberschaft des Selbst«[3] mit sich bringen. Ist das Verhalten der Bezugsperson chronisch depressiv, übernimmt der Säugling deren verlangsamte affektmotorischen Verhaltensmuster. Es findet »eine ›Introjektion‹ der Depression« auf der Verhaltens- und Körperebene«[4]. statt, über die der Säugling einen untolerierbaren Vitalitätsverlust erleidet. Seine Affekte verflachen, er reagiert selbst depressiv. Wird sein Zustand chronisch, löst der Säugling seinerseits bei nicht depressiven Bezugspersonen Niedergeschlagenheit aus.

So können die ersten wechselseitigen Austausch- und Regulierungsprozesse verlaufen, die parallel zu einer signifikanten Beschädigung des Selbst-Gefühls von Wirkmächtigkeit führen und das Vertrauen in die eigene Fähigkeit erschüttern, den Anderen emotional zu erreichen.

---

1 Stern 1998, S. 126.
2 Krytal und Raskin: a.a.O., S. 36.
3 Stern 1998, S. 127.
4 Dornes 1997, S. 68.

»Das Drama des begabten Kindes«[1] kann unter Umständen sogar schon im Mutterleib beginnen. Kinder schwer depressiver Mütter können bereits intrauterin deren Depression wahrnehmen und sich dementsprechend anpassen. In diesem Falle sind sie von Geburt an affektmotorisch herabgestimmt.

Für die Beschädigung des Selbst-Gefühls von Urheberschaft und Wirksamkeit spielt es für den Säugling überhaupt keine Rolle, ob die Depression der frühen Bezugsperson offen zutage tritt oder von ihr abgewehrt wird. Selbst die Wendung einer latenten Depression in einen betont anregenden Interaktionsstil hat für den Säugling das gleiche Resultat. Er spürt in jedem Fall die Unstimmigkeit im Verhalten des Anderen. Also antwortet er entweder selbst mit direktem depressivem Verhalten oder er passt sich der hektischen Betriebsamkeit des Anderen an und verliert über diesen Umweg sein Gefühl für die ihm eigenen Rhythmen. Der depressive Kern bildet sich dann unter der agitierten Oberfläche.

Ein Säugling versucht zunächst immer, über eigene Aktivität die Beziehung zum Anderen in tolerierbare Bahnen zu lenken. Erst wenn er trotz seiner Bemühungen, »den Interaktionsstil seiner Eltern zu verändern«, erfolglos bleibt, »entsteht neben und gleichzeitig mit der Übernahme des elterlichen Stils ein Gefühl von *Ohnmacht und Wirkungslosigkeit*«.[2] Daraus wachsen die späteren Selbst-Wertprobleme, insbesondere die Gefühle persönlicher Unzulänglichkeit.

Mit Ärger zu antworten ist zwar ein weiteres Reaktionsmuster des Säuglings, es führt allerdings nur zu den gleichen Ohnmachtserfahrungen, da die Wut keine konstruktive Normalisierung der Beziehung bewirkt. Auf Dauer steigert sie sogar die Unzulänglichkeitsgefühle.

Da Menschen nie immer völlig gleich reagieren, ist auch die Depression einer frühen Bezugsperson für den Säugling selten ein immer gleiches Beziehungsschema. Gelingt es ihm gelegentlich, über seinen kreativen Erfindungsreichtum, umgesetzt in mimischen

---

1 Das Zitat ist ein Buchtitel von A. Miller: Das Drama des begabten Kindes und die Suche nach dem wahren Selbst. Frankfurt 1979.
2 Dornes 1997, S. 80; Hervorhebungen H. K.

Ausdruck, Lächeln, Vokalisieren, Gestikulieren, den Anderen zu beleben, kann sich beim Säugling »ein Interaktions- und Selbstgefühl als ›Reanimator‹«[1] des Anderen herausbilden. Die Wiederbelebungsbemühungen des Säuglings gelten nicht nur seiner Bezugsperson. Kann er sie erreichen und psychisch zurückgewinnen, gewinnt er gleichzeitig sein Gefühl für Wirkmächtigkeit und damit sein eigenes Selbst wieder. Ein unerschütterliches Vertrauen in das eigene wirkungsvolle Handeln entsteht allerdings wiederum nicht. Der Säugling wird eher ein beständiges instabiles Oszillieren zwischen situativ erfolgreichem Handeln und Misserfolg oder zwischen hektischer Betriebsamkeit und gefürchteter Leblosigkeit verinnerlichen.

Hat der Säugling als »Reanimator« wesentlich häufiger Erfolg als Misserfolg, wird diese Form des Zusammenseins mit seiner Mutter für ihn zu einem festen Beziehungsschema. Ein Grundelement des so erworbenen Beziehungsmusters besteht in der inneren Belohnung des Säuglings, die Wiederbelebung seiner Bezugsperson erfolgreich bewirkt zu haben. Später mag er sich zu einem charmanten Menschen oder gar »Alleinunterhalter« entwickeln und überaus beliebt sein. Die Langzeitwirkungen eines derartigen Beziehungsschemas vermögen allerdings gleich mehrfach suchtfördernde Begleiterscheinungen hervorzurufen. Um sein Beliebtheitsniveau dauerhaft zu sichern, muss der betreffende Mensch ein im Kern falsches und anstrengendes Selbst aufrechterhalten. Das kann an sich schon in einen suchtartigen Verhaltenszirkel führen. Im Extremfall wird der gesteigerte Aktivitätsdrang auf der stofflichen Ebene mit stimulierenden Substanzen unterhalten.

Der Säugling hat im depressiv getönten Dialog noch weitere Reaktionsmöglichkeiten. Ist die Mutter zwar physisch, aber nicht psychisch anwesend, steht ihm offen, sich alleine zu stimulieren oder in die neugierige Erkundung der unbelebten Welt auszuweichen. Bleibt sie für ihn emotional nicht erreichbar, kann der Säugling überdies in »einem Zustand schwebenden ›Wartens auf‹«[2] verharren. Wird das Beziehungsschema des »Wartens auf«

---

1 Dornes: ebd., S. 82.
2 Dornes: ebd., S. 83.

zu einem späteren Zeitpunkt nicht erfolgreich umgeformt, verfestigt es sich in einem passiv blockierten Lebensgefühl. Eine davon beherrschte Person wartet im Zustand einer ständigen »Wenndann«-Spannung darauf, dass irgendwann das eigentliche Leben beginnen müsste. Für sie gilt die Essenz des persischen Sprichworts, dass »*derjenige, welcher die Zeit besitzt und dennoch nach besseren Zeiten Ausschau hält, die Zeit verliert*«. Der zaudernde Mensch erlebt nie wirklich die unmittelbare Präsenz der Gegenwart. Unfähig, die Jetztzeit zu ergreifen, zerrinnt ihm sein Leben unter den Händen.

In wesentlichen Teilen ist die Lebenshaltung des »Wartens-auf« in unserer Gesellschaft regelrecht systematisiert. Das verbreitete Schielen auf die Zukunft, das sich augenfällig in unseren gewohnten Sicherungsbestrebungen wie Renten-, Lebens- oder Kapitalversicherungen und Bausparverträgen niederschlägt, läuft der gelebten Gegenwart im Hier und Jetzt den Rang ab. Obwohl es völlig ungewiss ist, ob sie die sorgsam abgesicherte Zukunft jemals erleben werden, vertun viele nur allzu leichtfertig die Chancen ihres Daseins in der Gegenwart.

Alle möglichen Verhaltensweisen des Säuglings als Antwort auf ein depressives Gegenüber sind Reaktionen auf die von ihm als nicht stimmig erlebte Beziehungs-Realität. Es sind seine Versuche, mit unmittelbar erfahrener Realität zurechtzukommen. Keine einzige Variante der möglichen Beziehungserfahrungen, die der Säugling mit einem depressiven Anderen erleben mag, verhilft ihm zum Aufbau eines tragenden Selbst-Gefühls von Urheberschaft und Wirksamkeit. Das Selbst-Vertrauen in die eigene Willensbekundung und das entsprechend erfolgreiche Handeln kann nicht wachsen, wenn der Andere als im Wesentlichen nicht erreichbar erlebt wird. Das Fundament der wichtigsten Selbst-Empfindung wird brüchig.

Da es jedoch keinen endgültigen Stillstand in der Selbst-Empfindung gibt und sie lebenslang aktiv bleibt, kommt auch das Streben nach Wirksamkeit nie völlig zum Erliegen. Das Gefühl von Wirkungskraft kann unter veränderten Lebensumständen zu einem späteren Zeitpunkt weiterentwickelt, repariert und neu organisiert werden.

Auch ein in seiner Affektmotorik grundlegend herabgestimmter Mensch vermag sich folglich neu zu organisieren. In der Regel überdauert allerdings ein bestimmtes Maß an Vitalitätsverlust in Form eines Selbst- oder Charaktermerkmals. Aus einem herabgestimmten Menschen kann deshalb kein extrovertierter »Springinsfeld« mehr werden, aber gleichwohl ein mit sich und der Welt zufriedener Mensch.

Ich habe hier an ersten Beispielen beschrieben, wie das Selbst-Gefühl von Urheberschaft und Wirksamkeit durch reale frühe Beziehungserfahrungen mit einem depressiven Anderen im Wachsen behindert werden kann. Ich werde diesen roten Faden im nächsten Kapitel weiterverfolgen. Das gleiche beobachtbare Ergebnis könnten wir genauso gut am Beispiel eines zwanghaft-kontrollierenden Anderen beschreiben. Beziehungsschemata, die eine Grunderfahrung von fremdbestimmter Kontrolle übermitteln, behindern nämlich ebenfalls die Ausbildung der eigenen erfolgreichen Willensbekundung und Gestaltungskraft. Ich betone allerdings nochmals, dass selbst ein tragendes Selbst-Gefühl von Urheberschaft und Wirksamkeit nicht unverwundbar ist. Es bleibt lebenslang anfällig für Verletzungen und kann in gravierenden Fällen sogar zeitweise oder dauerhaft ganz zusammenbrechen. Die präventive Förderung der »Salutogenese«, d.h. die Bestärkung schützender Fähigkeiten und Ressourcen, die seelische Gesundheit begünstigen, sollte der erfolgreichen Beziehungs- und Handlungskompetenz von Menschen zwar ein besonderes Augenmerk widmen, absolute Widerstandsfähigkeit oder garantierte lebenslange Unverwundbarkeit bleiben aber in jedem Falle Illusion.

Der Verlust oder Zusammenbruch unserer wichtigsten Selbst-Empfindung von Wirkmächtigkeit zieht zwangsläufig den Bereich der Selbst-Affektivität in Mit-Leidenschaft. Beides ist ein idealer Nährboden für die Ausprägung eines kompensierenden Suchtverhaltens. Ich komme deshalb zu dem Schluss, dass nicht der gefürchtete »Uraffekt«, dessen einer Bestandteil die Depression ist, das Grundproblem des Süchtigen ist, sondern tiefer darunter die Verheerung der fundamentalsten Selbst-Empfindung von Urheberschaft und Wirksamkeit. Wir haben damit auch den viel beschworenen strukturellen Defekt des Süchtigen genauer eingegrenzt. Leere Depression oder zerstörerische Wut sind bearbeitende Antworten auf den Verlust von Urheberschaft und Wirksamkeit, konkrete Defizite in den so genannten Ich-Funktionen eine zwangsläufige Folge.

Beobachtbare Abwehrmechanismen sind Schutzvorrichtungen in Aktion und grandiose Phantasien oder gesteigerte Betriebsamkeit Kompensationsstrategien.

Vorschläge zur Revision »lieb gewonnener« theoretischer Konzepte in der Suchtarbeit

> *Wie groß muss die*
> *Verletzung sein,*
> *wenn das Leben*
> *keinen Ausweg mehr weiß?!*
> *H. K.*

Sucht – die Krankheit, die sowohl keine wie eine besondere, wie eine mehrfache ist

Die Medizin sieht den Menschen kaum noch in seiner Gesamtheit. Sie fragt selten danach, was ihm *fehlt*, wenn er erkrankt, sondern was er *hat*, wenn er ein Symptom ausbildet. Ein allgegenwärtiges Symptom ist Sucht.

Es hat sich eingebürgert, süchtige Abhängigkeit als Krankheit zu betrachten. Dafür gibt es gute Gründe. Gegenüber der immer noch nicht ganz ausgeräumten Stigmatisierung, die den süchtigen Menschen als willens- und charakterschwaches Subjekt brandmarkt, ist das Verständnis von Sucht als Krankheit ein großer Fortschritt. Es macht weiterhin Sinn, in Sucht eine Krankheit zu sehen, wenn es darum geht, einen Versicherungsträger zu bestimmen, der für die Kosten der körperlichen wie seelischen Behandlung aufkommt. Je selbstverständlicher wir andererseits von Krankheit sprechen, desto mehr entfernen wir uns vom Offenkundigen. Wir verlieren nämlich weiter und weiter die tieferen kollektiven Ursachen von Sucht aus dem Blickwinkel. Damit wird sie wieder zu einem individuellen Problem. Die Gesellschaft ist durch diesen Schachzug von kollektiver Verantwortung entlastet und braucht sich als Sucht beständig reproduzierendes Gemeinwesen nicht ernsthaft zu hinterfragen.

Genau besehen, ist süchtige Abhängigkeit einerseits keine wirklich originäre Krankheit, andererseits jedoch eine besondere und sogar mehrfache Erkrankung; zumindest ist sie keine Krankheit wie jede andere. Sucht ist vor allem ein Symptom, hinter dem sich etwas Tieferes verbirgt. Die eigentliche Krankheit ist also primär die tiefere seelische Verletzung oder Störung. Wo jedoch eine solche erst gar nicht vorliegt, sondern sich ein problematischer Gebrauch von Suchtmitteln aufgrund einer aktuellen Überforderung im Hier und Jetzt eines Menschen entwickelt, entfällt eine tiefere pathologische Ebene ganz. Koppelt sich Sucht als Symptom irgendwann vom Ursachenbereich ab und verselbstständigt sich, gewinnen ihre Begleiterscheinungen unter Umständen Krankheitswert. Die vielfältigen neurophysiologischen, körperlichen oder sozialen Langzeitwirkungen der süchtigen Abhängigkeit ziehen behandlungswürdige sekundäre bzw. genau genommen sogar tertiäre Folgeerkrankungen nach sich. Auf diesen unterschiedlichen Ebenen ist Sucht also direkt bei Krankheit beheimatet. Aber sie ist in keinem Falle selbst die originäre Krankheit, was einen gewichtigen Unterschied im Verständnis ausmacht. Ein Mensch muss selbst sehr aktiv und hartnäckig ein Verhalten praktizieren oder Suchtstoffe gebrauchen, um süchtig zu entgleiten. Zudem verhält er sich über alle Maßen durchsetzungsfähig, was die Befriedigung seines Suchtdrucks anbelangt. Für diesen Teil seines Verhaltens trägt er die Verantwortung. Argumentative Einwände, dass sein Verhalten gänzlich unbewussten Motiven folge oder dass er in völliger Unkenntnis objektiver Risiken handle, entheben nicht der Tatsache, dass der betreffende Mensch fortwährend neue persönliche Entscheidungen trifft, eine eigene Handlung zu vollziehen oder sie zu unterlassen. Soweit ist er willentlich der Urheber seines Tuns.

Doch trotz seiner aktiven Beteiligung kommt dem Suchtkranken in aller Regel nicht die »Schuld« an seinem Leiden zu. Der Begriff ist in diesem Zusammenhang absolut untauglich. Sein Symptom ist Ausdruck seiner Schwierigkeiten, in krank machenden familiären oder gesellschaftlichen Beziehungen als Mensch mit eigenem Wert zu bestehen. Ein gerütteltes Maß an Mitverantwortung trägt er allerdings dafür, welchen Weg er wählt, um seinem Leiden zu begegnen. Kein Medikament, kein Arzt, kein Therapeut der Welt kann Sucht als Krankheit von sich aus heilen. Heilung kann nur aus dem bereitwilligen Inneren des Patienten erfolgen. Wo er an seinen bisherigen Erfahrungen mit zwischenmenschlicher Bezogenheit krankt, setzt sie eine Motivation voraus, heilsamere Beziehungen zu wagen. Wo sich wandelnde Lebensumstände Überforderung und Leiden an der Welt mit steigendem Druck in ausweichendes Verhalten bedingen, ist seine Bereitschaft zur reaktiven Selbst-Bewegung gefragt. Struktureller Wandel bewirkt auch bei relativ selbst-sicheren Menschen nicht selten Unordnung und inneren Aufruhr. Misslingt die Umorganisation des Lebens, bietet sich süchtige Abhängigkeit als ein Ort des seelischen Rückzugs an. Um diese Wechselwirkungen zwischen individual- wie sozialpsychologischen Aspekten nicht aus den Augen zu verlieren, sollten wir in Sucht nicht vorschnell nur noch die Krankheit sehen und sie schon gar nicht als solche überstrapazieren, um von kollektiver Verantwortung so zu entlasten, dass die notwengigen unbequemen Fragen an die süchtige Gesellschaft der gefälligen Ausblendung anheim fallen können.

Symbiose und Verschmelzung oder:
Die Mär vom »Fass ohne Boden«

Süchtig abhängige Menschen werden häufig als maßlos fordernd, bedürftig, klammernd, saugend und unersättlich beschrieben. Ihre maßlose Unersättlichkeit hat ihnen den therapeutischen Ruf eingebracht, ein nie ausreichend zu füllendes »Fass ohne Boden« zu sein. Zwar können wir bei vielen süchtigen Menschen tatsächlich eine saugende Passivität beobachten. Die Mär vom Fass ohne Boden geht jedoch auf einen Kardinalsirrtum zurück, der sich aus einflussreichen entwicklungspsychologischen Vorstellungen ableiten lässt. Dem Süchtigen wird der permanente Wunsch unterstellt, mit dem Objekt symbiotisch verschmelzen zu wollen.

Die Vorstellung vom symbiotisch verschmolzenen Paradies geht zurück auf die Entwicklungstheorie von Margaret Mahler. Nach deren Vorstellungen durchläuft jedes Kind zwischen vier bis sechs Wochen und fünf Monaten eine normale Symbiose. Gekennzeichnet ist diese Phase vor allem dadurch, dass das mütterliche Objekt oder der Andere vom Säugling nicht als unabhängige Person erlebt wird, sondern als mit dem eigenen Selbst verschmolzen. So formulieren Mahler und ihre Mitarbeiter als das wesentlichste Merkmal der normalen Symbiose »die halluzinatorisch-illusorische somatopsychisch *omnipotente* Fusion mit der Mutter und insbesondere die illusorische Vorstellung einer gemeinsamen Grenze der beiden in Wirklichkeit physisch getrennten Individuen«[1]. Nach dieser Auffassung kann das Kind zwischen Innen- und Außenwelt in dieser Lebensspanne noch nicht unterscheiden. Entsprechend würden daher auch das Selbst des Säuglings und das Nicht-Selbst des Anderen als unabgegrenzte Dual-Union oder Zweieinheit erlebt. Erst wenn im Alter von etwa fünf Monaten mit dem ersten Gewahrwerden der von der Mutter getrennten Existenz die Loslösungs- und Differenzierungsphasen erreicht wären, beginne die eigentliche »psychische Geburt« des Menschen. Loslösung und Individuation werden von Mahler noch einmal in verschiedene Subphasen unterteilt.

Das gefühlsmäßige Erleben des angenommenen Verschmelzungszustands sowie der beginnenden Differenzierung wird metapsychologisch-terminologisch so beschrieben[2]: Die Repräsentanzen von Selbst und Objekt sind während der normalen Symbiose bis etwa zum Alter von fünf Monaten ungetrennt verschmolzen. Erst danach werden sie mit einsetzender Loslösung in getrennte Selbst- und Objektrepräsentanzen differenziert. Dabei bleiben »gute« und »böse« Selbst- und Objektbilder allerdings bis etwa zum 18. Lebensmonat ebenfalls voneinander getrennt. Man spricht dementsprechend von Teilobjektbeziehungen. Etwa zwischen 18 und 30 bis 36 Monaten vollzieht das Kleinkind eine fortschreitende Integration der verschiedenen Selbst- und Objektbilder zu einheitlichen

---

1 Mahler et al.: a.a.O., S. 63f. Dieses Zitat ist ein beredtes Beispiel für die erwachsene Sicht auf die Lebenswelt des Säuglings und ebenso für die Sucht nach Tiefe gemäß wissenschaftlicher Gepflogenheiten. Mit einer solchen Wertung möchte ich keineswegs die damalige Leistung von Mahler und ihren Mitarbeitern schmälern. Ich frage mich indes zunehmend, ob das Übertheoretisieren in der wissenschaftlichen Gemeinde nicht eine besondere Spielart von »Urheberschaft und Wirksamkeit« einerseits und »Größengefühlen« andererseits ist.

2 Zum Folgenden vgl. die Ausführungen von Dornes zum Symbiosekonzept in: Dornes 1993 und 1997.

Repräsentanzen. Es erreicht damit das Stadium der so genannten Selbst- und Objektkonstanz. Selbst-Konstanz meint die sichere Konsolidierung des Gefühls für das eigene Selbst, einschließlich der kognitiven und emotionalen Kompetenz, die bisher getrennt nebeneinander existierenden Selbst-Repräsentanzen als kohärent zusammengehörig und als abgegrenzt von den Objektrepräsentanzen wahrzunehmen. Objektkonstanz bedeutet, dass neben der kognitiven Repräsentanz eines Objekt-Anderen auch die Dauerhaftigkeit der emotionalen Beziehung zum Anderen aufrechterhalten wird, wenn diese Person abwesend ist. Weiterhin meint Objektkonstanz das Zusammenbringen der guten, befriedigenden und der bösen, frustrierenden Teilobjektrepräsentanzen, um die vorherige, angeblich entwicklungsangemessene Aufspaltung der Objektbilder aufgeben zu können. Dies schließt auch die Besetzung des Objekts mit so ausreichend stabilisierten Emotionen ein, dass das Kind bei Frustrationen nicht auf das Stadium der symbiotischen Undifferenziertheit regrediert.

Weder die Terminologie noch die damit beschriebenen Entwicklungsvorstellungen sind besonders klar oder gar einfach verständlich. Man muss sich jedoch damit auseinander setzen, da uns beides in der Diagnostik der Krankheitsbilder süchtiger Menschen immer wieder begegnet, insbesondere bei den so genannnten Doppeldiagnosen.[1]

Die entwicklungspsychologischen Vorstellungen von Mahler waren über lange Jahre hinweg überaus populär und einflussreich. Sie wurden insbesondere immer wieder zur Erklärung der so genannten frühen Störungen herangezogen. Zwar verfügen wir durch die Forschungsergebnisse der Säuglingsforschung mittlerweile über plausiblere entwicklungspsychologische Erkenntnisse, doch sind die Mahlerschen Vorstellungen keineswegs überwunden. Sie tauchen allerorten immer wieder auf. Zudem gibt es große theoretische Anstrengungen der Mahlerianer, das Symbiose-Konzept durch

---

1 Zu den frühen Störungen siehe: O. F. Kernberg: Borderline Störungen und pathologischer Narzissmus. Frankfurt 1978; ders.: Schwere Persönlichkeitsstörungen. Theorie, Diagnose, Behandlungsstrategien. Stuttgart 1988; sowie Chr. Rohde-Dachser: Das Borderline-Syndrom. 5. Aufl., Bern 1995.

Umdefinitionen zu retten.[1] Revidiert wurden bisher Teilaspekte der Mahlerschen Entwicklungspsychologie. Doch die Vorstellung der Symbiose als Verschmelzungszustand hält sich bis heute hartnäckig, obwohl auch sie im Prinzip widerlegt wurde. So ist sie die nach wie vor bestehende Grundlage für die Phantasie vom süchtigen Menschen als »Fass ohne Boden«.

Wie kaum ein anderer geht Daniel Stern darauf ein, wie sich der Säugling als Selbst in Beziehung zu einem Anderen erlebt. Seine Entwicklungspsychologie bietet sich als Alternative zu den Vorstellungen von Mahler an. Vorgängen, die von ihr als Symbiose und Verschmelzung bezeichnet wurden, gibt Stern ein anderes Gesicht. Er beschreibt die Beziehung des Säuglings mit einem frühen Anderen »einfach als reales Erleben des Zusammenseins mit einem anderen (einem das Selbst regulierenden Anderen), das die Selbstempfindungen erheblich verändert. Durch einen solchen Vorgang erfährt das Empfinden des Kern-Selbst keinen Bruch: Der Andere wird weiterhin als ein vom Selbst getrennter Kern-Anderer wahrgenommen. Die Veränderung des Selbstempfindens betrifft allein das Kern-Selbst. Das veränderte Kern-Selbst wird überdies zum Kern-Anderen in Beziehung gesetzt (aber es verschmilzt nicht mit ihm). Das Selbstempfinden ist zwar von der Anwesenheit und dem Handeln des Anderen abhängig, gehört aber dennoch ganz und gar dem Selbst an.«[2]

Bei solchen überaus sensiblen zwischenmenschlichen Regulierungsvorgängen übernimmt der Säugling überdies eine äußerst aktive Rolle, um das für ihn »richtige« und angemessene Verhalten hervorzurufen. Darüber erwirbt er sein Gefühl, dass der Andere durch das eigene Handeln erreichbar ist. Ein so hohes Maß an angeborener Beziehungskompetenz wurde dem Säugling lange Zeit nicht zugetraut.

Die harmonisch orchestrierten Interaktionen von Säugling und frühem Anderen sowie ihre Gleichzeitigkeiten bei den Abstim-

---

1 Die bedeutendsten Versuche zur entwicklungspsychologischen Teilrehabilitierung der Symbiose hat F. Pine unternommen. Siehe dazu Dornes 1997, S. 167 ff.

2 Stern 1992, S. 153.

mungs- und Regulierungsprozessen setzen niemals den eigenen Rhythmus des Säuglings außer Kraft oder rufen selige, symbioseähnliche Verschmelzungsgefühle hervor. Was sie tatsächlich bewirken, sind intensiv bezogene Gemeinsamkeitserlebnisse von Kind und frühem Anderen, die prägende seelische Erlebnisse darstellen. Über solche Gemeinsamkeitserlebnisse werden primär Beziehungen verinnerlicht, nicht jedoch isolierte, nach gut und böse getrennte Selbst- und Objektbilder. Durch das subjektive Erleben des Zusammenseins mit einem anderen Menschen werden vielmehr ganzheitliche Interaktionserfahrungen als Repräsentationen oder *»Schemata des Zusammenseins mit einem Anderen«* geschaffen.[1] Ich werde im Kapitel über die »Repräsentationen« darauf zurückkommen. Selbst im intensivsten Zusammensein mit einem Anderen findet keine Verschmelzung statt. Das Gefühl für die Grenzen zwischen dem eigenen Selbst und dem Anderen bleibt zuverlässig erhalten.

Mit seiner Sicht des Säuglings steht Stern im Gegensatz zu den einflussreichen Konzeptionen Mahlers. Wie häufig, wenn zwei Positionen aufeinander treffen, finden sich Vermittler. So greift z.B. George Downing klärend in die Debatte ein. Während Mahler sich sehr auf die Differenzierungsprozesse konzentriert, die ein Neugeborenes im Laufe seiner »psychischen Geburt« ausprägen muss, um aus der normalen Symbiose aufzutauchen, interessieren Downing ähnlich wie Stern vor allem die psychischen Strukturen, die er als *»Verbindungsschemata«* bezeichnet.[2] Sie kommen konzeptionell Sterns »Schemata des Zusammenseins« nahe und spielen für Downing die entscheidende Rolle bei der Entstehung des Selbst. Das Kind entwickelt sein Selbst und das verbundene Gefühl von Urheberschaft und Wirksamkeit nicht in erster Linie über Differenzierungsschemata, sondern primär über die fundamentalen Erfahrungen, den Anderen durch das eigene Handeln mit Erfolg zu einem verbundenen Austausch bewegen zu können. Die sich entwickelnde Fähigkeit, die Distanz zum Anderen erfolgreich überwinden und ihn erreichen zu können, weist den neugeborenen Menschen als zutiefst soziales Wesen aus. Seine tief im Unbewussten (des Konti-

---

1 Stern 1998, S. 28.
2 Downing, a.a.O., S. 138.

nuums) verwurzelten Erwartungen in Bezug auf seine Fähigkeiten und Rechte, zu berühren und angemessen berührt zu werden, färben nachhaltig das motorisch-körperliche wie affektive zwischenmenschliche Feld.

In der Abkehr vom Symbiosekonzept stimmt Downing mit Stern überein. Er schlägt indes eine Brücke zu Mahler, indem er sorgfältig definiert, was genau wir unter der Differenzierung von Selbst und Anderem verstehen können. Auch für ihn ist fraglos bewiesen, dass der Säugling mit hochkomplexen Fähigkeiten und funktionierenden Affekten zur Welt kommt. Trotzdem verfügt das Neugeborene aus seiner Sicht zu Anfang nur sehr eingeschränkt über diese Fähigkeiten. Seine im Sinne des Kontinuums »ererbten« affektiven Programme lösen Reaktionen aus, die ungeformt und unentwickelt sind. Die Regulierung, Verfeinerung und Benutzung von Affekten für die Kommunikation müssen noch erlernt werden. Das Gleiche gilt auch für die Ausdrucksvariationen, die Bestandteil der Kultur sind, der das Kleinkind angehört.«[1] Differenzierung bedeutet letztlich also Verfeinerung der impliziten Beziehungskompetenz des Säuglings, aber nicht das Sich-Heraus-Schälen aus einer symbiotischen Phase der Verschmelzung. Das Konzept von Symbiose als ungetrennte Zweieinheit ist nicht länger haltbar.

Der Säugling ist weder symbiotisch verschmolzen in dem Sinne, dass er die Grenze zwischen sich und der Außenwelt nicht wahrnimmt, noch indem seine Beziehung zu einem frühen Anderen undifferenziert oder passiv-rezeptiv ist. Und er ist schon gar nicht symbiotisch in dem Sinne, dass er »halluzinatorisch-illusorische« Vorstellungen über eine Verschmelzung mit dem frühen Anderen haben könnte. Trotz seiner hohen angeborenen Kompetenz verfügt der Säugling über diese ihm unterstellten Fähigkeiten gerade noch nicht. Er empfindet nur unmittelbar erlebte Beziehungsrealität, entwickelt aber noch keinerlei Phantasie über eine vorgestellte Beziehung mit symbiotischem Charakter. Vor allem halluziniert der Säugling nicht. Eine derartige Vorstellung scheint mir geradezu abwegig.

Wie lösen wir aber nun das sich mittlerweile abzeichnende Dilemma, daß wir gerade bei süchtig abhängigen Menschen die aus-

---

1 Ebd., S. 158.

geprägtesten symbiotischen Verschmelzungsphantasien und -sehnsüchte vorfinden, die ihnen den Ruf vom »Faß ohne Boden« eingetragen haben? Entsprechende Phantasien treten häufig im Zusammenhang mit Unsicherheit und Angst auf, erstaunlicherweise allerdings auch, wenn sich verstärkte Tendenzen zur Selbst-Behauptung bemerkbar machen. Erklärt wurden solche Verschmelzungssehnsüchte bisher damit, dass die frühkindliche Symbiose entweder nicht befriedigend durchlebt werden konnte und deshalb ein immer fortwährender Nachholbedarf bestehe. Oder es konnte durch Überverwöhnung kein ausreichend getrenntes Selbst ausgebildet werden, sodass der betreffende Mensch später ebenfalls in einer passiv-rezeptiven Ansprüchlichkeit mit Schlaraffenlandserwartungen verharre.

Verschmelzungsphantasien können das entstandene Lebensproblem indes nicht lösen. Wenn die in früher Kindheit real bestehende Abhängigkeit vom Selbst-regulierenden Anderen nicht ausreichend befriedigend erlebt wurde, werden Abhängigkeit und Autonomie zu dominierenden Lebensthemen. Eine Grundursache hierfür besteht im unangemessenen Verhalten von frühen Bezugspersonen, Kompetenzen und Selbstständigkeitsbestrebungen, die ein Kind im Zuge seiner Selbst-Entwicklung angemessen äußert, zu unterdrücken, zu kontrollieren, klein zu machen oder mit Angst, Beschämung und Schuld zu erfüllen. Das Kind lernt so, dass sein selbstständiges, eigen-mächtiges Handeln unerwünscht ist. In der Regel passt es sich an die Regulierungen der Anderen an und gibt seine Willensbekundungen zugunsten einer »Flucht in die Symbiose« auf. Allerdings bezahlt es mit dem hohen Preis der Einschränkung der eigenen Lebendigkeit sowie einer Beschädigung seiner Selbst-Empfindung von Urheberschaft und Wirksamkeit. Die Selbst-Affektivität wird in Folge ebenfalls in Mitleidenschaft gezogen. Daraus folgert, dass symbiotische Verschmelzungsphantasien in erster Linie auf eine frühe Entgleisung der zwischenmenschlichen Realitäten zurückzuführen sind, in denen Autonomie und Individuation behindert wurden.

Symbiotische Sehnsüchte sind demnach »modifizierte Überarbeitungen einer gestörten, die Selbstregulierungsfähigkeit des Kindes übermäßig einschränkenden Eltern-Kind-Beziehung und nicht

Abkömmlinge einer normalen symbiotischen Phase«. Wir können die klinische Realität ausgeprägter Verschmelzungsphantasien angemessener verstehen und behandeln, wenn wir das Konzept gründlich revidieren und, einem Vorschlag von Dornes folgend, die Symbiose als den »Zufluchtsort des *überforderten* Säuglings« begreifen. Sie wird also zu einem Ort des seelischen Rückzugs.[1]

Wenn wir diese Sichtweise in die Suchtarbeit einführen, können wir auch der saugenden, symbiotischen Ansprüchlichkeit vieler suchtkranker Menschen eher gerecht werden und die Mär vom Fass ohne Boden realitätsangemessen aufgeben. Wo immer süchtig abhängige Menschen Zuflucht suchen zu symbiotischen Phantasien, tun sie es nicht, um in einer verschmolzenen Zweieinheit aufzugehen, sondern weil sie sich heillos überfordert fühlen. In der Anklammerung erhoffen sie sich die Rettung durch den Anderen. Ihre Flucht in die Symbiose wird dann – *und nur dann* – nötig, wenn die Selbst-Empfindung von Urheberschaft und Wirksamkeit so sehr verletzt ist, dass ein getrenntes Funktionieren nicht dauerhaft aufrechterhalten werden kann. Da die entsprechende Selbst-Empfindung ein Leben lang aktiv und bei übergroßer Belastung jederzeit anfällig für tief greifende Beeinträchtigung bleibt, kann folgerichtig eine Flucht in die Symbiose aufgrund von Überforderung in jeder Lebensphase erfolgen. Dementsprechend haben erwachsene Verschmelzungsphantasien mit einer frühkindlichen »normalen« Symbiose doppelt nichts zu tun.

Unzählige Äußerungen süchtig Abhängiger legen nahe, dass die Versehrung des Selbst-Gefühls von Urheberschaft und Wirksamkeit der Kern der Flucht in die Symbiose ist: »Ich weiß nicht mehr, was ich tun soll«, »ich kann ja doch nichts mehr verändern«, »mir gelingt nichts«, »ich mache ohnehin nur alles falsch«, »mir fällt nichts mehr ein«, »ich kann das nicht«, »ich kann ihn (oder sie) nicht erreichen« usw. usf. Die empfundene, erlernte, tatsächliche oder induzierte Hilflosigkeit ist ein charakteristisches Merkmal der süchtigen Beziehungsstruktur. Das solcherart verstandene Wesen von Symbiose macht zusätzlich deutlich, warum Süchtige sich so häufig

---

1 Dornes 1993, S. 77; vgl. auch J. Steiner: Orte des seelischen Rückzugs. Stuttgart 1998.

unverstanden fühlen, wenn wir ihre Anklammerung als verschmelzungssüchtige Nähewünsche fehlinterpretieren.

Wenn Symbiose nicht das gelungene Durchleben einer Phase undifferenzierter Verschmelzung sein kann, beinhalten symbiotische Phantasien auch nicht die Wiedergutmachung einer unbefriedigend erlebten Zweieinheit. Wurde jedoch das Geburtsrecht eines Menschen nach Nähe in Gemeinsamkeit frustriert, überdauert sein Wunsch, diejenige Entwicklung bestimmungsgemäß nachzuholen, die ihm die aktive Herstellung von Nähe und Gemeinsamkeitserlebnissen ermöglicht.

In der therapeutischen Behandlung von symbiotischen Zufluchtsphantasien geht es mithin nicht primär um die wieder gutmachende Befriedigung oder das Nachholen ungestillter Sehnsüchte nach Nähe, sondern um eine Arbeit an der Selbst-Empfindung von Urheberschaft und Wirksamkeit. Vom Therapeuten verlangt das eine authentische Reaktion als Realperson, damit sein Gegenüber ein zuverlässiges Gefühl für sein eigenes Handeln bekommt. Süchtigen fehlt häufig das Gespür dafür, was sie mit ihrem Verhalten im Anderen bewirken und als Antwortverhalten auslösen, da durch die Beeinträchtigung des Selbst-Gefühls von Wirkmächtigkeit auch die Ich-Funktion der »Antizipation« in Mitleidenschaft gezogen ist. Das zwischenmenschliche Feld muss daher durch stimmig erfahrene Abstimmungs- und Regulierungsprozesse als neue innere Landkarte strukturiert werden.

Erst in einem solchen Zusammenhang findet das korrigierende Erfahren zwischenmenschlicher Nähe wieder seinen Platz. Indes ist wiederum nicht konsumptive Nähe zum Füllen des Fasses ohne Boden das Ziel, sondern angemessen bezogene Nähe, die den Anderen als erreichbar erweist und sich von ihm zugleich erreichen lässt. Es wird die Fähigkeit etabliert, befriedigende Gemeinsamkeitserlebnisse herzustellen. Die stimmige Wechselseitigkeit des Austauschs nährt das Gefühl des erfolgreich-wirksamen Handelns.

In Ausführungen Ernst Simmels zur Suchttherapie von 1928 finden sich frühe Aussagen zu den tiefsten Sehnsüchten des Abhängigen sowie zu Auswegen aus dem regressiven Sumpf. Simmel sieht die Notwendigkeit, dem Patienten zu Anfang »passagère Ersatzmöglichkeiten zugunsten eines Symptomverzichts bieten zu können«. Wenn er nach genügender Vorbereitung anschließend im Stadium der »Versagung« ohne das entsprechende »Surrogat im Dienste einer notwendigen Ausgleichsökonomie« behandelt wird, bekommt der süchtig Abhängige »eine *Sonderschwester,* die nur für ihn da ist und sich Tag und Nacht mit mütterlichem Zuspruch um ihn und um seine Ernährung und Körperpflege bemüht. All seinen heftigen Abstinenzerscheinungen (Exaltation, Angst oder Depression) begegnen wir nach Möglichkeit nur mit psychoanalytischer Hilfe, d.h. mit regulärer Behandlung bzw. analytischen Aussprachen, wenn nötig, mehrmals am Tage, auch des Nachts. – Durch diese so veränderte psychoanalytische Situation schaffen wir bei aller bewussten Qual doch für das Unbewusste des Süchtigen die letzte Erfüllung seiner tiefsten Sehnsucht. Denn wieder ein ganz kleines Kind sein, im Bett liegen und von einer freundlichen, vom Vater konzedierten Mutter gepflegt und genährt werden dürfen, von einer Mutter, die stets da ist, wenn ihm Angst wird, das ist das Geheimnis letzter unbewusster Wunscherfüllung des Suchtkranken. Die so von uns *geschaffene* Situation wiedergewonnener Mutternähe wandelt sich notwendigerweise zur analytischen Situation zurück dadurch, dass sie durch den Fortgang der Kur sich von selbst aufhebt.«[1]

Aus heutiger Sicht betrachtet, können wir Simmels Aussagen so verstehen: Der süchtig Kranke wird in einer totalen Abhängigkeit von einer verfügbaren Person gepflegt und genährt. Sie gewährt ihm Tag und Nacht mütterlichen Zuspruch. Soweit könnte man meinen, das Bild sei eine perfekte Entsprechung der unersättlichen Gier des Süchtigen nach Nähe, Zufuhr und Versorgung. Das regressive, orale Paradies scheint erreicht. Die Behandlung führt jedoch darüber hinaus. Als ein Selbst-regulierender Anderer hilft die verfügbare Sonderschwester dem Süchtigen bei der Regulierung seiner Gefühle. Die Situation hebt sich durch den Fortgang der Kur

---

1 E. Simmel: Die psychoanalytische Behandlung in der Klinik. In: Internationale Zeitschrift für Psychoanalyse, 14/1928, S. 366f., die Sperrungen im Original sind von H. K. durch Kursivschrift ersetzt; einfacher zu beschaffen ist Simmels Beitrag als geringfügig veränderter Wiederabdruck in: E. Simmel: Psychoanalyse und ihre Anwendungen. Ausgewählte Schriften. Frankfurt 1993, S. 82–100.

schließlich von selbst auf, da durch neu vollzogene Abstimmungs- und Regulierungsprozesse im Zusammensein mit einem Anderen diejenigen Kräfte im Süchtigen stimuliert werden, die auf Abgrenzung, Individuation und Selbst-Entfaltung drängen. Der auf diesem Wege bewirkte Zugewinn von Urheberschaft und Wirksamkeit erledigt die Mär vom Fass ohne Boden von selbst. Nicht regressiv-orale Wunscherfüllung ist das Geheimnis der tiefsten Sehnsucht des Suchtkranken, sondern der Wiedergewinn seiner Selbst-Empfindung von Wirkmächtigkeit. Angemessen regulierte Nähe und dosierte Regression können allerdings Zwischenstadien auf dem Weg zum Ziel sein.

Simmels Ausführungen verweisen ganz nebenbei auf unsere heutige Therapie-Realität. Eine derartig zeit- und personalintensive Betreuung, wie sie Simmels »Sonderschwester« verkörpert, ist heutzutage undenkbar. Wo zunehmender Kostendruck zu immer weiter um sich greifenden Sparmaßnahmen führt, finden süchtig Abhängige nur noch ein eingeschränktes Therapie-Angebot vor, das sie zudem in immer kürzeren Zeiträumen zu absolvieren haben. Finanzielle Erwägungen werden zur nötigenden obersten Maxime, hinter der die Stimmigkeit des therapeutischen Angebots nicht selten zurückstehen muss. Die Sprache ist hier übrigens gnadenlos entlarvend: *Sach*bearbeiter bei den Kostenträgern für Suchttherapien sind gehalten, »Sachen« zu bearbeiten. Sie entscheiden ausschließlich aufgrund vorgegebener Richtlinien und der ihnen vorliegenden Unterlagen über eine Auswahl an Hilfsangeboten für suchtkranke Menschen, die sie persönlich nie zu Gesicht bekommen. Ihren Entscheidungen nach Aktenlage wohnt die Tendenz inne, die eigene Unbezogenheit zu verstärken und über diesen Weg ihr eigenes Selbst-Gefühl für sinnvoll-wirksames Handeln auszuhöhlen.

Nähe- und Symbiosephantasien können abhängige Menschen bestenfalls kurzfristig beruhigen. Im Gegenzug lösen sie nämlich direkt intensive, häufig untolerierbare Angst vor Selbst-Verlust aus. Jede wirklich drohende Grenzauflösung oder Verschmelzung führt zu heftiger Unruhe bis hin zur Panik. Von daher ist »Nähe« in der Arbeit mit Suchtkranken und schwer »gestörten« Menschen mit äußerster Behutsamkeit zu handhaben.

Bekannt sind viele psychische Phänomene, wo Menschen tatsächlich Gefühle von Selbst-Auflösung und unsicher werdenden, zerfließenden Grenzen empfinden, wo sie nur noch mit Mühe oder gar nicht mehr zwischen Selbst und Nicht-Selbst zu unterscheiden vermögen. Insbesondere schwer ess»gestörte« Patientinnen berichten häufiger von Selbst-Wahrnehmungen, dass Teile ihres Körpers nicht wirklich zu ihnen gehören, sondern nur marionettenhaft von ihnen bewegt werden. »Ich stimme nicht« ist ebenfalls eine zusammenfassende Beschreibung für ein von Konfusion geprägtes Selbst-Bild.[1] Depersonalisations- und Dissoziationsphänomene sind immer von Angstzuständen begleitet, weil das Selbst verloren zu gehen droht. Der funktionale Einsatz von Drogen erfolgt in solchen Fällen häufig aus der Hoffnung heraus, mithilfe ihrer magischen Wirkungen den drohenden psychischen Zusammenbruch abzuwehren.

Die erwähnten Phänomene können wir, wie es in vielen Fallberichten immer wieder zu lesen ist, weder auf Fehlentwicklungen während einer als normal vorausgesetzten symbiotischen Phase zurückführen, noch auf Spaltungen oder Teilobjektbeziehungen im herkömmlichen Sinne. Dagegen verbergen sich dahinter immer gravierende Versehrungen der Selbst-Empfindung von Urheberschaft und Wirksamkeit sowie zusätzliche Brüche im Kohärenzempfinden. Letztere sind in der Regel durch konkreten wie narzisstischen Missbrauch und massive chronische Grenzverletzungen bewirkt. Bei einer gravierenden Beschädigung des Kohärenzgefühls kann niemals ein stabiles Selbst-Empfinden von Wirkmächtigkeit existieren.

Eine Arbeit mit forcierter Nähe ist bei den beschriebenen Zuständen kontraindiziert. Das erste Ziel überhaupt ist in solchen Fällen die Errichtung ausreichend stabiler Körper- und Selbst-Grenzen. Als hilfreich erwiesen haben sich hierbei unterstützende Techniken und Methoden aus der Körperarbeit, über die die eigenen Grenzen erfahren werden, z.B. durch konkretes Abtasten mit den eigenen Händen.

---

1 Vgl. das bereits erwähnte Buch von M. Lawrence: »Ich stimme nicht«. Identitätskrise und Magersucht. Reinbek bei Hamburg 1986.

Die Kunst in der ambulanten wie stationären Suchttherapie besteht darin, die fundamentale Selbst-Empfindung von Wirkmächtigkeit so zu stärken, dass die Zuflucht zur Symbiose aufgrund von Überforderung zunehmend entbehrlich wird. Je mehr ein solches Vorgehen Erfolg zeigt, desto weniger saugend und ansprüchlich wird der Klient sich zeigen, umso herausfordernder indes auf der realen Beziehungsebene, auf der er seine neu aktivierten Selbst-Kräfte erproben und verfeinern möchte.

Angstfrei und genussvoll können nur Menschen mit stabilen Selbst-Kernen und festem Boden unter den Füßen »symbiotische« Gedankenspiele genießen. Für Phantasien mit innigster Hingabe, Nähe und ozeanischer Zweisamkeit hat sich uns der Wortgebrauch »symbiotisch« eingeprägt. Selbst-Entrücktheit in der totalen Verbundenheit, tiefste Einfühlung sowie das Teilen mystischer Verzücktheit oder eines gemeinsamen Orgasmus machen aus »zwei« trotzdem nie wirklich »eins«. Das Grenzgefühl bleibt unangetastet. Wenn wir also bei der gewohnten Wortwahl »symbiotisch« bleiben wollen, müssen wir uns immer wieder vergegenwärtigen, was wir damit bezeichnen. Momente innigster Intimität sind selten so passiv oder regressiv, wie herkömmliche Vorstellungen von Verschmelzung uns glauben machen. Die Herstellung von Gemeinsamkeit durch das Teilen von Gefühlszuständen ist ein höchst aktiver Vorgang, an dem wir mit allen Sinnen beteiligt sind.

Es führt insgesamt kein Weg daran vorbei, mit dem grundlegenden Missverständnis von Symbiose gründlich aufzuräumen. Symbiose ist nicht die Sehn*Sucht* nach totaler, passiv-verschmolzener Zweieinheit. Sie ist dagegen immer ein seelischer Zufluchtsort vor Überforderung. Ihre regressiv gerichteten Kräfte entfalten einen entindividuierenden, die Selbst-Grenzen vernebelnden Sog. Die Sehn*Sucht* der Menschen gilt dem Lebensrecht auf das intakte Selbst-Gefühl, »richtig« in der Welt zu sein. Das ist wesentlicher Bestandteil des Glücksgefühls, das so viele Suchtmittelgebraucher in den Drogen ihrer Wahl suchen (und teilweise sogar finden!). Die Selbst-Empfindung von »Richtigkeit« schließt auch narzisstische Gefühle im Sinne von Selbst-Liebe ein. Das Gewahrsein von der »Richtigkeit« und Ganzheit des Selbst ist allerdings nicht nur an den Selbst-Wert oder die bestätigende Wertschätzung durch Andere gebunden. Es gründet ganz entscheidend auf der subjektiven Einschätzung von der »bestimmungsgemäßen« Entfaltung der eigenen Selbst-Kräfte. Das führt mich zu den nachfolgenden Überlegungen hinsichtlich Sucht und »Grandiosität«.

Sucht und Grandiosität

Um den Zusammenhang von Sucht und Grandiosität ranken sich meiner Meinung nach ebenso viele Ungereimtheiten und Missverständnisse, wie um das Symbiosekonzept. Grandiositätsvorstellungen sind untrennbar an das Selbst-Wertgefühl und unser Verständnis von Narzissmus geknüpft. Das psychoanalytische Narzissmuskonzept ist vage und durch metapsychologische Übertheoretisierung mittlerweile so unscharf, dass eigentlich nie ganz klar ist, was gemeint ist, wenn der Begriff gebraucht wird.

Eine gebräuchliche Verwendung des Begriffs koppelt ihn an das Selbst-Wertgefühl. Dementsprechend wird heute übereinstimmend bei gravierenden Störungen der Fähigkeit zur Selbst-Wertregulation von »narzisstischen Persönlichkeitsstörungen« gesprochen. Ein Großteil der süchtig Abhängigen fällt unter diese Kategorie.

Gertrude und Rubin Blanck bringen die Entwicklung des gesunden wie pathologischen Narzissmus in Zusammenhang mit der Entstehung des Ichs und der Objektbeziehungen. Im Wesentlichen unter Berufung auf Mahler sehen sie im pathologischen Narzissmus ein Ergebnis von Fehlabstimmungen während der Symbiose und Individuation. Sie weisen zwar keiner Phase das ursächliche Primat zu, nehmen aber eine Störung der Selbst-Wertregulation an, wenn aufgrund unstimmiger zwischenmenschlicher Interaktion die symbiotische Zweieinheit sowie die Ausdifferenzierung von Selbst- und Objekt-Repräsentanzen in den Subphasen der Loslösung und Individuation nicht angemessen durchlebt werden. Der Narzissmus nimmt außerdem pathologische Gestalt an, »wenn er nicht im Gleichklang mit seinem Partner, der Objektliebe, voranschreitet«[1].

---

1 G. Blanck/R. Blanck: Ich-Psychologie, II: Psychoanalytische Entwicklungspsychologie. Stuttgart 1980, S. 185.

Entsprechend der Mahlerschen Entwicklungspsychologie werden dem Säugling primäre Gefühlszustände und daran gekoppelte Entwicklungsaufgaben unterstellt. Das Kind müsse lernen, seine zu Anfang ausschließlich von der Mutter vermittelten Gefühle von Sicherheit und Wohlbefinden selbst zu regulieren, indem es die mütterlichen Funktionen internalisiere. Wir haben aber bereits gesehen, dass das Kind von Geburt an eine sehr aktive Rolle bei der Regulierung der für es stimmigen Beziehungsgestaltung übernimmt. Wenn es sein eigenes Handeln als wirksam und den Anderen dadurch als erreichbar erlebt, entsteht sein Selbst-Vertrauen in die eigene Kompetenz. Wird die Ausbildung von Selbst-Vertrauen behindert, bildet das Selbst Kompensationsstrategien aus. Ein dabei häufig gewählter Modus sind Omnipotenzvorstellungen.

Als der Ursprung jeden Omnipotenzerlebens wird häufig die schon erwähnte »halluzinatorisch-illusorische, somatopsychisch *omnipotente* Fusion mit der Mutter« in der symbiotischen Phase angenommen. Danach nimmt es gemäß der Mahlerschen Entwicklungspsychologie folgenden weiteren Gang: Mit dem Auftauchen aus der Symbiose ab etwa fünf Monaten und der ersten Subphase von Loslösung und Individuation wird die eigentliche psychische Geburt des Menschen eingeleitet. Durch das fortschreitende Gewahrwerden des Getrenntseins von der Mutter verspürt der Säugling Frustrationen und Missbehagen sowie den Wunsch, den harmonischen, omnipotenten Urzustand wiederherzustellen. Deshalb badet das Kind während der folgenden Übungs-Subphase – etwa zwischen dem 10./12. und 16./18. Lebensmonat – zeitweise in einem quasi magisch-wahnhaften, aber altersangemessenen Gefühl von eigener Größe, Allmacht und Omnipotenz. In dieser Zeit gehört dem Kind die Welt. Sein Körper, seine wachsenden Fähigkeiten, die umgebenden Objekte sowie die Ziele seiner expandierenden Welt werden stark narzisstisch besetzt. Das Kind hat das intensivste Liebesverhältnis zu sich selbst und seiner Umgebung. Ganz anders dagegen in der Wiederannäherungsphase mit ihrem krisenhaften Höhepunkt, die etwa den Zeitraum vom 15. bis 22./24. Lebensmonat umfasst. In ihr wird das Kind zunehmend mit der schmerzlichen Einschränkung seiner Omnipotenz konfrontiert. Es realisiert, dass es weder die einer Eigengesetzlichkeit unterworfenen Dinge der Außenwelt noch den vertrauten Anderen magisch kontrollieren kann. Die sich einstellenden Frustrationen ziehen Gefühle von Verwundbarkeit, Kleinheit, hilfloser Ohnmacht und Abhängigkeit nach sich. Parallel dazu erfährt das kindliche Autonomiestreben zunehmende Einschränkungen, während gleichzeitig die Anforderungen der Umwelt an sein sozial-gerichtetes Verhalten beständig zunehmen. Das Kind schwankt hin und her zwischen seinen Selbstständigkeitsbestrebungen und heftigem Anklammern mit intensivem Verlangen nach symbiotischer Wiederverschmelzung. Erst in einer weiteren Subphase zwischen dem 24. und 30./36. Monat konsolidiert das Kind seine Individualität. Es entwickelt eine stabile emotionale Objektkonstanz, vereinheitlicht seine Selbst- und Objektrepräsentanzen und ersetzt die verringerten Gefühle von magischer Allmacht durch die zunehmend realistische Sichtweise und Bewältigung der Realität.

Für Kohut erfährt das Kind in seinen Omnipotenzgefühlen in jedem Fall eine nachhaltige narzisstische Kränkung (seines Selbst-Werts), auf die es zweifach reagieren kann:»Das Gleichgewicht des primären Narzissmus wird durch die unvermeidlichen Begrenzungen mütterlicher Fürsorge gestört, aber das Kind ersetzt die vorherige Vollkommenheit (a) durch den Aufbau eines grandiosen und exhibitionistischen Bildes des Selbst: das *Größen-Selbst;* und (b) indem es die vorherige Vollkommenheit einem bewunderten, allmächtigen (Übergangs-)Selbst-Objekt zuweist: der *idealisierten Elternimago.*«[1]

Kohut postuliert also ein normales primär-narzisstisches Urstadium, das ein Kind zu durchlaufen habe. Die idealisierten Elternimagines und das grandiose Selbst des Kindes sind für ihn notwendige Zwischenschritte auf dem kindlichen Weg zu einer realistisch-angemessenen Wahrnehmung des Selbst, der Objekte und der Welt. Beide Konfigurationen sind zeitweilige Kompensationen für den schmerzhaften Verlust der Vollkommenheit des primär-narzisstischen Urzustands. Die narzisstischen Ersatzbildungen werden in den folgenden Entwicklungsphasen durch einen Prozess von adäquat zu bewältigenden Frustrationen Schritt für Schritt aufgelöst. Am Ende steht die vollzogene Trennung von der Mutter als einem

---

1 H. Kohut: Narzissmus. Frankfurt 1979, S. 43.

kindlichen Selbst-Objekt mit der zuverlässigen Erfahrung der eigenen Begrenzungen wie der der Objekte. Die zunehmend autonome Selbst-Wertregulierung sowie die realitätsgerechte Wertschätzung der Objekte ersetzen den frühen archaischen Narzissmus. Die weitere Reifung und Überarbeitung der primären Grandiositäts- und Idealisierungsvorstellungen münden letztendlich in einen sekundären, gesunden Narzissmus. Der realitätsangemessene Stolz eines Menschen auf die eigene Wirkungskraft sowie die Fähigkeit zur neidlosen Anerkennung der Leistungen anderer Menschen sind seine inneren Abbilder. Kohut hat allerdings zu Recht betont, dass es eine völlige narzisstische Bedürfnislosigkeit niemals geben kann, es sei denn als wahnhafte Verleugnung. Ansonsten wünschen wir uns als menschliche Wesen zeitlebens immer auch die Anerkennung und Bestätigung durch andere bedeutungsvolle Menschen.

Wird der nach Kohut normale narzisstische Entwicklungsprozess durch unstimmige oder gar traumatische Erfahrungen mit einem frühen Anderen (Selbst-Objekt) gestört, misslingt die Ausbildung realitätsgerechter Selbst- und Objektrepräsentanzen. Das Kind bleibt unangemessen auf das Stadium der Idealisierung und der archaisch-narzisstischen Größenphantasien fixiert. Größenvorstellungen wie Idealisierungen werden zu dominanten Lebensthemen.

In der therapeutischen Situation mit narzisstisch gestörten Menschen wird die Ursprungserfahrung in den entsprechenden Übertragungsformen reinszeniert. Die »*Spiegelübertragung*« ist die Wiederbelebung des Größen-Selbst, d.h., alle Vollkommenheit und Macht wird dem eigenen Selbst zugeschrieben, das sich verächtlich-entwertend von der Außenwelt abwendet, der die Unvollkommenheit angelastet wird. Das Größen-Selbst ist vollkommen. Der Andere wird nur als eine Erweiterung des Selbst benutzt, indem er dessen Größe permanent bewundern und bestätigen soll.[1] Der zweite Übertragungsmodus ist die »*idealisierende Übertragung*«. In ihr wird die idealisierte Elternimago wieder belebt. Mit dieser narzisstischen Konfiguration versucht das Selbst einen Teil des verlorenen Erlebens seiner narzisstischen Vollkommenheit zu retten, indem es alle Stärke und Größe in das archaische, allmächtig-idealisierte Ob-

---

1 Ebd. S. 130.

jekt verlagert (idealisierte Elternimago). Da das Objekt jetzt der Besitzer aller Macht ist, fühlt sich das Selbst entleert und machtlos, wenn es vom Objekt getrennt ist. Deshalb sucht es die dauerhafte Vereinigung mit ihm.[1]

In der Arbeit mit süchtig abhängigen Menschen finden wir die narzisstischen Konstellationen permanent wieder, weil sie sich nicht »mit einem Gefühl der Stärke aus eigenen inneren Quellen versorgen« können. Ihre Grandiositätsvorstellungen treiben die seltsamsten Blüten und dienen mehreren Zwecken. Sie werden nach Kohut dadurch genährt, dass der Abhängige das Selbst-Objekt zurückgewinnen möchte, das ihn zu früh oder zu traumatisch allein ließ, als »er noch das Gefühl hätte haben sollen, die allmächtige Kontrolle über dessen Reaktionen in Übereinstimmung mit seinen Bedürfnissen zu besitzen, als sei es ein Teil von ihm selbst«. Gemeint ist die halluzinatorisch-omnipotente Fusion mit dem Objekt. Mithilfe der Droge versucht der Süchtige in ihren Urzustand zurückzukehren: »Indem er die Droge nimmt, zwingt er symbolisch das Selbst-Objekt, ihn zu beruhigen, ihn zu akzeptieren«, also ihn fraglos zu lieben. Weiterhin zwingt der Süchtige über die Symbolkraft der Droge »das idealisierte Selbst-Objekt, seine Verschmelzung mit ihm zu gewähren und ihn so an seiner magischen Stärke teilhaben zu lassen. In beiden Fällen gibt ihm das Einnehmen der Droge die Selbstachtung, die er nicht besitzt. Indem er sich die Droge einverleibt, verschafft er sich das Gefühl, akzeptiert zu sein, und damit das Gefühl des Selbstvertrauens; oder er stellt die Erfahrung des Verschmolzenseins mit einer Kraftquelle her, die ihm das Gefühl gibt, stark und wertvoll zu sein. Alle diese Wirkungen laufen darauf hinaus, sein Gefühl des Lebendigseins zu verstärken, dass er in dieser Welt existiert.«[2]

Die von Kohut präzise beschriebenen psychischen Mechanismen lassen Grandiositäts- und Allmachtsphantasien als Selbst-Heilungsmittel verständlich erscheinen. Als ebensolches Selbst-Heilungsmittel nehmen viele Drogengebraucher auch funktional die von ihnen

---

1 Ebd. S. 57.
2 H. Kohut im Vorwort zu J. vom Scheidt: Der falsche Weg zum Selbst, S. 9 und 10.

gewählten Drogen in Dienst. Sie sind nicht in erster Linie ein Ersatz für das verloren gegangene Objekt oder für die Beziehung zu ihm, sondern dienen viel mehr noch der Heilung des narzisstischen Defekts in der psychischen Struktur des süchtig Kranken.

Ich möchte Kohuts Überlegungen zur Entstehung des grandiosen Selbst an dieser Stelle hinterfragen. Ich vermag nämlich kein normales narzisstisches Stadium mit seinen Konstellationen von Größen-Selbst und idealisierter Elternimago auszumachen. Mir kommt dies viel eher wieder wie eine Überstülpung der erwachsenen Begriffswelt auf die frühkindliche Erlebniswelt vor, die für mehr offene Fragen als Klarheit sorgt. Wieso sollte für ein von Natur aus begabtes Wesen eine entwicklungspsychologische Notwendigkeit bestehen, ein Größen-Selbst oder eine idealisierte Elternimago im kohutschen Sinne auszubilden? Die bestimmungsgemäße kindliche Entwicklung folgt einer impliziten »Intelligenz«, die keine derart unlogischen Umwege über quasi krankhafte Umwege zu gehen braucht. Ich behaupte deshalb, dass weder das Größen-Selbst noch die idealisierte Elternimago als während der frühkindlichen Entwicklung zu durchlaufende Übergangsstadien jemals existieren, ebenso wenig wie die dem Kleinkind unterstellten Omnipotenz- und Allmachtsgefühle. In Letzteren sehe ich gleichfalls nichts weiter als Übertragungen aus der ver-rückten Erwachsenenwelt in die ganzheitliche Lebenserfahrung des Kleinkinds.

Bis zum Eintritt in die Welt der Sprache erlebt ein Säugling die Welt ganzheitlich. Er lernt, wie es ist, am leben zu sein und erobert sich Schritt für Schritt seinen Kosmos. An der Entdeckung der Welt vermittels der rasanten Entwicklung und Verfeinerung seiner Fähigkeiten vermag er sich durchaus zu berauschen. Ob man seine Eroberungszüge so poetisch wie Selma Fraiberg ausdrückt, ist eher eine Frage des Umgangs mit den eigenen Gefühlen: »Das Kind liebt die Welt, die es durch die Liebe zu seiner Mutter entdeckt hat, und benimmt sich wie berauschte Liebhaber in Liedern und Gedichten – für sie hat sich die Welt durch die Liebe verwandelt, die gewöhnlichsten Gegenstände sind von Schönheit erfüllt.«[1]

---

1 S. Fraiberg: Die magischen Jahre in der Persönlichkeitsentwicklung des Vorschulkindes. Reinbek bei Hamburg 1991, S. 46.

Das Liebesverhältnis zur Welt beinhaltet allerdings niemals die dem Kind unterstellten magischen Vorstellungen. Es empfindet sich zu keiner Zeit als der omnipotente Verursacher, der alle Objekte, Gegenstände und Geschehnisse bewegt. Das Kind unterscheidet von Anfang an zwischen selbst-bewirkten und nicht-selbst-bewirkten Handlungen und Geschehnissen. Omnipotenz ist ihm fremd. Das bedeutet nicht, dass es die Bewegung der Dinge in der Welt realistisch einschätzt. Es begreift und versteht die Ursächlichkeiten, aus denen heraus etwas geschieht, seiner kognitiven und affektiven Entwicklung gemäß. Es kann sich objektive Vorgänge demgemäß völlig unrealistisch oder falsch erklären, aber nie glaubt es, der Urheber allen Geschehens zu sein. Ein Kind, das beispielsweise zum ersten Mal ein Fernsehgerät bemerkt, glaubt mit Sicherheit nicht, dass das, was dort geschieht, seinem omnipotenten Handeln zuzuschreiben ist, wie seine »magischen Jahre« gelegentlich auf die Spitze getrieben werden. Ihm völlig überhöhte Allmachts- und Vollkommenheitsphantasien zu unterstellen, entspricht vermutlich eher magischen Bedürfnissen von Erwachsenen, wie wir sie unter anderem bei vielen Drogenkonsumenten finden können. »Magicpills« oder »Zauberpilze« existieren nicht umsonst. Sie sind hoch wirksame und deshalb begehrte psychoaktive Substanzen.

Wenn das Kind die ersten spürbaren Einschränkungen seiner expansiven Eroberungsbestrebungen erfährt, wenn es an der Realität scheitert, weil es etwas tatsächlich noch nicht kann, reagiert es vielleicht ärgerlich, zornig, enttäuscht oder ratlos. Vieles hängt dabei von den sensibel angemessenen oder uneinfühlsamen Reaktionen seiner Mitwelt ab. Gefühle von verlorener Omnipotenz wird es aber eher nicht empfinden. Ebenso wird es zunächst keine Minderwertigkeitsgefühle verspüren. Minderwertigkeit ist an Vergleich und Bewertung gebunden. Dieses Gefühl wird in einem Kind erst zu dem Zeitpunkt entstehen, wenn es sich zum ersten Mal von außen beschämt fühlt. Selbst dann wird es noch lange kein kompensatorisches Größen-Selbst entwickeln, mit dem es die schmerzliche Realität verleugnen möchte. Eine solche Phantasieleistung vermag ein Kind in dieser Phase seiner Entwicklung noch nicht zu vollbringen. Ein Kind *verleugnet nicht* Realität, es *erfährt* Realität *unmittelbar*. Es rettet sein bedrohtes Selbst-Wertgefühl auch nicht über die zweite narzisstische Konfiguration. Es bildet keine idealisierte Elternimagines, auf die alle Gefühle von Vollkommenheit und Macht übertragen werden und an denen es stellvertretend teilhaben kann. Zu den entsprechenden Projektionen, die ein solches Vorgehen voraussetzen würde, ist das Kind zu dieser Zeit noch gar nicht fähig.

Ich gehe davon aus, dass ein Kind zu Anfang ganz real und »normal«, d.h. bestimmungsgemäß lernend, erfährt, was es kann und nicht kann, was es durch sein eigenes Handeln bewirkt und was durch Andere in Gang gesetzt wird. Die erfahrene Realität wird nicht immer angenehm sein, aber solange das Kind in einigermaßen stimmige Abstimmungs- und Regulierungsvorgänge eingebunden ist, vertragen sich auch tolerierbare Enttäuschungen und Frustrationen schadlos mit seinem impliziten Erfahrungsschatz, wie ihn die Kontinuum-Theorie Liedloffs sowie die Beobachtungen der Säuglingsforscher nahe legen. Demnach »weiß« ein Kind unbewusst, was für es »richtig« und »nicht-richtig« ist. Die Annahme einer angeborenen Version von »Richtigkeit« kommt noch am ehesten dem nahe, was Kohut als »primären Narzissmus« bezeichnet hat. Allerdings benötigt das Kind weder ein Größen-Selbst noch eine idealisierte Elternimago.

Die Tatsache, dass wir bei kleinen Kindern tatsächlich so etwas wie Idealisierung und Bewunderung für ihre Mitwelt beobachten können, widerspricht dem nicht. Es braucht dafür auch keine überhöhten theoretischen Begrifflichkeiten. Wir dürfen solch kindliches Verhalten schlichtweg als »normal«-angemessen betrachten. Kinder können nicht anders, als ihre Eltern zu lieben (und seien Mutter oder Vater noch so ungenügend). Es sind *ihre* Eltern und die eigenen Eltern sind immer die besten Eltern. Sie werden bewundert und »idealisiert«, weil sie geliebt werden, und nicht, weil das Kind seine verlorenen Allmachtsgefühle kompensieren möchte. Mit zunehmend realer Einschätzung der Welt werden sie vom Kind als Real-Objekte normalerweise auch rechtzeitig vom Sockel geholt, um nicht in unrealistischer Idealisierung gebunden zu bleiben. Gute Eltern helfen dabei, wenn sie nicht aufgrund eigener narzisstischer Bedürftigkeit auf ihrer Überhöhung bestehen.

Wenn wir in den zwischenmenschlichen Beziehungen von der Bestätigung des Kindes durch den »Glanz in den Augen« der Mutter sprechen, so können wir Ähnliches dort tun, wo wir bisher von der Idealisierung der Eltern durch das Kind gesprochen haben. Statt für etwas »Normales« weiterhin den Begriff der »Idealisierung« zu benutzen, können wir vielleicht einfacher davon sprechen, dass die kindliche Bewunderung und Zuneigung für die Eltern einer »Rück-Spiegelung« gleichkommt. So wie das glanzvolle Aufleuchten in den Augen der Eltern dem Kind sein wertvolles Wesen spiegelt, bestätigt das Kind rückspiegelnd durch seine Bewunderung die Anerkennung der eigenen Eltern. Die eigenen Eltern sind »die Besten«. Ein älterer Bruder ist vielleicht ebenso »der Stärkste« und eine Schwester »die Schönste«. Wer kann sich nicht an solche Wortgefechte um die Anerkennung der eigenen Familienangehörigen unter Kindern erinnern? Ich halte ein solches Verständnis für weitaus zutreffender und »normaler«, als in der frühkindlichen Erfahrungswelt mit Begriffen wie »Größen-Selbst« und »idealisierte Elternimago« zu operieren. Meiner Meinung nach haben solche Begrifflichkeiten dort nichts zu suchen, weil es entwicklungsgemäß noch nichts Entsprechendes zu finden gibt.

Keine Einwände habe ich mehr gegen Kohuts narzisstische Konfigurationen, wenn wir sie zeitlich später ansiedeln. Im Gegenteil: Dann gewinnen sie unter bestimmten Voraussetzungen ihre traurige Relevanz. Mit einer zeitlichen Korrektur seiner Vorstellungen bringen wir sie auch in Übereinstimmung mit dem von Stern gezeichneten Selbst-Entwicklungsstrang. Stern hat sehr klar darauf hingewiesen, dass das Kind mit dem Spracherwerb (verbales Selbst) nicht seine Omnipotenz, sondern seine ganzheitliche Wahrnehmung verliert. Verbunden mit dem zunehmenden Primat der sprachlichen Fassung der Welt sowie steigenden Anforderungen an sein sozial gerichtetes Verhalten kann das Kind in tiefste Verwirrung und Unsicherheit stürzen, wenn es nicht ausreichend erklärende Unterstützung erfährt. Frühestens mit dem Übergang in die Welt der Sprache und Symbole können auch Prozesse von sekundärer Idealisierung oder der Entstehung eines Größen-Selbst einsetzen. Damit solche Vorgänge überhaupt notwendig werden, muss vorher allerdings etwas Entscheidendes geschehen: Das Kind muss massive, alle Toleranzgrenzen sprengende Einbußen in seinem Selbst-Gefühl von Urheberschaft und Wirksamkeit erleiden. Nur unter dieser Voraussetzung sind überhaupt kompensatorische Größenphantasien oder Idealisierungen notwendig. Dies tritt regelmäßig dann ein, wenn die Entfaltung der kindlichen Selbst-Kräfte über Gebühr behindert wird. Zumeist ist das der Fall, wenn allzu eifrige sozial- und kulturbeflissene »Missionare« dem Kind die vermeintlich korrekte Sicht der Welt beibringen und es zum reibungslosen Funktionieren erziehen wollen. Fraiberg beschreibt solcherart Erziehungsbemühungen zwar wohltuend humoristisch, aber dennoch mit dem ihnen innewohnenden Ernst: »Das Baby widersetzt sich der Einmischung in seine Forschungen und schöpferischen Interessen. Dieser Widerstand trägt ihm den Ruf ein, ›negativistisch‹ zu sein, und so sprechen wir von dem zweiten Jahr als einer Trotzphase. Das ist nicht ganz fair dem kleinen Kind gegenüber, das nicht die Möglichkeiten hat, seinen Standpunkt zu vertreten. Hätte es einen guten Rechtsanwalt, könnte er leicht beweisen, dass das Negative meistens vonseiten der Kulturträger kommt und seine Negativität wesentlich eine *Verneinung ihrer Verneinung* ist.«[1] Das Kind trotzt der vielfach erfahrenen Verneinung oder Korrektur seines Wesens.

Omnipotenz oder Grandiosität sind definitiv keine primären kindlichen Gefühle. Die ursprüngliche Selbst-Empfindung des Kleinkinds ist Wirksamkeit. Erst wenn das Kern-Gefühl von Wirkmächtigkeit durch ständig erfahrene Verneinung in den zwischenmenschlichen Realitäten nachhaltig gestört wird, können später grandiose Allmachtsphantasien als kompensatorische Reaktion an die Stelle der verlorenen Handlungsfähigkeit treten. In gleicher Weise wird eine Idealisierung, die mehr ist als die realitätsgerechte Anerkennung eines Menschen, erst dann nötig, wenn das Gefühl eigener Wirksamkeit im Kern beschädigt ist und nur noch der Andere als machtvoll-bewirkend erlebt wird. Über die Idealisierung kann das eigene Selbst dann wenigstens an dessen Größe und Macht teilhaben.

In die hier beschriebenen psychischen Mechanismen greifen auch ganz spezifische, höchst potente Suchtmittel ein, die nahezu perfekt das narzisstische Größen-Selbst bedienen. Sie nähren sti-

---

1 Fraiberg, a.a.O., S. 52.

mulierend das beschädigte Selbst-Gefühl von Wirkmächtigkeit und rufen starke Omnipotenzgefühle hervor, die als nahezu ideal erlebt werden. Zu diesen Mitteln zählen beispielsweise Amphetamine als psychomotorische Treiber,»Ecstasy« mit seinen eher feinfühligen Wirkungen oder Kokain als absolut egomanische Droge. Herabstimulierende Drogen lindern eher den Schmerz über das verlorene Selbst.

Der seelische Schmerz ist ein doppelter und kann sich bis zur Unerträglichkeit potenzieren. Die kompensatorischen, meist leicht zu beobachtenden Größenvorstellungen oder teilhabenden Idealisierungen nach dem Verlust des Selbst-Gefühls von Urheberschaft und Wirksamkeit sind nämlich nur die eine Seite der Medaille, quasi ihre Oberfläche. Dahinter verbirgt sich etwas noch Grausameres und Vernichtenderes, das in der Arbeit allerdings nur allzu häufig übersehen oder in einem gemeinsamen (therapeutischen) Abwehrbündnis sogar verdrängt wird. Hinter den kompensatorischen Größenphantasien zur Rettung des beschädigten Selbst lauert eine unerträgliche Scham zur endgültigen Vernichtung des Selbst. Da wir alle unsere persönlichen Erfahrungen mit Beschämung gemacht haben, ist es nicht weiter verwunderlich, dass sie als Affekt so gerne »übersehen« wird. In voller Deutlichkeit wurde mir der Zusammenhang in einer körpertherapeutischen Ausbildungsgruppe bewusst. Wie durch die Schichten einer Zwiebel schälte sich eine Teilnehmerin in einer Einzelarbeit durch die Schichten ihres Selbst. Mit einem die nötige Sicherheit gewährenden Halt bewegte sie sich von der Ebene des angestrengten Immer-Funktionieren-Müssens zu den heimlichen Versagensängsten und den entsprechenden kompensatorischen Größenphantasien. Noch weiter dahinter stieß sie auf das vernichtende Gefühl der Scham. Mühsam, fast erstickt, brachte sie hervor: »Es ist so schwer, solche Größengefühle auszuhalten.« Aus dem Kontext heraus fügte ich leise hinzu: »Es macht auch sehr einsam.« Danach herrschte für einen Moment tiefes, aber *verbundenes* Schweigen in der Gruppe. Es war für alle spürbar, mit welchen Scham-, Schuld- und Einsamkeitsgefühlen Größenphantasien einhergehen, die der Rettung des Selbst dienen sollen. Selbstverständlich wurde die Teilnehmerin mit ihren Gefühlen nicht allein gelassen. Im weiteren Verlauf der Arbeit wurden ihre selbstprägenden Beschämungserfahrungen wirkungsvoll emotional korrigiert. Ich muss gestehen, dass mich selten eine Gruppensituation so ergriffen und berührt hat. Wir alle kennen situationsgebundene Phantasien von Allmacht und Größe. In einer gewissen »Normalität« sind sie noch lange nicht pathologisch – und häufig sogar überaus lustvoll zu genießen. Aber sobald sie der hilfsweisen Verkleidung eines zutiefst versehrten Selbst-Gefühls dienen, verbergen sie gleichzeitig Erfahrungen von vernichtender Beschämung. Schuldgefühle aufgrund der eigenen vermeintlichen Unvollkommenheit lagern sich zusätzlich ins Selbst ein. Größenvorstellungen zur Rettung des Selbst-Werts sind nicht zwangsläufig von erhöhenden Phantasien getragen. Wir finden ebenso die ins Extrem wuchernde negative Grandiosität, aus der dem Selbst eine zerstörerische Befriedigung erwächst. Individuell können zudem die unterschiedlichsten Szenarien und Bilder mit magischer Omnipotenz ausgestaltet werden.

Eine der bedrückendsten Phantasien von Kindern und Jugendlichen bis etwa 14 Jahren – danach wird sie bildlich umgestaltet – ist folgende: Sie liegen leblos in einem zwei Meter tiefen, offenen Grab. Ihre Augen sind geöffnet und blicken von unten auf die das Grab umstehenden Menschen. Es sind Eltern, Verwandte, Lehrer, die voller Bestürzung auf das Kind im offenen Grab herunterblicken. Dessen stummer Dialog mit den Trauergästen beinhaltet etwa: »Jetzt endlich, da ich tot bin, macht ihr euch Sorgen und Gedanken um mich. Jetzt fühlt ihr euch plötzlich voller Gram und Schuld darüber, was ihr mit mir gemacht und was ihr mir an Zuwendung nicht gegeben habt.« Das Kind spürt einen ebenso verzweifelten wie rachsüchtigen Triumph, dass es bei den Anderen endlich eine spürbare Reaktion hervorgerufen hat. Mit seinem Tod bestraft es sie auf die ihm einzig mögliche Art und Weise für erlittenes Leid. Es will nicht wirklich tot sein, sondern wenn die Erwachsenen reumütig erkannt haben, woran sie es ihm haben fehlen lassen, kommt es zurück, und alles wendet sich zum Besseren. So ähnlich habe ich Kinder schon häufiger ihre aus der Not erwachsene Phantasie erzählen hören, wenn sie das Gefühl hatten, ich könnte sie verstehen. Ihr erzähltes Bild ist kein Beweis für einen existierenden Todestrieb. Es drückt in düsteren Farben lediglich ihre seelische Überforderung, ihr tiefes Gefühl von Ungeliebtsein aus. Da sie in der Welt nicht »richtig« sein können, wächst die SehnSucht nach dem Rückzug in einen friedlichen Urzustand. Die Seelenruhe ist scheinbar nur um den Preis des eigenen Verlöschens zu finden.

Wendet sich für Kinder, die solche inneren Bilder gestalten, nichts zum Besseren, kann jederzeit die süchtige Dynamik ihr selbst-zerstörerisches Werk beginnen. Im Nichterfahren von tiefer Lebensbejahung finden wir daher eine Brutstätte für den einsetzenden Suchtprozess. Als Selbst-Zerstörung ist süchtige Abhängigkeit ein inneres Verlöschen auf Raten.

Farbenfrohere und lebendigere Imaginationen, die sich zwar aus einer ähnlichen Quelle speisen, aber einen aktiveren Verarbeitungsmodus mit mehr Widerstand wählen, sind alle Arten von »Superman«-Phantasien. »Superman« oder »Superwoman« als Mann und Frau mit den zwei Existenzen und ausgestattet mit übernatürlichen Kräften, treten auf als allgegenwärtige Bekämpfer des Bösen in der Welt. »Robin-Hood« als Sinnbild für den Rächer der Misshandelten, Geknechteten und Enterbten, »Django« als überlegener Racheengel oder die moderneren Helden von »Starwars« sowie andere mediatisierte, intergalaktische Krieger erfüllen den gleichen Zweck, der ihren Erfolg wie ihre Beliebtheit erklärt. Über die Teilhabe an ihrer (illusorischen) Omnipotenz vermögen alle diejenigen, die sich selbst gelegentlich klein und machtlos fühlen, genussvoll ihren rachelüsternen Phantasien und Gerechtigkeitswünschen nachzugehen, ohne damit konkret jemand anderen zu schädigen. Wo Menschen keine geeigneten Ventile finden, um Ohnmachtsgefühle und wachsenden sozialen Druck auszugleichen, kann sich der süchtige Virus einnisten und sein sozial unverträgliches Werk verrichten.

Beladen mit Scham- und Schuldgefühlen ist das Selbst nur mit Mühe überlebensfähig, denn in der Scham erfriert man, wie Léon Wurmser mehrfach in seinem großartigen Werk »Die Maske der Scham« schreibt. Dass tiefer Scham regelmäßig eine Versehrung der Selbst-Empfindung von Urheberschaft und Wirksamkeit vorausgeht, bestätigt Francis Broucek. Er meint, »die früheste Quelle des Schamgefühls bestehe in frühkindlichen Erlebnissen der eigenen Wirkungslosigkeit, namentlich solchen im Umgang mit anderen, der Erfahrung des scheiternden Versuchs, wirkungsvoll gegenseitig befriedigende Intersubjektivität und gemeinsames Bewusstsein einzuleiten und aufrechtzuerhalten.«[1]

Für Susan B. Miller tritt die Scham ebenfalls dann auf, wenn man sich als wirkungslos-mangelhaft erlebt. Der Schamaffekt geht so zurück auf »eine sich entwickelnde Gruppe von Erfahrungen, die ihren Ursprung in frühen Abstürzen des Selbstvertrauens hat« und negative Vorstellungen des Selbst in Bezug auf ein erfolgreiches eigenes Handeln verfestigt. Ist die Wirkmächtigkeit tief greifend beschädigt, erlebt man Scham, weil man nicht gut genug ist und sich als »defektiv« empfindet. »Scham ist das Gefühl der Mangelhaftigkeit« durch Beschämung. Miller betont sehr nachdrücklich diese zwischenmenschliche Form der Schamverursachung aus dem Kontext des Zusammenseins heraus. Scham ist kein selbst-verursachter Affekt, sondern ein ursprünglich von außen induzierter. Miller verweist zusätzlich auf das prägende Gefühl, wenn sich das Selbst im Zusammensein mit dem Anderen benutzt fühlt. Die Benutzung oder »Objektifizierung« ist die Ausbeutung des Selbst durch Andere. Broucek schreibt zu dieser narzisstischen Ausbeutung: »Wenn man versucht, als Subjekt mit dem Anderen in Beziehung zu sein, doch sich dabei als Objekt behandelt fühlt, ist es wahrscheinlich, dass man Scham empfindet.«[2]

Narzisstisch gestörte Persönlichkeiten versuchen, den strukturellen Defekt mit grandios übersteigerten Demonstrationen der eigenen Macht zu verleugnen, oft im raschen Wechsel mit dem schmerzhaften Gewahrwerden des eigenen Makels durch das Erleben der eigenen Erfolgslosigkeit im Handeln. Omnipotenzvorstellungen sind daher der von Narzissten bevorzugte Bewältigungsmodus für ihre frühen Erfahrungen mit vernichtender Scham. Grandiose Selbst-Überhöhung schließt eine Ausgrenzung minderwertiger Anderer ein. Léon Wurmser weist auf den entscheidenden Mechanismus hin, »wie das ›Ausgrenzen‹ vor sich geht – durch Verachtung«[3]. Die Ver-

---

1 Zitiert nach L. Wurmser: Die Maske der Scham. Berlin, Heidelberg, New York 1997, S. IXf. des Vorworts zur 3. Auflage.
2 Alle Zitate nach Wurmser: Die Maske der Scham, S. XIII und S. XIV.
3 L. Wurmser: Die verborgene Dimension, S. 321.

achtung der Mitmenschen dient also der Abwehr eigener unerwünschter Schamgefühle. Zum gleichen Zweck können Drogen in Dienst genommen werden. Sie befriedigen vorübergehend das Bedürfnis der Affektabwehr. Insbesondere Scham und Schuld sowie der verbackene Uraffekt von Depression und Angst lassen sich mithilfe ihrer Wirkungen besser kontrollieren.

Die therapeutische Strategie bei der Behandlung narzisstisch gestörter Menschen ist weniger die Spiegelung ihrer exklusiven Größenansprüche, sondern die Reaktivierung und Ermutigung der expansiven Selbst-Kräfte. Die Erfahrung wirkungsvoller Eigenaktivität sowie die Bestätigung, dass das eigene Selbst doch noch sinnvoll und erfolgreich zu handeln vermag, beleben unmittelbar die versehrte Selbst-Empfindung von Urheberschaft und Wirksamkeit. Persönliches Wachstum ist die Folge.

Persönliche Mangelhaftigkeit dagegen entsteht zwangsläufig, wenn der Andere im zwischenmenschlichen Kontext als nicht erreichbar erlebt wird. In diesem Fall geht zuerst das Gefühl von Wirksamkeit verloren. In einem zweiten Schritt erlebt sich das Selbst als unwert. Insbesondere Kinder suchen immer bei sich persönlich die Erklärung und Schuld dafür, dass das geliebte Gegenüber nicht berührungsfähig ist. In solchen zwischenmenschlichen Konstellationen kann kein Selbst-Vertrauen entstehen, weil das Vertrauen in die eigene Kompetenz zu früh durchbrochen wird. Das gleiche Problem stellt sich in späteren Lebensphasen, in denen es zu den viel beschworenen »Kastrationserfahrungen« kommt. Um solche Erfahrungen vom ödipalen Kontext, der vermutlich maßlos überschätzt wird, abzurücken, sollten wir besser allgemein von Depotenzierungserfahrungen sprechen. Überall, wo sich Menschen klein gemacht, ohnmächtig, hilflos, ausgeliefert, unwert fühlen, spielen sich kleinere und größere Depotenzierungsdramen ab, die das Selbst-Gefühl von Wirkmächtigkeit nachhaltig verletzen können. Ist dies erst einmal der Fall, steigt die Anfälligkeit dafür, nach idealisierungsfähigen Anderen Ausschau zu halten, an deren vermeintlicher oder tatsächlicher Größe und Allmacht man partizipieren kann. Nichts anderes ist die seelische Grundlage jeglicher politisch-totalitären oder religiös-fanatischen Rattenfängerei.

Jede tief gehende Beschämung, die mit dem Erleben persönlicher Inkompetenz und Mangelhaftigkeit einhergeht, schwächt das Selbst. Niemandem ist das peinliche Schamgefühl fremd. Unsere massenhafte Erfahrung mit Beschämung einerseits und die daraus resultierende kollektive Verleugnung andererseits reproduzieren ständig neue Schamkreisläufe. Eine der befremdlichsten Szenerien in dem Zusammenhang ist die in der Medizin so verbreitete Patientenvorstellung. Ich erinnere mich persönlich sehr genau an ein Kolloquium in einer Suchtklinik, bei dem der leitende Chefarzt durch diverse Patientenvorführungen die unterschiedlichen Krankheitsbilder im Suchtbereich nach den diagnostischen Kriterien des ICD-10 (Internationale Klassifikation psychischer Störungen) und DSM-III-R (Diagnostisches und Statistisches Manual Psychischer Störungen) demonstrieren wollte. Ich empfand die gesamte Prozedur als maßlos entwürdigend. Sie erfüllte mich selbst mit Empörung und körperlichem Unwohlsein. Für die Patienten war sie in dem Stadium der Therapie, in dem sie sich alle noch befanden, mitnichten hilfreich. Die beschämende Zurschaustellung ihrer Unfähigkeit war eher dazu angetan, ihr Gefühl von Machtlosigkeit und Ungenügendheit zu verstärken. Natürlich sagen die meisten Patienten »ja«, wenn sie gefragt werden, ob sie sich für eine Patientenvorführung zur Verfügung stellen möchten. Ein abgrenzendes »Nein« liegt vielfach noch außerhalb ihrer Wirkungskraft. In der Regel sind Suchtpatienten erst zu einem fortgeschrittenen Stadium ihrer Therapie in der Lage, solche Situationen unbeschadet oder sogar mit einem Zugewinn an Kompetenz zu meistern. In der kollektiven Verleugnung solch entwürdigender Situationen sind wir nicht selten omnipotent. Wer die Augen für Beschämungsdramen indes öffnet, wird sie überall erblicken, teilweise bemäntelt durch eine enorme Situationskomik.

Die Infizierung mit dem Gift der Scham erfolgt regelhaft zunächst von außen. Die Grunderfahrung desjenigen, über den die Scham hereinbricht, ist die, dass die bewertenden Blicke der Mitmenschen auf ihn gerichtet sind. Zutreffend hat Erik H. Erikson deshalb festgestellt: Derjenige, der sich schämt »würde am liebsten die Augen aller anderen zerstören«[1], um seiner Vernichtung zu ent-

---

1 E. H. Erikson: Kindheit und Gesellschaft, Stuttgart 1992, S. 247.

gehen. Einen Gedanken Günter H. Seidlers hinzufügend, präzisiere ich:»Allerdings kann der Schamaffekt sich erst dann manifestieren, wenn Blick und Wider-Blick sich entfalten können, und das ist nicht der Fall, wenn das Gegenüber in seiner Realität durch Verachtung symbolisch ›aus dem Wege geräumt wird‹.«[1] Die Abwertung des Anderen schützt vor eigener unerträglicher Scham. Das ist der Grund, weshalb sie sich so regelmäßig in der süchtigen Beziehungsdynamik auszubreiten droht. Wo die Scham schutzlos über den Beschämten hereinbricht und ihr zersetzendes Gift entfaltet, können durch ständige Wiederholungserfahrungen die Blicke der Anderen verinnerlicht werden und sich verselbstständigen. Die beäugenden Richter werden zum Bestandteil des falschen Selbst.

Auf einem Spaziergang wurde ich kürzlich Zeuge eines Allerweltsbeispiels. Ein kleiner Junge gebärdete sich als fröhlich hüpfender »Clown«, der die ihm entgegenkommenden Menschen lebensfreudig in sein Spiel einbezog. Seiner Mutter ging seine Lebhaftigkeit zu weit. Sie schnappte ihn am Kragen, gab ihm einen Klaps und belegte ihn mit dem Generationen überdauernden Erziehungsspruch:»Kleine Schläge auf den Hinterkopf erhöhen das Denkvermögen.« Innerlich erstorben, motorisch erstarrt und mit niedergeschlagenen Augen schlich der Junge neben seiner Mutter weiter. Dass seine weiteren Begleiter völlig uneinfühlsam lachten, erleichterte die Situation für ihn nicht gerade.

Die Heftigkeit der Affekte in Beschämungssituationen erklärt alle möglichen Reaktionen: die totale Blockierung jeglicher Regungen in der Scham, das Im-Boden-versinken- oder Sich-verstecken-Wollen, das wortlose Verstummen in der Bewegungslosigkeit oder im Gegenteil die aggressiven Durchbrüche voller Zerstörungswut, die sowohl auf die Vernichtung des Selbst wie auf die Peiniger gerichtet sein können. Um den Teufelskreis von omnipotenter Grandiosität, Minderwertigkeit, Scham und Zerstörung zu unterbrechen, braucht es ein gehöriges Maß an Takt im Sinne einer »Vermeidung impliziter oder expliziter Urteilssucht«, wie Léon

---

1 G. H. Seidler: Der Blick des Anderen. Eine Analyse der Scham. Stuttgart 1995, S. 302.

Wurmser betont.[1] In der therapeutischen Arbeit mit Suchtkranken besteht immer die Gefahr, dass sich der Therapeut in die Spirale von Macht und Ohnmacht hineinziehen lässt. Die narzisstischen Konfigurationen des süchtig Abhängigen lassen sich nur dadurch mildern oder heilen, dass er sich im Verlaufe der Behandlung zunehmend wieder als eigenes Willens- und Motivationszentrum wahrnimmt. Es ist ein unbestreitbares Verdienst Kohuts, dass er in die Arbeit mit narzisstisch gestörten Menschen die empathische Bezogenheit wieder eingeführt hat, dass er unter allen Umständen die menschliche Kommunikation aufrechterhalten wollte. Je mehr sich der Klient in der zwischenmenschlichen Beziehung wieder als sprudelnde Quelle eigener Gedanken, Willensbekundungen und Handlungsimpulse erfahren und erfolgreich-wirksam handeln kann, desto größer ist sein Zugewinn in der fundamentalen Selbst-Empfindung von Urheberschaft und Wirksamkeit. Umso eher kann er auch seine kompensatorischen Größenvorstellungen aufgeben oder auf pathologisch idealisierende Teilhabe an Größeren verzichten. Die wieder aktivierten und neu ausgerichteten, die Welt bemeisternden Selbst-Kräfte verhelfen zu einer stabileren Selbst-Wertregulation sowie zu lebendigerer Affektivität. Das integrative Selbst erstarkt durch die reifende innerpsychische Strukturierung der Persönlichkeit. Die betreffende Person vermag sich wieder als ernst genommener, handelnd-erreichender wie selbst berührbarer Kommunikationspartner in der Welt zu erfahren. Um zu verdeutlichen, wie sich das bewerkstelligen lässt, wende ich mich in Teil II des Buches der konkreten präventiven, beratenden und therapeutischen Praxis zu.

---

1 In: Die Maske der Scham, S. XXIII.

Sucht und Aggression – zwei gleiche Gesichter

Ebenso wie die Sucht an sich hat die Aggressivität des Süchtigen viele Gesichter. Sie ist nach innen gegen das eigene Selbst oder nach außen gegen den Anderen gewendet. Sie ist gehemmt und versteckt oder offen agiert. Sie ist chronifizierter Lebensausdruck oder bricht nur gelegentlich unter Drogeneinfluss unkontrolliert durch. Nur eines ist gewiss: Generell ist Aggression weder ein triebhaftes Geschehen noch sonst eine angeborene menschliche Urgewalt. Aggression ist ein im Menschen von Menschen erzeugter Affekt. Insofern hat Feindseligkeit immer eine individuelle wie soziale Entstehungsgeschichte.

In der Regel wird davon ausgegangen, dass aggressiv getönte Impulse in der frühen Kindheit nicht spontan auftreten, sondern eine Reaktion auf exzessive Unlust des Neugeborenen sind. Es besteht kein Zweifel, dass sie reaktives Antwortverhalten sind. Die in das Antwortverhalten verwobenen feindseligen Gefühle, die das Kind angeblich früh empfinden soll, halte ich allerdings für eine Unterstellung. In Ansichten, die kindlichen Reaktionen auf exzessive Unlust eine ausgeprägte feindsinnige Tönung unterlegen wollen, sehe ich eine tendenziöse Interpretation aus der Sicht von Erwachsenen, die bereits eine individuelle wie soziale Aggressionsgeschichte gelebt haben.

Ich vertrete eine andere Sichtweise: Frühkindliches Antwortverhalten auf Unlust, das als feindselig interpretiert wird, ist in meinen Augen eine angemessene Reaktion des Kindes auf eine als nicht stimmig erlebte Situation. Sein Ziel ist eine Korrektur der Situation. Seinem impliziten Beziehungswissen gemäß versucht das Kind, durch eigenes Handeln die Interaktion so zu beeinflussen, dass sie sich innerhalb seiner Toleranzgrenzen wieder »richtig« anfühlt. Liedloff sieht in diesem Verhalten die korrektiven Kräfte des Kontinuums in Aktion.

Verschiedene Säuglingsforscher bemühen sich, frühkindliche Verhaltensweisen von Säuglingen nicht wertend zu verstehen.[1] Gemeinsamkeit herrscht dahingehend, dass sie für alle expansiven

---

1 Den theoretisch interessierten Leser verweise ich auf Kapitel 9 in Dornes 1997.

und explorativen Bestrebungen des Säuglings ein eigenes selbst-behauptendes Motivationssystem annehmen. Sie sprechen in diesem Zusammenhang folgerichtig auch nicht mehr von konstruktiver Aggression, sondern bezeichnen das entsprechende Motivationssystem als »assertiv«. Die im Gefolge der bewegten Diskussion um Aggression als Trieb häufig feindselig interpretierten Reaktionen des Säuglings auf Unlust oder Bedrohung entkleiden sie in einem zweiten Schritt eindeutig ihres triebhaft bedingten Ursprungs. Vielmehr schreiben sie die reaktive Aggression einem weiteren »aversiven« Motivationssystem zu, das nur unter solchen Bedingungen aktiviert wird, die ein entsprechend reaktives Antwortverhalten herausfordern. Angeborene, unterschiedliche Motivationssysteme anzunehmen macht Sinn. Die differenzierten Konzepte der Säuglingsforscher versachlichen so die Diskussion über die »aggressiven« Seiten des Säuglings. Andererseits trägt ihre theoretische Befrachtung einmal mehr dazu bei, das Geschehen in der frühen Kindheit zu verkomplizieren. Benötigen wir tatsächlich Begriffe wie »Assertion« und »Aversion« mit ihrem theoretischen Überbau, um Prozesse zu beschreiben, die wir ebenso gut oder angemessener schlichtweg als »normal« betrachten können? Entsprechend meiner obigen Gedanken scheint es mir bestimmungsgemäß »normal«, dass Neugeborene und Kleinkinder neugierig und explorativ die Welt erkunden wollen. Sie können gar nicht anders, als sich Schritt für Schritt die Welt zu erobern. Sie kommen schließlich auf die Welt, um ihre Kräfte und ihr Wesen selbst-behauptend zu entfalten. Ebenso »normal« ist, dass sie versuchen, korrigierend zu reagieren, wenn sie so über Gebühr an der Entfaltung ihrer Kräfte behindert werden, dass die Welt für sie aus den Fugen gerät und sich nicht mehr stimmig anfühlt. Wenn wir eine solch »normale«, bestimmungsgemäße Reaktion als »reaktive Aggression« bezeichnen, schwingt bei unserem gewohnten Gebrauch des Wortes »Aggression« immer eine unterschwellige Wertung mit. Selbst der neutral gedachte Begriff »Aversion« trifft die kindliche Reaktion vermutlich nicht ganz angemessen, da er weiterhin mit einem aggressiven Teilaspekt des kindlichen Verhaltens operiert. Ich gehe davon aus, dass ein Kind anfänglich überhaupt nicht aggressiv reagiert, sondern lediglich aktiv die ihm zur Verfügung stehenden Kräfte einsetzt, um unstimmige zwischenmenschliche Prozesse so zu korrigieren, dass sie sich wieder »richtig« anfühlen. Seine Reaktionen können ein erhebliches Maß an »Unmut« zeigen, aber gerechterweise dürfen wir sie noch nicht mit der Zuschreibung »aggressiv« belegen. Aggressivität muss im Kind erst geweckt werden, bevor es sie äußern kann. Wenn wir das so »normal« sehen könnten, kämen wir für diesen frühen Zeitraum des kindlichen Lebens noch mit weniger Theorie aus. Da der Erfahrungsraum des Säuglings allerdings längst in begriffliche Einheiten zerlegt ist, gilt es zu entscheiden, welche Konzepte seinen Intentionen am ehesten gerecht werden. Derzeit dürfen wir sicherlich den Annahmen eines »assertiven« wie »aversiven« Motivationssystems die größte wissenschaftliche Korrektheit zuerkennen. Sie erfassen das reaktive Selbst-Behauptungs- und Explorationsverhalten des Säuglings weitgehend angemessen und kommen ohne vorschnelle Wertungen aus.

Wo immer die Welt-Erkundungs-Aktivitäten von Kindern unangemessen unterbrochen oder blockiert werden, ruft das ein entsprechendes Antwortverhalten hervor. Anfänglich wird ein Kind normalerweise mit erstaunten oder ärgerlichen Gefühlen und verstärkter Selbst-Behauptung reagieren. Möglicherweise räumt es dadurch die bestehenden Hindernisse erfolgreich aus dem Weg. Es erfährt sich als wirksam handelnd. Die Situation ist korrigiert und die Quelle seines Ärgers entfällt.

Wird seine Selbst-Behauptung durch unempathische Regulierungsprozesse dauerhaft eingeschränkt, kann das Kind nicht die Erfahrung machen, dass seine Reaktionen eine Korrektur der zwischenmenschlichen Kontroverse bewirken. Verstärkte Anstrengungen und mobilisierter Unmut seinerseits werden eine noch nachdrücklichere Kontrolle und letztlich auch Aggression auf der Gegenseite hervorrufen, die die Selbst-Behauptungskräfte des Kindes bändigen sollen. Es kann mit resignativem Rückzug und Anpassung oder weiter verstärkter Gegenwehr reagieren. Letztere mündet im Laufe der Entwicklung in eigene Aggressivität und Feindseligkeit gegenüber dem Selbst-einschränkenden Gegenüber. Feindsinnige Affekte nähren sich folglich immer aus chronifizierten Selbst-Erfahrungen von Wirkungslosigkeit. Wieder landen wir bei dem Punkt, dass das Kern-Gefühl von Urheberschaft und Wirksamkeit nachhaltig beschädigt wird. Demnach ist das Ziel von Aggression ursprünglich auch nicht Zerstörung, sondern die Aufrechterhaltung bzw. der Wiedergewinn des Selbst-Gefühls von zwischenmenschlicher Wirksamkeit. Die Kontrolle über das eigene Selbst schützend bewahren zu wollen ist absolut angemessen. Die Kontrolle über das Verhalten des Anderen auf dessen Kosten erringen zu wollen ist dagegen eine Grenzverletzung, die Feindseligkeit provoziert.

Ich möchte an dieser Stelle die Zusammenhänge von Kontrolle und Macht, von Selbst- und Fremdbestimmung auf eigene Weise zusammenfassen. Vor Jahren formulierte ich in einer völlig anderen Textart die Zeilen:

Bin ich noch
ich,
wenn ich
dir
solche Macht über
mich
gewähre?

Bist du noch
du,
wenn du solche
Macht über
mich
ausüben möchtest?

Feindseligkeit von Geburt an existiert nicht. Das Kind zeigt bestenfalls frühen Unmut, wenn ihm der stimmige Zusammenhang zwischen dem eigenen Handeln und dem erfahrenen Geschehen (Kontingenz genannt) verloren geht. Zwei Monate alte Säuglinge versuchen bereits zielgerichtet, eine Situation so zu beeinflussen, dass sie ihrer impliziten Erwartung, wie sich das Ereignis anfühlen soll, wieder entspricht. Ein Säugling ist äußerst aktiv im Mitgestalten der Welt. Er hat ein angeborenes Bedürfnis nach »Eigen-Mächtigkeit«. Wird ihm dieses Lebensrecht frühzeitig verwehrt, reagiert er anfänglich situationsbezogen ärgerlich aktiv oder ohnmächtig passiv, aber nicht feindselig oder gar mit aggressiver Zerstörungsabsicht. Mit zunehmender Entwicklung des Kindes wachsen seine Bedürfnisse nach Selbstständigkeit und Autonomie. Sein eigen-mächtiger Aktionsradius wächst rapide und damit als Gegenreaktion auch sein Erleben von Einschränkungen und Verboten. In der zwischenmenschlichen Bezogenheit wird der dadurch ausgelöste Unmut zunehmend auf den Anderen gerichtet. Er bleibt allerdings weiterhin noch situationsbezogen und endet, wenn die Situation sich zufrieden stellend auflöst. Kindlicher Ärger bleibt so bis zum Alter von etwa 16 Monaten kontextuell in das Erleben der zwischenmenschlichen Beziehung eingebunden. Unmut dient als Mittel zum Zweck. Die kindliche »Aversion« bleibt instrumentell auf das Erreichen eines Zieles gerichtet. Sie dient der Selbst-Behauptung und ist nicht von einer gegen den Anderen gerichteten Zerstörungsabsicht begleitet. Selbst dort, wo wir erste absichtsvolle, objektgerichtete Aggression beobachten können, ist sie immer situativ ausgelöst.

Erst mit 15 bis 18 Monaten ändert sich das Bild entscheidend. Ab diesem Zeitpunkt etwa zeigt ein Kind Formen von Feindseligkeit, die die eindeutige Absicht erkennen lassen, den Anderen zu verletzen oder ihm Schmerz zuzufügen. Es ist die Zeit des Übergangs von der vorwiegend wortlosen Bezogenheit in die komplizierte Welt der Sprache mit all ihren das Kind verwirrenden Anforderungen an sein soziales Verhalten. Die Anlässe für Ärger und Wut werden häufiger, da den Selbst-Entfaltungskräften des Kindes vermehrt Grenzen gesetzt werden. Durch die zunehmende Verwendung von Sprache und symbolischem Denken verändert sich parallel die Ganzheit der Wahrnehmung. Feindselige Gefühle können jetzt aus dem situativen Kontext gelöst werden und sich zunehmend verselbstständigen, indem sie mit die Situation überdauernden Vorstellungen verknüpft werden. Der Ärger verfliegt nicht mehr automatisch mit dem Fortgang der Interaktion, sondern kann über die konkrete Situation hinaus gedanklich festgehalten und im Gefühl immer wieder reproduziert werden. Von der Situation abgelöst, bildet sich langsam eine psychische Struktur mit aggressiv getönten Komponenten. Welchen Weg die Aggressionsbereitschaft weiter nimmt, hängt sehr von den weiteren Lebenserfahrungen des Kindes ab. Mit dem Verlust seiner Welt des präverbalen Gewahrseins verändert sich sein Selbst-Bewusstsein. Das Kind wird sich zunehmend seiner Person bewusst. Es empfindet zahlreiche neue Quellen für Ärger, Wut und neu: Kränkbarkeit. Es wird aller menschlichen Wahrscheinlichkeit nach die ersten Erfahrungen mit intensiver Scham machen, wenn sein Verhalten Be-Schämung von außen hervorruft. Dieser Affekt ist an die Blicke der Welt gebunden und kann frühestens auftreten, wenn das Kind sich seines Selbst bewusst geworden ist. Häufen sich die Anlässe für Scham, fühlt sich das Kind in seinem Selbst dauerhaft verletzt und reagiert mit Wut und feindsinniger Aggressivität oder mit resignativem Rückzug. Die Gefühle können sich chronifizieren und in überdauerndem Hass gegen sich selbst und Andere münden, wenn sie sich mit dem rasch wachsenden kindlichen Phantasiesystem verbinden. Unabhängig von einem direkten Auslöser bergen gedankliche Phantasien die Möglichkeit, Gefühle so lange aufrechtzuerhalten, bis sie sich zu langfristig überdauernden, intrapsychischen Affekthaltungen verfestigen. Je regelmäßiger sich ein Kind in seinen Beziehungserfahrungen durch Beschämung unwert fühlt, desto wahrscheinlicher ist eine Entwicklung, die mit einem hohen Maß an Aggression einhergeht, sei sie nach innen gegen das eigene Selbst oder nach außen gegen die Peiniger gerichtet. Ist die Entwertungsspirale erst einmal in Gang gesetzt, können sich die innerpsychischen feindseligen Strukturen so verhärten, dass sie nur noch mit Mühe neu auszurichten sind. Die Aggression wird permanent in Wort und Tat agiert. Die unerschöpfliche Quelle, die sie immerfort mit negativer Nahrung speist, ist die beschädigte Selbst-Erfahrung von Urheberschaft und Wirksamkeit. Die Selbst-Affektivität leidet mit.

Halten wir vorerst fest: Zerstörerische Aggressionsbereitschaft ist keine menschliche Naturgewalt, sondern sie wird durch bestimmte Lebenserfahrungen erzeugt. Von daher ist sie im Grunde genommen immer eine Selbst-Verteidigung. Durch die Ablösung vom Kontext kann sie entgleisen, sich in Form blindwütigen Hasses verselbstständigen und sich gegen alles und jeden richten. Solch irrationaler Hass hat seine Wurzeln im Selbst-Hass, der wiederum entsteht, wenn einem Menschen das Gefühl eigener Richtigkeit verloren geht. Wie die Sucht hat die Aggression also immer eine Geschichte. Ihr individuelles Maß ist abhängig vom Grad des Verlusts der eigenen Wirkmächtigkeit sowie von den Beziehungserfahrungen, in denen sich ein Mensch benutzt und missbraucht fühlt. Im Sinne einer solchen Objektifizierung sind daher eine gemeinsame Ursache für stark ausgeprägtes Sucht- wie Aggressionsverhalten nicht nur sich kumulierende Mikroereignisse mit verhaltenen Spannungszuständen, sondern ebenso reale Traumatisierungen in Form von konkreten Misshandlungen oder sexuellen Missbrauchs.

Der Zusammenhang zwischen der Entwicklung kindlichen Aggressionsverhaltens und seinen durch die Mitwelt vermittelten Beziehungserfahrungen ist zweifelsfrei erwiesen. Kinder, die sich sicher aufgehoben fühlen, sind weitaus weniger aggressiv als unsicher gebundene Kinder. Der Hauptfaktor für ein sicheres Bindungsgefühl ist das stimmige Antwortverhalten der frühen Betreuungspersonen sowie die Interaktion im Rahmen eines sicheren körperlichen Halts. Die Hauptursache für vermeidende oder unsichere Bindung ist die permanente Ablehnung oder das keiner spürbaren Verlässlichkeit unterliegende Antwortverhalten der Mitwelt auf die kindlichen Gemeinsamkeitsbedürfnisse. Sichere Bindungsgefühle gehen einher mit Beziehungserfahrungen, in denen ein Kind einerseits sich selbst als erfolgreich handelnd und andererseits den Anderen als erreichbar erlebt. Das fundamentale Selbst-Gefühl von Urheberschaft und Wirksamkeit wird infolgedessen stabiler ausgeprägt als in Beziehungen, die von weitaus größerer Unverlässlichkeit geprägt sind. Insofern ist der Ärger sicher gebundener Kinder, wenn sie in ihrem Streben nach Gemeinsamkeitserlebnissen oder selbstständiger Welterkundung gehemmt werden, situationsangemessen und dient funktional dem Wiederherstellen der von ihnen angestrebten Nähe oder Aktivität. Im Bindungsverhalten desorganisierte oder ambivalent vermeidende Kinder zeigen viel mehr dysfunktionalen Ärger. In zweideutigen zwischenmenschlichen Situationen lesen sie zudem viel häufiger Aggressivität in das Beziehungsgeschehen hinein. Eine solche Projektionsneigung ist uns von süchtigen Menschen her absolut vertraut.

Wir finden folgerichtig nicht nur einen Zusammenhang zwischen Bindungsverhalten und Aggression, sondern einen ebensolchen zwischen Bindungsverhalten und der Psychogenese von Sucht. In einer Langzeitstudie von Shelder und Block (1990) in den USA[1] wurden die Zusammenhänge zwischen Drogenkonsum, Persönlichkeitsmerkmalen und Erziehungsstilen erforscht. Es wurde eine Gruppe von Kindern bzw. Jugendlichen im Alter von 3, 7, 11 und 14 Jahren untersucht und schließlich im Alter von 18 Jahren hinsichtlich ihres Drogengebrauchs befragt. Die regelmäßigen »User« zeigten alle Merkmale eines desorganisiert-vermeidenden Bindungsverhaltens. Aus einer Position der Rückzüglichkeit ließen sie viel Feindseligkeit verspüren. Sie zeigten wenig Selbst-Vertrauen, wenig Stolz auf eigene Leistungen, viel Unentschlossenheit. Sie fühlten sich im Kern wertlos und schlecht, sich selbst entfremdet. Alle Merkmale unterstreichen die tiefe Beschädigung ihres Selbst-Gefühls von Urheberschaft und Wirksamkeit. Ihre Bezugspersonen zeigten sich dementsprechend feindlich, kontrollierend, einengend, mit wenig Gespür für lebendige und erfreuliche Interaktion. Ihr Verhalten war wenig geeignet, die Selbst-Entfaltung der Kinder zu fördern, deren psychische Verletzlichkeit dagegen sehr. Die Bezugspersonen der Jugendlichen, die zur Gruppe der rigiden Abstinenzler zählten, zeigten gleichsam viel Teilnahmslosigkeit und gefühlsmäßige Kälte. Sie waren eher fordernd als unterstützend. Infolgedessen waren die »Abstinenzler« in ihrer Selbst-Affektivität eingeschränkt. Sie zeigten wenig expressive Fröhlichkeit, ein unterentwickeltes Potential für emotionale Befriedigung in Freundschaften, wenig Warmherzigkeit. Sie waren eher gehemmt, sozial unbegabt, nicht kreativ und insgesamt vor allem angepasst. Sie entsprachen am ehesten unsicher-vermeidend gebundenen Kindern. Am psychisch gesündesten war die Gruppe junger Menschen, die Experimentier- und Probiererfahrungen mit weichen Drogen hatten. Sie waren neugierig auf Grenzerfahrungen, realitätsbezogen und lebten gut sozial integriert. Sie zeigten sich genussfähig und gebrauchten Drogen nie als Ventil für emotionale Not oder als Ausgleich für einen Mangel an tiefen Beziehungen. Sie entsprachen in ihrer Entwicklung den Kindern, die durch ihre Beziehungserfahrungen mit

---

1 Referiert von P. Löcherbach: Sind Drogen wirklich verlogen? In: Sucht*Report* 5/95.

einfühlsam antwortenden Bezugspersonen ein sicheres Bindungsverhalten ausbilden konnten. Wenn wir auf Prädiktoren (Hinweise
zur Voraussagbarkeit) für ein mögliches späteres Suchtverhalten
Wert legen, können wir das frühkindliche Bindungsverhalten als eine Variable heranziehen. Außerdem haben Sucht und Aggressivität
eine überaus eng beieinander liegende Entstehungsgeschichte. Mitunter verflechten sie sich regelrecht miteinander.

Am ausgeprägtesten finden wir diese Verflechtung dort wieder,
wo die Lust an feindseliger Aggression selbst suchtartigen Charakter annimmt. In zwischenmenschlichen Verhältnissen, in denen die
Selbst-Behauptung in dem Maße blockiert wird, dass kein stabiler
Kern von Urheberschaft und Wirksamkeit wachsen oder aufrechterhalten werden kann, wuchern Ohnmachts- und Minderwertigkeitsgefühle. Der in seinem Selbst-Wertgefühl bedrohte Mensch
sucht Notlösungen. Im Extremfall können feindselige Aggression
und Zerstörung das Selbst stabilisieren. Die aggressive Lust wird so
zur narzisstischen, den Selbst-Wert regulierenden Lust. Blinde,
»ziellose« Zerstörungswut wird zum inadäquaten Ersatz für anderweitig nicht mehr erreichbare Formen der Bedürfnisbefriedigung.
Wo sich der Aggressive in seinem Handeln erfolgreich erlebt, wird
er vorübergehend stark und mächtig. Die Lust am Zerstören, Er-
niedrigen, Quälen und Töten wird zum Selbst-Zweck. Sie ist destruktive, entgleiste Selbst-Behauptung. Machtvoll aggressives Verhalten kann süchtig machen nach dem Hochgefühl, das es vermittelt. Doch das Hochgefühl lebt nur kurzfristig im Moment. Es ist
vergänglich, weil es nicht in einem stabilen Selbst-Kern eingelagert
ist. Wie eine stoffliche Droge zeigt es nur eine zeitweilige instabile
Wirkung, weshalb sich wie bei der stoffgebundenen Sucht der
Zwang zur Wiederholung einschleicht. Die Zerstörungslust ist die
Macht derer, die im Leben nichts mehr zu verlieren haben, weil ihnen der letzte Rest des Gefühls verloren gegangen ist, sinnvoll ge-
staltend in den Gang der Dinge eingreifen zu können. So ist zum
Beispiel die sinnlose Zerstörung rivalisierender Straßengangs ein
letzter verzweifelter Versuch, eigene Gefühle von Beteiligtsein, Lebendigkeit und Stärke zu retten. Ansonsten ist das Selbst angefüllt
mit traumatisch vernichtenden Erfahrungen von überwältigender
Leere, Ohnmacht und Minderwertigkeit. Das einzige Ziel der wü-

tenden Gewalt ist die Gewalt selbst. Sie überdeckt das Gefühl des Innerlich-tot-Seins. Im Akt der Gewalt lebt das Selbst auf. Es stellen sich kurzfristige Gefühle von Wirkungskraft ein. Indes sind sie nicht geeignet, das entleerte Selbst dauerhaft zu nähren. Destruktives, zwischenmenschlich nicht mehr sinnvoll eingebettetes Agieren, entzieht dem Selbst-Wert im Gegenteil immer weiter jegliche achtenswerte Grundlage. Nur die beständige Wiederholung der Gewalttätigkeiten verhindert den psychischen Zusammenbruch. Zusätzlich genährt werden kann der Teufelskreis von Selbst- und Fremdzerstörung durch geeignete, aggressiv aufputschende Drogen wie Crack oder Phencyclidin. Die Opfer am Rande der Gesellschaft werden ihrerseits zu Peinigern, die alles niedermachen, was sich ihnen zufällig oder absichtlich in den Weg stellt. Von keinem Korsett der Zivilisation mehr stabilisiert, schlagen sie reaktiv auf eine Welt ein, in der ihr Lebensgefühl von »Sie hacken auf mir rum« entstanden ist. Der gleich lautende Titel eines Songs von »Die Ärzte« trifft die aktuelle Befindlichkeit vieler Jugendlicher. Das Ende der süchtig aggressiven Raserei ist der Blut*rausch*.

In allen Teilen des Globus begehen Menschen Bluttaten, die im Grunde genommen jegliches Vorstellungsvermögen übersteigen. Die süchtige Gewalt reproduziert sich selbst. Überall, wo Menschen fundamental in ihrer Selbst-Behauptung verletzt werden, laufen sie Gefahr, sich fremdgesteuert benutzen zu lassen, um an etwas vermeintlich Größerem teilzuhaben. »Hitlers willige Vollstrecker«[1] haben die letzte Bastion menschlichen Anstands geschliffen. Es existiert mittlerweile eine Fülle an Literatur zu den seelischen Spätfolgen der NS-Diktatur in den nachfolgenden Generationen.[2]

Meines Wissens liegt allerdings bisher keine schlüssige Darstellung vor, die süchtige Phänomene in Zusammenhang mit solchen Spätfolgen bringt. Ich selbst hatte über lange Jahre hinweg in meiner Arbeit kein offenes Auge dafür. Als ich jedoch, zunehmend aufmerksam geworden, begann, genauer nachzuspüren, wurde ich ge-

---

1 Siehe das gleichnamige Buch von D. J. Goldhagen, Berlin 1998.
2 Stellvertretend verweise ich auf Tilmann Moser: Dämonische Figuren. Die Wiederkehr des Dritten Reiches in der Psychotherapie. Frankfurt 1996. Dort finden sich auch Hinweise auf weiterführende Literatur.

meinsam mit manch süchtigem Klienten rasch fündig, nicht nur mit älteren Klienten, sondern auch mit Geburtsjahrgängen bis weit in die 60er- und sogar 70er-Jahre hinein. Der politisch-historische Hintergrund ihrer »Störungen« ist in der Regel bis zur Unkenntlichkeit durch vielfältige Symptome überwuchert. Ihr Suchtverhalten bildet eine zusätzliche Deckschicht.

Bei manchen Anhängern der Neo-Nazis ist der Zusammenhang von NS-Spätfolgen, offener Gewaltbereitschaft, grandiosem Männlichkeitswahn und Suchtmittelgebrauch in Form von Kampftrinkerei »bis zum Verlust der Muttersprache« (O-Ton) offensichtlich. Weit schwieriger zu erkennen sind die untergründig weitergegebenen destruktiven Kräfte der Vergangenheit im seelischen Reservoir von Familien und Klienten, bei denen man solche Verbindungen nicht auf Anhieb vermuten würde. Die Liste der nicht selten durch funktionales Suchtverhalten regulierten Leiden und Symptome, die sich durch individualpsychologische oder kleinfamiliale Erklärungen nicht befriedigend erklären und behandeln lassen, ist lang. Erst die Mehrgenerationenperspektive führt unter Umständen zur angestrebten Auflösung hartnäckiger Symptome.[1] Angst- und Panikzustände, Depression und chronifizierte Trauer, Desorientiertheit, extreme Verachtung und Entwertung, Autoritätskonflikte, problematisches Essverhalten, übergroße Anpassung, ausgeprägte Sinnlosigkeit und Verzweiflung, ruhelose Suche nach der eigenen Identität, Fremdheitsgefühle, psychosomatische Beschwerden, unverhüllte Gewaltphantasien, viele Formen von Parentifizierung und Delegation von ganzen Lebensläufen, hartnäckigste Scham- und Schuldgefühle, absolute Sprachlosigkeit und vieles andere mehr können eine verkleidete Form von NS-Spätfolgen sein, die im seelischen Untergrund über Generationen hinweg weiterwirken.

---

1 Sehr konsequent verfolgen in diesem Zusammenhang A. Massing und ihre Göttinger Kollegen die Mehrgenerationen-Familientherapie. Auf den Suchtbereich bezogen haben St. Cirillo u.a. zwar eine neuere Studie (Stuttgart 1998) zur »Familie des Drogensüchtigen« vorgelegt, die die mehrgenerationale Perspektive eines familiären Suchtproblems würdigt. Sie versäumen jedoch das Herstellen soziopolitischer Zusammenhänge zwischen Familien- und Zeitgeschichte.

Erst mit dem Noch-einmal-berührt-Werden von der Vergangenheit, dem persönlichen Erschrecken und seiner Wandlung löst sich mancher Spuk unserer Geschichte auf. Die mannigfaltigen, daran gekoppelten Symptome bis hin zu manifestem Suchtverhalten lassen sich um etliche Schichten tiefer bearbeiten und verändern.

Nach diesem gebotenen Exkurs, der auf blinde Flecken in unserem Verständnis manch hartnäckiger seelischer Symptome bis hin zur Sucht hinweisen sollte, komme ich zurück zu den »gewöhnlichen«, in ihrer Lebensgeschichte verfangenen Suchtklienten. Unsere seelische Selbst-Entwicklung geht einher mit der Befriedigung primärer Bedürfnisse. Auf der einen Seite verfolgen Menschen intensive Bedürfnisse nach Gemeinsamkeit, Bindung, Liebe und Berührung. Andererseits streben sie nach Selbstständigkeit und Autonomie. Das Gleichgewicht zwischen den Bestrebungen zu halten ist eine Gratwanderung. Neigt sich die Waage unangemessen auf eine Seite, werden Autonomie und Abhängigkeit zu übergewichtigen Lebensthemen. In der Abhängigkeit leidet in jedem Fall das Selbst-Gefühl von Urheberschaft und Wirksamkeit. Ein alltägliches Fallbeispiel verdeutlicht die Zusammenhänge: Herr S., ein 39-jähriger Beamter, lebt noch bei seiner ihn sehr bindenden Mutter. Nach dem frühen Tod seines Vaters hatte die Mutter den Sohn überkontrollierend umsorgt und verwöhnt. Einen eigenen Willen durfte er kaum äußern. Seine Selbstständigkeitsbestrebungen vereitelte seine Mutter immer wieder durch das Produzieren von Krankheiten. Gleichzeitig vermittelte sie ihrem Sohn intensive Schuldgefühle dadurch, dass sie ihm vorwarf, er kümmere sich nicht genug um sie. Herr S. ärgert sich beständig über die einengende Bemutterung. Wenn er es nicht mehr aushält, trinkt er; nicht immer, sondern periodisch. Sein Trinken ist auch der einzige versteckte Ausdruck seiner Aggressivität gegenüber der Mutter. In den Trinkphasen versorgt sie ihn umso eifriger. In den Phasen hingegen, in denen er ihr gegenüber vermehrt Loslösungswünsche hegt oder in denen sich gar eine andere Frau für ihren Sohn interessiert, reagiert sie mit verstärkten Herzattacken, um ihn zu binden. Bislang hat sie damit alle Selbstständigkeitsbestrebungen ihres Sohnes zuverlässig vereitelt.

Nicht selten wird in Fallberichten mit ähnlich gelagerten Abhängigkeitsbeziehungen nach wie vor vom Vorherrschen einer »oral-symbiotischen« Thematik gesprochen. Außerdem würde vermutlich auf die unerträglichen Schuldgefühle verwiesen, die Herr S. empfände, wenn er die längst fällige Trennung von seiner Mutter vollzöge. Schuldgefühle spielen im Suchtbereich generell eine große Rolle. Ich denke allerdings, dass ihre Richtung häufig unzutreffend eingeschätzt wird. Ebenso wie die Droge zu oft als Ersatz für ein verloren gegangenes Liebes-Objekt angesehen wird, werden intensive Schuldgefühle meistens objektbezogen gedeutet. In unserem Fall müsste Herr S. sich sicherlich mit Schuldgefühlen gegenüber seiner Mutter auseinander setzen, wenn es ihm gelänge, seinen eigenen Weg zu gehen. Ich behaupte aber, dass in allen zwischenmenschlichen Abhängigkeitsbeziehungen mit süchtiger Struktur die Schuldgefühle gegenüber dem eigenen Selbst die weitaus ausgeprägteren sind. In der Regel spüren Menschen sehr deutlich, wenn sie nicht die nötige Entschlusskraft aufbringen, notwendige Ablösungen zu vollziehen. Die Vorwürfe und Schuldgefühle gegenüber sich selbst sind in diesen Fällen ungleich heftiger als die objektbezogenen. Wo immer Menschen sich über Gebühr an der Entfaltung ihrer Selbst-Kräfte behindern lassen, ist die schmerzliche Selbst-Verschuldung viel eher ein Anlass für schmerzstillenden Suchtmittelgebrauch als die Gewissensnot dem Anderen gegenüber. In der Selbst-Behinderung bleiben die persönlichen Lebenskräfte eingefroren. Konsequenterweise herrschen negative Selbst-Gefühle wie Minderwertigkeit und Kontaktlosigkeit vor.

Je stärker die Kern-Empfindung von Urheberschaft und Wirksamkeit beschädigt wird, desto weniger differenziert wird sich die psychische Durchsetzungskraft eines Menschen ausbilden. Und je undifferenzierter seine Struktur ist, desto durchlässiger werden seine Selbst-Grenzen und umso schwieriger kann ihm im Extremfall die Abgrenzung des eigenen Selbst vom bindenden Gegenüber fallen. Untolerierbare, unauflöslich erscheinende Verstrickungen verzehren die Lebensenergien. Bei solchen Abhängigkeitsbeziehungen sehe ich demgemäß in quälenden Schuldgefühlen gegenüber sich selbst den viel wirksameren Quell zur süchtig aggressiven Selbst-Zerstörung als in einer verinnerlichten äußeren Feindseligkeit.

Den sehnsüchtigen Wunsch nach einer glücklichen Lösung der

im Leben schwierig zu bewältigenden Gratwanderung zwischen Bindungs- und Selbstständigkeitsbedürfnissen hat ein Freund mir gegenüber in die einfachen Worte gefasst: »Ich wünsche mir positive Abhängigkeit.«

Ich fasse zusammen: Die Entstehungsgeschichte der Aggression lässt sich wie die der Sucht auf einen kleinsten gemeinsamen Nenner zurückführen. Wird die lebensstiftende Selbst-Erfahrung von Urheberschaft und Wirksamkeit nachhaltig beschädigt, verknüpft sich die ursprünglich positive Selbst-Behauptung mit destruktiv aggressiven Energien. Die Verbindung wird umso stabiler, je mehr sich die realen Erfahrungen von Behinderung, Zurückweisung, Beschämung usw. an zeitlich überdauernde destruktive Phantasien heften. Die entstehende Feindseligkeit kann nach innen gegen das eigene Selbst gerichtet und mit selbst-zerstörerischem Suchtverhalten ausgelebt werden. Oder die überschießende narzisstische Wut bricht unkontrolliert nach außen durch mit allen teils grausamen Erscheinungsbildern, wie sie uns täglich vor Augen geführt werden.

Aus der alle Grenzen sprengenden Gewalttätigkeit von Menschen den Schluss zu ziehen, dass der Mensch an sich von Natur aus »böse« sei, wäre eine unangemessene Schlussfolgerung. Es macht einen großen Unterschied, ob ich den Menschen von Natur aus als eher »gut« oder eher »böse« ansehe. Unser Bild von der Schöpfung beeinflusst nämlich entscheidend, wie wir das Geschehen in der Welt interpretieren. Schreiben wir das »Böse« in der Welt der Natur des Menschen zu, entlassen wir uns aus der Mit-Verantwortung an Lebensverhältnissen, die Kindern, Frauen und Männern in allen Teilen der Welt ihr Geburtsrecht der würdevollen Selbst-Behauptung rauben. Unser Bild von der Schöpfung veranlasst weiterhin erhebliche Unterschiede bei der Bildung unserer entwicklungsgeschichtlichen Theorien, einschließlich derer über die Psychogenese von Aggression und Sucht.

Zutreffend ist vermutlich, dass der Mensch von Natur aus weder »gut« noch »böse« ist. Er hat indes das Entwicklungspotential wie die Wahl, sich in beide Richtungen zu entwickeln, je nach seinen prägenden Selbst- und Lebenserfahrungen.

Die Repräsentationen oder: Das Abbilden der Welt

Für unsere Theoriebildungen wie die therapeutischen Strategien ist es entscheidend, welche Vorstellungen wir darüber entwickeln, wie (Klein)Kinder und Erwachsene ihre Mitwelt erleben. Insbesondere die mahlersche Entwicklungspsychologie war hier sehr einflussreich. Danach wurde angenommen, dass sich der Säugling nach dem Auftauchen aus der symbiotischen Verschmelzung zwischen fünf und achtzehn Monaten in einem Erlebniszustand befinde, der dem des erwachsenen Borderline-Patienten ähnele. Seine Welt sei bevölkert durch zahlreiche fragmentierte, gute und böse Teil-Selbste und Teil-Objekte, die er erst mit weiterer Entwicklung zu konstanten Selbst- und Objektrepräsentanzen integriere. Diese Annahmen bilden auch weitgehend den theoretischen Hintergrund vieler Erklärungsansätze zur Persönlichkeitsentwicklung des suchtkranken Menschen, vor allem im Zusammenhang mit den so genannten Doppeldiagnosen von Borderline-Struktur und Sucht.

Mich hat seit jeher erstaunt, dass nicht nur bei Margaret Mahler, sondern auch bei Melanie Klein und sonstigen namhaften Größen der Psychoanalyse die Welt des Säuglings von fragmentierten Teilobjekten, Spaltungen, Projektionen, Introjektionen, primären, unbewussten Phantasien, halluzinatorischen Omnipotenzen und zahlreichen weiteren Theorieungeheuern bevölkert wird. Die Begrifflichkeiten aus der pathologischen Welt des psychisch kranken Menschen entsprechen in keiner Weise der Lebenserfahrung des Säuglings. Insofern scheinen mir einflussreiche entwicklungspsychologische Theorien auf dem Kopf zu stehen. Sie unterstellen dem Säugling tendenziell ein chaotisches inneres Erleben, aus dem über quasi normativ zu durchlaufende Entwicklungsphasen erst langsam eine zusammenhängende Ordnung und eine psychische Struktur auftauchen. Die Erfahrungswelt des Säuglings entspricht zwar nicht den genormten Kategorien eines erwachsenen Menschen. Sie ist aber keineswegs chaotisch, sondern von einer eigenen Ordnung und »Richtigkeit«, die auf dem angeborenen Beziehungs»wissen« des Neugeborenen beruht. Seine prinzipielle Ordnung sowie die auf Stimmigkeit eingestellten Lebenserwartungen können nur durch Uneinfühlsamkeit von außen in Unordnung gebracht werden. Frühestens, wenn diese Unordnung die Toleranzgrenzen der impliziten Lebenserfahrung sprengt, gerät das seelische Erleben aus den Fugen und krankt. Aktuelle Beobachtungen an Säuglingen sprechen eindeutig gegen eine anfängliche kindliche Erfahrungswelt von fragmentierten Teilobjekten. Neuere Vorstellungen von der Lebenserfahrung des Säuglings stellen bisherige Theorien deshalb vom Kopf auf die Füße. Welche alternativen Ideen können sie heranziehen, um ein halbwegs angemessenes Bild davon zu bekommen, wie Kinder die Welt erleben, ordnen und schließlich repräsentieren?

Wir alle leben mehr oder weniger in der Gleichzeitigkeit parallel zueinander existierender Welten. Von Geburt an existiert eine als real erfahrene äußere, objektivierbare Welt. Die zweite subjektive, psychische Welt der Vorstellungen und Bilder entwickelt sich im Zuge der Selbst-Entwicklung. Sie kann mit dem Erreichen der Symbolisierungsfähigkeit auch imaginäre Züge annehmen.

Für die Ausgangssituation bedeutet das: Eine Mutter bringt ihr Kind zur Welt. Sie hält es real in den Armen, doch von Beginn an ist es gleichzeitig das imaginierte Kind all ihrer Vorstellungen, die sie sich im Vorhinein bereits vor und während der Schwangerschaft gemacht hat. Zudem gibt es die Mutter als Realperson und parallel dazu die Mutter, die ein Bild von sich selbst als Mutter hat. Es gibt die reale Interaktion und parallel dazu ihre vorgestellte Version. Die Vorstellungswelt lebt nicht nur von der mit dem Kind im Hier und Jetzt gelebten Situation, sondern gleichzeitig von Hoffnungen, Ängsten, Phantasien, Zukunftsbildern, Erinnerungen an die eigene Kindheit, eigenen Mutter- und Vaterbildern und vielem mehr. Alle elterlichen Vorstellungen und Gefühle fließen beständig in die Beziehung zu ihrem Kind ein. Das Kind begegnet von Beginn an den realen Eltern und parallel dazu ihren Repräsentationen von ihm als Kind wie von sich selbst als Eltern. Wie »lernt« es unter diesen Bedingungen Beziehungen? Wie erwirbt es Selbst- und Objekterfahrungen? Wie bildet es schließlich eigene Abbilder der belebten und unbelebten Welt, also Repräsentationen aus?

Da der Mensch ein zutiefst soziales Wesen ist, sind zwischenmenschliche Interaktionen die Grundlagen unserer Selbst-, Objekt- und Welterfahrung. Auf deren Basis gelangt ein Säugling zu einem

Fundus von zusammengehörigen Bildern und Erfahrungswerten, denen er die beständige Flut seiner Eindrücke dessen, was das Leben für ihn bereithält, zuordnet. Für Daniel Stern entstehen die zusammenhängenden Lebenserfahrungen, die ihren inneren Niederschlag in repräsentationaler Form finden, aus »dem subjektiven Erleben des Zusammenseins mit einem anderen Menschen«. Entsprechend beschreibt er die Repräsentationen als »*Schemata des Zusammenseins mit einem Anderen.*«[1] Sie beruhen auf Interaktionserfahrungen, mit einem bestimmten Menschen in einer ebenso bestimmten Weise zusammen zu sein, z.b. hungrig, spielend, um ein Lächeln werbend, sich zurückziehend. Eine »*Repräsentation-des-Zusammenseins-mit-einem-Anderen*« ist eine Vernetzung zahlreicher spezifischer »*Schemata-des-Zusammenseins*«, die ein gemeinsames Motiv, Thema oder Merkmal verbindet. Das Verbindende kann eine durch ein spezifisches motivationales System geleitete Aktivität sein, z.b. Spiel, Bindung, Fütterung. Andere Repräsentationen heften sich an Affekterfahrungen. Sie venetzen z.b. Schemata, die das Fröhlichsein oder Traurigsein im Kontakt mit einem Anderen beinhalten.

Von entscheidender Bedeutung ist, dass die Interaktionserfahrungen die Grundlage aller Repräsentationen sind. Dies beinhaltet eine Revision bisheriger Teilobjekt-Theorien. Selbst- und Objektrepräsentationen werden nämlich als Ganzes gebildet und nicht als eine relativ späte Integration von guten und bösen Teilobjekten. Überdies werden sie nicht gebildet, indem die äußere Welt ins eigene Innere hineingenommen wird, wie es die begrifflichen Vorstellungen von »*Internalisierung*« und »*Introjektion*« glauben machen. Selbst wenn der Säugling einen Anderen imitiert und das Gemeinsamkeitserleben so groß wird, dass er fast wie der Andere handelt und vielleicht auch fühlt, nimmt er nichts in sich hinein. Seine Repräsentation des Geschehens wird zum Kern haben, wie er sich

---

1 Stern 1998, S. 28. »Die Schemata des Zusammenseins« sind eine konzeptionelle Weiterentwicklung seiner früheren Vorstellungen von den »generalisierten Interaktionsrepräsentanzen«, in 1992, S. 143ff. und 163ff. Hinter dem wohltuend verständlichen Begriff »Schemata des Zusammenseins« verbergen sich leider hochkomplexe Vorgänge, die das Konzept stark verkomplizieren.

selbst in seinem Inneren fühlt, während er auf eine Weise mit dem Anderen zusammen ist, die wir als Identifizierung beschreiben können. Repräsentationen entstehen also im eigenen Inneren auf der Erfahrungsbasis dessen, was das eigene Selbst empfindet, während es mit dem Anderen zusammen ist. Also »sind nicht Objekte oder Personen oder Bilder oder Worte (die ins Innere aufgenommen wurden) Inhalt der Repräsentation; repräsentiert werden vielmehr Interaktionserfahrungen mit einem Anderen«[1]. Das Gleiche gilt für Phantasien, Wünsche, Befürchtungen, Visionen, welche die Eltern in Bezug auf ihr Kind oder auf sich selbst als Eltern in die realen Interaktionen einfließen lassen. Ein Säugling repräsentiert seine subjektive Erfahrung, in einer solcherart durchwobenen Beziehung zu sein. Durch das wiederholte Erleben sich ähnlich anfühlender Beziehungssequenzen bildet er nach und nach die Repräsentation eines generalisierten Musters. Die Beziehungsmuster können mit dem Übergang in die Welt der Sprache und Symbole späteren Überarbeitungen unterzogen werden, indem sie phantasievoll oder nahezu komplett imaginär umgestaltet werden. Solche Überarbeitungen können sich deckend über die gelebte Wahrheit eines Menschen legen, vermögen sie aber nicht zu löschen.

Die Repräsentation eines Kindes, wie es sich anfühlt, an zwischenmenschlicher Beziehung teilzuhaben, umfasst höchst unterschiedliche Komponenten: körperliche wie seelische »Sensationen«, Affekte und fein abgestimmte Gefühlsfarben, Handlungen, Motive und Ziele, kontextuelle Begleiterscheinungen, Tiefenwahrnehmungen, »Gedanken« usw. Es wird alles erfasst, was in der gelebten Beziehung enthalten ist. Folglich sind Repräsentationen so komplex beschaffen, dass sie alle diese Elemente in sich aufzunehmen vermögen.

Repräsentationen sind also Vorstellungen und Bilder des subjektiven Empfindens von sich wiederholenden zwischenmenschlichen Erfahrungen. Sie enthalten gleichzeitig alle Grundelemente des erfahrenen Geschehens in ihrer repräsentierten Gesamtheit wie in ihrer ebenso einzeln abrufbaren Getrenntheit. Als generalisierte Grunderfahrungen eines Menschen sind sie seine diversen Bezie-

---

1 Stern 1998, S. 28.

hungsschemata im Zusammensein mit Anderen. Einmal ausgeprägt, fließen sie in jede weitere aktuelle oder zukünftige Beziehungsgestaltung mit ein.

Zu einem vollständig repräsentierten Schema gehören mindestens sechs gleichzeitig erfahrene Komponenten oder Repräsentationsformate. Eine Spielsituation mit Blickkontakt zwischen Mutter und Kind verdeutlicht beispielhaft die unterschiedlichen Wahrnehmungen: Über den regelmäßigen Blick ins Gesicht der Mutter speichert der Säugling seine visuellen Eindrücke in den sinnlichen Wahrnehmungsschemata (perzeptuelle Schemata). Seine Bewegungen beim Spielen mit der Mutter sowie die Berührungen auf der Haut und viele weitere körperliche Empfindungen werden in sensomotorischen Schemata zusammengefasst. Das Erleben von zeitlichen Abläufen der Spielsituation wird vom Säugling in Skripten oder Ereignisschemata festgehalten. Zur selbst-bezogenen, subjektiven Erfahrung wird die Spielsequenz wie jede andere Beziehungserfahrung für den Säugling jedoch vor allem durch sein individuelles Empfinden von Affekten und Gefühlen. »Affekte« meinen mehr die umfassenderen angeborenen Emotionen im Darwinschen Sinne. »Gefühle« beinhalten neben den feinsten Tönungen und Farben des Empfindens auch die Dynamik und den zeitlichen Rhythmus der Vitalitätsaffekte. Wiederkehrende komplexe Gefühle werden nach Stern in Form von »Gefühlsgestalten« gespeichert.[1] In die Spielsituation ist z.B. Fröhlichkeit eingebettet. Sie kann langsam oder blitzschnell ansteigen, sie kann einer Wellenbewegung folgen, mit Nachhall ausklingen oder abrupt abbrechen. Ihr zeitliches und dynamisches Muster ist ihre Gefühlsgestalt. Die zeitlichen Muster sind das Strukturformat, in dem Kleinkinder affekthaltiges Erleben in Affekt-Schemata speichern. Ansteigende oder abfallende Fröhlichkeit fühlt sich völlig verschieden an wie ansteigende Traurigkeit, nachlassender Hunger oder abklingender Ärger. Auftauchen und Abklingen als solches kennen wir nicht. Wir können es nur im Zusammenhang mit etwas Spürbarem empfinden. Eine Gefühlsgestalt enthält deshalb logischerweise neben ihrem rhythmischen Format immer eine daran gebundene Gefühlsqualität.

---

1 Siehe 1998, S. 106ff.

Mit der Fähigkeit des Säuglings, komplexe Gefühlsgestalten zu unterscheiden und zu speichern, können wir auch sein implizites Empfinden für die Stimmigkeit oder Nicht-Stimmigkeit eines Beziehungsgeschehens erklären. Sich wiederholende frühe Erfahrungen prägen unsere Gefühlsdynamik bzw. unsere Vitalität und färben auf spätere, ähnlich erlebte Situationen ab. Im Kern verankerte Gefühlsgestalten sind die existentielle Grundlage unserer gesamten körperlich-seelischen Befindlichkeit. Ihr gefühlsmäßiges Erfassen durch den Therapeuten ist in der Behandlung suchtkranker Menschen der Ansatzpunkt für korrigierende Interventionen.

Ein weiteres Element einer vollständigen Repräsentation ist das, was Stern eine »protonarrative Hülle« nennt.[1] Sie verleiht einer Beziehungserfahrung ihre letztliche Bedeutung oder ihren überdauernden Erfahrungswert. Neugeborene bringen ein implizites Beziehungswissen mit in die Welt, mit dessen Hilfe sie die Bedeutung zwischenmenschlicher Vorgänge auf einer primären Ebene von Anfang an erfassen. Sie müssen sie nicht erst aus den Bruchstücken ihrer Erfahrungen erschließen. Verschiedene Säuglingsforscher vertreten schon länger die Annahme, dass es eine angeborene Form gibt, mit der ein Säugling die intentionalen Zustände anderer Menschen intuitiv zu erfassen vermag. Er versteht zielgerichtetes menschliches Verhalten aber nicht nur passiv-rezeptiv, sondern vermag darüber hinaus ebenso intentional und aktiv-motiviert darauf zu antworten. Erstaunlicherweise tut der Säugling dies absolut »richtig«. Solche Beobachtungen bestätigen nachdrücklich die Kontinuum-Theorie Jean Liedloffs, deren Kern das dem Säugling angeborene Gefühl für »Richtigkeit« ist. Gerät die Stimmigkeit einer Situation aus dem Gleichgewicht, reagiert ein Säugling unmittelbar mit aktiven Korrekturbemühungen, um zielstrebig den impliziten Erwartungsbereich wieder anzusteuern, wie sich die Welt für ihn »richtig« anzufühlen habe. Er nimmt also eine Einschätzung der Bedeutung einer Situation für ihn vor.

Kinder folgen beim Erfassen einer Situation einem angeborenen Gefühl für universale Regeln. Zu diesen Regeln gehört, dass wir normalerweise einem Geschehen über unseren gewohnten narrati-

---

1 Siehe ebd., S. 113ff.

onsähnlichen Denkmodus Bedeutung verleihen. Deshalb bezeichnet Stern das Repräsentationsformat, über welches Kinder Situationen mit individueller Bedeutung versehen, als »protonarrative Hülle«. In die Hüllen eingebettet sind Episoden und Geschehnisse, die der Säugling aufgrund angeborener Kompetenzen aus dem beständigen Fluss der Ereignisse herausfiltert. Er ist also nicht passiv einer fragmentierten Ereignisflut ausgesetzt, sondern er grenzt aktiv ein Erleben von einem anderen ab. Protonarrative Hüllen sind demgemäß strukturierende, Grenzen setzende Zeit- und Ereignishüllen. Den Terminus »narrative Hüllle« hat Stern gewählt, weil er vermutet, dass die einzelnen Segmente alle die Form einer kleinen, (narrationsähnlichen) Geschichte haben. Jede vom Säugling unterschiedene Erlebniseinheit hat einen Anfang und ein Ende, einen *Urheber*, ein Motiv oder Thema in Aktion, einen Ort, eine Zeit, ein Ziel und einen Spannungsbogen. Die Spannungslinie entsteht aus der zeitlichen Gefühlsgestalt. Dies ist für Stern von zentraler Bedeutung, weil sie das Affektschema mit dem narrativen Schema koppelt. Kleine, abgegrenzte Beziehungsgeschichten verbinden sich also mit den jeweiligen Gefühlen und werden als bedeutungsvolle Einheiten ganzheitlich im »Gedächtnis« gespeichert. Der entsprechende Vorgang ist beim Säugling kein kognitiver Akt, sondern vollzieht sich auf der Ebene des nonverbalen Handelns und Gewahrseins. Die Vorsilbe »proto« deutet genau das an. Über die Fähigkeit, Beziehungsgeschehen in narrationsähnliche Einheiten zu zerlegen, verfügt ein Säugling spätestens ab dem 3. bis 4. Lebensmonat, also lange vor der kognitiven Kompetenz, Narrationen tatsächlich verbal zu produzieren. Letzteres ist eine vergleichsweise späte Errungenschaft des Kleinkinds, die es erst ab etwa dem 30. Monat und später erwirbt und verfeinert.

Nach welchen Entscheidungskriterien ein Säugling letztlich den Fluss der Ereignisse unterteilt, kann niemand genau sagen, weil wir nicht in ihn hineinsehen können. Da aber *er* und nicht eine äußere Person die Interpunktion vornimmt, stelle ich mir vor, dass die Grenzmarkierungen z.B. seine sich ändernden Gefühle sind. Im Kontext der Selbst-Erfahrung von Urheberschaft und Wirksamkeit bietet sich als Marker überdies eine Grenzziehung dort an, wo sich in seinem Empfinden eine spürbare Veränderung der Urheberschaft vollzieht. Es fühlt sich für den Säugling spürbar anders an, ob er der alleinige Urheber einer beabsichtigten Aktion ist oder ob er reaktiv auf eine nicht selbst bewirkte Handlung antwortet.

Ein sechstes Format, in dem ein Säugling Teile seines subjektiven Beziehungserlebens speichert, sind laut Stern konzeptuelle Schemata. Da ein Säugling allerdings noch nicht über die Symbole, Worte und überdauernden Bilder verfügt, die wir allgemein als die »Hüllen« des konzeptionellen Denkens begreifen, können Repräsentationen in diesem Format meiner Ansicht nach frühestens mit dem Erreichen des symbolischen Denkens gespeichert werden. Alle beschriebenen Schemata vernetzen sich zu einem spezifischen Schema der Form des Zusammenseins mit einem Anderen, in dem alle wahrgenommenen Aspekte einer wiederholten zwischenmenschlichen Erfahrung repräsentiert sind. In diesem Sinne sind Repräsentationen kumulative Muster sämtlicher Eindrücke, die real erlebte Beziehungen hinterlassen. Alle das Netzwerk bildenden Erfahrungen können parallel oder einzeln wieder aufgerufen werden. Mit dem Erreichen der Symbolisierungsfähigkeit und dem aktiven Beherrschen von Narrativen werden sie außerdem zum Fundus, aus dem sich jedwede zukünftige Produktion von Phantasien und Imaginationen speist.

Den Prozess des Wiederaufrufens von Beziehungsschemata bezeichnet Stern als »Refiguration«. Er meint damit, dass sich die Aufmerksamkeit frei zwischen den verschiedenen Speicherformaten hin und her bewegen kann. Ein Aspekt kann in den Vordergrund, ein anderer in den Hintergrund gerückt werden. Die Möglichkeiten einer Umarbeitung oder Neumontage sind nahezu unendlich. Stern illustriert den Wanderungsprozess der Aufmerksamkeit an einem prägnanten Beispiel: »Stellen Sie sich vor, dass Sie über das sexuelle Ereignis phantasieren, an welches Sie sich am liebsten erinnern. Ihre Gedanken können über das Netzwerk der Ereignis-Schemata wandern. Sie können, so rasch oder gemächlich, wie es ihnen beliebt, jeden Teil aufsuchen und bei ihm nach Belieben verweilen. Sie können bestimmte Teile erneut aufsuchen. Sie können ganz von vorn beginnen. Sie können zum Schluss des Ereignisses vorauseilen und danach erst die Mitte ergänzen. Sie können den Höhepunkt im Vordergrund halten und einen anderen Teil gleichzeitig im Hintergrund abspielen lassen usw. Kurz, Sie können die Montage herstellen, die Ihren Zweck am besten erfüllt oder Ihnen die größte Befriedigung vermittelt.«[1] Obgleich dies eine eher nüchterne Beschreibung eines in der Regel wesentlich lebendigeren Imaginationsvorgangs ist, kann sich jeder unschwer vorstellen, wie parallel zu den Ereignis-Schemata die visuellen, die sensomotorischen, die konzeptuellen und die Affekt-Schemata reaktiviert werden und im Vorgang des Phantasierens gleichsam eine neue Geschichte entsteht.

Unsere Phantasie ermöglicht also imaginäre Erfahrungen, die wir aus kreativen Refigurationen unseres Netzwerks von Beziehungsschemata schöpfen. Auf solchen Refigurationen beruhen demnach auch sämtliche projektiven psychologischen Testverfahren sowie alle individuellen Phantasiereisen, Tagträume oder geführten Imaginationen. Mit ihrer Hilfe lassen sich im therapeutischen Prozess Beziehungserfahrungen symbolisch-inszenierend oder in der direkten Interaktion mit der Realperson des Therapeuten konkret handelnd korrigieren.

Mit seiner Sichtweise revidiert Stern sämtliche Theorien, die primäre, unbewusste kindliche Phantasien annehmen. Für ihn entstehen alle Phantasien und Erinnerungen sekundär aus den primären Beziehungsschemata. Sie unterliegen bei ihrem Wiederaufruf den Bedingungen der spezifischen Situation, in der sie wieder auftauchen oder refiguriert werden. Das Aktivieren der Repräsentationen von Beziehungserfahrungen ist eine mentale Aktivität des Säuglings. Für Stern ist es die Form des kindlichen Denkens. Der kindliche »Geist« kann gar nicht anders, als den erfahrenen Lebensstrom zu unterteilen, zu ordnen und zu repräsentieren. Diese Form der sich selbst erzeugenden mentalen Aktivität ist aber kein selbst-reflexives Denken oder gar ein Denken im Sinne von Über-etwas-Nachdenken, wie es Erwachsene praktizieren. Es ist ein Gewahrseinszustand, der einfach »da« ist und alles Erleben beständig begleitet.

Wir müssen präzisieren, dass das Wiederaufrufen von gespeichertem Beziehungswissen beim Säugling noch nicht zu Phantasien im herkömmlichen Sinne führen kann. Solange er die Welt der

---

1 Ebd., S. 120.

Worte und Symbole noch nicht betreten hat, ist er zu imaginativen Phantasien noch nicht in der Lage. Er bleibt in seiner *realen* Beziehungswelt. Seine Repräsentationen umfassen deshalb ausschließlich Generalisierungen von real erlebten Beziehungen, nicht solche von phantasierten Ereignissen, die nie stattgefunden haben. Der Säugling phantasiert keine Realität, er lebt sie. Eine phantasierte, nicht reale Parallelwelt kann sich ein Mensch erst schaffen, wenn er über die Fähigkeit zum symbolischen, bildhaften Denken verfügt. Erst dann vermag er die erfahrene Realität in seiner Vorstellung zu überarbeiten und umzugestalten. Er kann sie imaginär in jeder beliebigen Weise beschönigen, verzerren, umdeuten, verfälschen, kurz: neu konstruieren, um sich anders zu befinden. Es steht ihm – wie im obigen Beispiel – aber auch offen, eine als angenehm erlebte Realität in der Erinnnerung wieder zu beleben, während der inneren Wiederholung den Wanderungsprozess der Aufmerksamkeit an ausgewählten Abschnitten des Erlebten verweilen zu lassen oder einzelne Elemente der wieder aufgerufenen Episode zu einer reich bebilderten und in der Phantasie durchlebten neuen Geschichte zusammenzufügen.

Ich habe die Bildung von Repräsentationen deshalb so ausführlich geschildert, weil unser Verständnis vom Abbilden der Welt einerseits Konsequenzen für die therapeutische Praxis hat und uns andererseits eine Neusicht der »Borderline«-Diagnose nahe legt, die so vielen süchtigen Menschen unterlegt wird. Die Annahme eines Borderline-Syndroms beim süchtig Abhängigen ist eine ausufernde, unscharfe Diagnose. Die Symptome sind ebenso vielfältig wie die Erklärungsversuche zur Entstehungsgeschichte des Borderline-Syndroms. Als charakteristisch für Borderline-Klienten wird allgemein angenommen, dass sie keine ausreichende Selbst-Objekt-Differenzierung zustande gebracht haben, sodass sie gelegentlich nicht zwischen Selbst und Nicht-Selbst oder Realität und Phantasie unterscheiden können. Ihre Fähigkeit, reale Beziehungsschwierigkeiten zu meistern, sei gering, weshalb sie häufig zwischen aggressiver Entwertung und übersteigerter Idealisierung einerseits sowie anklammernder, manipulierender Kontrolle und unterwürfiger Abhängigkeit hin und her pendelten. Gespaltene gute und böse Selbst- und Objektrepräsentanzen bestünden nebeneinander. Häufig sind die Beschwerden von süchtigen Borderline-Klienten diffus und wirken »wie eine karikaturhafte Übersteigerung der Klagen des ›modernen Menschen‹ ...«; sie betreffen subtile, gleichzeitig quälende Gefühle der Leere, der Sinnlosigkeit, der Orientierungslosigkeit in einer undurchschaubaren und bedrohlichen Welt, der inneren Standortlosigkeit, des ›Nichtwissens-wer-ich-bin‹«, wie Christa Rohde-Dachser diagnostiziert. In der inneren Leere eines Menschen mit Borderline-Struktur findet sich kein Selbst-Gefühl sinnhaften Handelns, er fühlt sich unzentriert, in Zeit und Raum verloren. Der entwicklungsgeschichtliche Ursprung des Borderline-Syndroms wird in der Regel in den ersten drei Lebensjahren vermutet, insbesondere in der mahlerschen Wiederannäherungsphase (etwa 15. bis 24. Lebensmonat). Rohde-Dachser hat die entsprechenden entwicklungspsychologischen Theorien in einer Gesamtsicht zusammengefasst: »Wenn man ... *von phasenspezifischen Kränkungen* sprechen will, so ist es beim Borderline-Patienten sicherlich diese *Beschneidung der eigenen Autonomie*, die Erfahrung als eigenständiges Individuum mit eigenen Wünschen und Bedürfnissen nicht existieren zu können oder zu dürfen, die die tiefsten narzisstischen Wunden hinterlässt und die Selbstachtung dieser Patienten am nachhaltigsten mindert. Die Erfahrung der Unfähigkeit zur Entfaltung der eigenen Individualität verbindet sich untrennbar mit dem subjektiven Erleben, dass die eigenen Wünsche und Impulse ... nicht gelebt werden dürfen ... Diese generelle Tabuisierung von Lebensäußerungen, die auf Autonomie abzielen würden, ist von anderer Qualität als die Hemmungen und Verdrängungen des Neurotikers. Sie ist gekoppelt an die Frage ›Darf und kann ich Ich sein?‹, mit der Frage also nach der eigenen Existenzberechtigung überhaupt.«[1]

Eigene Wünsche und Bedürfnisse, die in erfolgreiches autonomes Handeln münden, sind gebunden an das Selbst-Gefühl von Urheberschaft und Wirksamkeit. Wo immer das Recht auf die eigenen Gefühle und die Selbst-Behauptung drastisch beschnitten werden, bekommen Autonomie und Abhängigkeit als Lebensthemen

---

1 Chr. Rohde-Dachser: Das Borderline-Syndrom, 5. Aufl., Bern 1995, S. 62 und 140.

eine übergewichtige Bedeutung. Borderline-Strukturen müssen demgemäß nicht zwangsläufig in der frühen Kindheit angelegt werden. Sie können unter entsprechend ungünstigen Umständen überall auf der Lebensachse ihren Auslöser finden, wenngleich frühe »Störungen« natürlich häufig auftreten.

Die Gespaltenheit des Borderline-Klienten ist meines Erachtens keine Entsprechung einer ursprünglichen Gespaltenheit in der frühen Kindheit, in der das Kleinkind keine einheitlichen Selbst- und Objektrepräsentanzen auszubilden vermocht hätte. Von dieser Vorstellung sollten wir uns verabschieden. Wo wir Spaltungen beobachten können, hat sich nicht etwas nicht entwickelt (die Selbst- und Objektkonstanz nämlich), sondern es ist umgekehrt etwas, das ursprünglich in einem primären Ansatz vorhanden war, zusammengebrochen. Das Gefühl für die eigenen Grenzen kann unter chronischer Dauerbelastung zusammenbrechen, z.b. infolge ständiger Übergriffigkeit, die als invasive Eingriffe in das Körper- und Kern-Selbst erlebt werden. Reale Traumatisierungen können zu jedem Lebenszeitpunkt zur Desintegration des Selbst führen. In den Lebensgeschichten drogenabhängiger Menschen finden wir neben kumulativen Unstimmigkeiten in niedrigen Spannungszuständen vielfach konkret erlittene Misshandlungen, sexuelle Ausbeutung und weitere schwere psychische Verletzungen. Eine Ursache für ein ausgeprägtes Borderline-Syndrom sehe ich deshalb in einer graduell besonders tiefen Beschädigung ihres Kern-Gefühls von Urheberschaft und Wirksamkeit. Ein Gradmesser für die Tiefe eines Leidens könnte generell sein, inwieweit sich ein Mensch noch als eigenmächtiges Subjekt oder als objektifiziertes Wesen erfährt. Wer einer chronischen Objektifizierung unterworfen ist, vermag kein Gefühl von Wirkmächtigkeit auszubilden. Wer sich immer nur wie ein Gegenstand behandelt fühlt, sieht auch jedes Gegenüber vorwiegend als ein die eigenen Gefühle manipulierendes Objekt und nicht als ein Wesen mit sehr persönlichen Gefühlen. Insofern scheinen Borderline-Klienten seltener über eigene oder fremde Gefühle nachzudenken, was sie ignorant oder rücksichtslos sich selbst und anderen gegenüber erscheinen lässt. Ich halte es für möglich, dass Rücksichtslosigkeit gegenüber Gefühlen im beschriebenen Sinne gleichfalls entstehen kann, wenn vorhandene Gefühle während der Entstehungszeit der verbalen und narrativen Selbst-Empfindungen nicht gespiegelt und benannt werden, also untergründig namenlos bleiben. Sie werden dann zwar später weiterhin diffus wahrgenommen, bleiben jedoch völlig undifferenziert, weil sie als »feine« Gefühle nicht kommunizierbar geworden sind. Das erlernte Beziehungsschema für sie fehlt.

Eine Spaltung in gute und böse Teilobjekte kann von einem Säugling überhaupt nicht vollzogen werden, da er ganze Beziehungsschemata speichert. Ein Speicherformat »gut/böse« ist ihm völlig unvertraut. Solche wertenden Kategorien sind späte Errungenschaften, die die Symbolisierungsfähigkeit voraussetzen. Sein angeborenes Gefühl für »Richtigkeit« und »Nicht-Richtigkeit« kann ebenfalls nicht herangezogen werden, um das Spaltungskonzept zu retten. Die früh erworbenen Beziehungsschemata enthalten allerdings bereits lebensprägende Gefühlsgewohnheiten. Wenn ein Kleinkind seine Selbstständigkeit erprobt, um sich die Welt anzueignen, kann es erhebliche Einschränkungen seiner Selbst-Behauptungskräfte hervorrufen. Lassen Eltern ihr Kind spüren, dass es ihnen mit seiner altersangemessenen Selbstständigkeit, Neugier und Lebendigkeit lästig wird, es sich folglich ungeliebt macht, dann setzt das Kind seine stimmigen Impulse mit bedrohlichen Konsequenzen gleich. Aber nicht *seine* Impulse sind das Gefährliche, sondern die Reaktionen seiner Bezugspersonen, die sich von den altersgerechten Wünschen des Kindes bedroht fühlen. Sie teilen dem Kind in der Beziehung implizit nonverbal ihre Gefühle mit. Der Säugling wird insgesamt ein bedrohlich gefärbtes Beziehungsschema im Zusammensein mit den Anderen speichern. In der Folge verbannt er seine altersangemessenen Bestrebungen als unerwünschte, gefährliche Impulse vermutlich in den seelischen Untergrund. Affektive Schemata beinhalten demgemäß Verhaltensregeln, die nie sprachlich kodiert werden mussten, sondern implizit verinnerlicht wurden. Werden die Verhaltensbotschaften von Worten begleitet, funktioniert der Mechanismus umso zuverlässiger, als mittlerweile erwiesen ist, dass Säuglinge nicht nur über ein angeborenes Beziehungswissen verfügen, sondern darüber hinaus über ein implizites Sprachgefühl, das die syntaktischen, narrativen Strukturen und die gefühlsträchtigen Untertöne der an sie gerichteten Sprachgebilde umfasst. Nach dem eigenen Spracherwerb können Gefühls-regeln in Form sprachlicher Verdikte dann vollends verfestigt wer-den.

Das folgende Fallbeispiel verdeutlicht die Wirkungszusammen-hänge: Ein 48-jähriger Mann war frühzeitig von zu Hause ausgezo-gen und hatte Medizin studiert. Er absolvierte alle Prüfungen, scheiterte jedoch am letzten medizinischen Examen, obwohl er sich fachlich sicher fühlte. Jedes Mal, wenn er zur mündlichen Ab-schlussprüfung gemeldet war, erkrankte er so schwer, dass er den Prüfungstermin nicht einhalten konnte. Infolgedessen hat er sein Studium nie abgeschlossen. Seinen Lebensunterhalt bestreitet er mehr oder weniger unregelmäßig mit einem Dienstleistungsgewer-be. Über erste Erfahrungen mit Alkohol und illegalen Drogen ent-wickelte er sich im Laufe der Jahre zu einem periodisch stark trin-kenden Alkoholiker. Dass er Alkoholiker ist, gibt er zwar freimütig zu, weigert sich aber bis heute beharrlich, längerfristig professionel-le Hilfe in Anspruch zu nehmen. Das habe *er* nicht nötig. Sporadi-schen Therapieversuchen verlieh er bewusst den Charakter von Machtkämpfen. Unter Ausnutzung seiner eigenen psychologischen und medizinischen Vorbildung sowie seiner überdurchschnittli-chen Intelligenz, gelang es ihm, die jeweiligen Therapeuten frühzei-tig zur Wirkungslosigkeit zu verurteilen. Deren genüsslich insze-nierte Niederlagen sind jedoch seine Pyrrhussiege. Über die Verei-telung wirksamer Hilfe zur Selbst-Hilfe kann er hartnäckig an seinem Leiden festhalten. Als Rettungsanker dienen ihm phasen-weise seine mit starker Abwertung anderer Menschen einhergehen-den Grandiositätsphantasien. Die Rekonstruktion seiner bisherigen Lebensgeschichte ergab folgendes, seine Verhaltensmuster erklären-des Bild: 1952 wurde er nach drei Mädchen als erstgeborener Sohn eines Vaters geboren, der selbst Jahrgang 1909 war. Sein Vater erleb-te also den Aufstieg und die Diktatur der Nazis. Als waffenfähiger Mann wurde er mit Beginn des Zweiten Weltkriegs zur Wehrmacht eingezogen. Nach dem Krieg wurde er entnazifiziert, aber sein Le-ben war überschattet von der Gewalt der Obrigkeit, von Krieg, Ge-fangenschaft und Rückkehr in ein Leben, in dessen Verlauf er die ihm und seiner Frau geraubten Jahre nie zu verschmerzen wusste. Infolgedessen goss er insbesondere in die Beziehung zu seinem erstgeborenen Stammhalter viel NS-vergiftete Seelennahrung hinein. Den eigenen Willen und die Lebendigkeit seines Sohnes konnte er von Beginn an nicht ertragen. Dessen Drang zur Selbst-Behauptung wurde permanent unterbunden. Der Vater konnte neben sich keinen lebendigen, eigen-willigen Sohn erdulden; und schon gar keinen Sohn, der größer würde als er und ihn im Leben überträfe. (Der Vater war auch körperlich eher klein.) Der Sohn musste klein gehalten werden. Die »Kastration« oder Depotenzierung war vollkommen. Da der Sohn sich ihm indes nicht kampflos ergeben wollte, kam es während der Pubertät und Adoleszenz zu einem regelrechten Kleinkrieg mit seinem Vater. Unzählige Male bekam er aus dessen Mund zu hören: »Du bist nichts, hast nichts, kannst nichts. Aus dir wird nie etwas werden. Du wirst noch an mich denken.« Während der schlimmsten Szenen wollte der Vater seinen Sohn mit einem Stuhlbein »zum Tempel hinausjagen«. Die vernichtenden Urteile seines Vaters wurden zum tief verinnerlichten Lebensskript des Sohnes. Sie waren die sprachlich kodierte Form der bereits viel früher implizit erworbenen emotionalen Regel: »Ich darf nicht lebendig und autonom sein.« Dem Vater taten seine aggressiven Durchbrüche zwar jedes Mal Leid, aber sie wiederholten sich über lange Jahre hinweg. Den Sohn erfüllten sie mit zusätzlichen Schuldgefühlen, da ihm explizit zu verstehen gegeben wurde, dass er dafür verantwortlich sei, wenn es seinem Vater schlecht gehe. Immer musste auf dessen Wohlergehen Rücksicht genommen werden. Für die Schuldzuweisung existierte also ebenfalls eine frühe emotionale Regel: »Ich darf nicht selbstständig sein, sonst geht es meinem Vater schlecht.« Obgleich sein Sohn sehr früh weit weg zog, vermochte er sich vom Vater nicht zu lösen. Er durfte nicht erfolgreich sein, den inneren Vater nicht überwinden. Sein Medizinstudium abzuschließen hätte bedeutet, erfolgreicher und größer zu werden als der Vater. Doch das verinnerlichte Lebensskript, das Verdikt, war zu lebensbestimmend.

Viele süchtige (Borderline-)Klienten verfügen über ähnlich vernichtende Selbst-Erfahrungen mit den entsprechenden, verinnerlichten Beziehungsschemata. In der Arbeit mit ihnen ist deshalb ein erstes therapeutisches Ziel, ihre unbewussten emotionalen Regeln aufzuspüren, nach denen sie sich verhalten. Die bereits in sprachlich organisierter Form existierenden Gefühlsregeln sind nur eine prägende Folie. In aller Regel muss man noch hinter die Ebene der Sprache reichen, um die Gefühlsregeln oder Affektschemata berührend umzuformen, denen ein tief verstörter Mensch wirklich unbewusst folgt.

Vor dem Hintergrund ganzheitlich repräsentierter Beziehungserfahrungen und der hohen Bindungswirkung zwischenmenschlich erworbener Gefühlsregeln können wir das vertraute Phänomen der raschen Affektwechsel beim Borderline-Klienten nicht länger auf das theoretische Konstrukt von guten und bösen Teilobjekten zurückführen. Eine nahe liegende Erklärung für solch gefühlsmäßige Umschwünge sehe ich vielmehr darin, dass Borderline-Klienten eine real erfahrene aktuelle Beziehungssituation auf spezifische Weise interpunktieren. Jede Interpunktion aktiviert eine neue Gefühlsgestalt mit einem entsprechenden Beziehungsschema. Insofern ließe sich vermuten, dass jeder Affektwechsel unmittelbarer Ausdruck einer neuen, kurz auftauchenden Identifikation ist, die auf einer bestimmten Erfahrung des Zusammenseins mit einem Anderen beruht. Es liegt nahe, die emotionale Schlüsselerfahrung wieder im Bereich von Objektifizierung und beeinträchtigter Urheberschaft zu suchen.

Introjektion, Projektion und Phantasie im Prozess der projektiven Identifizierung

Im Zusammenhang mit Sucht oder Doppeldiagnosen ist immer wieder die Rede von Vorgängen, die mit Begrifflichkeiten wie Introjektion, Projektion, projektiver Identifizierung oder Phantasie belegt werden.

Am Beispiel der frühen Austauschprozesse, die zu einer Introjektion depressiver Verlangsamung auf der Verhaltens- und Körperebene führen, haben wir gesehen, dass die erste Kommunikation von Gefühlszuständen grundsätzlich über die Kanäle nicht-sprachlicher Affektsignale stattfindet. Dornes hält genau diese ursprünglichen »averbalen, kreis- und spiralförmigen Austauschprozesse, in denen eine wechselseitige Beeinflussung stattfindet, für die biologischen Grundlagen der projektiven Identifizierung«[1]. Ich habe nicht das Gefühl, dass wir etwas verlieren würden, wenn die Theorie sich auf sein Verständnis der projektiven Identifizierung verständigen könnte. Im Gegenteil: Wir gewönnen an Klarheit, da wir zum Offenkundigen zurückkehren würden. Dornes Vorschlag würde den Wirrwarr auflösen, der um den Begriff der projektiven Identifizierung entstanden ist. Mit der dem wissenschaftlichen Denken eigenen Sucht nach Tiefe wurden nämlich mittlerweile so viele gedankliche Schleifen um den Prozess der projektiven Identifizierung gedreht, dass kaum noch erkennbar ist, was in seinem Verlauf zwischenmenschlich tatsächlich geschieht.

Im therapeutischen Kontext meint die Theorie der projektiven Identifizierung metaphorisch etwa Folgendes: Ein gefürchteter oder unliebsamer Affekt wird in den Anderen (den Therapeuten) projiziert, um ihn dort zu deponieren. Das Gefühlsdepot übt auf den Anderen als Projektionsträger einen Druck aus, sich entsprechend der Projektion zu verhalten. Der Therapeut fühlt sich manipuliert, kann sich aber der Wirkung des deponierten Affekts nicht entziehen, da er sich in ihm ausbreitet. Zwangsläufig kommuniziert er den Affekt zurück, empfindet die Affektantwort aber als fremd und nicht zu sich gehörig. Er ist nicht der Urheber des Affekts, spürt aber deutlich den Sog von dessen manipulativer Kraft. Im therapeutischen Prozess wäre es nun die Aufgabe des Therapeuten, den deponierten Affekt modellhaft so zu verarbeiten, dass ihn der Deponierende in entgifteter Form zu sich zurücknehmen kann. Die Theorie unterstellt dem die Affekte deponierenden Patienten überdies bewusste oder unbewusste Absichten, den Therapeuten zu bestimmten Antworten zu bewegen sowie den Wunsch, seine gefürchteten Affekte loszuwerden. Zusätzlich vermutet die Theorie unbewusste Phantasien beim Patienten, auf die der Therapeut wiederum mit seinen eigenen Phantasien deutend und enträtselnd reagiere.[2] Wenn wir auf dem Boden der Tatsachen früher zwischenmenschlicher Austauschprozesse bleiben, müssen wir zu dem

---

1 Dornes 1997, S. 69.
2 Zur Theorie s. Ogden 1988, Beland 1989 sowie Hinshelwood 1993 und 1997.

Schluss kommen, dass sich in die beschriebene Konzeptionierung der projektiven Identifizierung zu viele theoretische Anstrengungen mischen. Die konzeptionelle Überfrachtung des Begriffs wird dem realen (frühen) Beziehungsgeschehen nicht mehr gerecht. Ein Säugling projiziert keine Affekte und schon gar keine Phantasien in den Anderen. Über Phantasien, wie sie die Theorie der projektiven Identifizierung voraussetzt, verfügt er nämlich noch gar nicht. Was der Säugling erlebt, ist Beziehungs-Realität, die er mit seinen Mitteln zu bewältigen versucht. Der Säugling drückt unmittelbar Affekte aus und versucht darüber, den Anderen wirksam zu beeinflussen, um die Beziehung in tolerierbare Bahnen zu lenken.

Dornes bleibt in seiner Interpretation der zwischenmenschlichen Interaktionen, die als projektive Identifizierung beschrieben werden, näher am Wesen der frühen Austauschprozesse. Er versteht den der projektiven Identifizierung zugrunde liegenden Prozess als »nicht-intentionale Kommunikation«, also als ein Verhalten, dem keine bewusste Mitteilungsabsicht unterliegt. Für ihn bewegen sich die entsprechenden Kommunikationsprozesse »auf dem Niveau des Beeinflussen-Wollens«, wie es sich in den frühen Phasen der wechselseitigen Bezogenheit darstellt. Gerade die fehlende bewusste Mitteilungsabsicht macht das Verhalten so schwer verstehbar. Im interpersonalen Prozess wird nichts explizit mitgeteilt, sondern er »impliziert nur eine Aufforderung zur Veränderung«[1], genauer gesagt zu einer regulativen Veränderung im Sinne stimmiger Bezogenheit, die den Anderen als erreichbar erweist.

Wenn das Selbst-Gefühl von Urheberschaft und Wirksamkeit aufgrund früh entgleister wechselseitiger Austauschprozesse nicht stabil ausgebildet werden konnte, wird die auf der Körper- und Verhaltensebene stattgefundene Introjektion (z.B. der Depression) durch Agieren inszeniert, um doch noch eine Veränderung zu erreichen und das Gefühl von Wirkungskraft wiederzuerlangen. Den Kern der projektiven Identifizierung können wir daher als einen indirekten Ausdruck »des Direkt-Beeinflussen-*Wollens*«[2] verstehen, nachdem das Gefühl für die erreichbare stimmige Wechselseitigkeit verloren gegangen ist.

---

1 Dornes 1997, S. 73 und 75.
2 Ebd., S. 78.

Von der süchtigen Beziehungsstruktur her kennen wir die beschriebenen Prozesse nur allzu gut. Süchtige Klienten sind häufig am Agieren und Manipulieren. Versuchen sie ihr Gegenüber bewusst trickreich zu instrumentalisieren, um gezielt ihr Suchtverhalten durchzusetzen oder zu verschleiern, fühlt sich das in der Beziehung mit ihnen allerdings völlig anders an, als jene Manipulationen, die hier gemeint sind. Denn die Klienten drücken dabei Affekte aus, denen der Therapeut keine bewusst verstehbare Mitteilungsabsicht entnehmen kann. Unter Umständen setzt ihn das Verhalten des Klienten so unter Druck, dass er selbst in Gegen-Agieren verfällt. Der Süchtige will jedoch keine gefürchteten Affekte projizieren oder gar deponieren, sondern er will mit seinem schwer verstehbaren Ausdruck von Bedürfnissen eine Änderung seiner Situation erreichen; und zwar auf direktem Wege und nicht über den Weg der Kommunikation darüber. Hinter jedem Verhalten eine kommunikative (un)bewusste Mitteilungsabsicht zu suchen, verfehlt den inneren Ort, von dem aus Süchtige häufig agieren. Ihr den Anderen-Direkt-Beeinflussen-Wollen bewegt sich auf einem Niveau, auf dem der Andere überhaupt erst einmal als erreichbar erlebt werden will. Süchtige suchen ihr Selbst-Gefühl von konstruktiver Wirksamkeit, ohne das ihr Selbst keinen positiven Wert erfahren kann. Die manipulative Wirkung von Drogen vermag das Gefühl von Wirkungskraft zwar mühelos zu nähren, aber der Süchtige verliert es in dem Moment wieder, in dem die Wirkung der Droge nachlässt. Das defensive Manöver der Drogeneinnahme muss also gerade wegen seiner Unbeständigkeit ständig wiederholt werden. Das ist allerdings einfacher, als eine stabilere Neuorganisation des Selbst über den schwierigen Weg stimmiger zwischenmenschlicher Wechselseitigkeit anzustreben. Auf diesem Weg bietet der Therapeut als Realobjekt seine zeitweilige Begleitung an.

Ich habe bisher aufgezeigt, wie wir auf den verschlungenen Pfaden der Sucht einem roten Faden folgen können, der uns immer wieder zu unserem wichtigsten Selbst-Gefühl von Urheberschaft und Wirksamkeit führt. Ich wende mich nun den daraus abgeleiteten Konsequenzen für die Praxis der präventiven, beratenden und therapeutischen Suchtarbeit zu.

II. Teil
Die Praxis der präventiven, beratenden und therapeutischen Suchtarbeit oder: Die Suche nach Worten und Berührungen, die befreien können

Die Sucht- und Drogenkarriere zwischen Genuss und Missbrauch

Unzählige Menschen benutzen Suchtmittel und Drogen zu sehr unterschiedlichen Zwecken. Nahezu alle Menschen unserer Kultur verfügen über innere Suchtstrukturen, die sie anfällig machen für den Gebrauch von magisch wirkenden »Zaubermitteln«. Gleichwohl werden sie nicht alle süchtig abhängig, weil sie die Kontrolle über die Substanzen behalten. Die Zahl derer, die indes umgekehrt von der Macht der Suchtstoffe beherrscht werden, geht allein in unserem Gemeinwesen in die vielen Millionen. Süchtige Menschen leben überall unter uns, häufig lange Zeit unbemerkt oder co-abhängig gedeckt. Irgendwo auf dem Weg zwischen dem erstmaligen Gebrauch oder Genuss eines potentiellen Suchtmittels und einem sich einschleichenden sowie verfestigenden Missbrauch verlieren sie die Kontrolle über die von ihnen in Dienst genommene psychoaktive Substanz oder ein von ihnen ausgeübtes Verhalten. Verhaltenssüchte vermögen ebenso selbst-zerstörerisch zu wirken wie stoffgebundene Abhängigkeiten.

Diagnostische Kriterien

Für die Diagnostik von Abhängigkeitserkrankungen existieren international anerkannte Kriterien, nach denen eine Suchtmittelabhängigkeit festgestellt wird. Das ICD-10 (International Classification of Diseases) besagt, dass die Diagnose einer Drogen-, Alkohol-

oder Medikamentenabhängigkeit nur erfolgen soll, wenn mindestens drei der nachstehenden Kriterien erfüllt sind:

1. ein starker Wunsch oder eine Art innerer Zwang, psychoaktive Substanzen oder Alkohol zu konsumieren,
2. verminderte Kontrollfähigkeit bezüglich des Beginns, der Beendigung und der Menge des Substanz- oder Alhoholkonsums,
3. Substanzgebrauch mit dem Ziel, seelische Entzugssymptome zu vermeiden oder zu mildern,
4. körperliches Entzugssyndrom bei Beendigung oder Einschränkung des Konsums,
5. Toleranzentwicklung, d.h. Gewöhnung an höhere Dosen eines Suchtmittels, um die gleiche Wirkung zu erzielen (»geeicht« sein),
6. fortschreitende Vernachlässigung anderer Vergnügungen oder Interessen zugunsten des Substanzkonsums sowie erhöhter Zeitaufwand, um sich von den Folgen des Konsums zu erholen,
7. anhaltender Suchtmittelkonsum trotz des Nachweises eindeutiger schädlicher Folgen, wie z.b. Müdigkeit, depressive Verstimmungen, Leberschädigung, Verschlechterung kognitiver Funktionen oder Arbeitsplatzverlust,
8. Ein eingeengtes Verhaltensmuster im Umgang mit der Substanz.[1]

Trotz solch objektivierter Kriterien bleibt im Alltag vielfach eine Unsicherheit, auf welcher Stufe einer möglicherweise süchtigen Karriereleiter ein bestimmter Mensch aktuell steht.

Hilfestellungen für sucht»kontaminierte« Arbeitsfelder

Manifest süchtige oder Drogen gebrauchende Menschen finden sich eher selten in psychotherapeutischen Praxen. Die Niederungen der Sucht sind nicht das bevorzugte Arbeitsgebiet niedergelassener Psychotherapeuten oder Ärzte. Im Gegenteil: Es ist immer wieder

---

1 Siehe H. Dilling, W. Mombour, M. H. Schmidt (Hrsg.): Internationale Klassifikation psychischer Störungen: ICD-10. Weltgesundheitsorganisation. Bern, Göttingen, Toronto, Seattle, 2. Aufl., 1993.

erstaunlich, wie viele psychoanalytisch oder anderweitig psychotherapeutisch bestens ausgebildete Therapeuten beim Thema Sucht abwinken und offen eingestehen, dass sie sich damit nicht auskennen. Das weite Feld der Co-Abhängigkeit, d.h. einer Beziehungsverstrickung, in der ein selbst nicht süchtiger Anderer so interagiert, dass er (un)bewusst das Suchtverhalten der süchtigen Indexperson stützend aufrechterhält, ist vielen gar völlig unvertrautes Terrain. Das muss umso mehr erstaunen, als Suchtstrukturen und co-abhängige Beziehungsmuster so alltäglich sind, dass sie sich auch bei scheinbar »gewöhnlichen« Psychotherapie-Patienten finden lassen.

Der überwiegende Anteil der präventiven, beratenden und therapeutischen Arbeit mit suchtabhängigen Menschen findet definitiv also nicht in Privatpraxen und auch nicht in stationären Einrichtungen der Suchthilfe statt, sondern im Alltag von Sucht- und Drogenberatungsstellen. Die dort tätigen Therapeuten und Sozialarbeiter sind das menschliche Fundament des übergeordneten Suchthilfesystems. Neben dieser professionellen Schiene in der Arbeit mit Drogen konsumierenden Menschen existiert das weite Feld der haupt- wie nebenamtlichen schulischen und außerschulischen Jugendarbeit bzw. Jugendhilfe sowie der sozialen Arbeit mit Adoleszenten und Erwachsenen. Von jeher ist dieser gesamte psychosoziale Bereich das angestammte Terrain, auf dem sich süchtige und nicht süchtige Rauschmittel gebrauchende Menschen tummeln, deren Zahl unübersehbar ist. In allen Dienstbereichen der Sozialarbeit stehen die dort tätigen Mitarbeiter im alltäglichen Kontakt mit Jugendlichen und Erwachsenen, von deren Umgang mit psychoaktiven Substanzen sie sich ein zutreffendes Bild zu machen versuchen.

Intuitiv und sozial kompetent begleiten die Mitarbeiter sozialer Einrichtungen viele Klienten durch ihren Suchtmittelkonsum und leisten wertvolle Unterstützung beim Einstieg in den Ausstieg. Einfühlsame Begleitung hilft vielen jungen Menschen, aus ihrem zeitweiligen Drogengebrauch nie ein ernsthaftes Problem werden zu lassen. Nicht selten fühlen sich die Mitarbeiter in sozialen Einrichtungen als professionelle Helfer durch die Dynamik des süchtigen Geschehens jedoch schachmatt gesetzt. Überfordert und hilflos reagieren sie ohne erkennbare Linie und Konsequenz. Durch ihr eigenes unstrukturiertes Antwortverhalten fördern sie zusätzlich die Strukturlosigkeit des süchtig abhängigen Klienten oder des in einer süchtigen Beziehungsstruktur gefangenen familiären, betrieblichen oder kollegialen Systems. Regelmäßig erreichen die Präventions- und Drogenberatungsstellen Anfragen nach Beratung, Supervision, Unterstützung. Insbesondere wünschen Multiplikatoren regelmäßig eine Entscheidungshilfe bei der schwierig zu beantwortenden Frage, wie sie den Drogengebrauch eines ihnen anvertrauten Klienten angemessen einschätzen können. Dahinter verbirgt sich ein beständig im Nacken verspürter Handlungsdruck infolge ihrer unterschiedlichen Arbeitsaufträge in der sozialen Betreuung. Offenkundiger Drogenkonsum bei Jugendlichen in Schulen, Jugendzentren, offenen Treffs, Wohngruppen, Vereinen usw. veranlasst Multiplikatoren häufig zu unangemessenem Agieren. Sie tun sich schwer mit der Entscheidung, ob sie unmittelbar vermehrt tätig werden müssen, oder ob sie »nur« zugewandt begleitend die Beziehung zum Klienten zu halten versuchen. Die Entscheidung fällt ihnen erheblich leichter, wenn sie zuverlässiger einzuschätzen vermögen, wie groß die tatsächliche Gefährdung eines Menschen ist.

Die süchtige Karriereleiter – eine Ortsbestimmung

Ein Gefühl dafür zu entwickeln, auf welcher Stufe der süchtigen Karriereleiter ein Klient sich bewegt, kann für viele Multiplikatoren in suchtkontaminierten Arbeitsfeldern eine große Hilfe im angemessenen Umgang mit dem betreffenden Menschen sein.

Eine stoffgebundene Drogenkarriere durchläuft mindestens vier Stadien, wie sie vereinfacht in nachstehender Abbildung aufgeführt sind. Eine Unterscheidung in weitere Zwischenstadien ist zwar problemlos möglich, aber wenig praktikabel.

Die ersten beiden Stadien kommen hier ohne weiteren Kommentar aus. Ernsthaft kritisch wird es ab dem wichtigen Stadium der Gewöhnung. Es ist immer ein entscheidender Zwischenschritt in Richtung süchtige Abhängigkeit. Ein Suchtmittel benutzender Mensch kann das Stadium der Gewöhnung im Zeitraffer Richtung manifester Sucht durchschreiten. Er vermag allerdings auch über

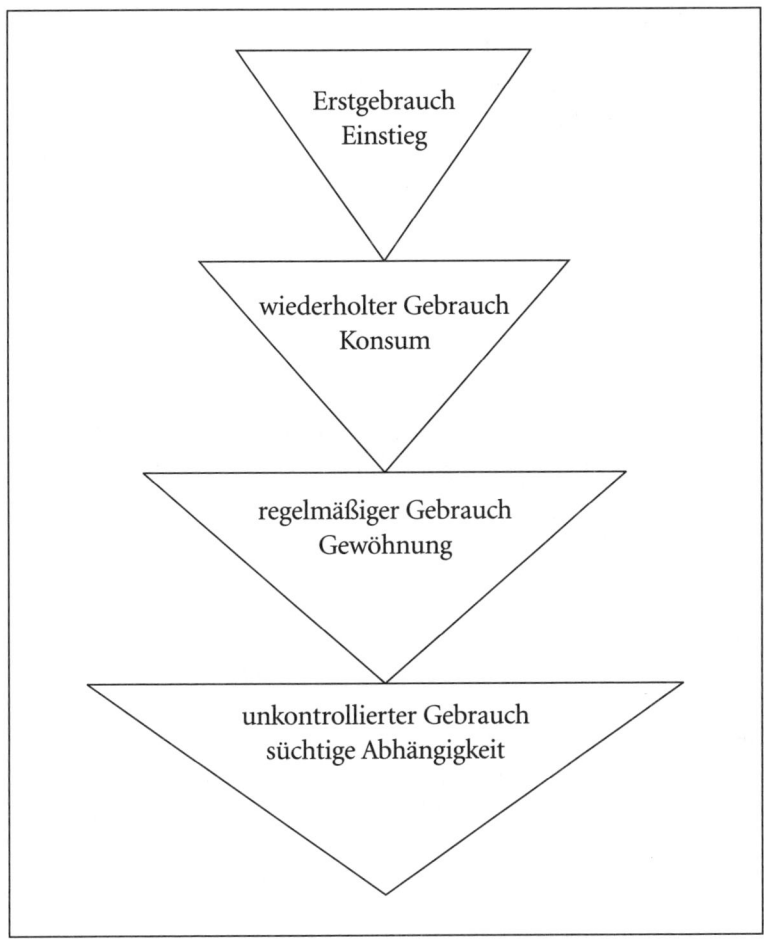

längere Zeiträume, manchmal sogar Jahrzehnte, darin zu verweilen, ohne jemals süchtig zu entgleiten. Viele regelmäßige Haschisch-Raucher kiffen gewohnheitsmäßig, sind aber noch nicht als manifest süchtig zu bezeichnen. Die weitaus meisten der nach unseren gesellschaftlichen Maßstäben »normal« trinkenden Menschen sind in einem Maße mit Alkohol vertraut, dass sie sich gleichfalls im Stadium der Gewöhnung befinden. Obgleich sie ihren Umgang mit Alkohol kontrollieren und wenig Gefahr laufen, süchtig zu entgleiten, würde wiederum den meisten von ihnen eine solche Einschätzung wenig schmecken. Es ist allzu üblich, unsere gesellschaftlich bedenklichen Gepflogenheiten mit Alkohol herunterzuspielen.

In der rein graduellen Ortsbestimmung einer Suchtkarriere haben begriffliche Kategorien wie »Genuss« oder »Missbrauch« nichts zu suchen. Es sind wertende Begriffe, die darüber hinaus Aussagen über den Bestimmungszweck eines Suchtmittelgebrauchs enthalten. Nur im ordnenden Gesamtzusammenhang lassen sie hilfreiche Schlüsse auf das Drogenverhalten eines Menschen zu. Aber selbst dann bleiben sie als wertende Kategorien unscharf. Etliche unserer verbreitetsten Suchtmittel sind ursprünglich *Genuss*mittel. Als solche können wir sie ihrem ursprünglichen Charakter gemäß wiederholt und sogar gewohnheitsmäßig genießen. Im Stadium süchtiger Abhängigkeit spielt Genuss indes keine Rolle mehr. Sucht ist das absolute Gegenteil verweilenden Genießens. Der süchtig Abhängige sucht nur noch die Linderung seiner seelischen oder körperlichen Qualen und Entzugssymptome. Auf allen Ebenen der süchtigen Karriereleiter lassen sich Drogen dagegen missbrauchen. Je nachdem, wie streng oder konsequent wir sein wollen, sprechen wir bereits immer dann von Missbrauch, wenn der Einsatz von psychoaktiven Substanzen dazu dient, unsere gefühlsmäßige Befindlichkeit zu verändern. Wer erstmalig ein Rauschmittel benutzt, um »besser drauf zu sein«, betreibt demnach schon Missbrauch. Wer seine Mittel regelmäßig (gezielt) einsetzt, um seine Gefühle zu regulieren, missbraucht gewohnheitsmäßig. Drogenabhängige missbrauchen die pharmakothyme Steuerungsfunktion der von ihnen gewählten Substanzen zwar ebenfalls, aber im Stadium der manifesten Sucht verliert der Begriff »Missbrauch« an Trennschärfe. Ist erst einmal diese Stufe der süchtigen Karriereleiter erreicht, wird jede wertende oder einen Zweck beinhaltende Begrifflichkeit obsolet. Ansonsten können wir hilfsweise mit »Genuss« und »Missbrauch« operieren, um besser einzuschätzen, was der Suchtmittelgebrauch eines Menschen für ihn bedeutet. Wir können mit ihnen auf der süchtigen Karriereleiter gewissermaßen »Fahrstuhlfahren«, wie die nebenstehende Abbildung zeigt.

Bei ganz strenger bzw. konsequenter Auslegung des Begriffs »Missbrauch« können wir davon sprechen, dass es überhaupt keinen Suchtmittelgebrauch gibt, der ausschließlich durch Genuss

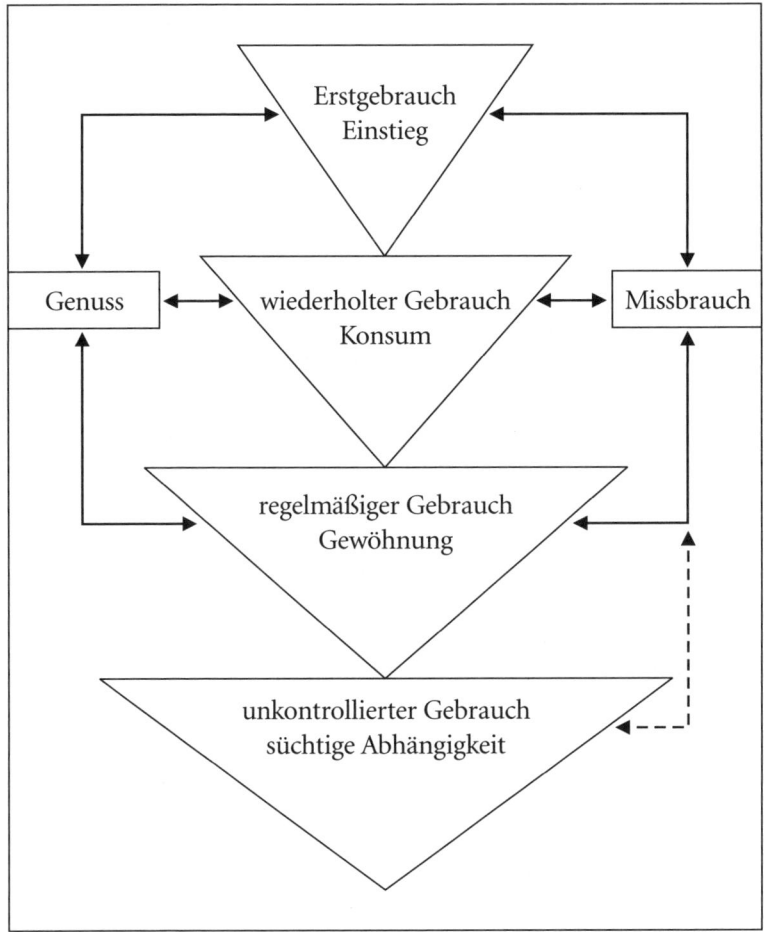

motiviert ist. Jede Substanz greift steuernd in unsere gefühlsmäßige Befindlichkeit ein. Am vehementesten gegen eine solch konsequente Sicht des (zielgerichteten) Einsatzes von Suchtmitteln würden sich die Legionen der »normalen« Alkoholbenutzer wehren. Die entsprechend enge Auslegung von »Missbrauch« ist zwar nicht »unwahr«, aber nur beschränkt alltagstauglich. Sie eignet sich indes vorzüglich, um im *präventiven* Arbeitsalltag Jugendliche wie Erwachsene zum Nachdenken darüber anzuregen, wie wir durch den Einsatz von Suchtmitteln ganz selbstverständlich und gewohnheitsmäßig unsere Gefühle uns selbst und Anderen gegenüber beeinflussen. So verstanden, leistet eine konsequente Auslegung von Missbrauchsverhalten gute Dienste. Überhaupt nicht eignet sie sich dazu, in moralisch wertender Überstrapazierung den genussvollen Umgang mit potentiellen Suchtmitteln zu verleiden. Um eventuellen dogmatischen Missverständissen zu begegnen: In der Suchtarbeit erfolgreich zu arbeiten, bedeutet nicht automatisch, für die strikte Abstinenz von allen Stoffen mit Abhängigkeitspotential einzutreten. Wer in der Lage ist, unter den potentiellen Suchtmitteln die kontrollierbaren tatsächlich zu beherrschen, mag sie *mit der ihnen gebührenden verantwortlichen Vorsicht* genießen.

Wer sich berauschen oder gar mit Suchtmitteln selbst zerstören möchte, wird sich durch keine Macht der Welt davon abhalten lassen. Das »Recht auf Rausch« schließt allerdings nicht die Schädigung Anderer ein. Insofern plädiere ich dafür, dass Menschen unter Drogeneinfluss für ihr Tun voll verantwortlich sind. Selbst unter Berücksichtigung der Tatsache, dass wir Drogenabhängigkeit und Alkoholismus als Krankheiten betrachten, stelle ich infrage, ob es einen zwingenden Grund gibt, Menschen unter dem Einfluss von Rauschmitteln verminderte Schuldfähigkeit zuzugestehen. Wenn Autofahrer aufgrund der Wirkung von Alkohol Verkehrsunfälle mit schlimmen Folgen für Andere verursachen, wenn alkoholisierte Väter mit einem Hammer auf Frau und Kinder losgehen oder sonstige unter Drogeneinfluss stehende Personen andere Menschen berauben, zusammenschlagen, verletzen, töten, sehe ich zunächst keinen Grund, weshalb sie für ihr Verhalten nicht voll verantwortlich sein sollten. Suchtmittelabhängigkeit ist eine selbst-gewählte bzw. aktiv mit-verantwortete Krankheit. Ich möchte mit solchen Feststellungen indes weniger unsere viel geübte rechtliche Praxis der Zubilligung verminderter Schuld- oder Zurechnungsfähigkeit aufheben, sondern in erster Linie ihre Sinnhaftigkeit bzw. die dahinter verborgenen Motive hinterfragen. Entspringt sie nicht etwa heimlichen Schuldgefühlen einer Gesellschaft, die so viele Menschen in seelischer Not in die Sucht zwingt? Oder ist sie paradoxer Ausdruck eines gigantischen Alkoholproblems, für das sich unsere Gesellschaft auf diesem Wege eine Teilabsolution erteilt? Zumindest ist es eine zutreffende Behauptung, dass ein solches Verfahren eines von zahlreichen Elementen umfassender gesellschaftlicher Co-Abhängigkeit darstellt.

Rauschmittelabstinent muss in unserer süchtigen Gesellschaft leben, wer nicht versteht, potentielle Suchtmittel selbst-bestimmt zu beherrschen. Sollen sie nicht umgekehrt über ihn herrschen, hat ein solcher Mensch keine andere Wahl, als auf ihren Gebrauch dauerhaft zu verzichten. Für ihn ist Abstinenz das alleinige Gebot. Ansonsten kann bei unserer gewohnten Lebensweise Abstinenz selbst in der Suchtprävention nicht das allgemein erklärte Ziel sein. Das Ziel suchtpräventiver Lebenskompetenzprogramme sind vielmehr selbst-bewusste, genussfähige Menschen, die sich im Klaren darüber sind, worüber sie verantwortlich entscheiden. Womit wir wieder bei den vielen Multiplikatoren angelangt wären, die Jugendliche und junge Erwachsene auf dem Weg ihrer Selbst-Findung begleiten und von der Suchtarbeit Antwort auf ihre Frage erwarten, wie ein eventueller Drogengebrauch im Selbst-Findungsprozess einzuschätzen ist.

Wie in so vielen Fällen gibt es darauf keine Patentantwort. Sogar die diagnostischen Kriterien des ICD-10 oder sonstiger klassifizierender Manuals bringen selten ausreichende Klarheit. Selbst wenn beispielsweise jugendliche Haschischkonsumenten ein aktuell hartnäckiges Konsummuster aufweisen, sich ihr Alltag nur noch um die Haschisch-Clique dreht und sie sich ein Leben ohne ihre Droge nur schwer vorzustellen vermögen, sind sie im strengen Sinne noch nicht in jedem Falle süchtig. Um anzunehmen, dass sie tatsächlich manifest abhängig sind, braucht es weitere Indizien. Die süchtige Karriereleiter zu skizzieren und hilfsweise zusätzlich mit den Begriffen »Genuss« und »Missbrauch« zu operieren, ist für viele Multiplikatoren in suchtkontaminierten Arbeitsfeldern allerdings eine erste Hilfe, planloses Agieren zu vermeiden. Relativ entlastend ist zumeist der zusätzliche Hinweis, dass sich die weitaus meisten jugendlichen Drogenkonsumenten generell im Bereich zwischen neugierigem Probierverhalten und momentaner Gewöhnung bewegen. Im klinisch relevanten Sinne süchtig werden die allerwenigsten. Eine solch relativierende Einschätzung zieht nicht Untätigkeit nach sich, sondern nimmt den unmittelbaren Handlungsdruck von den Mitarbeitern in den sozialen Arbeitsfeldern. Der dadurch gewonnene innere Handlungsspielraum ist ein unschätzbares Gut bei der anschließenden Planung individuell oder gruppenbezogener stimmiger Interventionen. Die letztlich am ehesten zutreffende Diagnose wird zum einen durch angemessene Sachkenntnis ermöglicht, zum anderen durch die persönliche Fähigkeit, sich in der Beziehung zu Anderen auf seine eigenen untrüglichen Gefühle zu verlassen. Eine solche Form von Selbst-Vertrauen in die eigene Kompetenz bildet die sichere Basis für stimmige Arbeit mit Drogen benutzenden Klienten auf der Sach- wie Beziehungsebene.

Das Primat eines Symptoms

Kein zweites Symptom versetzt das professionelle Helfersystem so sehr in Aufruhr wie der Drogengebrauch junger Menschen. Weder kriminelles oder gewalttätiges Verhalten noch sexueller Missbrauch rufen solch verunsichertes Antwortverhalten hervor, wie die verdeckte oder offene Benutzung illegaler Drogen. In der Drogenberatung erhalten wir laufend Anfragen, wie Multiplikatoren in der sozialen Arbeit im konkreten Einzelfall mit Drogen gebrauchenden (jungen) Menschen umgehen sollen. In der Gesamtsicht des »Falles« stellt sich mit schöner Regelmäßigkeit heraus, dass es in der bisherigen Geschichte des betreffenden Menschen bereits viele heikle Situationen gab, an denen aufmerksame Helfer frühzeitig hätten intervenieren können, um angemessen Hilfe zur Selbst-Hilfe zu leisten. Viele sich anbietende Interventionsanlässe verstreichen ungenutzt. Das ausbleibende Echo treibt (junge) Menschen weiter. Ich frage mich oft aufs Neue, welche Signale verunsicherte junge Menschen eigentlich aussenden müssen, bis ihre innere Not endlich bemerkt und angemessen darauf reagiert wird. Aber über eines können sie gewiss sein: Wenn sie erst einmal begonnen haben, illegale Drogen zu gebrauchen, wird ihre Mitwelt reagieren. Allzu häufig wird jedoch versucht, über Druck und Kontrolle das *Drogen*problem zu bannen, statt zu verstehen, was sich hinter dem Symptom verbirgt. Wer aber versteht, wofür Drogen in Dienst genommen werden, ist in der Lage, auf der Beziehungsebene stimmiger zu antworten.

Für die helle Aufregung, die der Drogengebrauch (junger) Menschen provoziert, gibt es sicherlich mehrere Gründe. Ein nahe liegender ist die Illegalität von Drogen. Für Jugendliche, die eine innere Entscheidung treffen, ob sie Drogen probieren und weiterhin benutzen oder nicht, ist das Kriterium der »Illegalität« indes von absolut untergeordneter Bedeutung. Es besitzt für sie nahezu keinerlei Wertigkeit. Die Unterscheidung in »legale« und »illegale« Drogen ist für sie eine vom Gesetzgeber willkürlich festgelegte Trennlinie, für die es aus der Sicht der weitaus meisten jungen Menschen keine nachvollziehbare Rechtfertigung gibt. Sie spiegeln mit ihrer Haltung die scheinheilige Doppelmoral einer Gesellschaft, die sich zwar in Alkohol ertränkt, andere Drogen aber für nicht gesellschaftsfähig erklärt. So gesehen, relativiert sich überdies jegliche sinnhafte Unterscheidung zwischen »legalen« bzw. »illegalen« Rauschmitteln einerseits und »weichen« bzw. »harten« Drogen andererseits. Natürlich gibt es qualitativ objektive Unterschiede zwischen den verschiedenen Suchtmitteln, sowohl was ihre spezifischen Wirkungen wie ihre potentielle Gefährlichkeit anbelangt. Doch eine Arbeitskollegin betont zurecht: »Die gefährlichste Droge ist immer die, die man selber nimmt.« Ihre ebenso kluge wie uneingeschränkt zutreffende Feststellung führt mich zu weiteren Gründen, warum gerade das Symptom »Drogengebrauch« so heftige Reaktionen hervorruft.

Viele Menschen bekämpfen und kontrollieren eigene süchtige Anteile unbewusst in Anderen. Zwanghaft rauchende Multiplikatoren, Lehrer oder Ärzte, stark an Alkohol gewöhnte Väter oder Psychopharmaka gebrauchende Mütter mischen sich ein, wenn ihre Klienten, Schüler, Patienten, Söhne oder Töchter mit Rauschdrogen experimentieren. Ein solcher Kontrollversuch, wie wohlwollend er auch gemeint sein mag, ist zum kläglichen Scheitern verurteilt, wenn die eigenen süchtigen Anteile unreflektiert bleiben. Das folgende Beispiel aus meinem Arbeitsalltag demonstriert das Drama.

Ein alkoholabhängiger Vater verstrickte sich aussichtslos in einen Kampf mit seinem Sohn, der mit 14 Jahren begann, Haschisch zu konsumieren. Der Vater wollte dem Sohn die Droge selbstverständlich verbieten, doch alle seine Straf- und Kontrollversuche verpufften wirkungslos. Die Absicht des Sohnes wiederum war, den Vater über seinen Haschischgebrauch zu einer Auseinandersetzung mit dessen Suchtmittel zu zwingen. Wäre jener in der Lage gewesen, die Botschaft seines Sohnes zu verstehen und sein eigenes Abhängigkeitsproblem anzuerkennen, wäre der familiendynamische Suchtzirkel schnell unterbrochen gewesen. So aber stritten beide erbittert um das Recht auf ihr jeweiliges Mittel. Der Sohn erhöhte seinen Einsatz, indem er auf potentere synthetische Stoffe umstieg. Mithilfe der zuständigen Sozialarbeiterin wurde er schließlich aus der Familie genommen. Aktuell lebt er in einer Einrichtung für Drogen gebrauchende Jugendliche. Mittlerweile ist ihm klar, dass er den Kampf mit seinem Vater nicht gewinnen und er sich nur am eigenen Schopf aus dem familiären Sumpf ziehen kann.

Ein weiteres Motiv für die Stigmatisierung der illegalen Rauschdrogen sehe ich in tiefem, unbewusstem Neid. Wer unauffällig angepasst, beständig funktionierend oder gefühlsmäßig kontrolliert ein wenig aufregendes, mäßig lebendiges Leben führt, verspürt möglicherweise die Verlockungen, mit Rauschmitteln eine Reise in schönere Welten anzutreten. Viele Erwachsene geben unumwunden bis leicht verschämt ihre Neugier auf Haschisch, Designerdrogen oder Halluzinogene zu, wenn sie die zum Teil in den schönsten Farben geschilderten Erfahrungsberichte verfolgen, die ihnen Drogen gebrauchende Menschen in ihrem Umfeld liefern. Wer sich unlebendig und gelangweilt fühlt, kann nur tiefen (unbewussten) Neid auf die Anderen empfinden, die sich so einfach etwas erlauben, was er selbst sich nie gestatten würde. Eifersüchtig auf deren rauschhaftes Erleben, wird er ihr Treiben eifernd zu vereiteln suchen.

Ein letztes unbewusstes Motiv, den Drogenkonsum junger Menschen als ein zu kontrollierendes Übel zu begreifen, ist die Angst vor dem eigenen Kontrollverlust. Die Kontrolle über die Selbst-Beherrschung zu verlieren, ist für viele gefühlskontrollierte Menschen so ängstigend, dass sie alles daransetzen, diejenigen Menschen ausgrenzend zu gängeln, deren Experimentierfreude und Risikobereitschaft auch den Umgang mit illegalen Rauschmitteln sowie das Spiel mit dem Verlust der Selbst-Beherrschung einschließen.

Über all dem bekommt das Primat eines einzigen Symptoms eine so stark überhöhte Wertigkeit, dass es alles andere dahinter verblassen lässt. Bekämpft wird an der Oberfläche der Drogengebrauch von Menschen. Die Tür zu den seelischen Auslösern der In-Dienst-Nahme von Rauschmitteln schließt sich darüber umso fester.

Die Illusion der drogenfreien Räume

Der verbreitete Umgang mit körperfremden, Leib und Seele beeinflussenden Substanzen ist eine Herausforderung, der wir uns stellen oder vor der wir kapitulieren können. Systematische Hilflosigkeit zeichnet die Konzeptionen ungezählter sozialer Einrichtungen aus. Gleichgültig, ob es sich um offene Treffs, sozialtherapeutische Wohngruppen oder überbetriebliche Qualifizierungsmaßnahmen handelt, in ihren schriftlichen Konzeptionen findet sich gewöhnlich die Regel: »Drogengebrauch führt zum Ausschluss aus der Einrichtung«. Besonders paradox sind so oder ähnlich formulierte Regeln in den Fällen, wo neu gegründete Wohngruppen sich ausdrücklich die soziale Arbeit mit Drogen gebrauchenden jungen Menschen auf die Fahne geschrieben haben. Die Schizophrenie, die ein derart operierendes Hilfesystem bei allen darin Verwickelten hervorzurufen vermag, ist ein idealer Nährboden für *mehr* hilflose Ohnmacht, *mehr* Aggression und *mehr* Suchtmittelkonsum. Es ist eher erstaunlich, dass *trotz* der so erschwerten Umstände in vielen sozialen Einrichtungen hervorragende Arbeit geleistet wird, vor allem dann, wenn die kodifizierten Regeln stillschweigend gedehnt und der Realität angepasst werden. Papier ist bekanntlich geduldig ...

Von einer Regel gibt es keine Ausnahme: Die in Worten angedrohte Konsequenz »Drogengebrauch führt zum Ausschluss aus der Einrichtung« schafft nur eines mit Gewissheit: Sie nährt Unsicherheit, Konfusion und Misstrauen. Damit ruft sie die perfekten Abbilder der süchtigen Beziehungsstruktur hervor und zerstört jegliche Basis für einen eindeutigen, offenen Umgang der Beteiligten miteinander. Aus unseren präventiven Teamberatungen sind mir die schizophrenen Verwicklungen bestens vertraut. Junge Menschen, die sich in den Strukturen einer sozialen Einrichtung bewegen, die den Konsum illegaler Rauschmittel mit Verbannung bewehrt, können gar nicht anders, als zu Recht misstrauisch auf der

Hut zu sein. Selbst wenn sie ihr Drogengebrauch in spürbare Schwierigkeiten bringt, ist es ein Risiko, unverblümt darüber zu sprechen. Sich offen zu zeigen, wird im Extremfall mit Ausschluss aus der Einrichtung gestraft. Umgekehrt erfahren junge Menschen zwar genauso, dass auf ihren Umgang mit verbotenen Stoffen meistens keine drakonischen Sanktionen erfolgen, aber sie können sich nie sicher fühlen. Sie wissen nicht, was wirklich geschehen wird. In dem einen Fall dehnen die Mitarbeiter einer Einrichtung die starren Regeln ihres schriftlich fixierten Konzepts und ein Jugendlicher erfährt keine drastischen Konsequenzen oder im Gegenteil vielleicht sogar die lang ersehnte Hilfe. In einem anderen Fall handeln die Mitarbeiter dagegen konzeptgemäß und der Drogenbenutzer findet sich aus dem System ausgeschlossen. Die einzig konsequente Erfahrung, die junge Menschen im sozialen Hilfesystem machen, ist die permanente Inkonsequenz, mit der ihnen begegnet wird.

Jugendliche erfahren aus ihrer Sicht vor allem die Willkürlichkeit der sie betreffenden Entscheidungen. Das erzeugt Wut, Verwirrung und Unsicherheit. Die allseitige Orientierungslosigkeit untergräbt die Selbst-Gewissheit, dass eigenes Handeln berechenbare Reaktionen bei Anderen hervorruft. In der Unstrukturiertheit wuchern die Brei- und Nebelgefühle, in denen sich das kohärente Handeln verliert. Viele zwischenmenschliche Situationen unterliegen einer permanenten »Als-ob-Kommunikation«. Jeder weiß etwas, von dem er vielleicht lieber nichts wüsste, weil nicht offen darüber verhandelt werden darf. Jeder ahnt etwas, kann oder will es aber nicht beweisen, weil keine sichere Übereinkunft darüber besteht, wie weiter zu verfahren wäre. Der Drogengebrauch ist allgegenwärtige Realität, wird aber regelhaft nur in der vagen »Als-ob-Kommunikation« thematisiert. Kein sozialer Träger gesteht offen ein, dass nicht eine einzige soziale Einrichtung heutzutage noch konsequent nach der Prämisse ihrer Konzeption verfahren kann, nach der ein offensichtlicher Drogenkonsum den Ausschluss aus der Einrichtung nach sich zieht. Würde konsequent danach verfahren, müssten nahezu alle sozialen Einrichtungen der Jugendhilfe ihre Bankrotterklärung abgeben. Sie wären nämlich entvölkert. Die auf dem Papier geforderte konsequente Verbannung von jugendlichen Drogenkonsumenten aus den Einrichtungen würde denselben ihre eigene Existenzgrundlage entziehen. Jeder ist sich dessen bewusst und dehnt deshalb zumindest *inoffiziell* dieses realitätsferne Konzept.

Junge Menschen erzählen ihrer Betreuungsperson vorzugsweise unter dem Siegel der Vertraulichkeit von ihren Drogenerfahrungen. So teilen viele mit vielen ein Geheimnis, das nie offiziell als anerkanntes Problem einer Einrichtung existieren darf, da dies wiederum Konsequenzen nach sich ziehen müsste. In Teamberatungen berichten Sozialarbeiter regelmäßig, wie sie sich regelrecht innerlich spalten, um mit der schizophrenen Situation zurecht zu kommen. In der Rolle des »Kumpels« oder des »vertrauenswürdigen Bündnispartners« erfahren sie detailliert vom gewohnheitsmäßigen Substanzgebrauch ihrer Klientel. In der offiziellen Rolle des »mit einem Arbeitsauftrag ausgestatteten Sozialarbeiters« müssten sie bei konsequentem Handeln auf eine Weise tätig werden, die sie innerlich mit ihrem Gewissen des Öfteren nicht vereinbaren können. Folglich verschweigen sie ihr Wissen nicht nur nach oben gegenüber dem Arbeitgeber, sondern häufig sogar nach innen gegenüber den engsten Kollegen, wenn sie befürchten müssen, dass einer von ihnen eine harte Linie im Kampf gegen die Drogen verfolgen würde. Selbst dort, wo sich ein Team in der gemeinsamen Dehnung der Regeln einig ist, bleibt die schizophrene Situation, dass zwischen den Drogenkonsum der Jugendlichen und das Wissen darum immer die geschlossene Tür der Einrichtung geschoben werden muss. Vor der Tür werden gängige Rauschmittel mangels wirksamer Handlungsalternativen geduldet. Hinter der Tür müsste des Arbeitsauftrags wegen eigentlich sanktioniert werden. An der Stelle schließt sich freilich der Kreis wieder. Vor dem Hintergrund der vorgegebenen Konzeptionen kann das einzig Beständige in der Praxis des Arbeitsalltags nur die Inkonsequenz sein. Sanktionen werden bestenfalls willkürlich in sozial nicht mehr verträglichen Fällen verhängt. Das System »dreht sich doll« und handelt wirkungslos.

Das Primat des Symptoms »Drogengebrauch« reproduziert unaufhörlich widersprüchliches Fühlen und Handeln. Ganze Einrichtungen scheitern kläglich an einem unangemessenen Umgang mit ihrem real existierenden Drogenproblem, weil die Mitarbeiter sich kaum auf einen kleinsten gemeinsamen Nenner verständigen können, solange das schriftlich fixierte Konzept die Realität ignoriert. Ich sehe beinahe täglich Mitarbeiter sozialer Einrichtungen, die an ihrer schizophrenogenen Arbeitssituation verzweifeln und daraufhin selbst zu manchen magischen Sorgenbrechern Zuflucht nehmen.

Wir können das Suchtproblem unserer Gesellschaft als Ganzes nicht lösen. Aber für die damit verbundenen Begleiterscheinungen, die Menschen genauso leiden machen wie die Abhängigkeit selbst, gäbe es eine unmittelbar wirksame Lösung, die obendrein den unglaublichen Vorteil hätte, völlig kostenfrei zu sein: *Ehrlichkeit*. Es bedürfte einer geringen Anstrengung, und niemandem würde ein Zacken aus der Krone brechen, wenn wir den Drogengebrauch (junger) Menschen in all seinen Dimensionen endlich zur Kenntnis nähmen und darauf bezogen die Konzepte des sozialen Hilfesystems abstimmen würden. Es könnte dann mehr kreative Energie in den dringend gebotenen angemessenen Umgang mit jungen Menschen fließen als in die trügerische Wahrung eines Scheins. Den Satz »Drogengebrauch führt zum Ausschluss aus der Einrichtung« ersatzlos aus Konzepten zu streichen, wäre kein dramatischer Akt. Es wäre vor allem die Zur-Kenntnisnahme der Realität und das Ende der schizophrenogenen Verlogenheit. Mit einem solch kleinen Schritt würden wir enorme Handlungsfreiheit auf der Beziehungsebene gewinnen. Junge Menschen könnten angstfrei von ihren Drogenerfahrungen erzählen. Mitarbeiter sozialer Einrichtungen müssten sich nicht spalten, könnten ihre Rolle bewahren und wohl überlegte Handlungskonzepte entwickeln, die speziell auf die Bedürfnisse jeder einzelnen Einrichtung zugeschnitten wären.

Wir kooperieren in der Prävention seit Jahren mit Multiplikatoren-Teams, die in ihren Arbeitsfeldern halb offiziell oder still und leise neue Strategien erproben, dem Drogengebrauch ihrer Klientel angemessener zu begegnen. Wir plädieren dafür, dass sich jede Einrichtung speziell auf ihre Bedingungen und ihre Klientel abgestimmte Leitlinien erstellt, wie mit Drogen benutzenden Klienten umgegangen werden soll. Vorbilder für solche Rahmenbedingungen können menschenwürdig formulierte »Suchtvereinbarungen« sein, wie sie mancherorts in der gewerblichen Wirtschaft oder der öffentlichen Verwaltung praktiziert werden. Oberstes Ziel ist nicht das Loswerden des Problems über sanktionierende Ausgrenzung, sondern einzelfallbezogene, angemessene Hilfe. Spezielle, einrichtungsbezogene Vereinbarungen setzen in einem sozialen Beziehungsgefüge wohl überlegte Grenzmarkierungen und Strukturen. Damit sind sie ein Gegenpol zur grenzenlosen, unstrukturierten Dynamik des süchtigen Beziehungsgeschehens. Präzise und gleichzeitig offen genug formuliert, bieten sie Orientierung und Handlungssicherheit für alle Beteiligten. Sie regeln *eindeutig*, was in welchen Grenzen toleriert wird und wo Grenzen überschritten werden. Sie sind also keineswegs Ausdruck einer Laisser-faire-Haltung. Für die Fälle untolerierbarer Grenzüberschreitungen enthalten sie ein abgestuftes Gefüge von Interventionen und Sanktionen, die für alle einsichtig nachvollziehbar sind. Jeder kann im Vorhinein wissen, was im gegebenen Falle auf ihn zukommt. Willkürliche Überraschungen sind ausgeschlossen. Am Ende einer Interventionskette mag im Einzelfall sogar die Entfernung eines Klienten aus der Einrichtung stehen. Aber sie käme für ihn nicht unvorhersehbar oder plötzlich, sondern er selbst müsste einen langen Weg beschreiten, um am Ende der Sanktionskette anzulangen. Er könnte seine Mitverantwortung folglich überblicken, was einer Form von Handlungskompetenz gleichkäme. Es empfiehlt sich, einrichtungsbezogene Vereinbarungen gemeinsam mit allen dort lebenden und arbeitenden Menschen zu erstellen. Auch Drogen konsumierende junge Menschen sind nie völlig grenzenlos. Grenzen, bei deren Festlegung sie erfolgreich mitwirken durften, halten sie viel regelmäßiger ein, als wir häufig glauben.

Das Erarbeiten stimmiger Konzepte für Einrichtungen des Jugendhilfesystems ist kein leichtes oder kurzfristiges Unterfangen. Es erfordert das Ausloten von Teamtoleranzen wie -grenzen sowie eine Verständigung auf einen gemeinsamen Nenner. Die investierte Mühe zahlt sich mittel- und langfristig durch Entlastung im Arbeitsalltag aus. Ein gemeinsamer Nenner verhindert zudem wirkungsvoll, dass Drogen benutzende, die Beziehungsklaviatur geschickt manipulierende Klienten Mitarbeiter gegeneinander ausspielen und so die süchtige Beziehungsstruktur etablieren.

Völlig unverständlich ist es, wenn Einrichtungen, die es sich ausdrücklich zur Aufgabe machen, mit jungen, erwiesenermaßen gewohnheitsmäßig psychoaktive Stoffe benutzenden Menschen zu arbeiten, in ihren schriftlichen Konzeptionen ebenfalls das Verdikt führen: »Drogengebrauch führt zum Ausschluss aus der Einrichtung«. Außerhalb eines wohl begründeten drogentherapeutischen Settings macht das keinerlei Sinn. Jugendliche, die regelmäßig illegale Substanzen in Dienst nehmen, werden nicht einfach abstinent, nur weil sie in eine entsprechende Einrichtung vermittelt werden. Wenn sie keine andere Wahl haben, werden sie zwangsweise-freiwillig dorthin gehen, ihr Spiel spielen, eine Zeit lang gute Miene zum bösen, paradoxen Spiel machen, um sich bei nächstbester Gelegenheit dem Zugriff auf sie wieder zu entziehen. Unter veränderten Vorzeichen gäbe es allerdings eine Chance, auch mit hartnäckig Cannabisprodukte oder synthetische Drogen konsumierenden jungen Menschen zu arbeiten. Bisher gibt es für diese Zielgruppen in der Suchthilfelandschaft kaum angemessene Angebote. Alle bisherigen Arbeitsansätze scheitern wiederholt am Abstinenzgebot. Wenn wir jungen Menschen mit hartnäckigem Konsummuster das Mittel ihrer Wahl erklärtermaßen wegnehmen möchten, werden sie sich dem in der Regel mit aller Macht widersetzen, um sich selbst zu behaupten. Das sind die Grundlagen des Beziehungs-Einmaleins. Ein gangbarer und Erfolg versprechenderer Weg könnte sein, von diesem Ziel abzurücken und jungen Menschen ihre Droge zunächst zu belassen, ihnen aber trotzdem einen sicheren Platz in einer speziell auf sie abgestimmten Jugendwohngruppe anzubieten.

Wenn das Suchthilfesystem neuerdings im rechtlich abgesicherten Rahmen »Gesundheits-« oder »Hygieneräume« für heroinabhängige Fixer bereitstellen darf, so sollte es gleichfalls möglich werden, Modellprojekte zu konzipieren, die in einem ebenso rechtlich abgesicherten Rahmen jungen Menschen den Freiraum lassen, Cannabisprodukte oder Designerdrogen zu benutzen, bis sie von sich aus darauf verzichten können. In Anbetracht der Druckräume für Heroinabhängige fragen Haschischraucher mit bestechender Logik: »Wo ist der Raum für mich, in dem ich ungestraft kiffen darf?«

Ich wünschte mir für den Suchthilfealltag mutige Träger, die sich genau dieser Frage zu stellen trauten. Derzeit stehen Sozialarbeiter, die jungen Menschen offiziell eine Gelegenheit zum Drogenkonsum verschaffen würden, mit wenigstens einem Bein im Gefängnis. Gleichwohl weiß jeder Verantwortliche, dass in allen Einrichtungen, in denen junge Menschen verkehren, Drogen genommen werden. Die Scheinheiligkeit ist die eigentliche Kapitulation vor dem Thema. Es wäre mehr als einen Versuch wert zu erproben, welche Erfahrungen wir beispielsweise mit Jugendwohngruppen machen würden, die zumindest den Cannabiskonsum ihrer Klienten nicht ausschließen, sondern in gemeinsam festgelegten Grenzen offiziell tolerieren. Damit ist keine grenzenlose Ausdehnung des akzeptierenden Ansatzes in der Drogenarbeit im Sinne eines Laisserfaire-Ziels gemeint. Die Einrichtung würde durchaus das Ziel verfolgen, so mit den Klienten zu arbeiten, dass jene ihren Drogengebrauch langfristig einschränken, kontrollieren oder schließlich ganz einstellen könnten. Der Weg zum Ziel wäre indes ein anderer. Was spricht dagegen, außer einem Gemisch aus rechtlich-moralisch-ethischen Auffassungen, die die Realität verleugnen? Wenn wir partout mit keinem Mittel der Welt verhindern können, dass dazu entschlossene Adoleszenten Umgang mit psychoaktiven Stoffen pflegen, könnten wir diese Tatsache in den Dienst unserer Arbeit stellen. Es wäre beispielsweise möglich, mit jungen Menschen in darauf spezialisierten Jugendhilfeprojekten einen Rahmen auszuhandeln, innerhalb dessen *in den Räumlichkeiten* der Einrichtung bestimmte Drogen konsumiert werden dürften. Nicht im Rahmen grenzenloser Freiheit, sondern um mit den entsprechenden Menschen auch und gerade dann zu arbeiten, wenn sie sich berauschen. Es wäre eine Art der Arbeit, die weit über heutige Möglichkeiten hinausginge. Ich kann nicht mit absoluter Sicherheit sagen, welche Erfahrungen wir auf Dauer damit machen würden. Was ich mit Gewissheit behaupten kann, ist, dass sie kaum schlechter sein können als diejenigen, die unter den aktuellen Arbeitsbedingungen zum verbreiteten Scheitern der Drogenarbeit mit Jugendlichen führen.

Um den unbefriedigenden Ist-Zustand zu verbessern, bieten uns neue, wenngleich umstrittene Wege, *zusätzliche* Chancen, die wir nicht ungenutzt lassen sollten, ohne sie erprobt zu haben. Wenn wir gewiss sein dürfen, dass bestimmte Menschen zu diesem und jenem Zeitpunkt Drogen benutzen, könnten wir die Konsummuster wie die -bedingungen für eine die Grenzen weitende psychosoziale Arbeit mit ihnen nutzen. Unter solchen Umständen wäre es möglich, die Klienten unter beeinflussbaren Konsumbedingungen das mögliche Erfahrungsspektrum ihrer Rauschmittel ausloten zu lassen. Die so gewonnenen Erkenntnisse ließen sich gezielter verarbeiten und in ihren Alltag transportieren. Die durch Drogeneinfluss veränderten Bewusstseinszustände ließen sich ebenfalls viel konstruktiver zur Selbst-Erfahrung der Klienten nutzen. Zusätzlich wären wir in der günstigen Lage, sie angemessener durch schlimme Verläufe eines Drogenrausches zu geleiten. Mit Hinblick auf das letztliche Ziel der Verringerung des Konsums berauschender Stoffe oder gar des Überflüssigmachens ihrer In-Dienst-Nahme ließe sich gemeinsam mit den Klienten herausfinden, wie sie mithilfe von drogenfreien Verfahren ebenfalls andere Bewusstseinszustände erreichen können. Über diesen Weg hätten sie die Möglichkeit, die hilfreiche Unterscheidung zwischen drogeninduzierten und drogenfreien veränderten Gefühlszuständen zu erfahren. Daraus vermag sich statt süchtiger Wiederholung der angestrebte Einstieg in den Ausstieg aus dem Rauschmittelgebrauch zu ergeben.

Ich möchte an dieser Stelle ausdrücklich betonen, dass ich einen derart variierten Arbeitsansatz keineswegs idealisiere, aber in ihm eben doch einen probaten Ansatz erblicke. Gemessen an der alltäglichen Drogenrealität bleibt nicht viel anderes übrig, als für die dringende Notwendigkeit solcher Arbeitschancen zu plädieren. Wenn wir eine ansonsten unerreichbare Gruppe jugendlicher Drogengebraucher nicht abschreiben wollen, müssen wir ihr Angebote machen, auf die einzugehen sie bereit sind. Unter normalen Umständen sollte es eigentlich überflüssig sein zu erwähnen, dass solche Angebote einer *menschlich* wie *fachlich* kompetenten Begleitung bedürfen. Doch leider sind die Umstände derzeit so, dass andere Prioritäten vorherrschen. Entscheidungen über die personelle wie fachliche Ausstattung psychosozialer Hilfeeinrichtungen werden aktuell nämlich nur noch bedingt nach dem Primat der Angemessenheit, sondern vielmehr unter Finanzierungsvorbehalt getroffen. Kurzfristige Billiglösungen sind allerdings teure Zukunftshypotheken.

Unter den sich weiter wandelnden wirtschaftlichen, sozialen und politischen, also gesamtgesellschaftlichen Bedingungen, die Abhängigkeiten in allen Funktionsbereichen zum hervorstechendsten systemimmanenten Merkmal machen, wird sich der Suchtmittelgebrauch zahlreicher Menschen zwangsläufig verhärten. *Eine* Zukunftsaufgabe der Suchthilfe wird folglich sein, Menschen in Drogen dominierten Lebensabschnitten angemessen hilfreich zu begleiten, statt sie mit wirklichkeitsfremden Verzichtsforderungen aus dem bestehenden Hilfesystem auszusteuern. Stimmige Begleitung Drogen gebrauchender Menschen durch Lebensabschnitte hindurch wird eine öffentliche Aufgabe bleiben, da sie wohl nie von einem Sozialversicherungsträger finanziert werden wird.

Die Alltäglichkeit der Gefährdung

Ob es uns gefällt oder nicht: Abhängigkeit ist zum obersten, systemkonformen Organisationsprinzip auf unserem Globus geworden. Wenn in Tokio die Börse hustet, schwächelt der deutsche Aktienindex. Wenn in Asien oder Südamerika die Wirtschaft eines Landes kollabiert, werden alle entwickelten Industrienationen in einen krisenhaften Abwärtsstrudel gezogen. Im Zuge der wirtschaftlichen Globalisierung entstehen durch zwanghaft vollzogene Fusionen die gigantischsten Wirtschaftsimperien, die mit der Macht des Geldes längst die politische Macht dominieren. Wir wissen indes, dass lebendige wie funktionelle Organismen, wenn sie bestimmte Wachstumsgrenzen überschreiten, der Selbst-Zerstörung anheim fallen. Im Rahmen der Europäischen Union besitzen wir nicht einmal mehr ausreichend nationale Souveränität, um beispielsweise umwelt- und verbraucherfeindliche Gesetze und Verordnungen zu verhindern. Der Regulierungswahn unterbindet die nationale Entscheidungsfreiheit und die Gralshüter des grenzenlosen Wettbewerbs gefährden den sozialen Frieden. Unabhängigkeit wird zur puren Illusion. Der Neo-Turbokapitalismus lebt hemmungslos seine Mentalität, nach der in erschreckender Weise alles zur Ware degradiert wird. Der einzige Lebenssinn liegt in der Gewinnmaximierung. Dem Wachstumswahn dient auch der »Faktor Mensch« bloß noch als möglichst effektiv einzusetzendes und zu verbrauchendes Betriebsmittel. Der in politischen Sonntagsreden beklagte Werteverlust bleibt hohle Phrase ohne zukunftsweisende Wirkung.

Die aufgeführten Phänomene sind von den Erscheinungsbildern menschlicher Süchte nicht zu trennen. Sie stehen nicht nur in einem ursächlichen Zusammenhang mit ihnen, sondern die Vorgänge selbst sind per se Ausdruck suchtartiger Mechanismen auf übergeordneten Organisationsebenen. In einem derart durch wechselseitige Abhängigkeiten definierten globalen System kann sich der einzelne Mensch nur noch bedingt als ein Zentrum eigener, selbstbestimmter Aktivität erleben. Persönliche Unabhängigkeit wird in einem so hohen Maße systematisch untergraben, dass weitaus mehr Menschen sich ohnmächtig ausgeliefert als eigen-mächtig fühlen. Wenn wir den Verlust des Selbst-Gefühls von Urheberschaft und Wirksamkeit als eine Quelle süchtigen Verhaltens akzeptieren, folgt daraus die völlig undramatische Alltäglichkeit der Gefährdung.

Ich hatte weiter vorne angekündigt, dass ich gemäß des Lebensthemen-Konzepts an gesamtgesellschaftlichen wie individuellen Beispielen verdeutlichen wollte, wie das tragende Selbst-Gefühl von Wirkmächtigkeit zu jedem Lebenszeitpunkt krisenhaft beschädigt werden und darüber Suchtverhalten nach sich ziehen kann. Die bislang beständig postulierte frühkindliche Störung des Drogengebrauchers ist zumindest teilweise ein Mythos mit irreführender, weil von der Wurzel des Übels wegführender Funktion. Die systemimmanente Einflussnahme auf unser Kern-Zentrum von selbst-bewusster Wirkungskraft ist *dermaßen* alltäglich, dass wir sie als selbst-schädigendes Funktionsprinzip kaum noch wahrnehmen. Die folgenden Beispiele zeigen, wie wirksam die Alltäglichkeit des Gewohnten ihr süchtiges Werk verrichtet.

Schule als Risikofaktor für die Entstehung von Drogengebrauch und Suchtverhalten

Ich werde zunächst beschreiben, wie in dem Lebensumfeld »Schule«, in dem wir alle tief prägende Selbst-Erfahrungen gemacht haben, das Kern-Gefühl wirksamen Handelns zu leiden vermag.

Schüler wie Lehrer verbringen über Jahre bzw. sogar Jahrzehnte hinweg einen Großteil ihrer Zeit im Lebens- und Arbeitsfeld »Schule«. Eine dritte Gruppe im System sind die Eltern der Schüler, die gleichzeitig »drinnen« wie »draußen« sind. Alle drei Gruppen treten im schulischen Leben miteinander in vielfältigste Beziehungen und sind voneinander abhängig.

Dabei vermischen sich häufig ihre Rollen. Lehrer sind nicht nur Lehrer, sondern in der Regel selbst auch Mütter und Väter. Schüler sind nicht nur Schüler, sondern immer auch Kinder, Töchter und Söhne. Eltern mischen sich teils zielstrebig in schulische Prozesse ein, teils überlassen sie ihre Töchter und Söhne der Institution oder delegieren sogar Erziehungsaufgaben an sie. Institutionelle wie menschliche Konflikte und Verwicklungen – auch durch Übertragungs- und Gegenübertragungsprozesse – sind demgemäß vorprogrammiert, zumal im System »Schule« unterschiedliche Erwartungen aufeinander treffen, die häufig schwer miteinander zu vereinbaren sind. Zusätzlich steigt der äußere Druck auf die Schule, die immer mehr Funktionen für die Gesellschaft übernehmen und immer mehr leisten solle. Ein Aufgabengebiet, das der Schule bzw. den Lehrern dort heute zugedacht wird, ist neben vielen anderen die Durchführung von »Drogenprävention«. Die Schule soll nach Möglichkeit verhindern helfen, dass Kinder und Jugendliche zu Suchtmitteln greifen. Diese legitime gesellschaftliche Forderung ist indes einfacher zu stellen als konkret umzusetzen.

Die heutige schulische Realität führt mich zu der paradoxen These: Das System »Schule« kann unter den real existierenden Gestaltungsbedingungen steigenden Suchtmittelgebrauch nicht nur nicht verhindern, sondern es ist selbst ein nicht zu unterschätzender Risikofaktor für die Entstehung von Suchtverhalten. Was begründet eine derartige Behauptung?

Im multifaktoriellen Ursachengeflecht, in dem sich Suchtverhalten im dynamischen Spannungsfeld zwischen Droge, Gesellschaft, sozialem Umfeld und Persönlichkeit des einzelnen Menschen entwickelt[1], spielt die Schule durch multiple Funktionsübernahmen eine richtungsweisende Rolle für den Einzelnen wie für die Gemeinschaft. Als gesellschaftliche Sozialisationsinstanz soll sie ein Ort zielgerichteten Lernens sein sowie Kinder und Jugendliche zu »mündigen Bürgern« erziehen. Insofern hat sie ein Lernsoll und offizielle Lehrpläne zu erfüllen. Für die in der Schule interagierenden

---

1 Zum Ursachenmodell s. H. Kuntz 1998, S. 56ff.

Gruppen ist das System aber gleichzeitig lebensgestaltendes »soziales Umfeld«, in dem sie menschliche Bedürfnisse und Konflikte regulieren müssen. Soziale wie menschliche Bedürfnisse oder aber heimliche Lehrpläne stehen häufig im Konflikt mit den zielgerichteten Arbeitsaufträgen der Institution. In diesem Spannungsfeld sucht sich jeder einzelne Mensch aufgrund seiner individuellen Persönlichkeit einen Platz, von dem aus er handelt oder an dem er passiv verharrt.

Das Aufeinandertreffen von Sach- und Beziehungsebene in der Schule sowie zusätzliche äußere Einflussfaktoren wie zunehmende soziale Armut, Arbeits- und Perspektivlosigkeit, Konkurrenz- und Leistungsdruck schaffen häufig ein Klima, das weniger von einem Miteinander der interagierenden Gruppen als vielmehr von einem Gegeneinander geprägt wird. Die systemimmanente Struktur ständiger Bewertung führt schnell zu wechselseitiger Missachtung. Negativ empfundene Abhängigkeiten nähren Gefühle von Hilflosigkeit und Ohnmacht, die durch ein hierarchisches Verwaltungsgefüge noch verstärkt werden. Demokratische Entscheidungsprozesse sind dem System »Schule« fremd. In einem derart reglementierten Umfeld geht leicht das Gefühl von Wirksamkeit und Urheberschaft verloren, das für eine gesunde Selbst-Wertregulierung unerlässlich ist.

Vielen Schülern, Lehrern, Müttern und Vätern geht in den von Abhängigkeit dominierten Strukturen des schulischen Alltags sogar zu einem erheblichen Teil das Gefühl ihrer Wirkmächtigkeit verloren. Sie haben nicht mehr das zuverlässige Gefühl, mit ihrem Handeln konstruktiv etwas bewirken zu können. Schüler erleben in der Schule ständige Bewertungen, nicht nur ihrer Leistungen, sondern ihrer gesamten Person. Nicht selten fühlen sie sich unverstanden und ungerecht behandelt, wissen sich aber entweder nicht angemessen zu behaupten oder erfahren bei ihren berechtigten Versuchen, für sich einzustehen, häufig weitere Misserfolge und Missachtung. Umgekehrt fühlen sich viele Lehrer regelmäßig durch Schüler im Unterricht gestört oder herausgefordert. Nicht immer wissen sie ihrerseits angemessen zu reagieren. Eine Spirale wechselseitiger Respektlosigkeit beginnt sich zu drehen. Zunehmend mehr Lehrer fühlen sich angesichts wachsender Anforderungen und Arbeitsbelastungen verständlicherweise überfordert, hilflos und ohnmächtig. Sie ziehen sich zurück und »privatisieren«, weil sie für ihre Schwierigkeiten im Arbeitsfeld keine praktikablen Lösungen mehr sehen. Regelmäßig wiederkehrende Äußerungen in der praktischen Arbeit mit Lehrern sind deshalb: »Wie haben ja doch keine Möglichkeiten zu Veränderungen«, »Unsere Probleme kommen von oben« oder »Wir sitzen so tief im Loch, dass wir nicht einmal mehr oben rausgucken können«.

Auch Schüler fühlen sich nicht selten gegenüber willkürlich erlebten schulischen Reaktionen ohnmächtig. Aggressive Gegenreaktionen erlösen sie aber nicht aus ihrem Dilemma, weil sie zum einen die Probleme eher verschärfen und zum anderen nicht geeignet sind, das Selbst-Gefühl von Wirksamkeit positiv zu nähren. Nichtkonstruktive Aggression entzieht ihm im Gegenteil weiter den Boden.

Sogar die vielen aktiven, »trotz allem« engagierten Schüler, Lehrer und Eltern erleben sich nicht immer erfolgreich in ihrem Tun. Viel positives Engagement, Phantasie und Kreativität laufen im Chaos gegensätzlicher Interessen, Verwaltungsvorschriften, behördlicher Vorgaben und so genannter »Sachzwänge« leer und verbrauchen sich dadurch. Gefördert werden Resignation und der Verlust des Gefühls, mit willentlichem Handeln erfolgreich etwas bewirken zu können.

Das alles bedeutet noch lange nicht, dass Menschen im Lebensraum »Schule« zwangsläufig in süchtiges Verhalten entgleiten müssen. Wer als Persönlichkeit über ein ausreichend stabiles Selbst mit der nötigen Frustrationstoleranz verfügt, ist trotzdem in der Lage, angesichts solcher Konflikte und Belastungen seinen grundsätzlichen Selbst-Wert aufrechtzuerhalten. Die innerpsychischen wie zwischenmenschlichen Regulierungsmechanismen reichen in diesem Falle aus, um auch an widrigen Umständen nicht zu resignieren. Aufgrund ihrer gesunden Lebenskompetenz finden selbst-sichere Menschen auch Mittel und Wege, um mit dem eigenen Handeln ausreichend erfolgreich zu bestehen.

Das Risiko für funktionales Suchtverhalten beginnt dort, wo die Bewältigungsmechanismen des Einzelnen nicht mehr genügen, um die schulischen Anforderungen und Widersprüche effektiv zu bewältigen. Kann das Gefühl der Wirksamkeit eigenen Handelns nicht in ausreichendem Maße aufrechterhalten werden, entstehen zwangsläufig die das Selbst zersetzenden Gefühle von Hilflosigkeit, Ohnmacht und Wertlosigkeit. Münden sie in Resignation und bei Lehrern auch in ein berufliches »Burn-out-Syndrom«, sind sie ein signifikantes Risiko für Suchtmittelgebrauch. Die Gebrauchsmuster können dabei legale wie illegale Mittel umfassen. Das muss nicht immer gleich ein wirklich kritisches Ausmaß annehmen, aber im Extremfall kann es bei den Betroffenen durchaus zu erheblichen Beeinträchtigungen der Ich-Funktionen und zu unterschiedlichem manifesten Suchtverhalten führen.

Es existiert nicht ein einziges Lehrer-Zimmer ohne ständig in Betrieb gehaltene Kaffeemaschine. Kaum jemand macht sich indes noch Gedanken darum, dass ein *maßloser* Verzehr von Kaffee eben nicht mehr nur Genuss ist, sondern bereits der Regulierung von Müdigkeits-, Spannungs- und Erregungszuständen dient, ebenso wie die legale Zigarette rauchender Lehrer. Auch Schüler rauchen nicht nur aus Neugier oder aufgrund eines akzeptierten bzw. erwarteten Gruppenverhaltens, sondern weitaus häufiger aus Frustration und Langeweile. Ich kenne an den vielen Schulen, an die mich meine Präventionstätigkeit führt, kein Kollegium, das frei wäre von Alkoholproblemen. In der Regel ist mindestens eine Lehrperson alkoholabhängig, meistens sogar von allen Beteiligten – einschließlich der Schulbehörde – in co-abhängigem Verhalten gedeckt, mit allen menschlichen Problemen, die Co-Abhängigkeit nach sich zieht. Solches Verhalten nützt niemandem, schadet aber allen. Oft genug geben Lehrer in vertraulichen Gesprächen offen zu, dass sie Alkohol aufgrund seiner Wirkung gezielt benutzen, um überhaupt noch abschalten zu können. Wie aber sollen selbst suchtmittelgefährdete oder -abhängige Lehrer ihrem präventiven Auftrag in der Schule gerecht werden?

Suchtmittel konsumierende Schüler geben in Gesprächen ebenso unumwunden zu, dass ihr Gebrauch von Alkohol, Medikamenten, Cannabisprodukten, Designerdrogen sowie weiterer illegaler Substanzen aller Art direkt mit dem Erleben ihrer schulischen Realität zusammenhängt. Sie versuchen, mit Drogen als Mittel zum Zweck unerträgliche Gefühle von Langeweile, Leere und Abhängigkeit, Notendruck und Schulstress, Anforderungen vonseiten der Eltern und Lehrer sowie Ansprüche des eigenen idealen Selbst oder Respektlosigkeit im Umgang miteinander zu ertragen bzw. abzumildern. Sie wollen *sich* einfach anders und besser *fühlen*. Am meisten fehlt ihnen das Vertrauen in das wirkungsvolle eigene Handeln. »Wir können ja doch nichts tun«, ist eine ihrer resignativen Standardäußerungen, die sich mit denen zahlreicher Lehrer vom Lebensgefühl her deckt.

Ein Detail aus der präventiven Gruppenarbeit mit Schülern finde ich persönlich sehr aufschlussreich. Es verdeutlicht, wie wenig präsent das Kern-Gefühl für selbst-bewusste Handlungsfähigkeit ist. In Vorstellungsrunden bitte ich 12- bis 16-jährige Schüler häufiger neben ihrem Namen und Alter etwas mitzuteilen, von dem sie überzeugt sind, dass sie es gut können. Etwa 70% der Jungen und Mädchen wissen darauf keine Antwort. Viele »verstehen« die Frage bereits nicht, weil es ihnen gänzlich unvertraut ist, dass sich jemand ernsthaft dafür interessiert, was sie gut können. Die meisten sagen, es fällt ihnen dazu nichts ein. Einige wenige meinen nach bemerkenswertem Zögern wenigstens, sie dächten dieses oder jenes *ein bisschen* oder *vielleicht* gut zu beherrschen. Nur äußerst selten beantwortet jemand die Frage mit dem klaren und eindeutigen Gefühl: »Das kann ich.« Bei 12- bis 16-jährigen Schülern könnte jemand einwenden, sie seien altersangemessen noch zu sehr auf der Selbst-Suche, um ein klares Gefühl für ihre Stärken zu haben. Das Argument ist leicht zu entkräften, denn das Bild ändert sich bei älteren Gruppen nur unwesentlich. Allzu viele Menschen – Jugendliche wie Erwachsene – »wissen« nur unzureichend, was sie wirklich können, weil es ihnen nicht gespiegelt wird oder weil das, was sie gut zu beherrschen glauben, ihnen nichts wert erscheint gemessen an den Anforderungen, die unsere Leistungsgesellschaft abfragt. Kein einziger Schüler hat überdies die geringsten Schwierigkeiten aufzuzählen, was er alles nicht kann. Zu hören, was wir nicht können, worin wir nicht gut genug sind, was wir alles falsch gemacht oder wo wir uns daneben benommen haben, ist uns durch beständige Wiederholungserfahrung bestens vertraut. So herum sind wir die Kommentare zu unserer Person von Kindesbeinen an viel eher gewöhnt. Der Spiegel im Bewertungssystem »Schule« funktioniert nach dem gleichen Muster. Wenn den Schülern im Gespräch nachvollziehbar wird, warum ich sie nach dem frage, was sie gut können, sind wir bereits mitten in der Diskussion über die möglichen Ursachen von Suchtverhalten. Als Gesprächsöffner bewirkt die Frage, dass junge Menschen sehr schnell über ihre Lebenserfahrungen zu berichten bereit sind. Bei präventiven Maßnahmen im Sinne von Lebenskompetenz-Programmen erfahren sie im Austausch mit Anderen ihren Selbst-Wert und ihre ganz persönlichen Fähigkeiten. Hier erproben sie in Situationen aus ihrer Lebenswirklichkeit die kompetente Selbst-Behauptung. Die Wirksamkeit der Programme ist unmittelbar augenscheinlich im Unterschied zwischen »vorher« und »nachher«. Dazu bedarf es keiner teuren wissenschaftlichen Evaluation oder quantitativ messbarer Qualitätssicherungsverfahren.

Wenig oder nichts bewirken zu können ist ein idealer Nährboden, auf dem süchtige Strukturen gedeihen. Im Gegensatz zu propagierten Lern- und Erziehungszielen ermutigt Schule in der Realität nicht gerade zu eigenem selbst-bewusstem und verantwortlichem Handeln. Die »Kontroll-« oder »Herrsch*Sucht*«, die sich in immer mehr Lebensbereichen breit macht, ist dagegen eines ihrer wesentlichsten Merkmale.

Unter heutigen Bedingungen fördert Schule aufgrund massiver Eingriffe in das fundamentale Selbst-Gefühl von Wirkmächtigkeit direkt wie indirekt den Suchtmittelkonsum vieler Menschen, die dort miteinander in Beziehung treten. Sie konterkariert damit ihren präventiven Auftrag bzw. führt ihn ad absurdum. Oder sie delegiert ihn ihrerseits wieder an die so genannten Experten der professionellen Suchtprävention.

Diese leicht beweisbare Feststellung ist indes kein weiterer Grund zur Resignation, denn »Schule« als Lebens- und Arbeitsfeld ist trotz der beschriebenen Widerstände durch menschliches Handeln veränderbar. Die Voraussetzung ist allerdings das Durchschauen der Funktionsmechanismen dieses Systems sowie die Bereitschaft und der Wille zur Veränderung bei den im schulischen Rahmen aufeinander treffenden Gruppen. Veränderung im gegenseitigen Einverständnis bzw. auch gegen Widerstände ist weiterhin nur möglich, wenn letztlich alle in diesem Lebensbereich davon profitieren. Ansonsten blockiert einer den anderen. Sobald die interagierenden Gruppen sich aus Eigeninteresse zusammensetzen, um zu kooperieren statt zu blockieren, öffnen sie *Spiel*räume und setzen kontrolliert gebundene Energien frei. Es geht dabei um Klimaveränderung und positive Gestaltung der schulischen Lebenswelt. Dass solches möglich ist, beweisen die ermutigenden Einzelbeispiele modellhafter Schulen, die sich auf den spannenden Weg der Veränderung gemacht haben, weil der alte Ist-Zustand unerträglich geworden war. Diese Veränderungen beziehen sich nicht nur auf die Strukturen der Sach- und Organisationsebene, sondern erfassen auch die Persönlichkeiten von Lehrern, Schülern und beteiligten Eltern. Der Weg sieht indes für jede Schule unterschiedlich aus. Insofern gibt es keine Königswege oder Patentrezepte. Einen guten Einstieg ermöglichen allerdings regelmäßig so genannte Eltern-Lehrer-Schüler-Seminare mit allparteilicher Moderation von außen. Ein ebenso lebendiges wie spannendes Unterfangen ist das gemeinsame Aushandeln einer auf den jeweiligen Schulstandort abgestimmten »Suchtvereinbarung«. Sie berücksichtigt die Regelungen der auf Länderebene ministeriell ergangenen »Suchterlasse«, gestaltet aber zusätzlich deren pädagogischen Handlungsspielraum kreativ aus, um im Umgang mit dem Problem über eine konsensfähige schulinterne Leitlinie zu verfügen. Führt ein solches Vorhaben zu einem Ergebnis, in dem sich alle Beteiligten wieder finden können, wird ein anderes Miteinander auf der Beziehungsebene und neue Lust auf Schule möglich.

Die öffentliche Verwaltung und die Gesichter der Abhängigkeit

Das nächste Beispiel für tief reichende Eingriffe in das Gefühl, etwas Sinnvolles bewirken zu können, entnehme ich gleichfalls dem öffentlichen Bereich. Es ist keine unzulässige Behauptung, dass in keinem zweiten Arbeitsfeld so viel an menschlicher Kreativität, Phantasie und positiver Leistungsbereitschaft systematisch vernichtet wird, wie in den unterschiedlichen Bereichen der öffentlichen Verwaltung. Die Klischees hierüber dienen verbreitet dem Spott und der Belustigung. Geboren werden sie aus der Ohnmacht des Einzelnen gegenüber seinen Handlungsspielraum empfindlich eingrenzenden Strukturen. Als Einzelfälle entbehren sie häufig nicht einmal einer gewissen Situationskomik, zusammengenommen entwickeln sie jedoch eine geballte destruktive Kraft. Die öffentliche Verwaltung funktioniert stur nach Dienstweg. Die steilen Hierarchien motivieren nicht zur Eigeninitiative. Kreative, leistungswillige Mitarbeiter werden nicht selten regelrecht ausgebremst. Sie verzweifeln am Gestrüpp der Dienstvorschriften. Der Konsum von Suchtmitteln im öffentlichen Sektor ist beachtlich. Das ist keine Nestbeschmutzung, sondern Ausdruck der psychischen Not von Menschen an ihrem Arbeitsplatz. Die Verwaltungsspitzen kennen das Problem. Reagiert haben sie vielerorts mit Suchtvereinbarungen. Als regulierende Hilfsangebote greifen die mit den Personalräten ausgehandelten Vereinbarungen vorwiegend bei »denen da unten«. In den Spitzen von Ämtern und Ministerien ist das Suchtproblem freilich ebenso beheimatet. Nur wird bei »denen da oben« die Interventionskette seltener in Gang gesetzt.

Nüchtern von außen betrachtet, ist die Organisation des öffentlichen Dienstes eine wenig durchdachte, da sie den kreativen Leistungswillen der Angestellten eher knebelt als nutzt. Manche Kommune hat das mittlerweile begriffen und organisatorische Veränderungen eingeführt, die der Eigeninitiative und Tatkraft von Mitarbeitern mehr Freiräume gewährt. Die zunehmende Arbeitszufriedenheit der Angestellten zahlt sich unmittelbar in erhöhter Effektivität aus. Die Veränderungen bleiben jedoch partiell und bewegen sich nur innerhalb der engen Grenzen des Systems. Das Grundproblem besteht weiter: Steile Hierarchien funktionieren nach dem Prinzip der Macht. Da aber ein Großteil der Menschen schlichtweg »machtuntauglich«[1] ist, wissen sie die Macht nicht in den Dienst

---

1 Ich leihe mir das denkwürdige Wort von G. K. Glaser: Jenseits der Grenzen. Düsseldorf 1985, S. 12. Das Buch ist eine Fortsetzung des autobiographischen Berichts »Geheimnis und Gewalt«, der 1953 erstmalig im Original und danach in etlichen Neuauflagen erschienen ist. Georg K. Glaser, den ich vor beinahe 20 Jahren im Rahmen einer Arbeit über ihn noch persönlich kennen lernen durfte, ist der wohl bedeutendste deutsche »Arbeiter«-Schriftsteller. Seine Werke über Hitler-Deutschland und seine Folgen sind von einer eigenmächtigen Sprachkraft, die ihresgleichen sucht. Glaser schreibt für die Würde des Menschen, die er als zutiefst antastbar erlebte, und gegen den Missbrauch der Macht, gleich welcher Couleur.

der Menschen zu stellen. Es entwickelt sich eine eigene Dynamik, die danach strebt, die Macht zu erhalten und auszubauen. Die Machtgier ist ein eingeschliffener süchtiger Mechanismus. Eigen-Mächtigkeit von Anderen hat darin keinen Platz. Logischerweise wird die Macht unaufhörlich bewirken, dass vielen Menschen an ihrem Arbeitsplatz zunehmend ihr Selbst-Gefühl von Wirkmächtigkeit verloren geht. Die Spirale dreht sich weiter, wenn »das Amt« in üblicher Weise nach draußen wirkt und betroffene Bürger sich hilflos im Gewirr der Paragraphen und Sachbearbeiter verlieren. Der »wiehernde Amtsschimmel« provoziert ohnmächtigen Zorn. Im Management der gewerblichen Wirtschaft hat die süchtige Ausübung von Macht die gleichen verheerenden Wirkungen auf die Beschäftigten.

Mit den beiden Beispielen dürfte deutlich geworden sein, wie »normal« und alltäglich die Gefährdung ist, tief gehende Einbrüche im Selbst-Gefühl von Urheberschaft und Wirksamkeit zu erleiden. Die frühkindlichen »Störungen«, die angeblich jeder Sucht vorausgehen, sind in weiten Teilen ein Mythos. Sie sind zwar bei zahlreichen süchtig abhängigen Menschen nachweisbar, aber nicht die unabdingbare Voraussetzung für eine süchtige Karriere. Der folgende Einzelfall verdeutlicht, wie die Anfälligkeit für den Rauschmittelkonsum steigt, wenn sich die Lebensumstände untolerierbar ändern.

Die Gefährdung auf dem Lebensweg und die Spuren
der Vergangenheit – eine Familiengeschichte

Herr D. bat mich auf einer Präventionsveranstaltung für Eltern um einen Termin. Es gehe um seinen 15-jährigen, Drogen gebrauchenden Sohn. Beim ersten Gespräch stellte sich schnell heraus, dass es ebenso um Herrn D. selbst ging und der Drogenkonsum seines Sohnes als reaktives Antwortverhalten auf die Situation in der Familie zu verstehen war.

Herr D. klagte über massive Schlafstörungen und ein Maß an beruflichen wie parteipolitischen Verpflichtungen, das er nicht mehr aushalte. Um überhaupt noch abschalten zu können, trinke er seit geraumer Zeit jeden Abend mehrere Flaschen Bier. Die Beziehung zu seiner Frau habe sich so sehr verschlechtert, dass beide über eine Trennung nachdächten. Der Drogengebrauch seines Sohnes raube ihm die letzte Ruhe. Es stellte sich heraus, dass Herr D., Jahrgang 1947, bis wenige Jahre zuvor ein Leben geführt hatte, das er als »recht normal« bezeichnete. Er habe als Nachkriegskind zwar eine »harte Schule« durchlaufen, sich aber durchgebissen und sein Leben bis jetzt voll im Griff gehabt. Er sei jedoch sehr leistungsbezogen bis hin zur Arbeitssucht. Auf mich wirkte Herr D. überaus kontrolliert. Er regelte alles mit dem Kopf und wahrte eine sichernde Distanz zu seinen Gefühlen. Andererseits verfügte er über eine ausgezeichnete Selbst-Reflexion und Denkfähigkeit. Er hätte trotz seiner affektiven Einschränkungen im Rahmen dessen, was in unserer Gesellschaft heutzutage als »normal« gilt, in seinen geordneten Verhältnissen weiterleben können, ohne jemals allzu sehr unter Druck zu geraten, wenn sich die Lebensumstände nicht geändert hätten.

Mit einem Arbeitsplatzwechsel vor einigen Jahren begannen seine Probleme. Aus einem Arbeitsbereich, in dem er direkt mit Menschen zu tun hatte, wechselte Herr D. über Beziehungen in eine exponierte Stellung der öffentlichen Verwaltung. Dort verlor er mehr und mehr sein Gefühl für Selbst-Bestimmung, geriet zunehmend unter Bewährungsdruck. Bald konnte er nicht einmal mehr über seine freie Zeit entscheiden, da er ständig auf Abruf verfügbar sein sollte. Seine Vorgesetzten hatten überall und jederzeit Zugriff auf ihn. Immer häufiger musste er fest vereinbarte private Termine absagen, weil auf der Arbeit dringend etwas unter Termindruck zu erledigen war. Herr D. fühlte sich wie »ein Hamster im Laufrad«. Für seine Familie war er kaum noch verfügbar. Seinen Sohn konnte er »überhaupt nicht mehr erreichen«. Dieser litt indes offenkundig unter den familiären Veränderungen, zog sich von seinem Vater ganz zurück, warf ihm regelmäßig »sein erbärmliches Leben« vor, fing an, Drogen zu nehmen. Herr D. fühlte sich machtlos, wie eine fremdgesteuerte Marionette, die alle in entgegengesetzte Richtungen zogen. Er erledigte zwar noch seine Arbeit, hatte aber infolge der belastenden Situation einen so erheblichen Einbruch in seinem Kern-Gefühl von Urheberschaft und Wirksamkeit zu beklagen, dass er den ihn ausfüllenden Gefühlen von Lustlosigkeit, Unmut und Widerwillen nichts mehr entgegenzusetzen vermochte.

Erst wegen des Drogenkonsums seines Sohnes kam er mit der Familie in Beratung. Verständlicherweise sperrte sich sein Sohn anfänglich total dagegen. Durch eine bereits länger geplante Präventionsmaßnahme in seiner Schulklasse war er aber zu bewegen, seine (Vor)Urteile gegen die Zusammenarbeit mit einer »Drogenberatungsstelle« zu revidieren. (Wenn Jugendliche aufgrund der Geh-Struktur der Prävention Suchtarbeit mit Gesichtern konkreter Personen zusammenbringen können, ist dies ein unschätzbarer Vorteil für die Verzahnung von Prävention und Beratung bzw. Therapie.) Die gegenseitige Entwertungsspirale in der Familie D. war erschreckend. Durch stark strukturierende Interventionen meinerseits wurde sie durchbrochen. Das Drogenproblem geriet schnell in den Hintergrund, als Vater und Sohn sich bereit erklärten, versuchsweise für vorerst sechs Wochen auf ihre jeweiligen Suchtmittel zu verzichten. Beide hielten sich an die Abmachung, wobei der Sohn die größeren Schwierigkeiten hatte, auf Haschisch zu verzichten. Vater und Sohn bekamen den Kopf frei für die eigentliche Beziehungsarbeit. Die Familienmitglieder fingen wieder an, miteinander zu sprechen. Die gegenseitige »Erreichbarkeit« wurde wiederhergestellt. Die Eltern sprachen wörtlich davon, dass das Gefühl der »Ausweglosigkeit« sich verändere, dass sie »wieder etwas bewirken« könnten. Als Vater und Sohn bereit waren, zuerst über ihre gegenseitigen Verletzungen und Enttäuschungen, dann aber auch über ihre tiefe Zuneigung füreinander zu sprechen, kam es zu sehr berührenden Szenen. Unterstützt wurde der Prozess durch stimmige Interventionen auf der Körperebene. Beide regelten ihre Beziehung ohne die Mutter, die bisher immer erfolglos versucht hatte zu vermitteln. Diese Rolle vermochte die Mutter beim Sortieren der Familienprobleme frühzeitig abzugeben.

Die Veränderungen wären mit Sicherheit von weniger Bestand gewesen, hätte sich Herr D. nicht entschlossen, sich erneut beruflich zu verändern. In einem günstigen Moment wechselte er aus der ihn vereinnahmenden »steilen Hierarchie« auf einen Arbeitsplatz, bei dem er einerseits sehr effektiv seine strukturierenden und organisatorischen Fähigkeiten nutzen kann und andererseits wieder in Kontakt mit Menschen ist. Parallel dazu zog er sich aus dem von ihm als »gnadenlos« bezeichneten Konkurrenzkampf um politische Ämter zurück.

Seine Schlafstörungen verschwanden völlig. Alkohol trinkt er in einem verträglichen Maße, und vor allem hat er sein Selbst-Gefühl wieder stabilisiert, sinnvoll etwas bewirken und andere Menschen erreichen zu können. Die Familienbeziehungen sind neu ausbalanciert. Heute arbeitet Herr D. zielstrebig daran, seine »Leibfeindlichkeit« und seine Gefühlskontrolle zu mildern. Seine Schwierigkeiten im Umgang mit Gefühlen sind in Gänze nur zu verstehen vor dem Hintergrund der erweiterten Familiengeschichte. Herr D. ist der einzige Sohn seiner Eltern, die ihrerseits massiv von den Schrecken des Nazi-Regimes geprägt waren. Die unbewältigte Last der Vergangenheit gaben sie in Form vielfältiger Ursprungserfahrungen an ihren Sohn weiter. Nahezu bis zur Unkenntlichkeit verfremdet, lassen sich die Spuren des Schreckens bis heute in Herrn D.'s Familie wieder finden. Sein Sohn spürte und benannte die untergründigen »Nazitöne«, denen sich Herr D. heute stellt, um zu einem unbelasteteren Leben zu finden.

Von der Schönheit des Augenblicks zur süchtigen Abhängigkeit oder: Ist Therapie überhaupt angesagt?

»Verweile doch, o Augenblick, du bist so schön« (frei nach Goethes »Faust«) – ein die Sinne betörender Genuss ist das Motiv, das viele Menschen zum Gebrauch von magischen »Zaubermitteln« veranlasst. Für die genießende Freude am Augenblick bieten sich die mannigfaltigsten Mittel an. Die strikt zielgerichtet auf Abstinenz schielende Seite der Suchtarbeit würde diesen Aspekt von Drogen am liebsten verneinen. Monika Rennert zitiert eine typische Situation: Eine Podiumsdiskussion, deren Teilnehmer ein Psychiater, ein Sozialarbeiter, ein Psychologe, ein Internist und ein ehemals Heroinabhängiger waren, nähert sich ihrem Ende. Jeder der vier Experten hatte ausführlich seine Theorie über die Ursachen des Drogenkonsums dargelegt. Der ehemalige Junkie war kaum zu Wort gekommen, sodass der Moderator ihn am Ende bat zu schildern, weswegen er heroinabhängig geworden sei. Jener erhob sich, blickte ins Publikum, sagte kurz und bündig:»Es brachte mir viel Freude«, und setzte sich wieder. Eine Teilnehmerin aus dem Publikum meinte daraufhin leise:»Ich hätte gesagt, es nimmt den Schmerz«.[1] Es existiert ein eindeutiges Spannungsfeld zwischen den verschiedenen Funktionen von Drogen als Genussmittel, Glücksbringer, Erlöser von Schmerz einerseits und Suchtstoff oder Rauschgift andererseits. Das Suchthilfesystem konzentriert sich vorwiegend auf den Einsatz psychoaktiver Substanzen zur Steuerung von Gefühlen und zur Selbst-»Heilung« struktureller Persönlichkeitsstörungen. Die verlockende, schöne Seite der potenten »Zaubermittel« wird von den so genannten Experten des Hilfesystems nur unzureichend gewürdigt. Das macht die Verständigung zwischen ihnen und den Drogengebrauchern oftmals so schwierig. Unabhängig davon, zu welchem Zweck oder mit welcher Hoffnung Suchtmittel gebraucht werden, besteht das reale Risiko unterschiedslos darin, dass jede Droge aufgrund der Eigendynamik des süchtigen Systems letztlich zum selbst-zerstörerischen Suchtstoff mutieren kann.

An dem »bestimmungsgemäßen« Gebrauch mancher potentieller Suchtmittel zur sinnlichen Bereicherung ist grundsätzlich nichts Verwerfliches. Die Zigarette »danach« ist für viele nicht süchtige Raucher der Höhepunkt sinnlicher Lust. Ein gegen das Licht gehaltener, in den prächtigsten Tönen funkelnder und mit seinem Duft den Geruchssinn betörender Rotwein erfreut beim Wein-Liebhaber Auge, Nase, Gaumen und Seele. Wein ist an und für sich ein höchst kultiviertes Genussmittel. Jemand mit anderen Geschmacksvorlieben schwört auf sein kühl genossenes Bier oder den mit mehreren Sternen ausgezeichneten Cognac bzw. andere »geist«haltige Getränke. Alkohol ist im Übrigen neben Süßigkeiten die einzige Droge, bei der der persönliche wie stoffeigene Geschmack ein entscheidendes Kriterium für die Wahl des Mittels ist. Keine anderes Suchtmittel ermöglicht so vielfältige, nuancenreiche Geschmackserlebnisse.

Ein erfahrener Haschisch-Raucher (Kiffer) wird allerdings darauf Wert legen, dass er die Qualität seines Mittels je nach Verfügbarkeit mit mindestens ebenso sorgfältigem Bedacht auswählt wie

---

1 Vgl. M. Rennert: a.a.O., S. 33.

der Weintrinker seinen guten Tropfen. Zwischen beiden wurde indes ein gewichtiger Unterschied geschaffen. Der Alkoholkonsument bleibt gänzlich unbehelligt von jedweder Unbill, solange er sozialverträglich trinkt. Der Kiffer dagegen kommt sofort mit Recht und Gesetz in Konflikt, wenn sein Haschisch-Konsum publik wird. Seine Intention ist nicht, gegen das Gesetz zu verstoßen, sondern sich genussvoll der entspannenden Berauschung hinzugeben oder sich an einem Lach-Flash zu ergötzen. Die Konsumenten von Halluzinogenen suchen die farbenprächtige und akustisch außergewöhnlich klingende Welt neu dimensionierter Sinneseindrücke auf, oder sie erhoffen sich, transzendente Bewusstseinsebenen zu erreichen. Der Heroinkonsument möchte in ozeanischem Wohlgefühl baden. Allerdings hat er dafür bereits ein kaum zu beherrschendes Mittel gewählt. Niemand, der mit Rauschmitteln die subjektiv bereichernde Schönheit des Augenblicks sucht, denkt daran, sich im hässlichen Gesicht der süchtigen Abhängigkeit zu verlieren. Anfänglich geht es allen um den sinnlichen Genuss, den »Kick«, den »Flash«, die Bereicherung der realen Welt um andere Gefühlsqualitäten. Alle Rauschmittel greifen in die Wahrnehmung unserer »Vitalitätsaffekte« ein und kreieren eigene »Gefühlsgestalten«. Man muss diese Seite der Rauschmittel ausreichend verstehen, um überhaupt angemessen begreifen zu können, was das seelische Suchtpotential von psychoaktiven Stoffen ausmacht. Überdies wird jeder Drogenbenutzer seinen potentiellen »Helfer« fragen: »Weißt du überhaupt, wovon du sprichst? Hast du eine Ahnung davon, was Drogen bewirken?«

Seit Jahrtausenden existieren in allen Erdteilen die vielfältigsten Rauschmittel. Unser heutiges Problem mit den Rausch»giften« ist jedoch das Hausgemachte der Neuzeit. Erst die Profitgier und unsere zwanghafte Überheblichkeit haben uns veranlasst, aus den verhältnismäßig verträglichen Rauschdrogen der Natur mithilfe der schier unerschöpflichen Möglichkeiten der modernen Labortechnik die Rauschgifte zu synthetisieren, die in ihrer hochgradigen Konzentrierung zu einer Geisel der Moderne geworden sind. Rauschgifte sind ein Produkt der Marktwirtschaft. Über Jahrtausende hinweg hatte sich die giftige Zerstörungskraft der Rauschdrogen in Grenzen gehalten, weil die Menschen sie bestimmungsgemäß zu beherrschen wussten. Entweder hatten Medizinmänner, Schamanen, Priester, Druiden oder ähnlich hochrangige Persönlichkeiten das Monopol auf ihre Anwendung. Oder der kollektive Gebrauch der magischen Stoffe war kulturell eingebettet in Stammesfeste, in spirituell-religiöse Rituale und das mythische Wissen, das Menschen, Tiere, Pflanzen und übernatürliche Käfte (Götter) als zu respektierende Teile eines zusammenhängenden Ganzen begriff. Die magischen Kräfte der von der Natur zur Verfügung gestellten Rauschdrogen wurden, streng zeitlich begrenzt, in Dienst genommen, um sich durch Berauschung und Rhythmus kulturell zielgerichtet in ein Tranceerleben zu versetzen. Die Menschen wollten die verborgenen Wahrheiten in den von ihnen nie angezweifelten Parallelwelten zwischen der real erlebten Welt und dem Reich der Götter, Ahnen und Geister erkunden. Die archaischen Drogenriten oder Heilungszeremonien verfolgten ausschließlich den Zweck, sozial bewahrend und ordnend in die Lebensgeschichte der Menschen einzugreifen. Seit undenklichen Zeiten waren solche Rauschrituale höchstes Kulturgut. Suchtprobleme, wie sie in der Moderne an der Tagesordnung sind, waren unseren Vorfahren fremd.

Die Drogenriten der Menschheitsgeschichte sind Bestandteil unseres kulturellen Erbes. Das »Wissen« darum sowie das unauslöschliche Bedürfnis nach Berauschung sind Bestandteil unseres Kontinuums oder des kollektiven Unbewussten, über welch unbegreifliche Wege sie auch immer weiter»vererbt« werden. Eines der modernen Probleme ist, dass uns die zivilisatorische Überheblichkeit so weit von der »Primitivität« und dem »Hokuspokus« der weisen Rituale unserer Vorfahren entfremdet hat, dass wir aus dem Kontinuum herausgefallen sind. Die Entfremdung geht so weit, dass wir zwar nach wie vor das kulturelle Erbe mit seinen tiefen Bedürfnissen nach Trance, Spiritualität und Selbst-Vergessenheit in uns tragen, uns aber nicht mehr bestimmungsgemäß zu verhalten wissen. Wir haben uns völlig von einem rituell eingebundenen, unschädlichen Drogengebrauch entfremdet. Die In-Dienst-Nahme von Rauschdrogen ist profan und alltäglich geworden, von jeder weisen Zeremonie abgelöst. Die Motive der Berauschung sind der Beliebigkeit anheim gefallen: hedonistischer Lustgewinn, Schmerzvermeidung, Realitätsflucht, pathologische »Störungen«, Langeweile usw. lassen Menschen je nach seelischer Befindlichkeit mit den allseits verfügbaren Substanzen pharmakologisch in die Steuerung ihrer Gefühle eingreifen.

Unser menschheitsgeschichtliches Erbe scheint nur noch ansatzweise und bis zur Unkenntlichkeit entstellt im zivilisatorischen Drogengebrauch durch. Die in jeder Konsumentengeneration neu erfundenen Rituale der Haschisch-Cliquen lassen noch einen rudimentären Rest der ursprünglich zeremoniell vollzogenen gemeinsamen Reise in die magische Welt der Götter ahnen. Selbst das alkoholbedingte Gemeinsamkeitserleben geselliger Runden ist noch ein kümmerlicher Rest der sozialen Bezogenheit jahrtausendealter Drogenrituale. Wer jedoch heute mit Zauberpflanzen in fremde Welten reisen möchte, tut dies weniger, um spirituelle Erleuchtung zu erlangen, als um einer als unerträglich erlebten Realität zu entkommen. Eher wenige Drogengebraucher experimentieren mit magischen oder halluzinogenen Substanzen in dem ernsthaften Bemühen, die Zwischentöne im Leben, in der Schöpfung wie in mehrdeutigen Phänomenen zu erkunden. Diejenigen, die mit ihren Berichten über spirituelle Seelenreisen andeuten, dass sie zweifelsfrei eine normalerweise verschlossene Welt übersinnlichen Erlebens, die alte Welt der Götter, Ahnen, Geister und Dämonen, betreten haben, lösen in aller Regel ein Antwortverhalten zwischen Skepsis, Verunsicherung und hämischem Spott aus. Sie bleiben mit ihrem Erleben eher allein, weil solche Rauscherfahrungen verstandesmäßig nicht nachvollziehbar sind. Der technologisch geprägte Kopfmensch ist absolut unsensibel in allem, was seinen Verstandeshorizont übersteigt. In diesem Sinne waren uns viele »primitive« Hochkulturen haushoch in der Wahrnehmung des Lebens überlegen. Verglichen damit, ist der moderne Mensch hoffnungslos verwirrt und sein Drogengebrauch vorzugsweise ein pathologisch motivierter.

Wo pathologisch motivierter Drogengebrauch in offenes Suchtverhalten mündet, können wir zwar von individuellen psychischen »Störungen« sprechen. Die hauptsächliche Ursache für den verbreiteten Suchtmittelmissbrauch ist jedoch das allgemein menschliche und kulturelle Defizit der materialistisch-funktional orientierten »Mehrwert«-Gesellschaft. Sucht ist das maßlos übersteigerte Verlangen nach »etwas«. Demnach sind süchtige Menschen perfekt angepasste Menschen. Sie konsumieren maßlos, nur eben das Falsche und nicht sozial verträglich. Der süchtige Mensch möchte beständig seine gefühlsmäßige Befindlichkeit verändern. Das ist seine SehnSucht. Das Objekt, die Droge, ist ihm Mittel zum Zweck. Das tiefe Verlangen wird gespeist aus dem inneren Reich mächtiger Gefühle. Der Drogen gebrauchende Mensch will sich anders in der Welt fühlen. Sein Da-Sein soll sich ändern. Wenn Rauschmittel steuernd in die Gefühle eingreifen, ist die Wahrnehmung des Da-Seins wie des Bewusst-Seins deutlich verändert. Der Rausch erhöht den Selbst-Wert, solange er andauert. Erinnern wir uns: Der sich minderwertig Fühlende möchte die Augen der Welt zerstören. Im Drogenrausch wird je nach den spezifischen Wirkungen der Mittel der »Augen-Blick« auf das eigene Selbst, die Anderen und die Welt korrigiert. Das ist ein Bestandteil der faszinierenden psychoaktiven Wirkungen von Drogen, der zugleich ihr hohes seelisches Suchtpotential ausmacht. Im eingeschränkten Sinne kennt diese Wirkung nahezu jeder von uns.

Der Volksmund hat die Wendung »in vino veritas« geprägt. Im Wein-Geist (Alkohol) liegt die Wahrheit. In einem eng umgrenzten Wirkungsbereich von Wein-Geist fühlt man sich dem wahren Selbst näher, spürt, was eigentlich das »Richtige« wäre, das man sich gewöhnlich aber nicht zu tun getraut, wird gelöster, kontaktfreudiger. Der Selbst-Wert erhält positiv empfundene Nahrung. Wenn durch Dosiserhöhung mit dem nächsten Glas dieser spezifische schmale Wirkungsbereich überschritten wird, geschieht vielfach das Gegenteil. Unter den negativen Wirkungen des Alkohols verstärken sich die tiefen Gefühle von Ohnmacht und Hilflosigkeit. Die Menschen fühlen sich absolut inkompetent und triefen vor Selbst-Mitleid. Sie reagieren weinerlich oder anklagend. Bei manchen provoziert der Alkohol grandiose Überhöhung oder aggressive Durchbrüche, andere ziehen sich völlig in sich zurück. In diesem Wirkungsspektrum erfährt das falsche Selbst giftige Nahrung.

Im Bereich stärker verändernder (illegaler) Substanzen sind die möglichen Wirkungen ähnlich. Drogen sind Zwitterwesen. Sie bescheren dem Gebraucher himmlische Freuden oder abgrundtiefe dämonische Abstürze. Sie vermögen das wahre Selbst im Sinne einer wertvollen Selbst-Erkenntnis zu nähren. Umgekehrt vermögen sie die Selbst-Wahrnehmung illusionär aufzublähen oder grandios zu überhöhen. In der süchtigen Abhängigkeit bewirken sie eine weit reichende Verengung des Erlebens und schließlich die totale Zerstörung des Selbst.

Je mehr wir über die himmlische Freuden versprechenden Wirkungen von Rauschmitteln wissen, desto eher bekommen wir in der praktischen Arbeit einen Zugang zu der Welt der Drogenbenutzer. Es ist präventiv wie therapeutisch unergiebig, nur auf den unbestreitbaren Risiken und Gefahren von Rauschgiften herumzureiten. Wenn ich im Arbeitsalltag angemessen bezogen auf den situativen Rahmen und die jeweilige Zielgruppe über die potentiell faszinierenden Seiten psychoaktiver Substanzen genauso offen sprechen kann wie über ihre potentiell schädlichen, gewinne ich entscheidend an Glaubwürdigkeit. Ich muss mir jedoch die Wahl meiner Worte sorgfältig überlegen, um nicht neue Drogenmythen zu schaffen. Selbst Eltern, die traditionell von der Suchtarbeit Aufklärung über die Risiken von Drogen oder gar Abschreckung erwarten, reagieren heutzutage kaum noch ablehnend, wenn sie in der Elternarbeit ebenso etwas über die schönen Wirkungen von Rauschmitteln erfahren. Sie sind eher dankbar, wenn sie sich die subjektiv faszinierend erlebten Wirkungen der gebräuchlichsten Substanzen besser vorzustellen vermögen. Schließlich sind es diese Wirkungen, die ihre Töchter und Söhne möglicherweise an Drogen binden. Sie besser zu kennen eröffnet neue Ebenen der Verständigung.

Unser menschliches Bedürfnis nach Bewusstseinszuständen jenseits der Realität ist nicht wegzudiskutieren. Niemand stößt sich daran, wenn Erwachsene mittels Yoga, autogenem Training, Fasten, Meditation oder Atemtechniken danach streben. Wenn Menschen dagegen mühelos mithilfe der pharmakothymen Steuerung illegaler Drogen ihr Bewusstsein verändern wollen, verstoßen sie gegen Recht und Ordnung. Für denjenigen, der hochpotente Rauschdrogen gezielt einsetzt, um andere Welten zu bereisen, ist das ohne Belang.[1] Er

---

1 Mit dem Begriff »Psychonautiker«, der sich in der Szene der Bewusstseins-Reisenden immer mehr einbürgert, mag ich mich persönlich nicht anfreunden. Er bietet Kritikern wie Spöttern wegen seiner bizarren Wortschöpfung zu viel Angriffsfläche.

wird im Eigen-Interesse bestenfalls dafür Sorge tragen, dass sein Treiben nicht aktenkundig wird. Ansonsten wird er in der Illegalität seinen Umgang mit den gewählten Substanzen zu genießen trachten. Spezifische Wirkstoffe bedienen unsere magisch-spirituellen Bedürfnisse ebenso wie unser Gefühl für »Ganzheit« und »Richtigkeit«.

Entheogene Drogen, die die gesamte Schöpfung und insbesondere die Welt der Götter, Ahnen und Geister in uns gewahr werden lassen, rufen die eigenartigsten Empfindungen und Gefühle, Bilder und Selbst-Erfahrungen hervor. Zu diesen hoch wirksamen Mitteln zählen die Halluzinogene LSD (Lysergsäurediethylamid), Meskalin (der natürliche Wirkstoff des Peyotl-Kaktus), die psylocybin- und psylocin-haltigen magischen Pilze (vorzugsweise die Teonanacatl-Pilze Mexikos und Guatemalas, in geringem Umfang aber auch heimische Pilze) sowie etliche synthetische Halluzinogene.

Entaktogene Drogen, die das eigene Innere berühren, bedienen die Sehn*Sucht* nach dem wahren Selbst. Zu ihnen zählen MDMA (das klassische »Ecstasy«, auch »Adam« genannt), MDE (»Eve«) und MBDB (»Eden«). Man beachte das »Paradies«-Thema in den Namen der Substanzen. MDMA enthält zusätzlich eine weitere feinfühlige Komponente, deretwegen es auch als *empathische* Droge bezeichnet wird. Es wirkt als »Herzensöffner« und bedient perfekt unsere zwischenmenschlichen Kontaktbedürfnisse, indem es die Fähigkeit berührt, sich intuitiv-wortlos in die Befindlichkeit anderer Menschen einzufühlen.[1]

Ich möchte nachdrücklich betonen, dass ich mit meinem Eingehen auf die »himmlischen« Seiten der Rauschdrogen kein Plädoyer für deren In-Dienst-Nahme halte. Angesichts der Tatsache, dass viele Menschen aber *missverstehen wollen*, sobald es um Drogen geht, halte ich diese Klärung ausdrücklich für notwendig. Wofür ich dagegen uneingeschränkt plädiere, ist Verstehen. Wer versteht, ist eher fähig zu handeln, und er trifft Unterscheidungen. Längst nicht jeder Drogenkonsument bedarf der Therapie. Vor allem Jugendliche, die auf ihrem Weg zum Erwachsenwerden eine experimentelle Phase des

---

1 Die faszinierenden Feinwirkungen der erwähnten Rauschmittel habe ich ausführlich beschrieben in dem Buch: Ecstasy – auf der Suche nach dem verlorenen Glück.

Drogengebrauchs durchlaufen, wehren sich häufig zurecht dagegen, vorschnell als therapiebedürftig betrachtet zu werden. Dagegen wäre ihnen möglicherweise eine liebevolle oder freundlich zugewandte Wegbegleitung willkommen. Wir müssen sorgfältig unterscheiden, wo wir bei Drogengebrauchern therapeutische Angebote ins Spiel bringen und wo solche überhaupt nicht angesagt sind. Zumal die Zunft der Therapeuten insbesondere für jüngere Menschen vielfach negativ besetzt ist und wie ein rotes Tuch auf sie wirkt. Unsere französischen Kollegen verfügen mit »l'intervenant« (was wörtlich bedeutet »der, der dazwischen kommt« bzw. interveniert) über einen wesentlich neutraleren Begriff. Er umgeht jedwede Stigmatisierung. Die beste Intervention ist immer noch diejenige, die spätere Komplikationen von vorneherein vermeiden hilft. In diesem Sinne können wir intervenieren, indem wir »zuvorkommend« tiefen menschlichen Bedürfnissen gerecht werden.

Menschen, die in der materialistisch ausgerichteten Welt vor Gefühlskälte frieren, haben ein verzweifeltes Bedürfnis nach großen Gefühlen. Kein Kontrollsystem der Welt wird verhindern, dass sie unter solchen Umständen auch zu verbotenen Substanzen greifen, um transzendente Selbst-Erfahrungen zu machen. Statt über Verbote und Kontrolle sollten wir vermehrt über drogenfreie Alternativen nachdenken. Außergewöhnliche, magisch-spirituelle Bewusstseinszustände lassen sich nicht nur drogeninduziert herstellen. Sie sind völlig drogenfrei herbeizuführen. Wenn wir dem Bedürfnis der Menschen nach selbst-vergessenem, vom Denken befreiten Erleben vermehrt gerecht würden, könnte der Substanzgebrauch abnehmen. Spätestens mit dem Entstehen des narrativen Selbst und dem Erwerb des symbolischen Denkens verfügen wir als Menschen über eine wahrhaft blühende Phantasie. Wären wir beispielsweise selbstverständlicher an den Umgang mit geführten Phantasie- und Traumreisen gewöhnt, könnten wir manche unserer Wünsche und Bedürfnisse über dieses Medium befriedigen. Gemeint ist hier nicht eine manipulative Ersatzbefriedigung, sondern ein kreatives Sich-Bewegen durch verschiedene Bewusstseinsebenen zur konstruktiven Lebensbewältigung. Phantasie- und Traumreisen sind eine kostenfreie, sozialverträgliche, völlig unschädliche Form, in der Schönheit des Augenblicks zu verweilen. Die Erfahrungen sind in die Realität transportierbar und vermögen dort nützliche Wirkungen zu entfachen. Schulen, die vermehrt mit solchen »Techniken« arbeiten, machen wertvolle Erfahrungen bezüglich der Problemlösungskompetenzen ihrer Schüler.

Drogenfreie Verfahren zur Erreichung außergewöhnlicher Bewusstseinszustände müssen altersangemessen sein. Für Kindheit, Adoleszenz und Erwachsenenalter gibt es unterschiedlich tief reichende körperliche wie psychische Verfahren, die unseren Erfahrungshorizont zu bereichern vermögen. Sie bedienen auf völlig unterschiedliche Weise tiefe menschliche Bedürfnisse nach Spiritualität, Religiosität und Transzendenz.

Ich möchte ein sehr persönliches Beispiel schildern, um deutlich zu machen, wie sich so etwas anfühlen kann. Während eines körpertherapeutischen Ausbildungsbausteins, in dem intensiv mit Atemtechnik gearbeitet wurde, erlebte ich die außergewöhnlichsten Bewusst-Seins-Zustände. Über meinen eigenen Rhythmus mit Tiefenatmung glitt ich weit weg in einen Zustand von absoluter Schönheit, Tiefe und Ruhe. In mir breitete sich himmlischer Friede aus. Es gab kein Müssen mehr. Ich musste nicht einmal mehr atmen. Etwa 2 Atemzüge pro Minute reichten mir in diesem Zustand aus, um zum ersten Mal leibhaftig das Gefühl zu verspüren: »Es atmet mich.« Etliche Jahre zuvor hatte ich diesen Spruch noch überheblich als Geschwätz esoterischer Sonderlinge abgetan. Das Gefühl von: »Nicht ich bin es, der atmet, sondern es atmet mich«, war völlig angstfrei und nicht einmal spektakulär. Es glich eher einem flüchtigen Gewahrwerden: »So fühlt sich das also an.« Ich hätte lange in diesem gedankenfreien Zustand verweilen können, doch nach angemessener Zeit »wusste« ich ohne eigenes willentliches Zutun: »Ich darf nicht länger verweilen, so schön der Augenblick auch ist. Ich muss mich von diesem Seins-Zustand trennen, wenn ich ich selbst sein will.« Die Trennung war leicht schmerzhaft, aber für die Rückkehr zu mir selbst notwendig. Meine schützende Begleitperson bestätigte mir im Nachhinein übrigens mein Gefühl, dass ich mit ganz wenigen Atemzügen auskam. Es war keine subjektiv entrückte Täuschung.

Ein zweites Erlebnis war noch weit außergewöhnlicher. Es entzieht sich eigentlich einer sprachlichen Fassung. Über meinen

Rhythmus des vertieften Atmens geriet ich im Liegen schnell wieder in den bereits vertrauten Zustand tiefen Friedens. Dann verspürte ich das Gefühl, jemand drehe meine Hände nach außen, um sie ganz zu öffnen und etwas hineinzutun. (Rationalisten sei zugestanden, dass ein solches Gefühl durch ein mögliches tetanisches Verkrampfen und Kribbeln der Hände bei Hyperventilation verursacht werden kann. Der Fortgang des Erlebens ließe sich damit jedoch nicht mehr erklären.) Kurz danach tauchten archaische Bilder und Visionen in mir auf und ich fühlte mich energiegeladen. Innerlich war alles von Licht erfüllt. Es bildete sich der Satz in mir: »Es ist wie Gott schauen.« (Lassen Sie als Leser den Satz doch einmal auf sich wirken.) Bevor dieser Satz auftauchte, gab es eine kurze innere Begegnung mit eher teuflischen oder dämonischen archaischen Gestalten. Sie ängstigten mich nicht. Ich war eher erfreut, ihnen zu begegnen, sie in mir zu tragen. Diese Erfahrung war kurz und wandelte sich schnell ins »Göttliche«. Im »normalen« Alltagszustand käme ich vermutlich nicht auf die Idee, bewusst einen Satz zu formulieren wie: »Es ist wie Gott schauen.« Ohnehin war nicht ich es, der den Satz formte. Es war ein »Auftauchen« eines Gewahrseins-Zustands, der sich noch am treffendsten mit diesen Worten umschreiben lässt.

Warum schildere ich meine authentischen, selbst-erlebten Zustände? Sicherlich nicht zur Selbst-Entblößung oder um eingefleischten Skeptikern eine Gelegenheit für zynische Häme zu bieten. Ich möchte damit glaubhaft machen, dass transzendentes Erleben tatsächlich drogenfrei zugänglich ist und dass es uns um wertvolle Selbst-Erfahrungen bereichern kann, die dem Umgang mit unseren Lebensthemen dienlich sind. Mein Erleben war absolut außergewöhnlich, überwältigend wie undramatisch zugleich. Ich hatte im Nachhinein keinerlei Verlangen, die verspürten Zustände in süchtiger Wiederholung erneut herbeizwingen zu wollen. Als höchst beglückende, aber eben einmalige Erlebnisse, die in ihrer Einzigartigkeit nicht wiederholbar sind, nutzte ich sie zur Selbst-Entwicklung. Weitere Erlebnisse bei anderen Gelegenheiten hatten wieder eigenen Charakter und anderen Stellenwert. Das Problem der eventuellen süchtigen Wiederholung ist jedoch nicht von der Hand zu weisen. So wie Drogenkonsumenten Rauschmittel wiederholt zur pharmakothymen Steuerung ihrer Gefühle einsetzen, können sie genauso von spirituellen Erfahrungen abhängig werden. Die süchtige Abhängigkeit vermag sich auf diese Weise sogar zu doppeln. Das zwanghafte Wiederaufsuchen transzendenter Zustände verengt dann das Bewußsein letztlich ebenso wie eine stoffgebundene Sucht. Das Drama der Abhängigkeit ist das Gleiche. Wenn man das drogeninduzierte Erleben des Abhängigen durch substanzfreie Verfahren ersetzt, konsumiert er zunächst ebenso süchtig weiter. Die süchtige Dynamik ändert sich in nichts. Der Abhängige will seinen Gefühlszustand steuern. Etwas gewinnt man dennoch: Die zusätzliche Eigendynamik des von außen zugeführten Suchtmittels bleibt aus, was die Chance erhöht, den Kopf freizubekommen für persönlichkeitsverändernde Interventionen.

Kontextuell eingebettet, kann die Prävention sich drogenfrei veränderter Wahrnehmungszustände bedienen, um frühzeitig ein Bewusstsein dafür zu wecken, wie wir menschlichen Bedürfnissen angemessen und auf unschädliche Weise gerecht zu werden vermögen, lange bevor bei Nichtbeachtung der betreffenden, in uns verwurzelten Bedürfnisse ein Hunger nach der Magie von Rauschmitteln entstehen kann.

Der doppelte Verlust von Urheberschaft und Wirksamkeit

Als Zwitterwesen vermögen Rauschdrogen bei streng ritualisierter In-Dienst-Nahme die Selbst-Erkenntnis zu fördern. Unkontrollierte missbräuchliche Verwendung führt dagegen zu süchtiger Abhängigkeit und Selbst-Zerstörung. Entfalten die psychoaktiven Wirkungen von Drogen erst einmal ihre Eigendynamik, werden sie immer mächtiger, bis sie das Leben des Konsumenten vollends beherrschen. Der Drogengebraucher erleidet einen doppelten Verlust von Urheberschaft und Wirksamkeit.

Ein frühkindlicher Verlust des existentiellen Selbst-Gefühls von Wirkmächtigkeit geschieht schleichend durch Erfahrungen eines fremdbestimmten Zusammenseins mit Anderen. Durch untolerierbare Belastung kann unser wichtigstes Kern-Gefühl in späteren Lebensphasen allerdings auch relativ plötzlich zusammenbrechen. Einen selbst zu verantwortenden zusätzlichen Verlust von Urheberschaft und Wirksamkeit können Drogenbenutzer erleben. Schleichend oder schlagartig verlieren sie durch die Funktion des Rausches und den Mehr-Bedarf an Suchtmitteln die Kontrolle über ihr Konsumverhalten. Meistens bemerken sie das Ergebnis des Kontrollverlusts erst, wenn nicht mehr sie die Drogen im Griff haben, sondern sie selbst von den Wirkungen der Rauschmittel gesteuert werden. Viele süchtig Abhängige beschreiben ihr Suchtverhalten wie etwas Fremdes, das von ihnen Besitz ergriffen hat. Es wird nur spärlich oder gar nicht in einen inneren Erlebniszusammenhang oder in zwischenmenschliche Kontakte eingeordnet.

Manche Drogengebraucher nehmen die wachsende Fremdbestimmung und den doppelt drohenden Verlust von Urheberschaft und Wirksamkeit sehr bewusst wahr und versuchen gegenzusteuern:»Ich hab's nicht gern, wenn mich wer oder was steuert. Ich möchte selber bestimmen, was ich tue, wütend sein oder mich freuen, ich möchte mir Aufgaben stellen und sie lösen und nicht weiter in diesen Tunnel reinrennen, der nur schwärzer und schwärzer wird.«[1] Diese Aussage erinnert sehr an die Selbst-Behauptung während der frühen Phasen der Bezogenheit, in denen das lebensprägende Gefühl für die eigene Urheberschaft und Wirksamkeit stabil ausgebildet oder frühzeitig geschädigt wird. Für eine Prognose ist es ein gutes Zeichen, wenn Drogenkonsumenten wieder selbst über ihre Gefühle bestimmen möchten. In fortgeschrittener Abhängigkeit liefern sie sich willenlos der chemischen Steuerung ihrer Gefühle aus. Einem meiner entschlossensten Klienten wurden die fremden Mächte in seinem Inneren zu unheimlich. Er wollte seinen eigenen Kopf wieder durchsetzen:»Ich will mit den Drogen aufhören, weil ich zunehmend das Gefühl habe, meine eigene Sprache und den Kontakt zu den Menschen zu verlieren. Die Drogen machen etwas mit mir, das ich nicht mehr will. Ich werde mir selbst fremd.«

Besonders dramatisch wird die drogeninduzierte Verheerung von identitätsstiftenden Kern-Selbst-Gefühlen empfunden, wenn die Stoffe psychotische Zustände auslösen. Die Menschen irren wie

---

1 Nach L. Reichmann: Wege aus der Drogensucht. München 1996, S. 65.

geisterhaft in Parallelwelten umher, aus denen es keinen Weg zurück zu geben scheint. Die betroffenen Drogengebraucher können selbst dann in einem Niemandsland hängen bleiben, wenn sie die Rauschmittel absetzen. Dann geht ihnen nicht nur die Kontrolle über das eigene wirksame Handeln verloren, sondern die Selbst-Grenzen lösen sich insgesamt auf. Sogar das Gefühl für das fortwährende Sein in der Zeit zerfällt. Das gesamte Selbst wirkt wie entleert. Die »Hängengebliebenen« landen periodisch in der Psychiatrie, wie z.b. Sebastian, der schon eine psychiatrische Odysee hinter sich hat: Doch »in seinem Zeitloch spielt das keine Rolle mehr. Vergangenheit oder Zukunft sind für ihn sehr weit weg, als wären sie unter einer dicken Schicht begraben. Und seine Gegenwart findet woanders statt, auf einem anderen Stern – ohne dass er noch Drogen nimmt. Diesen Ort kann er aber niemandem beschreiben und niemandem zeigen«[1] und vor allem mit niemandem menschlich teilen.

Das dritte Drama der im psychotischen Niemandsland verirrten Drogenkonsumenten ist die Tatsache, dass ihnen auch die Psychiatrie kaum zu helfen vermag. Sie fühlen sich in den geschlossenen Anstalten viel mehr, als seien sie in einem noch schlimmeren Film gelandet als dem, der in ihrem Kopf spielt. Manchmal stellen die verabreichten Medikamente zwar wieder eine Art inneres Gleichgewicht her. Die Ursachen der Selbst-Auflösung vermögen sie aber nicht zu beseitigen. Die Geister, die die Drogen bei manchen Suchtmittelgebrauchern auf den Plan rufen, werden sie so leicht nicht mehr los. Ein Konsument, der schon gelernt hat, mit seinen quälenden Visionen zu leben, »redet über das ›Teufelszeug‹ wie über ein Wesen, das Macht über ihn hatte«[2].

Es ist die Macht des Fremden, die den Selbst-Verlust bewirkt. In einer Gruppe saß mir ein junger Mann gegenüber, der durch kurzfristiges Experimentieren mit synthetischen Drogen in tiefste innere Verwirrung gestürzt war. Ständig hörte er Stimmen, die ihn verfolgten, und sah fremdartige Gebilde vor sich. Aktuell war er in so starkem Maße medikamentös ruhig gestellt, dass er in Sprache, Mi-

---

1 S. Magerl: Die Geister, die ich rief. In: ZEITmagazin Nr. 20/1998, S. 25.
2 Ebd., S. 27.

mik und Gestik nur noch roboterhaft wirkte. Es war schwer, sich mit ihm zu verständigen. Jede an ihn gerichtete Äußerung fand nur mit großer zeitlicher Verzögerung den Weg durch den ihn einhüllenden Wahrnehmungsnebel. Er selbst brauchte lange, um seine Worte in Sätze zu formen. Er vermochte dennoch auszudrücken, wie sehr er sich durch das Fremde in ihm beherrscht fühlte. Er erlebte sich passiv ausgeliefert, wartete nur darauf, dass »es« vorbeigehen würde. Die Ruhigstellung mit Psychopharmaka war ihm noch unheimlicher als die Einflüsterungen der fremden Stimmen.

Ein weiterer junger Mann kam gleichfalls in Therapie, weil er das Gefühl hatte, in seinem Gehirn spielten sich Vorgänge ab, die nicht länger seiner Kontrolle unterlägen. Bevor er zu mir kam, hatte er bereits zwei erfolglose Therapien hinter sich, eine davon mit begleitender Medikation. Der Klient hatte über Monate gewohnheitsmäßig Ecstasy »eingeworfen«, in Einzelfällen in extrem risikobehafteter Dosierung. Er klagte über Wahrnehmungsstörungen, befürchtete – ähnlich wie andere Ecstasygebraucher – seine persönliche Sprache zu verlieren, schaltete im Kontakt mit anderen häufig ab, bekam nur noch einzelne Schnitte seines Lebensfilms mit. Er befürchtete ernsthaft, dass seine Symptome von »Löchern im Kopf« verursacht wären. Seine Wahrnehmungsstörungen ließen sich allerdings mit tiefen seelischen Verwirrungen erklären. Die inneren Lähmungszustände, Intimitätsprobleme sowie Störungen der Arbeits- und Leistungsfähigkeit entsprachen am ehesten dem Zustand, den Erik H. Erikson als »Identitäts-Diffusion« bezeichnet hat.[1] Die Entdeckung seiner Homosexualität und sein Coming-out hatten eine so erhebliche Veränderung seines Selbst-Bildes zur Folge, dass er einfach seiner persönlich angemessenen Zeit bedurfte, um sich mit seinem veränderten Identitätsgefühl vertraut zu machen. Da seine tiefen Verunsicherungen im Selbst-Bild parallel zu einem Drogengebrauch auf hohem Niveau entstanden waren, befürchtete er, seine »Wahrnehmungsstörungen« seien dessen schädliche Folge. Als wir in der gemeinsamen Arbeit Ursache und Wirkung entwirren konnten, verlor sich sein ängstigendes Gefühl einer »Störung«. Ich erlebte den Klienten als überaus sensibel und aufmerksam. Ich musste

---

1 Vgl. Identität und Lebenszyklus, Frankfurt 1970, S. 153ff.

im Kontakt mit ihm öfter daran denken, dass »Techno-Junkies«, die über intensive Erfahrungen mit entaktogenen Drogen verfügen, einem Therapeuten plötzlich signalisieren können: »Ich spüre dich nicht. Du bist gar nicht da.« Sie sind überaus empfänglich dafür, ob ein Therapeut innerlich tatsächlich bei ihnen weilt oder mit seinen Gedanken von ihnen weggeht. Ich spürte sehr deutlich, wie wach der Klient für meine Präsenz in der Begegnung mit ihm war. Zeitlich etwas versetzt zu unserer gemeinsamen Arbeit fing er ergänzend zu meditieren an, was ihm ausgesprochen gut tat. In mir stimmig erscheinenden Einzelfällen kooperiere ich mit einer ausgebildeten Meditationslehrerin. Da transzendentale Meditation nachweislich regulierende Auswirkungen auf bestimmte Gehirnwellen hat, bietet es sich an, vermehrt Erfahrungen damit zu sammeln, wie das Verfahren auf Klienten wirkt, die Beeinträchtigungen ihrer Hirnfunktionen durch synthetische Drogen befürchten.

Nicht immer werden bei strukturellen seelischen »Störungen« wie Psychosen oder Borderline-Syndrom Rauschdrogen als fremde Wesen empfunden, die einen doppelten Selbst-Verlust bewirken. Auch das Gegenteil ist bekannt. Schizophrene Menschen berichten des Öfteren von nachhaltig positiv erlebten Auswirkungen bestimmter Drogen auf ihre Lebensgestaltung: »Ecstasy ist das wirksamste Mittel zur Behandlung meiner Schizophrenie. Es heilt sie nicht und es wirkt auch nicht wie ein konventionelles Mittel, das die Krankheitssymptome bekämpft. Ecstasy wirkt für mich auf eine ganz andere, aber genauso wichtige Weise. Die Substanz hat mir geholfen, mit meiner Schizophrenie zu leben ... Ich akzeptiere mich so, wie ich bin, und kann mich damit abfinden, ein Schizophrener zu sein. Und genau das verdanke ich Ecstasy ... Es verwandelte mich von einem asozialen, zurückgezogenen und etwas paranoiden Zombie in einen feinfühligen Menschen, der Liebe und alle anderen menschlichen Emotionen erleben kann.«[1] Die Droge bewirkt hier also einen Handlungsgewinn. Jeder normale Psychiater würde dem vermutlich heftig widersprechen, wobei er allerdings ignorieren oder abspalten müsste, dass es sich bei den von ihm verordne-

---

1 Zitiert nach H. Cousto: Drogeninduzierte und andere außergewöhnliche Bewusstseinszustände. Solothurn 1998, S. 12.

ten Medikamenten gleichfalls um Drogen handelt. Generell sollten wir etwas mehr Vertrauen in die Selbst-Wahrnehmung von Menschen haben, die wir von außen betrachtet als »gestört« bezeichnen. Es gibt zu viele Zeugnisse von erstaunlich positiven Wirkungen bestimmter Drogen auf schizophrene Menschen, als dass wir sie alle als »Spinnerei« abtun könnten.[1] Eine ernsthafte Erforschung der Zusammenhänge wäre hilfreicher. Zurzeit sind interessierten Forschern durch Recht und Gesetz allerdings die Hände gebunden.

Das Risiko, dass Suchtmittel eine doppelte Verheerung im Kern-Selbst-Gefühl von Urheberschaft und Wirksamkeit anrichten, ist sehr real. Das Alkohol-Delir dürfte die häufigste Erscheinung sein. Im Bereich von synthetischen Designerdrogen häufen sich in den letzten Jahren die Berichte von Klienten, die im Zustand tiefster Verstörung in psychiatrische Einrichtungen eingeliefert wurden. In der eigenen alltäglichen Arbeit begegne ich solchen Fällen in jüngster Zeit ebenfalls vermehrt. Wenn die psychoaktiven Eingriffe der Drogen in das eigene Selbst noch rechtzeitig als Fremdsteuerung wahrgenommen werden, motiviert das manchen Drogenbenutzer dazu, sein Leben wieder voll selbst-bestimmt steuern zu wollen: »LSD und Ecstasy haben meine Wahrnehmung, mein Leben verändert. Ich bedaure weder das Erlebte noch die Erfahrung mit Drogen; mir ging es unter deren Einfluss gut. Doch diese Zeit ist nun vorbei. Ich weiß jetzt, dass Drogen gefährlicher sind, als ich dachte – egal, für wie bewusstseinsfördernd sie gehalten werden. Im Moment scheint alles so positiv. Nimmst du ein E, bringt es dich weit nach oben, und wenn du weiterfährst, sinkst du schließlich noch tiefer, wenn du nicht mehr drauf bist. Wie kann jemand sein Leben im Griff haben, der nicht ohne Drogen leben und tanzen kann? Du wähnst dich im Himmel. Doch die Hölle ist nicht weit.«[2]

---

1 Siehe dazu z.B. S. Grof: Topographie des Unbewussten. LSD im Dienst der tiefenpsychologischen Forschung. Stuttgart 1993, ders.: Das Abenteuer der Selbstentdeckung. Reinbek bei Hamburg 1994; sowie C. Naranjo: Die Reise zum Ich – Psychotherapie mit heilenden Drogen. Frankfurt 1979.
2 Erfahrungsbericht einer jungen Erwachsenen, aus: N. Saunders: Ecstasy. Zürich 1994, S.330f.

Konsequenzen für Prävention und Therapie

Die Lösung aus süchtigen Verstrickungen

Die Sucht- und Drogenarbeit unterliegt auf der Beziehungsebene eigenen Gesetzmäßigkeiten. In der Durchsetzung ihrer Sucht sind Abhängige hochgradig kompetent und erfolgreich. Wer ihr Spiel auf der Beziehungsklaviatur nicht versteht, wird unweigerlich in alle gestellten Beziehungsfallen tappen und sich selbst in den süchtigen Beziehungsangeboten verlieren. Zwei Voraussetzungen sind infolgedessen unabdingbar, um im Suchthilfebereich zu bestehen. Jeder professionelle Helfer muss die Grunddynamik der süchtigen Abhängigkeit verstehen sowie in Form von Selbst-Erfahrung seinen eigenen Suchtstrukturen so weit auf die Spur kommen, dass er weitgehend immun wird gegen Verstrickungen auf der süchtigen Beziehungsebene. Mindestens nachstehende Fragen sollte sich jeder professionelle Helfer aufrichtig beantworten[1]:

Fragen zum Thema SUCHT und ABHÄNGIGKEIT:

 Stoffe/Verhalten/Tätigkeiten

1. Wonach bin ich süchtig? Wovon fühle ich mich abhängig?
   ⇨ Stoffe
   ⇨ Handlungen/Verhalten/Tätigkeiten
   ⇨ Gefühle

2. Habe ich eher das Gefühl, Stoffe zu genießen, zu gebrauchen, zu missbrauchen oder gar das Gefühl von Abhängigkeit?

---

1 Eine verkürzte Grundfassung der Fragen verdanke ich dem Institut für Familientherapie und Familiendynamik in Bad Homburg/Saarbrücken.

3. Wie steuert mein Suchtverhalten meine Gefühle?

4. In welchen Situationen taucht mein Suchtverhalten verstärkt auf?

5. Wie fühle ich mich, wenn ich dem Druck meiner Sucht nachgebe?

6. Wie fühle ich mich, wenn ich meiner Sucht nicht nachgebe?

2 Suchtbiographie

1. Gab oder gibt es Suchtverhalten oder süchtige Abhängigkeit in meiner Herkunftsfamilie?
   ⇨ Was hat das für mich als Kind bedeutet?
   ⇨ Was hat das für meine Eltern bedeutet?
   ⇨ Was hat das für die Beziehungen in der Gesamtfamilie bedeutet?

2. Wie wird oder wurde mit Eigenständigkeit und Abhängigkeit in meiner Herkunftsfamilie umgegangen?

3 Aktuelle Beziehungs- und Problemebene

1. Welche Bedürfnisse verstecken sich hinter meinem Suchtverhalten?

2. Welche Probleme versuche ich durch mein Suchtverhalten zu lösen?

3. Wie wirkt sich mein Suchtverhalten in meinen sozialen Beziehungen aus?

4. In welchen Bereichen fühle ich mich kompetent und eigenständig?

5. In welchen Bereichen fühle ich mich kontrolliert und fremdbestimmt?

6. Wie wirken sich Eigenständigkeit und Abhängigkeit in meinen Beziehungen aus?

7. Wie reagiere ich innerlich auf Wertschätzung?

8. Gehe ich Konflikte bevorzugt aktiv oder passiv an?

Entgegen der Assoziation sind Sucht»strukturen« nichts fein säuberlich Geordnetes. Wir können sie uns vielmehr wie die Tentakel eines Kraken in unserem inneren Selbst vorstellen. Deren Saugnäpfe sind die rezeptorenähnlichen Andockstellen für alle suchtartigen Verlockungen. Sie können mit »Stofflichem« wie »Nicht-Stofflichem« eine nahezu unauflösliche Umklammerung eingehen, je nachdem, wie groß die süchtige Sogwirkung ist.

Suchtstrukturen sind ein diffus wucherndes Gewächs aus Vitalitätsaffekten, Gefühlen, Ahnungen, Bedürfnissen, Selbst-Erfahrungen und Beziehungsschemata. Sie erwachsen aus der Atmosphäre, die Menschen in sich einsaugen. In einer sehr unzugänglichen Schicht lagern überdies Einsprengsel unseres menschheitsgeschichtlichen Kontinuum-»Erbes«. Vermutlich ist kein Mensch völlig frei von persönlichen Suchtstrukturen. Das bedeutet nicht, dass er jemals ein ernsthaftes Problem damit bekommen muss. Zunächst bedeutet es nur, dass er sie »einfach« in sich trägt. Nur unter entsprechend ungünstigen Bedingungen werden sie so virulent, dass sie ihr süchtiges Zerstörungswerk in Gang setzen. Bleiben Suchtstrukturen unreflektiert, machen sie Menschen im Beziehungsalltag anfällig für süchtige Verstrickungen und Beziehungsfallen. Die selbst-reflexive Auseinandersetzung mit den eigenen Suchtstrukturen macht sie dagegen beherrschbar. Sie ermöglicht einen umgänglichen oder sogar genussvollen Umgang mit ihnen. Ebenso erleichtert sie das Durchschauen von suchtgefärbten Beziehungsangeboten im Privat- wie Arbeitsleben. Komplementäre Co-Abhängigkeit wird vermeidbar, weil angemessenes Antwortverhalten die eigenen wie fremden Grenzen wahrt. Eine Mindest-Annäherung an die eigenen Suchtstrukturen gewährleistet die erforderliche Spurensuche bei der Beantwortung obiger Fragen.

Macht und Ohnmacht bzw. Abhängigkeit versus Unabhängigkeit in der süchtigen Beziehungsstruktur

Wenn Abhängigkeit das bestimmende Organisationsprinzip der globalen wirtschaftlichen Vernetzung sowie aller hierarchisch strukturierten Institutionen ist, folgt zwangsläufig, dass auch das gesamte Drogen- und Suchthilfesystem von vielfältigen Abhängigkeiten geprägt ist. Konkret erfahrbar wird das für alle Beteiligten durch intensivste Empfindungen von Macht und Ohnmacht bzw. durch eigen-mächtiges Handeln und Sich-ausgeliefert-Fühlen.

In Begegnungen mit Drogenbenutzern oder süchtig Abhängigen gibt es viele wechselseitige Versuche, die Oberhand zu behalten und das Beziehungsgeschehen zu bestimmen. Zwei Strategien entsprechen besonders der süchtigen Beziehungsstruktur: das grandiose Sich-Verweigern und das Induzieren von Hilflosigkeit. Der entschlossenen Verweigerung des gewohnheitsmäßig oder süchtig Konsumierenden, sein Verhalten zu ändern, ist schwer beizukommen. Mit einem Machtkampf ist nichts zu gewinnen. Der Widerstand dagegen, sich das Suchtmittel wegnehmen zu lassen, verbindet sich mit den Grandiositätsgefühlen des »Eingeweihten«. Der »Wissende« demonstriert Überlegenheit, indem er sein Gegenüber z.B. mit Fragen wie: »Kennst du dich überhaupt mit Drogen aus?«, von Beginn an für inkompetent erklären möchte. Wenn nicht die frühzeitige Abwertung des Gegenübers die Absicht des Drogenkonsumenten ist, so zumindest sein »Austesten«. Grandiose Verweigerung verleiht dem Klienten in der beratenden oder therapeutischen Beziehung eine enorme Macht. Beim Gegenüber vermag sie umgekehrt Gefühle eigener Rat- und Machtlosigkeit hervorzurufen. Es gelingt dem Therapeuten nicht, den nach süchtigem Muster Agierenden in seiner Welt zu erreichen und eine Verhaltensänderung zu bewirken. Der Therapeut erlebt in der therapeutischen Beziehung das Schema-des-Zusammenseins-mit-einem-Anderen, das der Klient als frühe (oder aktuelle) zwischenmenschliche Realität erfahren musste (oder muss). Dessen Bemühungen als Säugling oder Kleinkind, sein Gegenüber emotional zu erreichen und dort ein angemessenes Antwortverhalten zu bewirken, erlebten ihr Scheitern. Das tragende Selbst-Gefühl von Urheberschaft und Wirksamkeit wurde dadurch empfindlich beeinträchtigt. Obendrein konnte kein Grundvertrauen in eine förderliche zwischenmenschliche Bezogenheit erworben werden. Die Wechselseitigkeit der Kommunikation wird außer Kraft gesetzt, wenn einer der Partner den Machtvorbehalt bewahren will. In der Beziehungsverweigerung gegenüber Sozialarbeiter oder Therapeut kann sich der Klient im Hier und Jetzt eigen-mächtig erleben. Es ist zwar keine selbst-dienliche, entwicklungsfördernde Macht, aber dennoch Macht, wenn er den Therapeuten zur Wirkungslosigkeit verurteilt.

Die zweite Beziehungsmanipulation des Abhängigen erreicht leicht das gleiche Ziel. Sich selbst hilflos machen vermag mächtige Wirkung zu erzielen. Wer sich nicht mehr zu helfen weiß, versucht unter Umständen, beim Gegenüber das gleiche Gefühl von Ohnmacht zu bewirken. Der Therapeut hat die schwierige Aufgabe zu unterscheiden, ob die Hilflosigkeit signalisierenden Äußerungen des Klienten »echt« oder »unecht« sind, ob er Hilflosigkeit vorschiebt, um sich selbst nicht bewegen zu müssen, oder ob er auf Grund tatsächlicher Überforderung in symbiotische Anhänglichkeit regrediert. In jedem Fall verlangen Äußerungen wie: »Ich kann das nicht«, »Ich weiß nicht mehr weiter«, »Es hat ja doch alles keinen Sinn mehr«, »Ich bin zu überhaupt nichts fähig«, eine einfühlsame Antwortreaktion. Der seelische Rückzug in die Unfähigkeit mag Ausdruck tiefster Verzweiflung sein. Er vermag sich allerdings auch mit machtvollen Forderungen zu vermischen. Die Hilflosigkeit des Klienten versucht sich der Person des Therapeuten zu bemächtigen. Die Botschaft lautet: »Ich kann mir selbst nicht helfen. Hilf du mir. Ich verlasse mich ganz auf dich.« Situativ ist es durchaus angemessen, wenn der Therapeut eine vorübergehende Hilfs-Ich-Funktion übernimmt. Ebenso situativ angemessen ist es, wenn der Therapeut einem Klienten in schwierigen Situationen konkret rät, was er tun könnte. Einen ernsthaft Rat suchenden Klienten ohne Antwort verhungern zu lassen ist therapeutische Quälerei. Möchte sich ein Klient allerdings passiv verharrend in einer idealisierenden Allmachtsübertragung auf den Therapeuten einrichten und ihn die alleinige Arbeit tun lassen, muss sich der Therapeut aus der Verstrickung lösen. Er muss das für den Klienten passende Maß finden, ihn eigene Fähigkeiten erleben zu lassen, und sei die

Selbst-Bewegung anfänglich noch so bescheiden. Wenn er die richtige Ebene trifft, wird sich der Klient bewegen.

Respektvolle, positiv zugewandte und eigenes Handeln stützende Interventionen sind »Anti-Dotes« bei der Umformung einer süchtigen Beziehungsstruktur. Allerdings muss der Therapeut innerlich auf eine paradoxe Erstverschlimmerung des Klienten gefasst sein. Viele süchtig Abhängige haben sich zeitlebens »reingezogen«, was vom Anderen kam. Da ihre Grunderfahrungen im Zusammensein mit Anderen vielfach durch Missachtung und Hemmung der Selbst-Behauptung geprägt sind, ist ihre innere Erwartungshaltung auf weitere Entwertung eingerichtet. Wertschätzung und Respekt kommen in ihrem Beziehungsrepertoire nur bruchstückhaft vor. Begegnen sie plötzlich Menschen, die ihnen mit Achtung gegenübertreten, antworten sie ihrerseits mit entwertender Abwehr. Ein ähnlicher Mechanismus ist weit verbreitet: Vielen Menschen unserer Kultur fällt es leichter, negative Seelennahrung in Form von destruktiver Kritik und Entwertung aufzunehmen, als positive Wertschätzung und Lob. Da Letzteres das weniger vertraute Beziehungsschema ist, zeigen sie oft Anzeichen von peinlicher Berührtheit. Innerlich winden sie sich. Ihre Reaktionen sind ein trauriger Hinweis auf die Beziehungsrealitäten einer kalten Gesellschaft.

Bleibt der therapeutische Dialog im Kern unstimmig, kann es schnell zur Eskalation des Beziehungsgeschehens kommen. Die Entwertungsspirale dreht sich immer schneller, bis alle Beteiligten ohnmächtige Lähmung verspüren und sich handlungsunfähig belauern. Das Gefühl, noch irgendetwas Sinnvolles bewirken zu können, löst sich in Resignation auf. Die süchtigen Beziehungsmuster waren »erfolgreich«. Die Beteiligten sind schachmatt gesetzt.

Gelingt es beispielsweise einem jugendlichen Drogenkonsumenten, seine Eltern sowie alle Ansprechpartner des sozialen und therapeutischen Hilfesystems durch induzierte Hilflosigkeit, Rückzug in totales Schweigen oder grandiose Provokation dahin zu bringen, dass sie nicht mehr weiter wissen, ist deren ratlose Ohnmacht der verzweifelte Triumph des süchtig Agierenden. Verselbstständigt sich diese machtvolle Dynamik, führt der Weg schnell noch tiefer in die Zerstörung der sozial tragenden Bezogenheit. Wer sich mit Suchtmitteln »zumacht«, verlässt die Beziehung. Seinen Machtvorbehalt kann er fortan nur aus eigenem Antrieb lockern. Entweder lässt er sich von einem einfühlsamen Gegenüber im Inneren erreichen, oder er schlägt einen verändernden Weg ein, wenn er dem durch die Eigen-Macht der Droge gedoppelten Verlust von Urheberschaft und Wirksamkeit Einhalt gebieten möchte. Standardäußerungen in jeder Suchtkarriere wie:»Ich kann jederzeit aufhören, wenn ich nur will«, sind eine Variante des Machtvorbehalts. Sie sind die Aufrechterhaltung der Illusion, des Wunsches, Herr über den eigenen Willen und seine Wirkungskraft zu sein.

Zuverlässige Hinweise auf machtvolle Beziehungsmanipulationen, die die gemeinsame Arbeit mit einem Klienten entgleisen lassen können, sind im Therapeuten auftauchende Ver-Wirrungen. Unklarheit, Lähmungsgefühle oder zunehmender Handlungsdruck sind Anzeichen dafür, dass irgendetwas nicht stimmt. Ausgeprägte »Nebelgefühle« im Therapeuten wie:»Was mache ich jetzt bloß weiter«,»Mir fällt nichts mehr ein«,»Ich kann nicht genug, bin ein lausiger Therapeut«, entsprechen der inneren Welt des Klienten, die im Therapeuten wieder entsteht. Sich als Therapeut in einen Zweikampf um Kompetenz oder Unfähigkeit hineinziehen zu lassen, lichtet die Nebel ebenso wenig wie überstürztes Agieren unter Handlungsdruck. Es zieht in der Dynamik des süchtigen Geschehens nahezu automatisch die negative Diagnostik in Form von Abqualifizierung des Klienten nach sich. Die Beziehungsfalle schnappt zu und der süchtige Kreislauf schließt sich einmal mehr. Hilfreicher ist das überlegte Ansprechen der eigenen Gefühle. Es hält das Gefühl für die eigene Authentizität aufrecht. Obendrein markiert es die Grenzsteine und Unterschiede zwischen Therapeut und Klient, die den therapeutischen Dialog in Bewegung halten.

Gelingt es beiden Seiten nicht, den Zirkel von Macht und Machtlosigkeit erfolgreich zu unterbrechen, ist der Therapieprozess rasch gescheitert. Und beschönigen wir nichts: Im Alltag der Suchtarbeit geschieht dies nicht selten, denn Sucht ist mächtig. Gelingt es dem Therapeuten dagegen, Eintritt in die Welt seines Gegenübers zu erlangen, weil Letzterer ihm aufgrund stimmiger Interventionen eine Tür öffnet, so kann die therapeutische Beziehung Früchte tragen. Erfolge zeigen sich darin, dass der Klient einen spürbaren Zuwachs an Wirkmächtigkeit erfährt, mit dem er auch in den Alltag hinausgeht. Hilfreich sein können in diesem Prozess Formen von Interventionen, wie ich sie weiter unten vorstellen werde.

Die Wirksamkeitsfalle

Das Kern-Gefühl von Urheberschaft und Wirksamkeit ist nicht nur im süchtigen oder suchtgefährdeten Klienten aktiv, sondern gleichfalls in seinem Gegenüber. Je nach eigener Geschichte des Therapeuten mit dem entsprechenden Selbst-Erfahrungsbereich, je nach Arbeitskontext sowie bewussten und unbewussten Arbeitsaufträgen unterliegt er dem Zwang zur Wirksamkeit. Er will oder muss etwas beim Klienten erreichen. Damit sitzt der Therapeut unter Umständen schnell in einer weiteren Beziehungsfalle: der Falle der Wirksamkeit.

Gelingt es dem Klienten, den Therapeuten zum wirkungslosen Scheitern zu verurteilen, muss Letzterer erfahren genug sein, mit den eigenen Ohnmachtsgefühlen so umzugehen, dass er nicht mit abqualifizierender negativer Diagnostik auf sein Gegenüber reagiert. Von Unsicherheit begleitete strukturelle Veränderungen in den Arbeitsbedingungen können seine Toleranz für therapeutische Niederlagen allerdings nachteilig beeinflussen.

Das gesamte Jugend- und Suchthilfesystem, welches das Gros der sozialen Arbeit leistet, muss derzeit mit immer weniger Personal und Sachmitteln immer mehr Klienten betreuen. Stationäre Einrichtungen kämpfen mit Versicherungsträgern um ihre langfristige Existenz. Privat niedergelassene Therapeuten müssen dafür Sorge tragen, dass »die Kasse stimmt«. Der Zwang zum Erfolg wird heutzutage immer *gewalt*iger. Umfangreiche Sparmaßnahmen sowie (zweifelhafte) Studien zur Qualitätssicherung erhöhen den Druck auf alle Bereiche des Suchthilfesystems (einschließlich des allgemeinen psychosozialen Jugendhilfesystems). Vorzeigbare Erfolge müssen in immer kürzerer Zeit erreicht sein. Im Gefolge von Abhängigkeit als höchstem Organisationsprinzip sind solche äußeren Bedingungen aus dem Hilfesystem nicht mehr wegzudenken. Wenn sie bis in den konkreten therapeutischen Dialog einwandern, ist ein Arbeiten ohne Druck kaum noch möglich. Im Extremfall wird er wie eine fremde, vergiftende Intropression erlebt. Jede Therapieeinrichtung versucht ihre »Produktivität« zu steigern, häufig auf Kosten der therapeutischen Langzeitwirkung. Die Konkurrenz um den Erfolg ist auch im Therapie»geschäft« voll ausgeprägt.

Zweifelsfrei ist therapeutische Wirksamkeit über verschiedene Wege zu erreichen. Den Königsweg gibt es nicht. Zu erzwingen ist ein Erfolg dagegen nicht. Welchen Weg ein professioneller Helfer in der Suchtarbeit wählt, hängt von mehreren Faktoren ab: von seiner eigenen inneren Einstellung, seiner Theoriebildung, seinem Bild vom Menschen, seinem Arbeitskontext usw. Eine Kern-Frage der Suchtarbeit lautet: »Wie viel Selbstständigkeit traue ich einem süchtig Abhängigen zu, wie viel Unabhängigkeit gewähre ich ihm?« Die Antwort ist eine individuelle, innere Entscheidung eines jeden Therapeuten. Von außen beobachtbar ist sie als praktische Methodik mit theoretischer Begründung.

Konkret wird der therapeutische Erfolg in zahlreichen Einrichtungen der Suchthilfe unter anderem mit einem ausgeklügelten Kontrollsystem angestrebt. Für süchtig Abhängige gibt es auf Dauer nur eine Lösung ihres Problems: die Abstinenz. Um das Ziel zu erreichen, arbeiten viele Suchthilfeeinrichtungen mit äußerer Kontrolle. Über Drogen-Screenings (Überprüfung auf Substanzeinnahme mittels Urin- oder Blutprobe) wird der Gebrauch von Drogen überwacht. Rückfälle führen schnell zum Ausschluss aus der Einrichtung. Die Klienten unterwerfen sich den regelmäßigen Drogentests. Die Fremdkontrolle unterstützt sie bei der Regulierung ihres eigenen Verhaltens. Für zahlreiche süchtig Abhängige ist das zwar hilfreich. Aber Kontrolle ist und bleibt das Gegenteil von Selbst-Bestimmung. Das System funktioniert nach den gesetzmäßigen Strukturen der Abhängigkeit. In stationären Einrichtungen, in denen der Rückfall eines Klienten viele Andere gefährdet, mag das Vorgehen verständlich sein. Wo bei ambulanten Therapien in Beratungsstellen oder freien psychotherapeutischen Praxen ebenso verfahren wird, drängt sich dagegen verstärkt die Frage nach den Motiven solchen Reagierens auf.

Therapeuten in ambulanten Einrichtungen und freien Praxen treffen wie ihre stationären Kollegen eine innere Entscheidung, wie sie mit Abhängigen arbeiten. Ihr oberstes Ziel bleibt die Abstinenz. Nur bei Klienten, die nicht das Stadium der süchtigen Abhängigkeit erreicht haben, sondern eher stark gewohnheitsmäßig Suchtmittel gebrauchen, kann das Ziel sein, weniger oder »angemessener« zu konsumieren. Abstinenz wird in der Realität leicht zu einem Dogma. Nicht selten konfrontieren Therapeuten Hilfe suchende Klienten von Beginn an mit einem Abstinenzgebot, dem sie sich bedingungslos unterwerfen müssen. Sind jene dazu nicht willens, bleibt ihnen die Therapietür der betreffenden Einrichtung verschlossen. Ärgerlich ist ein solches Vorgehen dann, wenn das therapeutische Angebot vor Ort ohnehin begrenzt ist. Die strikte Einforderung der absoluten Abstinenz von Beginn an ist für viele Klienten eine zu hohe Hürde. Für manche ist sie schlichtweg eine Überforderung, die sie aufgrund ihrer Sucht gar nicht nehmen *können*. Andere, vor allem jugendliche Drogengebraucher, signalisieren deutlich, dass sie dem Gebot vorerst nicht entsprechen *wollen*. Sie sind innerlich noch nicht bereit, ihre Droge kampflos aufzugeben. Vor allem nicht, wenn sie die Forderung als fremddiktierte Bedingung eines Therapeuten erleben. Die freie Entscheidung wird ihnen aber vielfach nicht zugebilligt. Entweder sie unterwerfen sich, oder der Therapeut lehnt es ab, mit ihnen zu arbeiten. Es ist das alte Spiel: das Ringen um den Machtvorbehalt unter der Prämisse des wirksamsten Weges zum Erfolg. Schon sitzen beide in der Beziehungsfalle. Dogmen sind eben auch Fallen.

Einrichtungen und Therapeuten, die stark mit Kontrolle arbeiten, bekommen leicht zusätzliche Probleme. Sie müssen das System permanent und lückenlos aufrechterhalten. Das heißt, sie sind innerlich ebenfalls fortwährend mit Kontrolle beschäftigt. Klienten, die wirklich selbstständig werden wollen, sind dagegen zu paradoxen Reaktionen genötigt. Sie müssen versuchen, das Kontrollsystem lahm zu legen bzw. dagegen zu verstoßen. Wenn der Preis dafür der Rückfall ist, bestätigen sie das süchtig kontrollierende System, das dem Klienten ja ohnehin keine Selbst-Steuerung zutraut. Das gesamte System kann sich »doll« drehen. Im Extremfall wird es gesprengt.

Therapeuten, die Rückfälle von Klienten als »Katastrophe« werten, bekommen ein weiteres Problem, wenn sie der Meinung sind, dass damit alles bisher Erreichte verloren sei. Unter Umständen nehmen sie den Rückfall sogar so persönlich, dass er sie in tiefe Selbst-Zweifel an ihrer professionellen Kompetenz stürzt. Heilsamer ist es, eventuelle Rückfälle auf dem Weg der Verselbstständigung eines Klienten als »Vorfälle« zu betrachten, mit denen sinnvoll weitergearbeitet werden kann. Es ist das persönliche Recht eines Klienten, über seinen Umgang mit Drogen zu entscheiden. Seine Entscheidung kann man ihm mit noch so viel Überwachung nicht abnehmen. Es liegt in der machtvollen Dynamik der süchtigen Beziehungsstruktur, dass sie sich durch kontrollierende Fremdsteuerung nicht eingrenzen lässt. Die entscheidende Veränderung findet auf der Beziehungsebene statt.

Um Missverständnissen vorzubeugen, möchte ich festhalten, dass ich nicht grundsätzlich gegen kontrollierende Elemente im therapeutischen Prozess bin, solange der Klient ihnen zustimmt. Für viele süchtig Abhängige sind sie in einer Anfangsphase der Therapie zweifelsfrei hilfreich.[1] Wenn das Abstinenzgebot und seine Überwachung allerdings zu einem Machtvorbehalt werden, nach dem jeder Klient, der sich ihm nicht von Beginn an unterwerfen möchte, abgewiesen wird, beschleicht mich ein ungutes Gefühl. Ich kann mich der Frage nicht erwehren, ob in solchen Fällen in den Klienten nicht Reste eigener unreflektierter Suchtstrukturen bekämpft werden. Der Machtvorbehalt vermag überdies Ausdruck eigener Herrsch*Sucht* zu sein.[2] In gar nicht so seltenen Fällen ist er nach dem heimlichen Motto: »Oh Herr, ich danke dir, dass ich nicht so bin wie jener«, sogar Ausdruck einer subtilen Verachtung. Im suchttherapeutischen Gewerbe findet sich nämlich durchaus die leicht überhebliche Tendenz, das Verhalten des Anderen als pathologisch-krank und damit per se als negativ und behandlungsbedürftig zu bewerten. Die für ihn positive Funktion seines Verhaltens kommt häufig zu kurz. Der Therapeut, der zu wissen glaubt, was für den Klienten das Richtige ist, vernachlässigt die »*Kompe-*

---

1 Siehe dazu z.B.: P. van Dalen: Was sich hinter der Maske verbirgt. In: Sucht-*Report* 1/1999.

2 Zu den subtileren Formen der Sucht wie Herrschsucht, Kontrollsucht, Machtgier usw. siehe C. Criss: Loslassen. Wege aus Sucht und Abhängigkeit. München 1992. Stellenweise ist das Buch allerdings arg »amerikanisch«..

tenz« des Klienten.[1] In jedem Klienten steckt das »Wissen« darum, was mit ihm geschehen ist, was ihm folglich fehlt und was er braucht, um zu gesunden. Dafür sorgt schon das Kontinuum in ihm. Das »Wissen« kann allerdings tief vergraben sein. Die Aufgabe des Therapeuten ist es, dem Rhythmus und Tempo seines Klienten zu folgen. Das gebietet der Respekt vor der Seele und der Wahrheit des Klienten. Mit Kontrolle und heimlicher Verachtung verträgt sich das nur schlecht.[2] Insgesamt ist der Umgang mit dem Machtvorbehalt in der therapeutischen Beziehung eine Variante des Ringens um Wirkmächtigkeit.

Eine Ausprägung dieses Ringens finden wir auch in Form subtiler Definitionsgewalt. Offen zutage tritt sie gelegentlich als ein penetrantes Herumreiten auf der so genannten Suchtverlagerung. Ich kenne Kollegen, die sich mit ihren Behandlungserfolgen bei süchtiger Abhängigkeit nur ungern zufrieden geben wollen, wenn ein Klient von einer mächtigen Droge auf weniger starke Suchtmittel umsteigt. Wie wir mit solchen Suchtverlagerungen umgehen, hängt entscheidend davon ab, wo wir bei der Bewertung von therapeutischem Erfolg oder Misserfolg die Messlatte ansetzen. Wenn beispielsweise ein 34-jähriger Angestellter aus einer stark alkoholbelasteten Herkunftsfamilie, in der sein Vater und ein älterer Bruder abhängige Trinker sind, es schafft, seinen eigenen bedenklichen Bierkonsum zu stoppen und dauerhaft alkoholabstinent zu leben, dann ist das eine anerkennenswerte Leistung. Sie verdient angemessene Würdigung, selbst wenn der Klient eine Suchtverlagerung auf Nikotin und Koffein vollzogen hat und zu einem ebenso süchtigen Raucher wie maßlosen Kaffeetrinker geworden ist. Man mag ihm als sein Therapeut wünschen, zukünftig auch weitere Distanz zu diesen Suchtmitteln zu gewinnen, aber penetrant auf seiner Suchtverschiebung herumzureiten ist verletzende Gängelei. Über seine Fähigkeit zur Alkoholabstinenz hat der Klient seine uneingeschränkte Arbeitsfähigkeit wiedererworben. Er hat mittlerweile ei-

---

1 Auf die Kompetenz des Klienten verweist Niklaus Roth in seinem Nachwort zu T. Moser: Das erste Jahr. Frankfurt 1986, S. 160.
2 Zur subtilen therapeutischen Verachtung siehe: D. Hoffmann-Axthelm: Wenn Narziss Athena küsst. Über die Verachtung. Frankfurt 1998.

genhändig ein Haus gebaut und er ist ein zuverlässiger Partner für seine Frau sowie seinen Kindern ein liebevoller Vater. Mit seiner Suchtverlagerung kann er gut leben. Das ist ein Erfolg, an dem es nichts herumzumäkeln gibt.

Weitere Varianten der »Wirksamkeitsfalle« bleiben nicht selten als solche gänzlich unentdeckt. Im therapeutischen Dialog existiert in der Regel ein Arbeitsbündnis, das einen Auftrag enthält. Der Klient formuliert einen solchen, indem er mitteilt, was er sich vom Therapeuten als Gegenüber wünscht. Fast immer gibt es bewusste, ausgesprochene und unbewusste, nicht ausgesprochene Aufträge. In der therapeutischen Zweier-Beziehung bleiben die Aufträge leichter überschaubar als im Bereich der allgemeinen psychosozialen Versorgung. Hier kommt es leicht zu unentwirrbaren Verstrickungen, wenn die Aufträge nicht entwirrt, geschweige denn nicht einmal als solche wahrgenommen werden. Im breiten Feld der Sozialarbeit gibt es vielfach Situationen, in denen sich professionelle Helfer in den Aufträgen verlieren können.

Nehmen wir das Beispiel eines jugendlichen Drogenkonsumenten, der in eine Wohngruppe eingewiesen wird. Im Vorgespräch mit allen Beteiligten fließen die unterschiedlichsten Signale. Jugend- oder Sozialamt geben einen offiziellen Arbeitsauftrag. Die Botschaft lautet in etwa: »Wir weisen diesen Jugendlichen eurer Wohngruppe zu. Und ihr sorgt (möglichst kostengünstig) dafür, dass er sich sozial einfügt und keine Drogen mehr nimmt.« Der Träger der Wohngruppe gibt den Betreuern per Konzeption den Auftrag: »In der Einrichtung dürfen keine Drogen genommen werden. Wer offiziell dagegen verstößt, wird aus der Wohngruppe verwiesen.« Eine heimliche oder inoffizielle Botschaft lautet: »Achtet vor allem darauf, dass die Einrichtung nicht unterbelegt ist.« Die Eltern des Jugendlichen formulieren möglicherweise den ausgesprochenen Auftrag: »Helfen Sie unserem Kind, dass es keine Drogen mehr nimmt. (Wir wissen nicht mehr weiter).« Ihr unbewusster Auftrag an den zuständigen Sozialarbeiter stellt dagegen die Falle: »Aber hüten Sie sich, Erfolg zu haben, denn dann wären Sie besser als wir Eltern. (Und das darf nicht sein).« Der heimliche Auftrag der Eltern ist umso bindender, je negativer ihre inneren Bilder (Repräsentationen) und Zukunftserwartungen in Bezug auf ihr

Kind sind. Der Sozialarbeiter erteilt sich unter Umständen selbst innere Aufträge. Je nach eigenen Vorerfahrungen mit seiner Lebensgeschichte sowie mit wesentlichen Bezugspersonen in seiner Herkunftsfamilie können diese ganz unterschiedlich gefasst sein: »Ich möchte mit dem Drogengebrauch des Jugendlichen toleranter umgehen als alle Anderen. (Die haben ja keine Ahnung)«, »Ich möchte dem Jugendlichen unbedingt helfen, indem ich ihm sein Problem klarmache«. Unbewusste Motive können durchschlagen: »Ich möchte der bessere Sozialarbeiter oder der bessere Papa oder eher ein Kumpel sein«, oder »Ich habe noch etwas wieder gutzumachen«. Der Jugendliche, den das ganze Prozedere betrifft, erteilt nur allzu häufig keinen eigenen Arbeitsauftrag. Er wird in der Regel selten gefragt. Wenn er es tut, kann eine offizielle Botschaft, je nach Druck, unter dem er situativ steht, lauten: »Ja, ich möchte in diese Wohngruppe und ich nehme dort auch keine Drogen mehr.« Heimlich denkt er eher: »Hoffentlich ist das Ganze bald vorbei. Die sollen mich doch alle in Ruhe lassen.«

Nach einem ähnlichen Muster verlaufen unzählige Situationen in der allgemeinen psychosozialen Versorgung der Sozialarbeit. Es gibt eine Fülle von offiziellen und heimlichen Arbeitsaufträgen wie Botschaften, die miteinander konkurrieren, sich gegenseitig aufheben oder blockieren. Unbewusste Aufträge sind in aller Regel die weitaus wirksameren. In meiner Arbeit mit Multiplikatoren bestätigt sich immer wieder die Erfahrung, dass es allzu häufig versäumt wird, die unterschiedlichen Arbeitsaufträge rechtzeitig zu sortieren. Nicht selten fehlt gänzlich der Blick für die angerichtete Verwirrung. Persönlich lege ich großen Wert auf die Reflexion aller Arbeitsaufträge. Wer so verfährt, vermeidet frühzeitig die Verstrickung in unlösbare Widersprüche. Eine klare Auftragsanalyse macht handlungsfähiger; schon allein dadurch, dass die Bindungswirkung unbewusster Botschaften durch ihre Aufdeckung entmachtet wird. Von besonderem Gewicht ist es, sich vom Klienten selbst einen ausgesprochenen Auftrag geben zu lassen. Jeder Klient ist dazu in der Lage. Seine Erteilung darf vorläufig sein und sich im Laufe der Zeit ändern. Der Klient fühlt sich durch die Frage nach seinem Auftrag gewürdigt. Im obigen Beispiel eines jugendlichen Drogengebrauchers mag es sein, dass er gegen seinen Willen einer

Einrichtung zugewiesen wird. In diesem Fall wird er verständlicherweise erst mit heftiger Ablehnung reagieren und eine Antwort auf die Frage nach dem eigenen Arbeitsauftrag verweigern. Zunächst dürfte man dann schließen, dass die unausgesprochene Botschaft heißt: »Lass mich in Ruhe, und ich werde hier sowieso machen, was ich will.« Es kann überaus hilfreich und entspannend wirken, wenn dem Klienten im ersten Einzelgespräch die Widersprüche verdeutlicht werden. Sein Gegenüber könnte etwa signalisieren: »Ich sehe, dass du nicht freiwillig hier bist. Wenn du selbst entscheiden dürftest, wärst du wahrscheinlich lieber woanders. Aber auch ich kann die Situation derzeit nicht ändern. Wenn wir das beide im Moment so akzeptieren, was könntest du dann unter den gegebenen Umständen von mir wollen?« Widersprüche offen legen heißt, sie besser handhaben zu können und dem Gegenüber begehbare Brücken zu bauen. Das Sortieren bewusster wie unbewusster Aufträge verhilft in jedem Falle zu wirksameren, weil angemesseneren Arbeitsschritten.

Therapeutische und präventive Verfahren

Therapeutischer Methodenpluralismus

Viele Therapeuten halten den Arbeitsansatz ihrer eigenen therapeutischen Schule selbstverständlich für den wirkungsvollsten. Wer viel Zeit, Geld und persönliche Mühe in eine therapeutische Ausbildung investiert hat, möchte sein Verfahren in Konkurrenz zu anderen Methoden gerne für überlegen halten. Insofern gibt es auch nur wenige kassenfähige Standardverfahren und mehrere nicht kassenfähige therapeutische Richtungen. Außer der machtvolleren Durchsetzung der eigenen Zunft-Interessen bei der Verteilung der »Silberlinge« gibt es dafür kaum eine fachlich begründete Legitimation. Gerade im Suchtbereich ist es sogar eine fachliche Absurdität, dass familientherapeutische Verfahren nicht abrechnungsfähig sind, obwohl die Einbeziehung des direkten sozialen Umfelds in die Arbeit sich anerkanntermaßen nicht nur für die Prognose, sondern auch für die messbare Langzeitwirkung einer Therapie günstig erwiesen hat.

Die simple Wahrheit, die so gerne ignoriert wird, ist: Unterschiedliche Therapieverfahren sind gleichermaßen wirksam, vorausgesetzt der Therapeut hat eine seriöse Ausbildung durchlaufen und versteht sein »Handwerkszeug«. Nicht die therapeutische Technik und Schule sind der entscheidende Wirkfaktor, sondern die stimmige »Chemie« auf der Beziehungsebene. Präventive, beratende wie therapeutische Arbeit ist Beziehungsarbeit auf dem Hintergrund des Beherrschens theoretischer wie praktischer Arbeitsansätze. Insofern führen viele heilsame Wege zum angestrebten Ziel, wenn der Klient sie als für sich persönlich stimmig erlebt. Je breiter das methodische Rüstzeug ist, über das ein Therapeut sicher verfügt, desto flexibler und angemessener vermag er auf die individuellen Nöte eines jeden Klienten zu antworten. Die Konkurrenz der therapeutischen Vereinigungen und Zünfte sowie der persönliche Narzissmus von Therapeuten wie anderen professionellen Helfern sollten im Interesse der Klienten zurückstehen. Sie untergraben die Seriosität des Hilfesystems.

Plädoyer für einen unorthodoxen Therapiestil

Das wichtigste »methodische« Gut aufseiten des Therapeuten ist nicht seine »Schule«, sondern seine *innere Haltung* gegenüber dem Klienten. Sie ist unmittelbarer Ausdruck der Menschlichkeit des Therapeuten. Erlerntes »empathisches« Antwortverhalten sowie jedwede therapeutische Technik bleiben aufgesetzt, wenn sie nicht mit der Person des Therapeuten übereinstimmen. Gerade im Kontakt mit süchtig abhängigen Menschen sind Authentizität als Realperson sowie Intuition und respektvolles Bewahren der eigenen wie fremden Grenzen wirksamer als die »reine Lehre« psychologischer Heilverfahren mit Ausschließlichkeitsanspruch. Wenn der Klient auf eine bestimmte Therapie nicht anspricht, ist in der Regel nicht der Klient untherapierbar, sondern das praktizierte Verfahren oder die Person des Therapeuten sind für ihn nicht geeignet. Es gibt keine einzige unverrückbare therapeutische Regel, außer der Respektierung und Wahrung der Grenzen des Gegenübers (und natürlich der eigenen). Die beste Technik ist, alle therapeutisch einengende Technik fahren zu lassen, um stimmig auf jeden Klienten reagieren zu können. Man muss zwar nicht für jeden neuen Klienten gleichzeitig eine neue Therapie erfinden, aber ihm individuell begegnen.[1]

---

1 Zu den letzten Äußerungen siehe Y. D. Yalom: Die rote Couch. München 1998. Yrvin D. Yalom ist Professor für Psychiatrie. Seine Fachbücher, wie z.B. das »Handbuch«: Gruppenpsychotherapie. Grundlagen und Methoden. München 1974, sind Klassiker für Gruppentherapie. »Die rote Couch« hingegen ist kein Fachbuch, sondern ein Roman. Das Buch ist Lesegenuss pur für Therapeuten und professionelle Helfer, die in der Lage sind, neben sich zu treten und ihr Tun selbst-kritisch zu hinterfragen. Narzisstisch empfindlicheren Therapeuten, die in ihrem Selbst-Verständnis zu stark an die »Glaubensrichtung« berufsständischer Vereinigungen gebunden sind, gefriert das Lachen eher im Gesicht. Yalom fordert die Therapeutenseele auf höchst provokative Weise heraus. »Die rote Couch« ist im besten Sinne lehrreicher als manches theoretische Standardwerk. Gleichfalls empfehlenswert ist sein Roman »Und Nietzsche weinte«. München 1994.

Ich plädiere für einen unorthodoxen Therapiestil, der aus einem möglichst breiten Spektrum effektiver Behandlungsformen schöpft. Für den Therapeuten, der sich die unterschiedlichen Methoden aneignen muss, bedeutet das ein wiederholtes Investieren in die eigene Kompetenz. Zum anderen ermöglicht es ihm reiche Selbst-Erfahrungen im Hinblick auf die eigenen Lebensthemen, die ihn innerlich wach und lebendig halten. Die innere Freiheit, eine Therapiekultur der bunten methodischen Vielfalt zu betreiben, meint keinesfalls eine methodische Beliebigkeit oder Austauschbarkeit. Gemeint ist die Offenheit des Therapeuten anzuerkennen, dass er mit unterschiedlichen Verfahren wirksamer verschiedene Gefühlsbereiche und Erinnerungsspeicher im Klienten zu berühren vermag. Ein konsequent praktiziertes therapeutisches Verfahren kann überaus hilfreich sein, wenn die grundsätzliche innere Haltung des Therapeuten eine dem Klienten zugewandte ist. Therapeutische Vielfalt wird der Tiefe der menschlichen Seele sowie der Weisheit des Körpers allerdings stimmiger gerecht.[1]

In der Arbeit mit süchtig abhängigen Menschen wie in der Prävention bediene ich mich selbst wirksamer Methoden der psychoanalytisch und tiefenpsychologisch orientierten Verfahren, der analytisch wie systemisch orientierten Familientherapie sowie der Gestalt- und Pesso-Therapie. Außerdem greife ich unterstützend auf körpertherapeutische und leiborientierte Verfahren zurück, die die präverbalen und jenseits der Sprache existierenden Persönlichkeitsschichten nicht nur ansprechen, sondern tatsächlich am affektmotorischen Ursprung erreichen können. Handlungsleitend ist die Stimmigkeit der angewandten Methode für den Klienten sowie die für ihn richtige Dosierung. Doch man kann es nicht oft genug wiederholen: Nicht seine Technik macht den Therapeuten zum hilfreichen Gegenüber, sondern in erster Linie seine eigene tiefe Menschlichkeit, die ihn auf die Nöte des Klienten antworten lässt.

Die regulierende Antwort ist der entscheidende Wirkfaktor. Ei-

---

1 Zu der sehr kontrovers, bisweilen sogar feindlich geführten Diskussion um die Technik und Methodik des therapeutischen Intervenierens siehe den übersichtlichen Beitrag von A. Heigl-Evers, U. Rosin und F. S. Heigl: Psychoanalytisch-interaktionelle Annäherung an Patienten mit strukturellen Störungen. In: A. Heigl-Evers, J. Ott (Hg.), 1998.

ne Ahnung von der Bedeutung einer Antwort vermittelt die Kabbala (hebräisch: die »Überlieferung«), eine alte jüdische Mystik und Geheimlehre. Unter anderem ordnet sie jedem Buchstaben eines Wortes eine Zahl zu. Somit ergibt sich für jedes Wort ein Zahlenäquivalent und es entstehen untergründige Bedeutungszusammenhänge. Bestimmte Worte sind nämlich durch ihre Zahlenäquivalente mit anderen Worten gleicher Valenz verbunden. Das hebräische Wort für »Hölle« hat auf diese Weise die gleiche Valenz wie das für »ohne Antwort«. Ohne stimmige Antwort bleiben wird zur individuell erlebten Hölle. Sie ist das »schwarze Loch« des süchtig verlorenen Menschen.

Therapeutische und präventive Settings

Therapie und Prävention finden mit den unterschiedlichsten Menschen an den unterschiedlichsten Orten, in den unterschiedlichsten Einrichtungen und den unterschiedlichsten Settings statt. Jedes Setting hat seine spezifischen Besonderheiten, die es für eine wirksame Arbeit zu beachten gilt. Zu jedem ließen sich Bände füllen, weswegen ich mich auf ausgewählte Aspekte beschränke.

Motivationsarbeit

Die Motivationsarbeit ist so etwas wie die »heilige Kuh« der Suchtarbeit. Bewusst etwas ketzerisch drängt sich in Zeiten zunehmender wirtschaftlicher Verteilungskämpfe die Frage auf, wem die Motivationsarbeit eigentlich zugute kommt. Ist es eine selbst-lose Intervention zum Nutzen des süchtig Abhängigen oder verkommt sie mehr zum Selbst-Zweck, um den Abhängigen als Klienten an die eigene Praxis, Beratungsstelle oder stationäre Einrichtung zu binden?

In jedem Falle wohnt der Motivationsarbeit ein Paradoxon inne. Solange man einen suchtkranken Menschen noch zu einer Therapie motivieren muss, fehlt ihm der Eigen-Antrieb zur Veränderung. Die Motivation ist für ihn ähnlich fremdbestimmt wie sein Leben unter dem machtvollen Diktat des Suchtmittels. Nichtsdestotrotz kann Motivationsarbeit Sinn machen. Aus Fremdsteuerung vermag Eigen-Motivation zu erwachsen, wenn der Abhängige sein süchtig eingeschränktes Leben gleichzeitig einfühlsam wie konfrontativ gespiegelt bekommt.

Um schwerstabhängige Menschen zu einer Veränderung zu motivieren, bedarf es vorrangig eines tragfähigen Arbeitsbündnisses. Der Motivierende muss in einem akzeptablen Rahmen als hilfreiche

Realperson zur Verfügung stehen und dabei gleichzeitig ein günstiges Klima für Übertragungs- und Gegenübertragungsprozesse schaffen. Eine vorbereitende Motivationsphase verlangt große innere Aufmerksamkeit. Der Helfende muss selbst-erfahren und professionell genug sein, um einerseits die typischen co-abhängigen Beziehungsfallen zu umgehen. Andererseits muss er souverän genug sein, eine breite Palette von Hilfsmöglichkeiten so platziert einzusetzen, dass es dem Arbeitsbündnis langfristig dienlich ist. Zu starke Abgrenzung gegenüber dem Klienten, verbunden mit einem vorschnellen Verweisen auf dessen eigene Bemühungen, ließen den Klienten eher frustriert und gekränkt zurückweichen. Die negative Übertragungsreaktion wäre in jedem Fall ein Hindernis für eine wirksame Weiterarbeit. Einer eher positiv getönten Übertragung förderlich sind bei schwerst suchtmittelabhängigen Menschen während der Motivationsphase das Erteilen von Informationen und Rat sowie das Gewähren lebenspraktischer konkreter Hilfen im Umgang mit Behörden, Polizei und Justiz, Versicherungsträgern, eventuellen Arbeitgebern, Angehörigen des sozialen Umfelds usw. Das verlangt von den Einrichtungen des Suchthilfesystems nicht nur eine »Komm-«, sondern auch ein »Geh-Struktur«, die z.B. Hausbesuche beim Klienten zulässt. Eine hochschwellige Komm-Struktur erfasst nur die Klienten, die ohnehin schon ausreichend motiviert sind, einen Fuß über die Schwelle einer Hilfseinrichtung zu setzen. Zur Motivationsarbeit zählt deshalb »Streetwork«, d.h. das Aufsuchen drogenabhängiger Menschen dort, wo wichtige Stationen ihres Alltags sind. Leider existiert in unserer Gesellschaft kaum eine Wertigkeit, die der überaus schwierigen Tätigkeit von »Streetworkern« die ihnen gebührende Anerkennung zuteil werden ließe, weder finanziell noch ideell.

Im (sekundär)präventiven Bereich, in dem es nicht um die Motivation von Schwerstabhängigen, sondern eher um das Verhalten gelegentlich oder gewohnheitsmäßig Drogen konsumierender Jugendlicher wie junger Erwachsener geht, bewegt sich die Motivationsarbeit auf anderen Ebenen. Dennoch gilt auch hier, dass die Zielgruppe eher vor Ort zu erreichen ist. Sie kommt selten aus eigenem Antrieb in Beratung oder Therapie. Gewohnheitsmäßig Rauschmittel gebrauchende Jugendliche lassen sich durch Cliquenarbeit vor Ort vor allem dann zu einer kritischeren Sicht ihres Verhaltens bewegen, wenn die Person des »Drogenberaters« für sie menschlich glaubhaft ist. Der Motivationserfolg ist unmittelbar an die Authentizität und Integrität der Fachkraft vor Ort gebunden. Aus einer herablassenden Position ist nichts zu gewinnen. Der Motivierende muss Zutritt zur Lebenswelt der Jugendlichen bekommen. Überdies muss er mit deren aus ihrer Sicht berechtigten Vorurteilen gegen »Drogenberatung« umzugehen wissen, ohne sich in eine Auseinandersetzung um den Machtvorbehalt verstricken zu lassen.

Die Schnittstelle zwischen Motivationsarbeit einerseits und Beratung oder Therapie andererseits ist häufig fließend, insbesondere bei der Gruppenarbeit vor Ort. Vor dem Hintergrund heutiger Konsummuster ist es zunehmend wichtig, einen Fuß in die Tür »militanter« Haschisch-Cliquen zu bekommen. Deren Drogengebrauch ist vielfach so sehr mit Langeweile und sinnentleerter Freizeit gekoppelt, dass der geringste Anflug von Langeweile sofort wieder mit Haschischgebrauch bekämpft wird. Ihr Gebrauchsmuster hindert die psychisch Abhängigen daran, überhaupt noch eine psychische Spannung aufzubauen, die durch eine »normale«, lustvoll »anturnende« Tätigkeit abgeführt werden könnte. Durch die permanente, selbst-vorgenommene pharmakothyme Runterstimulierung schwindet das Gefühl für wirksame Alternativen in weite Ferne. Durch die gegenüber früheren Haschisch-Generationen veränderten Anwendungsrituale »beamen« sich manche Konsumenten in geradezu komatöse Zustände. In der Arbeit mit solchen Cliquen steht zu Anfang die Entkoppelung von Langeweile und Cannabis-Gebrauch im Vordergrund. Es geht um eine Motivation zu genussvoll erlebten alternativen Tätigkeiten, die dem eigenen Einflussbereich unterliegen.

Es gibt in der Motivationsarbeit keinen Königsweg und es existiert nur eine Regel: Die Motivationsarbeit muss den unangenehmen Geruch der Co-Abhängigkeit meiden. Wer seine eigenen Grenzen verschwimmen fühlt und sich vom Gegenüber in manipulierender Weise benutzen lässt, hat sich darin verfangen. Ansonsten ist in der Motivationsphase erlaubt, was erfolgreich ist. Viel zu häufig werden prinzipiell gute Ideen nicht umgesetzt, weil sie nicht üblich erscheinen. Mit wachsender innerer Entscheidungsfreiheit kann man sich darüber hinwegsetzen. Manche Methoden sind so simpel wie kostengünstig und dennoch unter bestimmten Umständen wirksam. Ein kleines Beispiel mag Letzteres verdeutlichen: Ich habe mittlerweile selbst gute Erfahrungen gemacht mit dem Schreiben von persönlich zugeschnittenen Briefen an jugendliche Klienten, die ich zwar in einem Erstkontakt kennen gelernt hatte, die für weitere Schritte jedoch zunächst nicht zugänglich waren. Sei es, weil sie ein Bündnis meinerseits mit ihren Eltern oder Betreuern, eine Zusammenarbeit mit der Polizei oder Sonstiges fürchteten. Einige, die arg auf der Kippe standen, mit ihrem gewohnheitsmäßigen Drogengebrauch in das Stadium süchtiger Abhängigkeit zu entgleiten, kontaktierte ich per Brief oder E-Mail. Zunächst erreichte ich natürlich, gemessen an direkt vorzeigbaren Erfolgen, »gar nichts«. Durch Beharrlichkeit veränderte sich das Bild. Da ich über weitere einbezogene Personen in den betreffenden Fällen über den Stand der jugendlichen Drogengebraucher informiert war, verschickte ich in unregelmäßigen Abschnitten weitere Botschaften an sie. In drei von bisher sechs solcher Versuche ließen sich die Jugendlichen auf das »Spiel« ein. Sie trugen die Briefe längere Zeit mit sich herum und waren innerlich damit beschäftigt. An irgendeinem Punkt wurden sie von den sie ansprechenden Botschaften erreicht und sie nahmen Kontakt auf. Zwei kamen in die Beratungsstelle, mit einem traf ich mich auf »neutralem Boden«. Alle haben ihre Krisen inzwischen erfolgreich bewältigt, wobei einer weiterhin an einem gemäßigten Cannabis-Konsum festhält.

Einzeltherapie

Die Einzeltherapie ist ein therapeutisches »Lieblingskind«. Viele Suchtklienten machen nur Einzeltherapie. Selbst wenn sie in ambulanten oder stationären Einrichtungen der Suchthilfe an Gruppentherapien teilnehmen, finden parallel dazu in der Regel Einzelgespräche mit einem Bezugstherapeuten statt.

Bei süchtig Abhängigen mit narzisstischen oder strukturellen Persönlichkeits»störungen« ist das Kern-Erleben in unterschiedlicher Weise beschädigt. Der Therapeut kann davon ausgehen, dass alle Selbst-Erfahrungsbereiche in Mitleidenschaft gezogen sind, dass aber das Gefühl von Urheberschaft und Wirksamkeit dasjenige ist, welches am entscheidendsten geschwächt ist. Das Suchtverhalten ist das ausgebildete Decksymptom, das sich durch die Eigendynamik des süchtigen Geschehens bzw. durch das machtvolle Wirken potenter Suchtstoffe verselbstständigen kann. Bei ausgeprägter körperlicher Abhängigkeit oder gar Verelendung eines Klienten erfolgt eine erste Intervention auf der Symptomebene, um überhaupt eine konstitutionelle Befindlichkeitsgrundlage für eine tiefer reichende psychotherapeutische Arbeit herzustellen.

Nach der Herstellung eines tragfähigen Arbeitsbündnisses mit dem Klienten auf der Ebene der »Beziehungschemie« und der Formulierung eines Auftrages an den Therapeuten besteht dessen nächste Aufgabe darin, die typischen Beziehungsschemata und affektmotorischen Verhaltensmuster des Klienten zu identifizieren, die das Rückgrat seiner Einstellung sich selbst und der Mit-Welt gegenüber bilden. Je tiefer die Persönlichkeits»störung« eines Menschen, desto »pathologischer«, stereotyper oder brüchiger werden seine Interaktionen in aller Regel sein. Bei differenzierteren Klienten sind die Beziehungsschemata und Gefühlsqualitäten wesentlich variantenreicher.

Eine erste Annäherung an die Verhaltensmuster eines Klienten ermöglichen Fragen, die das »Was tun Sie gerade wie?« seiner Interaktionen im Hier und Heute eingrenzen. Der Klient kann auf diesem Weg seine Beziehungsmuster unmittelbar aufschlüsselnd erfahren. Bleibt er dafür blind, wird der Therapeut sie ihm spiegeln und beschreiben sowie als Realperson darauf antworten.

Typisch ausgeprägte Verhaltensweisen sowie wiederkehrende Gefühlsgestalten sind gelebte Antworten eines Menschen auf affektmotorische Prägungen sowie innere Bilder des zwischenmenschlichen Zusammenseins. Etwas abstrakt formuliert bedeutet Psychotherapie demnach das Wiederbeleben nicht bestimmungsgemäß ausgereifter affektmotorischer wie motivationaler Systeme, die Modifikation selbst-behindernder Schemata des Zusammenseins über emotional korrigierende zwischenmenschliche Erfahrungen sowie die Veränderung gespeicherter Selbst- und Objektrepräsentanzen.

Veränderungsprozesse eines Klienten entsprechen seiner inneren Neuordnung. Der Klient erstellt sich mithilfe zur Selbst-Hilfe eine verfeinerte innere Landkarte. Er muss ein zuverlässiges Gespür dafür entwickeln, wie er an ein gestecktes Ziel gelangen kann. Gewohnheitsmäßig Suchtstoffe einsetzende Menschen bzw. süchtig Abhängige stehen vor der inneren Schwelle, in einem ersten Schritt ihre Verleugnung aufzugeben und sich mit ihrem Problem zu konfrontieren. Haben sie als Nahziel die beherrschende Macht des Suchtmittels gebrochen, können sie weiterführende Ziele anstreben. Das Bearbeiten ihrer Abhängigkeit bedeutet, sich zu vergegenwärtigen, wie ihr (Symptom-)Verhalten in die Gestaltung ihrer Lebensthemen hineinwirkt. Auf allen Schauplätzen des Lebens müssen sich die Klienten der Herausforderung stellen, die unangemessenen Bewältigungsmechanismen für ihre zentralen Probleme zu verändern: mit dem Partner, der Kern- oder Herkunftsfamilie, am Arbeitsplatz, im Rückblick auf die eigene Lebensgeschichte, im Umgang mit den eigenen Gefühlen sowie in der therapeutischen (Übertragungs-)Beziehung.

Je nach Entwicklungsstand eines Klienten muss er ganz basale Lebenskompetenzen erwerben, praktische Fähigkeiten, mit denen er seine alltägliche Selbst-Versorgung sicherzustellen vermag. Ansonsten vollzieht sich ein Veränderungsprozess über korrigierende emotionale Erfahrungen auf der Beziehungsebene, die in das Selbst integriert werden, um es umzubauen. Süchtig Abhängige folgen häufig einer diffusen SehnSucht, ohne konkreter benennen zu können, was das Ziel ihres bildlosen Sehnens ist. Mit dem entwicklungspsychologisch zweischneidigen Eintritt in die Welt der Sprache bleiben Gefühle, Wünsche, Bedürfnisse, die nicht gespiegelt, bestärkt oder benannt wurden, ohne Erlebniszusammenhang und daher ohne relationalen Gehalt. Aus dem zwischenmenschlichen Kontakt verbannt, vermögen sie in fest verschlossenen Privaträumen zu überdauern. Sie führen dort eine namenlose Existenz und sind für einen Klienten sprachlich kaum zu fassen. Das diffuse Sich-Sehnen wird zusätzlich von den untergründig weiterwirkenden Kräften des Kontinuums gespeist, die auf möglichst stimmige Entwicklung aller motivationalen menschlichen Anlagen abzielen. Früher oder später drängt jede latente SehnSucht mit Macht in den therapeutischen Dialog. Wird sie dort berührt, indem ihr Inhalt einen Namen, einen Bezug und eine Richtung erhält, kommt es nicht selten zu so typischen Feststellungen eines Klienten wie:»Ich habe nie wirklich gewusst, was ich eigentlich suchte, bis ich gespürt habe …«

Gelegentlich gelingt in einer Therapie über die Erforschung der Beziehungsbiographie eines Klienten die Anknüpfung an früher erlebte kompensatorische Erfahrungen mit positiven Elternersatzpersonen. Viele Drogen gebrauchende oder suchtkranke Menschen, deren Symptomverhalten in der Beziehungsdynamik ihrer Herkunftsfamilie wurzelt, haben partiell rettende zwischenmenschliche Erfahrungen mit wenigstens einem ihnen zugewandten Menschen gemacht. War eine solch positiv erlebte Figur beispielsweise eine Großmutter oder ein Großvater, kann die innere Not eines Klienten dramatisch gewachsen sein in dem Moment, wo er sich durch deren Tod gänzlich verlassen fühlte. Gleichwohl ist es therapeutisch hilfreich, nach solchen affektiven Erfahrungen mit Be-Elterung zu suchen, um sie als alternative Beziehungsschemata wieder zu beleben und im Hier und Jetzt zu bestärken.

Vermag ein Klient nicht auf derlei innere Bilder zurückzugreifen, ist eine weitere hilfreiche Intervention das Arbeiten mit den »idealen Eltern«. Die »idealen Eltern« sind zwar eine Abstraktion, nehmen jedoch durch die therapeutische Handhabung Gestalt an. Sie sind in eine wieder aufgerufene (refigurierte) Lebensszene eingeführte Elternfiguren, die einen positiven Ausgang aus einer ursprünglich traumatisch erlebten Situation oder aus chronischer Fehlabstimmung unterworfenen Situationen mit niedrigen Spannungszuständen ermöglichen.»Ideale Eltern« bieten ideale Einfühlung, Halt und Sicherheit, Verständnis, Spiegelung, Unterstützung und Grenzen, nachdem der Klient mit ihrer Hilfe seine diffusen Gefühle in den inneren Erlebensraum zurückgeholt hat. Sie verkörpern in verdichteter Form das, was der Klient als Kind oder Jugendlicher gebraucht hätte, um mit seinen Affekten und Impulsen angemessen umgehen zu können und sich dabei willkommen und »richtig« zu fühlen. In der Einzeltherapie leiht der Therapeut den »idealen Eltern« seine Stimme. In der entsprechenden Szene ist er für den Klienten nicht Realperson und nicht Therapeut. Er wird deutlich abgegrenzt als »ideale Mutter« oder »idealer Vater« wahrgenommen. Ist die Szene beendet, wechselt er wieder seine Rolle. Sind die realen Eltern eines Klienten nicht mehr zu verändern, ermöglicht der therapeutische Kunstgriff der »idealen Eltern« dennoch eine erstaunlich wirksame Korrektur tief verwurzelter Eltern-Repräsentanzen und Beziehungs-Schemata.[1] Hat der Therapeut es mit Klienten zu tun, die im Kern eigentlich gut strukturiert sind und deren problematischer Suchtmittelgebrauch durch eine aktuelle Überlastung bei der Bewältigung ihrer Lebensthemen ausgelöst ist, kann er den Fokus seines Vorgehens ganz auf die aktuellen Lebensumstände des Klienten legen. In dem Fall muss keine Lebensgeschichte aufgearbeitet werden. Die therapeutischen Interventionen in der Zusammenarbeit mit dem Klienten konzentrieren sich vielmehr darauf, dessen aktuell eingebrochenes Selbst-Gefühl von Wirkmächtigkeit zu stabilisieren.

Die Arbeit mit Gruppen

Die Arbeit mit Gruppen ist eine Domäne des Suchthilfesystems. In Beratungsstellen, stationären Einrichtungen wie freien Praxen gibt es ein breite Palette gruppentherapeutischer Angebote: offene Gruppen für Eltern und Angehörige von Suchtkranken, Gruppen für jugendliche Drogengebraucher, geschlossene Therapiegruppen, indikative Gruppen aufgrund diagnostischer Erwägungen oder vordringlicher Lebensthemen, geschlechtsspezifische Gruppen und Selbst-Hilfegruppen. Insofern bietet die Gruppenarbeit vielfältige therapeutische wie präventive Chancen.

Angehörigen ermöglicht sie einen intensiven Erfahrungsaustausch, der zum einen einen unmittelbaren Zuwachs an Handlungskompetenz bewirken und zum anderen von quälenden Schuld- und Schamgefühlen, Versagensängsten und verzweifelter Resignation entlasten kann. Kleine Gruppen für Kinder suchtabhängiger Eltern stellen wenigstens eine Möglichleit dar, ihnen einen

---

1 Zum genaueren Verständnis der »idealen Eltern« siehe T. Moser/A. Pesso: Strukturen des Unbewussten. Protokolle und Kommentare. Stuttgart 1991, S. 11ff.

geschützten Raum zu bieten, in dem sie Kinder sein dürfen und zugleich bestärkende Fähigkeiten erwerben können, um mit ihrer belastenden familiären Situation besser zurechtzukommen. Bei jugendlichen Drogengebrauchern kommt die Arbeit mit Gruppen der altersgemäßen Tendenz junger Menschen entgegen, sich bevorzugt unter Gleichaltrigen aufzuhalten. Einen sicheren Platz in der Gruppe zu finden, der sich ein Jugendlicher zugehörig fühlen möchte, ist eine zu lösende Entwicklungsaufgabe, an der kein junger Mensch vorbeikommt. Im Kern geht es dabei um die Regelung von Nähe und Distanz, Abhängigkeit und Autonomie sowie Akzeptanz und Ablehnung. Cliquenarbeit über die Geh-Struktur präventiver Einrichtungen eröffnet die zusätzliche Chance, drogenfrei lebende »peers« in die Arbeit mit einzubeziehen, was sich in der Praxis als unschätzbarer Vorteil erweist.

Wird präventiv sinnvollerweise auch mit geschlechtsspezifischen Ansätzen gearbeitet, müssen Jungen und Mädchen sehr frühzeitig erreicht werden. Spätestens mit 14 Jahren sind sie bereits so darauf festgelegt, gesellschaftlich tief verwurzelten Männer- und Frauenbildern zu entsprechen, dass sie für eine identitätsstiftende geschlechtsspezifische Arbeit nur noch äußerst eingeschränkt zugänglich sind. Jungen- und Mädchenarbeit vollzieht sich zum einen in getrennten Gruppen. Es ist frappierend, wie unterschiedlich die gruppendynamischen Prozesse verlaufen, wenn Jungen und Mädchen unter sich sind. Geschlechtsspezifische Arbeitsansätze lassen sich quasi durch die Hintertür in differenzierter Form gleichwohl auch in gemischten Gruppen praktizieren. Voraussetzung ist eine doppelt besetzte Leitung mit einer Frau und einem Mann, die sich beide in ihrer Haut wohl fühlen, die Grabenkämpfe zwischen den Geschlechtern unbeschadet überstanden haben, den nötigen Mut aufbringen, sich zu Unterschieden zu bekennen, und sich deswegen in ihrer Rolle als Mann und Frau sicher genug bewegen, um sich mit beständigem Respekt voreinander zu begegnen. Ein derart gemischtgeschlechtliches Team lebt einfach modellhafte Geschlechtsrollen vor. Es wäre ein erstrebenswertes präventives wie therapeutisches Ziel, möglichst viele Gruppen im Suchthilfebereich mit einer gemischtgeschlechtlichen Leitung zu besetzen. Für die Gruppenmitglieder würde das den Übertragungs-, Erfahrungs- und Handlungsspielraum entscheidend weiten. Leider stehen dem vielfach die finanziellen wie personellen Kapazitäten zahlreicher Einrichtungen des Suchthilfesystems entgegen.

Die psychischen Anforderungen, die eine Therapiegruppe mit suchtkranken Klienten an ihre Mitglieder stellt, sind erheblich. Sie sind permanent gezwungen, sich mit Machtvorbehalten, Beziehungsangeboten und konflikthaft ausgestalteten Lebensthemen auseinander zu setzen. Dazu kommt der individuell erlebte Suchtdruck, der unter anderem urplötzlich durch eine situative Reaktivierung ganz bestimmter Erinnerungsspeicher ausgelöst werden kann. Die Gruppenmitglieder müssen sich untereinander und auf die Therapeuten beziehen. Es steht ihnen einzig die Wahlmöglichkeit offen, es aktiv oder passiv zu tun. Ob sie es wollen und wahrnehmen oder nicht, sie werden mit ihrem Verhalten immer etwas bewirken. Das begünstigt förderliche Selbst-Erfahrungen mit der Antizipation ihres Verhaltens in seiner Wirkung auf die Anderen. Die Therapeuten begegnen den Gruppenmitgliedern mit dem gebotenen Takt, wobei sie sich ihrer persönlichen Motive für mehr oder weniger Zuwendung für bestimmte Klienten klar werden müssen. Erstens nutzen sie ihre Gegenübertragungsgefühle diagnostisch. Zweitens leiten sie auf den jeweilgen Klienten bezogene, stimmige Interventionen daraus ab. Die Therapeuten wachen über die Realitätswahrnehmung der Gruppe, indem sie sie mit Verdrängung, Verleugnung und Vermeidung konfrontieren und selbst als erkennbare Realpersonen auftreten. Konfrontation eines Klienten oder der Gruppe mit den destruktiven Mechanismen der süchtigen Beziehungsdynamik bedeutet nicht selbst-herrliche therapeutische Überlegenheit. Gemeint sind vielmehr das Markieren klarer Grenzen, das Sich-Zeigen als ein vom Anderen unterschiedenes Gegenüber sowie das zugewandte Intervenieren im Einklang mit der Befindlichkeit des Klienten oder der Gruppe. Über diesen Weg werden in der Gruppe korrigierende emotionale Werterfahrungen begünstigt, welche die Klienten als festigenden Baustein in ihre Identität einbauen können. Alles, was an heilsamer Bezogenheit von den Klienten auf der Verhaltensebene verinnerlicht wird, verändert ihre gewohnten Beziehungsschemata. Ihr Gefühls- und Verhaltenrepertoire gewinnt an Nuancen, Tönungen, Farben.

Königswege zum Erreichen der angestrebten Ziele gibt es nicht. Die Gruppenarbeit bringt überdies phasenweise hohe psychische Belastungen für die Therapeuten mit sich. Wenn unterschwellige Angespanntheit, Vermeidung und Verleugnung, grandioser Widerstand oder offen destruktive Abwertungsprozesse die Gruppe lähmen oder gar zu sprengen drohen, kann den Therapeuten jegliches Gefühl für ihr sinnhaftes Wirken verloren gehen, falls sie sich von der toxischen Atmosphäre infizieren lassen. Müdigkeit und Stagnation breiten sich aus. Die Therapeuten ersehnen das Gruppenende, schweifen mit ihren Phantasien in schönere Gefilde ab oder reagieren nach dem Mechanismus »Das Opfer ruft den Henker« mit zersetzender Überheblichkeit, um die andrängenden Gefühle von eigener Inkompetenz zu bändigen. Bevor die Therapeuten in der aus den Fugen geratenen Gruppendynamik unterzugehen drohen, können sie sich zu einem Wechsel des Settings entscheiden. Sie müssen destruktive Prozesse nicht über Gebühr aushalten. Die Gruppenarbeit bietet den entscheidenden Vorteil, dass sie Interventionen in Form konkreter Bewegungs- und Handlungsproben sowie Inszenierungen ermöglicht, in die sich viele Gruppenmitglieder eingebunden fühlen können. Die vorgeschlagenen Interventionen machen natürlich nur Sinn, wenn sie dem Kontext angemessen sind. In dem Falle eignen sie sich hervorragend, um eine »Wir können ja doch nichts tun«-Stimmung in erfahrbares Handeln zu wandeln. Süchtig Abhängige sind nicht so »schlecht« oder destruktiv wie vielfach ihr Ruf. Sie sind durchaus in der Lage, im Rahmen ihrer Möglichkeiten eine bedeutsame Szene mit einem Klienten zu gestalten, der sie dafür auswählt. Ein klares »Nein« heißt: »Ich möchte nicht mitmachen«, und wird akzeptiert. Es braucht anfänglich nur einen einzigen Klienten, der gewillt ist, etwas für sich zu tun. Lassen sich Mit-Klienten auf seine Gestaltung eines für ihn bedeutsamen Ausschnitts seiner Geschichte ein, erfahren sie einen unmittelbaren Zugewinn an Bestätigung, Werterfahrung, Handlungskompetenz. Sie erleben, dass sie für einen Anderen wie für sich selbst etwas tun können oder dürfen. Sie sind als Person gefragt, also nicht oder zumindest weniger wertlos. Ihr Selbst-Gefühl von Urheberschaft und Wirksamkeit erfährt positive Nahrung. Gelingt eine solche Intervention, werden die gegenseitigen Abwertungen und Verletzungen augenblicklich weniger. Die Gruppe gewinnt ihre Arbeitsfähigkeit zurück und die Therapeuten können ihr integratives Wirken unbeschadet fortsetzen.

Solche Kontexte lassen die gegenseitige Bezogenheit anders erleben denn als Druck und Zwang. Eventuelle regressive Prozesse können gezielt therapeutisch genutzt werden. In der Arbeit mit Suchtkranken scheinen regressive Zustände vielfach nicht nur nicht gewünscht, sondern sogar gefürchtet zu sein. Das ist nachvollziehbar, wenn ein allgemeines Versacken in einem nach unten ziehenden regressiven Sog droht oder ein Klient unkontrolliert abtaucht. Nicht zu fürchten braucht man die Regression dort, wo sie sich als Schritt zur individuellen Reifung eines Klienten handhaben lässt. Ein solcher Fall ist gegeben, wenn ein suchtkranker Mensch sich beispielsweise im klaren Rahmen einer von ihm gestalteten Lebensszene als aktiv handelndes Subjekt erlebt, dabei mit einem Teil seiner Geschichte konfrontiert wird und sich aus freien Stücken auf ein tieferes Erforschen der wachgerufenen Erinnerungen einlässt. Er geht in sein inneres Bild der Ursprungssituation, durchlebt sie neu und nach Möglichkeit mithilfe der Therapeuten wie der teilhabenden Gruppe korrigierend. Die Anbindung an sein erwachsenes Selbst bleibt während des Prozesses gewahrt. Unter dergestalt gehandhabten Bedingungen kann auch ein suchtabhängiger Mensch mit Persönlichkeits»störung« Selbst-Erfahrungen im Zustand bezogener Regression heilsam in seine Struktur integrieren. Keine therapeutische Einrichtung sollte ohne Not auf die Chancen derart praktizierter Gruppenarbeit verzichten.

Die Arbeit mit Familien

Die Einbeziehung der Familie bzw. des sozialen Umfelds erhöht signifikant die Chance eines suchtkranken Menschen, die süchtige Beziehungsstruktur dauerhaft zu durchbrechen. Kommt der Indexpatient dagegen nach einer Einzelbehandlung in das unverändert weiter agierende familiäre oder soziale System zurück, in dem sich sein Symptom aufgrund seiner Erfahrungen im Zusammensein mit Anderen ausgebildet hat, steigt sein Rückfallrisiko deutlich messbar. Das ist ein Grundwissen der Suchtarbeit. Nichtsdestotrotz ist die Familientherapie ein »Stiefkind« der Suchtarbeit. Zum einen ist das Verfahren kein kassenfähiges Richtlinienverfahren, zum anderen entzieht sich das familiäre Umfeld gerne einer Mitarbeit. Ist das direkte soziale Umfeld für eine Kooperation nicht erreichbar, lohnt sich dennoch die »Solo«-Arbeit mit dem Indexklienten.

Die innere Haltung des Therapeuten bei der Arbeit mit Familien ist am ehesten durch seine Allparteilichkeit charakterisiert. Er geht keine einzelnen Bündnisse mit Familienmitgliedern ein. Der Therapeut muss jedoch einen Zugang zum System bekommen, um als potentieller Helfer anerkannt zu werden. Er beobachtet die Familie von außen und versucht, ihre spezifisch charakteristischen Interaktions- und Beziehungsmuster zu identifizieren. Parallel dazu kreist er über die Einbeziehung aller Familienmitglieder die zentralen familiären Konfliktthemen ein, die den Problemdruck erzeugen. Der Therapeut macht sich zwar ein diagnostisches Bild von der »Pathologie« und den Defiziten der familiären Strukturen, spricht sie auch aufdeckend an, verwendet aber ebenso viel Sorgfalt darauf, die positiven Ressourcen der Familie zur erfolgreichen Bewältigung ihrer Schwierigkeiten zu betonen. Insgesamt nimmt der Therapeut eine positiv getönte Haltung gegenüber der Familie ein. Das therapeutische Arbeitsbündnis wird so gefestigt.

In Suchtfamilien ist es wichtig, diejenigen Verhaltenweisen von Familienmitgliedern deutlich einzugrenzen, die das Symptom des Indexklienten in co-abhängiger Weise unterstützen, aufrechterhalten oder sogar verstärken. Dabei hat der Therapeut eine Gratwanderung zu bewerkstelligen. Legt er den Finger allzu vorschnell oder konfrontativ auf diese Wunde, verprellt er die Familie. Außerdem kann die positive Beziehung zum Therapeuten leiden, wenn sich die Familienmitglieder zutiefst beschämt fühlen, weil sie nur gespiegelt bekommen, was sie in ihrer Co-Abhängigkeit alles falsch machen. Familienmitglieder, die ihren Angehörigen doch eigentlich helfen wollen, fühlen sich in ihrer Sorge und Liebe nicht gesehen. Die Aufdeckung der co-abhängigen familiären Muster erfordert daher feinfühlig dosierte und angemessen versprachlichte Interventionen. Nicht selten erweist sich die Suchtarbeit im Bereich der Co-Abhängigkeit entweder als gnadenlos konfrontativ oder als zu sehr gewährend; vor allem dann, wenn sie eigene co-abhängige Strukturen ausblendet.

Wenn in der psychosozialen Arbeit mit Suchtfamilien eine Sozialarbeiterin für zwei Wochen das Kind einer drogenabhängigen Klientin bei sich zu Hause aufnimmt, damit jene mit ihrem gleichfalls abhängigen Lebensgefährten bequem in Urlaub fahren kann, ist das sicherlich Ausdruck einer co-abhängigen Verstrickung, die weit über das Maß angemessener Hilfe hinausreicht. In diesem Beispiel aus der Praxis hat die manipulative Durchsetzungsfähigkeit der Klientin einen Triumph gefeiert. Das individuell co-abhängige Verhalten der zuständigen Sozialarbeiterin ist leicht aufdeckbar. Verfehlt ein außenstehender Berater oder Supervisor beim Aufdecken des »Fehlverhaltens« allerdings den nötigen Takt, sodass sich sein Gegenüber beschämt fühlt, ist der Beratungsprozess gescheitert, bevor er überhaupt richtig begonnen hat. Weitaus undurchsichtiger als die individuelle ist die kollektive gesellschaftliche Co-Abhängigkeit. Mir drängt sich zunehmend der Eindruck auf, dass weite Bereiche der Drogenpolitik wie des Suchthilfesystems eine einzige co-abhängige Großveranstaltung sind. Damit möchte ich allerdings noch keine vorschnelle Bewertung verbunden wissen. Wir sollten uns nämlich von der Vorstellung verabschieden, es könnte überhaupt eine staatliche Drogenpolitik sowie ein funktionierendes Suchthilfesystem jenseits co-abhängiger Strukturen geben. Ich halte es für eine absolute Illusion, dass wir uns in unseren gesellschaftlichen Bezügen von co-abhängigen Verhaltensweisen völlig frei machen können. Wenn dies bei der Güterabwägung für oder gegen eine konkrete drogenpolitische Maßnahme offen zu händeln wäre, müsste es nicht einmal so anrüchig sein. Bestimmte lebenspraktische Drogenhilfemaßnahmen wären trotzdem von ihrer Zielsetzung her sinnvoll. Bedenklich wird es dort, wo die offenkundige Co-Abhängigkeit blind verleugnet wird. Im Zusammenhang mit dem Primat des Symptoms Abhängigkeit wird dadurch zum einen ihre hintergründige Motivation aus dem offen diskutierbaren Raum genommen. Zum anderen werden die Rückwege bei drogenpolitischen Fehlentscheidungen und Irrwegen verstellt. In der individuellen Arbeit mit suchtabhängigen Menschen oder süchtig verwobenen Familien sind die co-abhängigen Beziehungsfallen jedenfalls leichter zu vermeiden, als im strukturellen Gefüge einer gesellschaftlichen Ordnung, die Abhängigkeit immer neu reproduziert.

Neben der co-abhängigen Verstrickung gibt es weitere Beziehungsfallen. Ein Sozialarbeiter oder Therapeut muss sich innerhalb familiärer Beziehungsmuster vor narzisstischer Verführbarkeit hüten. Selbst bei erkennbar groben Umgangsformen in der Familie darf er nicht einseitig Partei ergreifen oder sich verführen lassen, der bessere »Papa«, die bessere »Mama«, der tollere »Mann« oder die tollere »Frau« sein zu wollen. Er würde augenblicklich als zu bekämpfender Rivale erlebt werden. Überdies liefe er Gefahr, dass ihn die unsichtbaren Bindungen und Loyalitäten der Familienmitglieder aus dem System katapultieren würden. Damit ist freilich nicht gemeint, dass er keine klaren Rückmeldungen an die Familie oder eines ihrer Mitglieder geben darf, was er wahrnimmt oder erlebt.

Inbesondere jugendliche Drogenkonsumenten versetzen ihre Familien leicht in helle Aufregung, sofern die Eltern nicht blind für das Verhalten ihrer Tochter oder ihres Sohnes sind. Wer als Familientherapeut die schwierige Phase der Adoleszenz in seinem entwicklungspsychologischen Blick hat, wird sich mit seinen Interventionen auf die während dieser Zeit zu lösenden Lebensthemen der jeweiligen Familienmitglieder einstellen. Mit seinem verständnisvollen Herangehen an das Drama der Ablösung wird er versuchen, alle Familienmitglieder die anstehenden Separations- und Individuationsschritte erfolgreich bewältigen zu lassen. Oftmals reichen Eltern oder Familien wenige gemeinsame Beratungen, um durch das Verständnis der »Normalität« vieler Schwierigkeiten die als belastend empfundene Situation zu entschärfen. Viele Mütter und Väter erleben ein Erinnertwerden an ihre Probleme mit den eigenen Eltern während der Ablösungsphase bereits als hilfreiche Intervention. Gelegentlich löst dabei ein befreiendes Gelächter aufgrund von unerwarteten situationskomischen »Aha«-Erlebnissen eine ausweglos erscheinende Lage.

Eltern, die ihre Kinder nicht loslassen wollen, sondern sie klammern, tun viel, um sie zu Suchtmittelgebrauch zu ermuntern. Familien, in denen Leibfeindlichkeit, Genussunfähigkeit und Freudlosigkeit herrschen, sind gleichermaßen Risikofamilien. Die übergriffige oder chronische Verletzung der Generationsgrenzen, die Kindern ihre Gefühle wie ihre Seele raubt, gehört zu den eindeutigsten pathogenen Faktoren für eine spätere pharmakothyme Steuerung der Gefühle über Rauschmittel.

Selbst noch so wohl meinende Eltern vermögen ihre Kinder nicht vor allen Übeln zu schützen. Jugendliche müssen ihren eigenen Weg ins Leben gehen. Für mindestens ein Viertel eines Jahrgangs ab etwa 13–14 Jahren aufwärts schließt das heutzutage Erfahrungen mit legalen wie illegalen Drogen ein. Die wenigsten von ihnen starten damit eine Drogenkarriere. Verfestigt sich ein jugendlicher Drogengebrauch, lautet eine elterliche Maxime: »Ja zum Kind, nein zur Droge«. Sie ist indes leichter aufzustellen, als praktisch zu leben, wenn die Situation zu Hause zu eskalieren droht. Es ist schwierig bis unmöglich, eine Beziehung zum eigenen Kind zu halten, wenn wider besseres Wissen und bewusstes Bemühen von Misstrauen geleitete Kontrollmechanismen, durch tiefe Enttäuschungen provozierte Abwertungen oder durch Drohgebärden beantwortete Ohnmachtsgefühle den Beziehungsalltag zersetzen. In solchen Prozessen beweist sich die machtvolle süchtige Dynamik. Eine zugewandte, die Beziehung bewahrende elterliche Beharrlichkeit bleibt leicht auf der Strecke, wenn keine gesetzte Grenze mehr zu halten scheint. Wer an dieser Stelle narrensichere konkrete Rezepte für die Durchbrechung der süchtigen Eskalation erwartet, wird sich enttäuscht sehen. Jede Familie geht ihren eigenen Weg, auf dem sie am Symptom mit seinen jeweiligen Ursachen scheitert oder es besiegt.

Das Ziel der therapeutischen Arbeit mit Familien ist die Begünstigung modifizierter Verhaltensmuster. Das schließt eine Veränderung der Repräsentationen ein, die sich die Familienmitglieder von sich selbst, den Anderen und der Familie als Ganzem machen. Am Anfang stehen möglicherweise ganz basale Techniken. Die Familienmitglieder werden dazu angehalten, neu miteinander sprechen zu lernen, sich zuzuhören, sich ausreden zu lassen. Ich-Botschaften treten an die Stelle der verletzenden Du-Botschaften. Die Entwertungsspirale der süchtigen Beziehungstruktur wird angehalten. Eventuelle Familiengeheimnisse, -mythen, -dramen, -dogmen werden auf ihre aktuelle Notwendigkeit oder Hinderlichkeit überprüft.

Lassen sich die aktuellen Schwierigkeiten der Familie wie des Indexklienten nicht ausreichend durch die individuelle Familiengeschichte erklären, wird der Therapeut den Blick der Familie für die Mehr-Generationen-Perspektive weiten. Die untergründige Weitergabe oder soziale Vererbung schwerer familiärer Belastungen über Generationen hinweg ist in der Familientherapie ein vertrautes Phänomen. Insbesondere und gerade auch in suchtbelasteten Familien spielt es eine erhebliche Rolle. Um prägende familiengeschichtliche Ereignisse zu verdeutlichen, kann die Familie weit über ein »Darüber-Sprechen« hinausgehen. Mit Unterstützung des Therapeuten kann sie bedeutsame Familienszenen konkret inszenieren oder Familienskulpturen aufstellen. Über solche gängigen familientherapeutischen Verfahren erhellen die jeweiligen Gefühle der beteiligten Familienmitglieder oftmals richtungsweisende Aspekte des unbewussten Zusammenspiels, die ansonsten im unergründlichen Dunkel und keiner Veränderung zugänglich geblieben wären. Die Arbeit am Genogramm einer Familie, vergleichbar etwa mit ihrem Stammbaum, ermöglicht dem damit vertrauten Therapeuten ebenfalls tiefe Einblicke in die Dynamik der familiären Beziehungen über Generationen hinweg.

Sucht als Beziehungs- oder Familienkrankheit lässt sich nicht regelhaft innerhalb des Systems heilen. Sind die innerfamilären Widerstände gegen die notwendigen Veränderungen zu groß, bleibt der Indexklient entweder abhängig gebunden, oder ein Lösungsversuch besteht darin, ihn aus dem rigiden System herauszulösen, damit er eine individuelle Chance zur Selbst-Entwicklung bekommt. Generell sind tragende soziale Beziehungen, in denen Menschen sich emotional aufeinander beziehen, sicherlich der beste präventive Schutz vor Suchtmittelmissbrauch oder Rückfall.

Zur Entlastung »normaler« Familien von unangebrachten Schuldgefühlen bleibt unbedingt festzuhalten, dass heutzutage so viele suchtfördernde Faktoren von außen auf die Familienmitglieder einwirken, dass selbst die »besten« Eltern nicht mit absoluter Gewissheit verhindern können, dass eines ihrer Kinder ernsthafte Schwierigkeiten mit potenten Suchtmitteln bekommt. Mehr noch als in den Fällen, in denen zweifelsfrei eine gehörige Mit-Verantwortung von Vätern und Müttern am Drogengebrauch ihrer Tochter oder ihres Sohnes besteht, bedürfen Eltern dann angemessener Hilfe, um ihre eigene Selbst-Zerstörung durch peinigende Versagensgefühle zu verhindern. Noch sinnvoller ist eine die Eltern frühzeitig erreichende Prävention. Stillgruppen, Kindergärten, Grundschulen können Eltern weit im Vorfeld eines Drogenhungers ihrer Kinder mit dem primärpräventiven Weg der vielen kleinen Schritte vertraut machen, der die Schutzfaktoren von Kindern gegen jedwede Art von Suchtgefährdung stärkt. Eltern gehören in der Suchtprävention allerdings zu den am schwierigsten erreichbaren Zielgruppen.

Die Arbeit mit (werdenden) suchtkranken Müttern

Die Arbeit mit (werdenden) suchtkranken Müttern ist ein weiteres »Stiefkind« der Suchtarbeit. Es gibt derzeit wenig Kontinuität im Kontakt mit dieser Zielgruppe. Sie erscheint zu »marginal«, nicht wichtig genug für den damit verbundenen Aufwand.

Suchtmittelabhängige Mütter entwickeln vielfältige Ängste in Bezug auf ihre Kinder. Es ängstigt sie, als Mutter nicht zu genügen, nicht für das körperliche und seelische Wohlbefinden ihres Kindes sorgen zu können. Als süchtig Abhängige selbst in einer kritischen Lebenssituation, verkompliziert sich diese noch, wenn ein neues Wesen dazukommt. Die meisten Frauen in einer solchen Lage ahnen, wissen oder nehmen schmerzhaft wahr, dass sie ihren Kindern vielfach nicht die Zuwendung angedeihen lassen, die jene so dringend benötigen. Die Mütter haben eine starke Tendenz, vor allem ihre Fehler zu sehen. Teilweise fürchten sie ganz konkret, dass sie ein durch ihren Drogengebrauch vorgeschädigtes Kind zur Welt bringen oder dass ihr Kind nicht überleben wird. Sie können in Sorge sein, dass es nicht trinken, essen oder atmen wird, dass es sich nicht richtig entwickelt, sie es aus Unachtsamkeit fallen lassen. Können sie ihr Kind lieben? Oder umgekehrt: Vermögen sie zu spüren, dass das Kind sie liebt? Können sie überhaupt ein primäres Gefühl von Mütterlichkeit entwickeln, mit dem sie das Kind als ihr Kind willkommen heißen? Sind sie in der Lage, die Lebensäußerungen ihres Kindes zu verstehen und ausreichend bezogen darauf zu antworten? Vielleicht fühlen die Frauen sich als Mütter so unzulänglich, dass sie befürchten, jemand nimmt ihnen ihr Kind weg und gibt es einer besseren Mutter in Pflege. Ihre Angstphantasien betreffen ihr totales biologisches wie seelisches Versagen als Mutter. Die Mütter wissen weniger, was sie richtig machen und wie sie ihr positives mütterliches Handlungsrepertoire zu aktivieren vermögen. Deshalb brauchen sie in ihrer neuen Lebensphase selbst Unterstützung und einfühlsame Begleitung. Hierin liegt die Chance zur Arbeit mit ihnen.

Hilfreiche Unterstützung und eine respektvolle Haltung gegenüber suchtkranken Müttern fördern eine positive Übertragung. Mütter möchten in ihrer Kompetenz als Mütter geachtet werden, am liebsten von einem selbst als »mütterlich« erlebten Gegenüber. Ihr durch tiefe Selbst-Zweifel genährtes destruktives Potential wird so deutlich gemindert.

Ein günstiges Arbeitsbündnis wird durch positive, wirksamkeitsfördernde Interventionen gestützt. Alles, was suchtkranke Mütter auch nur ansatzweise richtig machen, wird anerkennend gewürdigt. Da jene in ihrer Lebenssituation häufig kein zuverlässiges Gespür dafür haben, dass sie überhaupt etwas »gut« oder »richtig« machen, werden sie auf Bestätigung eher mit einer Verstärkung der für ihr Kind förderlichen Verhaltensweisen reagieren. Der Zugang zu ihnen ist so ein ganz anderer, als wenn die Unterstützungsperson ihr Verhalten kritisieren oder sie permanent fragen würde, warum sie dieses und jenes so oder anders getan haben. Aus dem gleichen Grund verzichtet die Unterstützungsperson weitgehend darauf, der Mutter wünschenswerte Verhaltensweisen dauerhaft vorzuexerzieren, indem sie sich selbst auf das Kind bezieht. Solche Interventionen wären vielmehr geeignet, das labile Selbst-Vertrauen der Mutter weiter zu untergraben. Ihre Wahrnehmung des Gegenübers als »Unterstützungsperson« würde durch Rivalität und Konkurrenz getrübt. Ähnliches gilt für jede helfende Intervention auch in der allgemeinen psychosozialen Versorgung.

Mütterlichkeit fördernde Interventionen vermögen auch präventiv zu wirken, damit eine suchtkranke Mutter erst gar keine negativen Repräsentanzen ihres Kindes ausbildet oder verfestigt. Säuglinge suchtmittelabhängiger Mütter sind häufig Früh- oder

Mangelgeburten. Sie sind anfälliger für Fehlstimulierung und mühsamer zu regulieren, da sie von Beginn an der Unstimmigkeit ihrer frühen Lebensumstände gewahr werden. Sie verlangen ihren Müttern noch mehr ab, als »normale« Kinder. Mütter können die Beziehung zu ihren Neugeborenen als extrem belastend empfinden. Selbst die Alltäglichkeiten in deren Versorgung werden zu einer unlösbaren Aufgabe, zu einem nicht enden wollenden Albtraum. Die Mutter beginnt, sich ihr Kind als fordernd, saugend, undankbar, schwierig und böse vorzustellen. Sie fühlt sich von dem kleinen »Monster« aufgefressen. Parallel dazu leidet ihr Selbst-Bild als hinreichend gute Mutter. Die Mutter ist genervt, reagiert überfordert und zornig, verwünscht ihr Kind und bekommt ein schlechtes Gewissen. Die befriedigende Wechselseitigkeit läuft mehr und mehr aus dem Ruder. Die Repräsentationen der Mutter von ihrem Kind und sich selbst werden zunehmend düster.

Um den Zirkel aufzuhalten, kann sich die Unterstützungsperson auf das Verhalten des Säuglings konzentrieren und der Mutter zeigen, auf welchem Sinneskanal ihr Kind wie viel Stimulierung toleriert. Die Aufmerksamkeit der Mutter wird auf die jeweiligen Fähigkeiten und Grenzen des Kindes gelenkt. Eventuelle suchtmittelspezifische Ausfallerscheinungen, z.B. durch Alkoholembryopathie, lassen sich dabei angemessen berücksichtigen. Die Mutter erfährt, wie sie ihr Kind am besten zu fördern vermag. Das therapeutische Ziel bei solchen Interventionen ist die positive Bahnung oder Korrektur der Repräsentationen, die sich eine Mutter vom Wesen ihres Kindes und von ihrer Kompetenz als Mutter macht. So vermögen letztlich selbst körperlich oder geistig vorgeschädigte Kinder ihre durch Suchtgifte bedingten »Defizite« durch ein gewinnendes Wesen in den Hintergrund treten zu lassen.

Süchtig abhängige Schwangere sind nicht selten sehr ambivalent gegenüber dem Kind, das sie in sich tragen. Die einen wollen vielleicht endlich einmal ein menschliches Wesen »ganz für sich allein«, dem sie all ihre Liebe schenken können. Die anderen bekommen das Kind zwar, haben sich aber innerlich noch gar nicht wirklich für ihr Kind entschieden. Die psychische Bindung ist brüchig, und die Mutter geht nach der Geburt keine verbindliche Beziehung zu ihrem Säugling ein. In einem solchen Fall kann man sich die Kompetenz des Neugeborenen zunutze machen und das mütterliche Beziehungsverhalten vielleicht dadurch fördern, dass man der Mutter die Entscheidung ihres Kindes für sie als Mutter demonstriert. Das könnte beispielsweise so geschehen: Der Säugling befindet sich zwischen der Unterstützungsperson, der die Mutter die weitaus größere Kompetenz im Umgang mit Kindern zuschreibt, und ihr selbst. Beide, die Mutter und die »Kompetentere«, rufen mehrfach den Namen des Kindes. Man kann sich darauf verlassen, dass das Neugeborene sich seiner Mutter zuwenden wird, weil ihm deren Stimme aus der gemeinsamen intrauterinen Zeit her bestens vertraut ist. Nicht immer bewirkt dies menschliche Wunder. Aber oft genug zeigt sich die Mutter sehr berührt durch die Reaktion ihres Säuglings. Ihr Kind zeigt deutlich, dass es sie anschauen möchte und sie der anderen Person vorzieht, die die Mutter für die »Bessere« hielt. Die Frau erlebt hautnah die Entscheidung ihres Kindes für sie als Mutter. Das vermag ihre innere Bindung maßgeblich zu beeinflussen. Selbst so begrenzte Interventionen können eine langfristige Wirkung auf die Bildung von inneren Bildern (Repräsentationen) haben.[1]

Kurzfristige Erfolge bei der Arbeit mit (werdenden) suchtkranken Müttern werden dadurch stabilisiert, dass die Frauen wiederholt in ihrer mütterlichen Kompetenz bestärkt werden. Deshalb bedarf es effektiver Begleitprogramme über einen längeren Zeitraum, bis die Mütter ausreichend Vertrauen in ihr eigenes wirksames Handeln entwickelt haben. Sie vermögen dann mit dem Entwicklungstempo ihrer Kinder Schritt zu halten, ohne ständig von peinigenden Gefühlen der Unzulänglichkeit überwältigt zu werden. Die im Suchthilfesystem derzeit bestehende »Leerstelle« in der zuverlässigen Begleitung suchtkranker Mütter gilt es zu schließen.

---

1 Das Beispiel geht zurück auf T. Berry Brazelton. Vgl. dazu D. Stern 1998, S. 160f.

Konkrete praktische Methoden oder: Wege zur inneren Achtsamkeit

Die 6-Wochen-ohne-Methode

Die 6-Wochen-ohne-Methode ist ebenso simpel wie in der Anwendung einfach handhabbar. Es handelt sich schlicht und ergreifend darum, mit einem Klienten eine Vereinbarung zu treffen, die einen 6-wöchigen Verzicht auf ein Suchtmittel oder ein Suchtverhalten beinhaltet. Aufgrund ihrer Simplizität mag es berechtigt erscheinen, sie weniger als eine Methode denn als eine Taktik zu bezeichnen. Ebenso vermute ich, dass sie gerade aufgrund ihrer Simplizität selten konkret zur Anwendung gelangt. Je nach Selbst-Verständnis ihrer Tätigkeit finden manche Therapeuten eine solche Taktik sogar unter ihrem Stand oder bezweifeln ihre Nützlichkeit.

Das bevorzugte Anwendungsgebiet der 6-Wochen-ohne-Methode liegt im sekundärpräventiven Bereich, wenn die Klienten die Kontrolle über ihren Drogenkonsum oder ihr Suchtverhalten noch nicht völlig verloren haben. Wo ein klar definierter Kontrollverlust stattgefunden hat, ist eine solche Vereinbarung zu zeitlich befristeter »Enthaltsamkeit« selbstverständlich nicht mehr möglich. Ansonsten lässt sich generell bei allen Jugendlichen oder (jungen) Erwachsenen mit der 6-Wochen-ohne-Methode arbeiten, wenn beide Seiten sich einen Erfahrungsgewinn davon versprechen. Der Gewinn bzw. besser: das definierte Ziel ist jedoch niemals dauerhafte Abstinenz. Diese mobilisiert in der Regel alle in der Suchtarbeit vertrauten Widerstände. Insofern führe ich persönlich diese Methode immer ganz beiläufig in die Beratung oder Therapie ein. Ich mache mir dabei mehrere Umstände oder sogar bestimmte Selbst-Strukturen der Klienten zunutze.

Insbesondere Jugendliche oder junge Erwachsene, die sich ob ihres Drogengebrauchs unsicher geworden sind und kein zuverlässiges Gefühl mehr dafür verspüren, wo sie sich auf der süchtigen

Karriereleiter befinden, reagieren häufiger bereitwillig auf ein solch taktisches Experiment, als diejenigen vielleicht glauben mögen, die mit der Methode noch keine Erfahrungen gesammelt haben. Im Prinzip bedient sich das Experiment der Neugier von Jugendlichen sowie ihrer Lust auf »Spaß«. Tests haben für sie mitunter regelrechten Unterhaltungswert. Manche verspüren den Kitzel und wollen es wirklich wissen: »Schaffe ich es noch, sechs Wochen ohne Zigaretten, Alkohol oder Haschisch auszukommen«, oder »Gelingt es mir noch, meine Gefühle sechs Wochen lang ohne ›Chemie‹ zu regulieren?« Wenn sich Jugendliche oder junge Erwachsene auf das Experiment einlassen, haben wir einen Fuß in der Tür und unmittelbar etwas gewonnen. Sie setzen sich mit dem Grad ihrer Abhängigkeit auseinander.

Bei vielen Erwachsenen funktioniert die Methode ebenso. Bei ihnen handelt es sich in der Regel um Personen mit einem gewohnheitsmäßigen Gebrauch von Alkohol. Von diesen wiederum reagieren diejenigen am interessiertesten auf einen 6-Wochen-ohne-Vorschlag, denen man grobdiagnostisch eine kontrollierend-zwanghafte Persönlichkeitsstruktur zuschreiben würde. In diesem Fall macht man sich für das Abstinenz-Experiment genau diese Struktur zunutze.

Quasi durch die Hintertür funktioniert die Methode auch bei Müttern und Vätern, die gar nicht wegen eigener Schwierigkeiten im Umgang mit Suchtmitteln in Beratung kommen, sondern die Hilfe suchen, weil ein Sohn oder eine Tochter ein Drogenproblem aufweisen, mit dem sie nicht umzugehen wissen. Lässt sich systemisch ein von den Eltern als möglich akzeptierter Zusammenhang herstellen zwischen dem Drogengebrauch von Söhnen oder Töchtern sowie einem elterlichen Umgang mit Suchtmitteln, so lassen sich insbesondere diejenigen Mütter und Väter auf eine befristete Veränderung ihres eigenen Konsumverhaltens ein, die sich dadurch eine indirekte Hilfe für ihre Kinder erhoffen können.

Taktik und Trick bei der Methode ist ihre zeitliche Befristung. Sie macht das Experiment von vornherein für alle Beteilgten übersichtlich. Zudem ist die Befristung die heimlich bis offen gewünschte Hintertür für diejenigen, die sich auf eine Selbst-Erfahrung mit »Enthaltsamkeit« einlassen. Das Experiment wird so zu einem »Spielraum« der realistischen Überprüfung solcher Standard-aussagen wie: »Wenn ich wirklich will, kann ich jederzeit aufhö-ren.« Wichtig ist, dass das Experiment vom Therapeuten im Bera-tungskontext nicht co-abhängig kontrolliert, sondern auf die Glaubwürdigkeit der Angaben der Klienten vertraut wird. Kann der Therapeut dies innerlich gewährleisten, halten erstaunlich viele Klienten das Experiment konsequent sechs Wochen lang durch. Ei-nige beenden die Abstinenzphase dann und kehren wie erlöst schnell oder schrittweise zu ihren alten Konsumgewohnheiten zu-rück. Andere wiederum gebrauchen ihre Suchtmittel danach be-wusster und reduzieren dauerhaft ihren Konsum. Selbst in den Fäl-len, in denen die Klienten das Experiment vorzeitig abbrechen, weil der Suchtdruck übermächtig wird, ist nichts verloren. Dann wird genau mit dieser Erfahrung weitergearbeitet.

In nicht wenigen Fällen entwickelt diese Methode eine Eigendy-namik, die bisweilen erstaunen macht. Wer auf seinen regelmäßi-gen Gebrauch legaler wie illegaler Suchtmittel vorübergehend ver-zichtet, erlebt unter Umständen eine sehr befreiende Form von »Trocken-« oder »Klarheitsrausch«, die ihm so nicht mehr vertraut war. Wer sich das wieder entdeckte Gefühl von geistiger Klarheit und innerer Freiheit erhalten will, verlängert die Abstinenzphase aus freien Stücken. Ich habe Klienten erlebt, die über Monate hin-weg keine Rauschmittel mehr konsumiert haben bzw. denen es überzeugend gelungen ist, ihren vormals nicht unproblematischen Subtanz-Missbrauch auf ein Maß zurückzuführen, das nicht mehr als selbst-schädigend einzustufen war. (Um ganz präzise zu sein, heißt dies: gemessen an einem kontrollierten Umgang mit Sucht-mitteln, den wir aufgrund der Gepflogenheiten in unserer Gesell-schaft bereit sind, als »normal« zu akzeptieren.)

Bei gar nicht einmal wenigen Klienten ist das Resultat des 6-Wochen-ohne-Experiments sogar eine dauerhafte Abstinenz von Mitteln, die ihre geistige Klarheit oder ihr Allgemeinbefinden be-einträchtigen. Abstinenz ist dagegen nicht einmal das ausdrückliche Ziel befristeter Verzichts-Experimente. Zunächst geht es um eine Ortsbestimmung auf der Suchtmittelleiter und eine Selbst-Erfah-rung mit dem Nicht-Gebrauch gefühlsverändernder Substanzen. Das realistische Ziel und auch ein tatsächliches Ergebnis von Bestand ist häufig die überdauernde Anpassung eines eindeutigen Missbrauchsverhaltens an einen Gebrauch von Suchtstoffen, der wieder vermehrt genussorientiert ist. Da Genuss seltenst ihr wichtigstes Konsummotiv ist, geben unerwartet viele jugendliche Raucher nach bestandenem Experiment das Rauchen ganz auf, einschließlich solcher, denen man einen solchen Entschluss aufgrund ihrer Lebensumstände am allerwenigsten zutrauen würde. Ihr berechtigter Stolz darauf ist Balsam für ihren Selbst-Wert.

Ein weiterer unmittelbarer Gewinn der 6-Wochen-ohne-Methode ist eine positive Verstärkung des Selbst-Gefühls von Urheberschaft und Wirksamkeit. So wie bei schleichender Gewöhnung an ein Suchtmittel langsam die zuverlässige Kontrolle darüber verloren geht, so wird parallel dazu das Gefühl von urheberschaftlicher Unversehrtheit ausgehöhlt. Bei einem Kontroll-Verlust bricht dieses Selbst-Gefühl vollends zusammen. Umgekehrt wird das Empfinden für die innere Achtsamkeit und die willentliche Entscheidungsfreiheit wieder gestärkt, wenn Klienten die Erfahrung machen, dass sie immer noch – oder wieder – Herr im eigenen Haus sind, d.h., dass sie über das Mittel entscheiden und nicht umgekehrt das Mittel sie fremdbestimmt. In jedem Fall macht ein Einlassen auf eine Enthaltsamkeitsphase den Kopf freier für die gemeinsame sekundärpräventive oder therapeutische Arbeit.

Die Methode zeitigt positive Veränderungen bei mehr Klienten als man gemeinhin vielleicht glauben mag. Am ehesten wird sie von Personen angenommen, die Zigaretten und Alkohol sowie Cannabisprodukte und »Chemie« in Dienst nehmen. In bisher einem Fall hat sie sich auch bei einem jungen Mann, Mitte zwanzig, bewährt, der Heroin in Form von »Folienrauchen« konsumierte (dabei wird das Heroin über Aluminiumfolie verdampft und inhaliert). Er kam aus freien Stücken zu mir in Beratung, weil er aufgrund seines Drogengebrauchs bereits seine Übernahme in ein festes Arbeitsverhältnis verspielt hatte. Zudem war er ein Paradebeispiel für einen jungen Erwachsenen, der keinerlei zuverlässige Einschätzung mehr hatte, wie weit er in seiner Drogenkarriere vorangeschritten war. Er hatte bereits mehrere Zyklen von stärkerem Konsum und selbst-gewähltem, mildem Entzug durchlaufen. Er war selbst-kritisch und intelligent genug, um innerlich so weit beunruhigt zu sein, dass er eine professionelle Rückmeldung von außen suchte. Er wollte herausfinden, wo er stand. Insofern lockte ihn das beiläufig erwähnte 6-Wochen-ohne-Experiment. Meine eigene innere Prognose für ihn war eher positiv. Seine körperliche Abhängigkeit war nur mild ausgeprägt. Sie bereitete ihm keine nennenswerten Entzugserscheinungen. Viel heftiger hatte er mit seiner psychischen Abhängigkeit und der daraus resultierenden Gier nach Stoff zu ringen. Er entschied sich in diesem Ringen für sich, nicht für die Droge. So bekam er den Kopf frei für die gemeinsame Arbeit und für selbst-gewählte zielgerichtete Aktivitäten. Begünstigt wurde seine Entwicklung eindeutig durch ein stützendes soziales Netz. Außerdem fand er »zufällig« eine neue Beschäftigung in seinem erlernten Beruf. Die vorher durch seinen Heroin-Gebrauch gebundene Zeit und Energie verwandte er nämlich für zukunftsorientierte konsequente Arbeitssuche. Da er sprachlich hochkompetent war, meisterte er mit klarem Kopf auch das Bewerbungsgespräch. Heute ist Heroin für ihn kein verlockendes Thema mehr.

Eine Variante der 6-Wochen-ohne-Methode für den sozialpädagogischen Bereich, die allerdings einigen Aufwand und Organisation erfordert, ist ihr sekundärpräventiver Einsatz in Schulen, Betrieben oder Einrichtungen der außerschulischen Jugendarbeit. In Schulen lassen sich beispielsweise 6-Wochen-ohne-Projekte durchführen, an denen auf freiwilliger Basis Vertreter aller in der Schule interagierenden Gruppen teilnehmen. Schüler, Lehrer und Eltern finden sich zu einer Projekt-Gruppe mit einem gemeinsamen Ziel zusammen. Jeder bestimmt und wählt selbst, worauf er sechs Wochen lang verzichtet: Kaffee, Zigaretten, Alkohol, illegale Drogen, Fernsehen, Computer(spiele), Süßigkeiten usw. Alle Beteiligten treffen sich während der Projektdauer einmal wöchentlich, um die gemachten Erfahrungen, Schwierigkeiten und Erfolge auszutauschen. In der anschließenden Auswertungsphase verringert sich die Frequenz der Treffen. Ein solches Projekt muss inhaltlich wie personell kompetent begleitet werden, um die möglichen Effekte aufzufangen und sie sinnvoll zu nutzen. In Ernstfällen können in der jeweiligen Einrichtung oder in den Familien der beteiligten Personen »systemsprengende« Effekte auftreten. Professionelle Hilfe von außen lenkt sie in konstruktive Bahnen positiver Veränderungsprozesse. Die Schwierigkeiten bei der Umsetzung solcher Projekte liegen auf der Hand. Es ist keineswegs selbstverständlich, dass sich Lehrer, Schüler und Eltern mit wechselseitigen Berührungsängsten in einem System hochgradiger Abhängigkeiten zu einer Gruppe zusammenfinden, in der plötzlich andere Beziehungsmuster gelten sollen. Mit entsprechender Vorarbeit lassen sich aber die ersten Mutigen finden, die mit Neugier und Eigeninteresse ein solches Projekt erstmalig starten. Die dabei gewonnenen Selbst- und Beziehungs-Erfahrungen können wiederum andere ermutigen, sich auf ein solches Unterfangen einzulassen. Nur Mut, solche Projekte sind einrichtungsbezogen sinnvoll und machen darüber hinaus letztlich sogar Spaß. Wo gemeinsam gelacht werden kann, kommt Bewegung in abhängige Strukturen.

Im sekundärpräventiven Umfeld wird in den Einrichtungen der offenen Jugendarbeit, im Kinder- und Jugendhilfebereich sowie wiederum in Schulen häufig der Wunsch nach einfach zu handhabenden Methoden geäußert; speziell auch für Gruppen, mit denen man nur kürzere Zeit zusammenarbeiten kann, oder für solche, deren Konzentrationsfähigkeit sich schnell erschöpft. Deshalb möchte ich eine weitere bewährte Variante der 6-Wochen-ohne-Methode vorstellen. Bei Projektwochen in Schulen zum Thema »Sucht und Drogen« bzw. bei ähnlichen Aktionen in der außerschulischen Jugend- und Vereinsarbeit hat sich die 1-, 2-, 3-Tage-ohne-Variante bewährt. Sie ist »spielerisch« in themengebundene Arbeit einzustreuen und für alle Beteiligten absolut überschaubar. Insbesondere auf 1-Tag-ohne-Zigarette lassen sich viele Jugendliche schon allein deshalb ein, weil es für sie im Ablauf des Immer-Gleichen eine Abwechselung bedeutet. Die Freiwilligkeit sowie der Spielcharakter der Aktion erhöhen ihren Reiz.

Auch bei solch kleinen präventiven Vorhaben gilt: Es gibt keinen Zwang zum Erfolg. Wir bleiben bei der Prämisse: Wenn nichts erreicht wird, ist nichts verloren. Wenn eine solche Aktion allerdings bescheidene Erfolge zeigt, ist viel gewonnen.

Der Sinn dieser »Eintagsfliegen« ist einsichtig. Terminologisch gesprochen, lassen sich damit kurzfristig die Selbst-Repräsentanzen von jugendlichen Rauchern im Umgang mit einem süchtige Abhängigkeit erzeugenden Mittel verändern. Erfahrungsgemäß bezeichnen sich viele Jugendliche als süchtige Raucher. Sie kokettieren bisweilen regelrecht mit diesem »Image«. Andere wollen gerne mit dem Rauchen aufhören, glauben aber, es nicht zu schaffen. Durch 1-, 2-, 3-Tage-ohne-Projekte können Jugendliche die für sie überraschende Erfahrung machen, dass sie Zigaretten doch nicht so sehr brauchen, wie sie von sich selbst glaubten. Sie machen unmittelbare, ihr Selbst-Bild korrigierende Erfahrungen. Ich habe bei solch kleinen Projekten genügend Jugendliche erlebt, für die die gewonnene Erfahrung unmittelbar entlastend war und die sich daraufhin entschlossen, künftig ohne Zigaretten zu leben. Solche präventiven Maßnahmen finden selbstverständlich nicht im luftleeren Raum statt. In der begleitenden Arbeit werden gute Gründe »für« und »gegen« das Rauchen diskutiert, die mit der aktuellen Lebensrealität der jungen Menschen einhergehen. Bereits diese Diskussion allein erfüllt die Programme mit Sinn.

Wenn über Wege in der Prävention sinniert wird, denken viele gleich an große Projekte, möglichst noch mit Breitenwirkung. Selbst zahlreiche Professionelle suchen »den großen Wurf«. Die gerade beschriebenen Methoden sind dagegen alles andere als spektakulär. Jedoch sind es gerade die vielen kleinen Erfolge, die wirksame Prävention ausmachen, nicht die hochgehängten Sensationen. In diesem Sinne wünsche ich mir in der alltäglichen Präventionsarbeit bisweilen mehr »Mut zur Bescheidenheit«.

Die Arbeit mit dem Körper

Eine theoretisch fundierte Begründung für die Einbeziehung des Körpers in die Arbeit mit süchtig Abhängigen habe ich bereits an anderer Stelle geliefert.[1] Deshalb greife ich hier nur spezielle Aspekte des leiborientierten Arbeitens auf.

Das primäre Selbst ist unser Körper-Selbst mit seinem Gefühl für Kohärenz und die eigenen unversehrten leiblichen Grenzen. Unser Körper bildet das umhüllende Gefäß für die Vielfalt des seelischen Erlebens. Wir können deshalb von einem Primat des kör-

---

1 Siehe: Kuntz 1998, S. 199 ff.

perlichen über das psychische Selbst sprechen. Bei zahlreichen Suchtkranken sind ihre primären Gefühle im leiblich-organismischen Bereich angesiedelt, ohne dass damit deutliche Vorstellungen über den Entstehungszeitpunkt ihrer Gefühlsmuster oder deren Verwobenheit in zwischenmenschliche Beziehungen verbunden wären. Andere Suchtkranke tragen konfliktbesetzte Lebensthemen über die Kontrolle und Manipulation ihres Körpers aus. Und schließlich wirken Suchtstoffe nicht nur als psychoaktive Substanzen, sondern zugleich tief in das Körper-Selbst hinein. Für seine Affekte findet der Suchtkranke häufig keine angemessenen Worte. Sei es, weil sie ihm nicht gespiegelt wurden oder weil sie im vorsprachlichen Gewahrseinsbereich angesiedelt sind. Mithilfe gezielter Körperarbeit kann das Erleben des süchtig Abhängigen hilfreich aufgeschlüsselt werden. Sogar seine im Körpergedächtnis gespeicherte »historische Wahrheit« ist über diesen Weg oftmals zuverlässig zu rekonstruieren, denn der Körper hat seine eigenen Erinnerungen.

Viele stationäre Einrichtungen des Suchthilfesystems praktizieren unterschiedliche Methoden leiborientierten Arbeitens: Bioenergetik, Bewegungstherapie, autogenes Trainig, progressive Muskelentspannung, Tanz- und Musiktherapie. Im weiten Sinne kann man auch Klangtherapien oder geführte Traum- und Phantasiereisen als erlebnisorientierte Interventionen unter körperbezogene Therapieverfahren zählen. Seltener wird dagegen eine Körper-Psychotherapie gepflegt, die konkret mit heilsamen Berührungen arbeitet.[1]

Körperarbeit mit süchtig Abhängigen birgt mehrere Risiken, wenn bestimmte Grundvoraussetzungen nicht bedacht sind. Suchtkranke Menschen steuern über die Wirkungen der von ihnen gewählten Rauschmittel ihre Gefühle. Drogenerlebnisse ermöglichen anfänglich durchaus faszinierende Glückserfahrungen: »Ich war in meinem ganzen Leben noch nie so glücklich, wie mit dieser Droge.« Wortwörtlich habe ich diese und ähnliche Aussagen schon häufig von Drogengebrauchern gehört. Sie suchen die »ozeanischen Gefühle«, das Eins-Sein mit sich und der Welt. Leider wird die

---

1 Zu den »erlebnisorientierten Interventionen« sowie den »heilsamen Berührungen« siehe Downing 1996 und Heisterkamp 1993.

Sehn*Sucht* nach solchen außergewöhnlichen Zuständen allzu gerne mit dem angeblichen Wunsch des süchtig Abhängigen nach symbiotischer Verschmelzung gleichgesetzt. Hierin liegt ein grundlegendes Missverständnis. Das sehn*süchtige* Streben gilt nicht einer grenzauflösenden Verschmelzung mit dem Objekt, sondern vielmehr dem verloren gegangenen Gefühl der eigenen »Richtigkeit«. Die Verwechselung mit symbiotischen Phantasien wurde durch die Beobachtung von Gruppenprozessen genährt. Gelegentlich stellt sich in Therapiegruppen eine Atmosphäre her, die ozeanischen Gefühlen des konfluenten Verbundenseins mit der Welt gleicht. Die Selbst-Grenzen werden durchlässiger. Die gesamte Gruppe erlebt einen emotionalen Höhenflug. Solche symbiotisch missverstandene Gruppenstimmungen werden nicht selten durch körperorientierte Therapieverfahren hervorgerufen. Sie auf solche Weise bei süchtig Abhängigen zu induzieren, gleicht einem groben Kunstfehler. In der Arbeit mit ihnen sind sie gänzlich kontraindiziert. Sie behindern deren Individuation, weil die induzierten ozeanischen Gefühle in der Regel nur konsumptiv erfahren und in keiner Weise zur progressiven Persönlichkeitsentwicklung genutzt werden. Die künstlich induzierte, passiv konsumierende Regression birgt selbst ein gehöriges Suchtpotential. Nach dem Abklingen der ozeanisch-symbiotischen Hochgefühle droht wie nach dem Abklingen der Wirkung von Rauschdrogen ein schwarzes, depressives Loch. Die Leere führt anschließend häufig zu intensiver Verzweiflung und destruktivem Agieren in der Gruppe. Aggressive Durchbrüche und Abwertungsprozesse werden virulenter. Solche fatalen Folgen treten vermehrt auf, wenn stark wirkende körpertherapeutische Interventionen als Gruppen»programm« praktiziert werden, ohne dass sie in den individuellen therapeutischen Prozess eines Klienten eingebettet sind. Es werden zwar viele leiblich-seelische Selbst-Erfahrungen und Erinnerungen aktiviert, aber ihr Transfer in das Hier und Heute des Klienten kommt häufig zu kurz. Das mobilisierte Material wird nicht heilsam in sein beschädigtes Seelenleben und seine Lebensgeschichte integriert.

Verbreitete körperorientierte Verfahren wie Bewegungstherapie oder Musik- und Tanztherapie reichen nicht ganz so tief. Als Methoden für die stationäre Behandlung Suchtkranker sind sie deshalb gut zu handhaben. Leib und Seele tiefer berührende Verfahren sind dagegen nur angebracht, wenn sie auf den individuellen Therapieprozess eines Menschen feinst abgestimmt sind. In dem Fall wird der Therapeut in aller Regel die Bestätigung erfahren, dass auch suchtkranke Menschen mit einer Persönlichkeits»störung« in der Lage sind, auf angemessen dosierte körpertherapeutische Angebote positiv zu reagieren. In den therapeutischen Kontext eingebettete regressive Zustände werden dann nicht nur passiv konsumiert, sondern münden gemäß dem persönlichen Tempo eines Klienten regelmäßig in dessen progressive Selbst-Bewegung. Sogar die häufig fehlgedeuteten symbiotischen Phantasien werden letztendlich gegenstandslos, da stimmige Interventionen auf der Körperebene die Abgrenzung des Klienten stimulieren.

Die Angemessenheit des therapeutischen Angebots bedeutet, dass mit jedem Klienten sein individueller Weg zu beschreiten ist. Man kann nicht mit allen unterschiedslos auf die gleiche Weise körperzentriert arbeiten. Wenn leiborientierte Interventionen, körperlicher Halt und heilsame Berührungen zum methodischen »Handwerkszeug« des Therapeuten gehören, sind bei suchtkranken Menschen mit frühen »Störungen« feinfühlige Vorsicht und eine besonders sorgfältige Diagnose wichtige Grundvoraussetzungen seiner Arbeit.

Klienten mit tiefen Brüchen oder Unsicherheiten im Körper-Selbst sowie invasiven »Störungen« aufgrund traumatisch oder chronisch erlittener Grenzverletzungen bedürfen vordringlich der Ortung und Zentrierung. Berührungen durch den Therapeuten sind bei ihnen über weite Strecken unangebracht. Sie können sich allerdings selbst berührend begreifen, indem sie immer wieder ihren eigenen Körper abtasten, um ein zuverlässiges Gefühl für dessen Grenzen zu erwerben. Der Therapeut kann die Ortungsprozesse unterstützen: »Spüren Sie, wie Sie hier im Raum sind. Spüren Sie in alle Richtungen, nach oben und unten, nach rechts und nach links. Achten Sie auf Ihren Atem!«, oder »Berühren Sie sich mit den Händen an den Körperstellen, die Sie besonders schützen mögen. Falls Sie nicht möchten, dass ich Sie dabei ansehe, drehe ich mich weg.« Auf ortende Differenzierung und das Erleben von Urheberschaft zielen Interventionen wie: »Was erleben Sie, wenn Sie die Augen schließen. Bin ich dann noch da für Sie?«Zweifelt ein Klient an der Präsenz des Therapeuten, kann dieser ihn fragen, ob er ihm vielleicht versuchsweise eine Hand reichen soll, um ihm zu zeigen, dass er dableibt. Macht der Klient einen Laut, bezieht sich der Therapeut darauf möglicherweise mit einem Antwortlaut, um ihn spüren zu lassen, dass er für ihn erreichbar ist.

Berührungsfreie Interventionen können sich anfänglich auf körperbezogene Phantasien und Vorstellungen des Klienten beziehen. Viele Menschen verfügen über zum Teil langfristige, fest gefügte Körperphantasien. Gemäß inneren Bildern haben sie eine ganz bestimmte Vorstellung davon, was geschähe, wenn die phantasierte Situation real würde. Bei konkreten Handlungsproben kann sich ihre Vorstellung bewahrheiten und blockierte affektmotorische Muster reaktivieren. In anderen Fällen hat sich die Phantasie vom Klienten unbemerkt längst überlebt. Da er sie jedoch nie durch eine Handlungsprobe überprüfen konnte, blieb der Prozess außerhalb der bewussten Wahrnehmung. Insbesondere regressive Körperphantasien entsprechen gelegentlich nicht mehr der Individuation eines Menschen.

Ich gebe ein Beispiel: Ein während der Adoleszenz langjährig depressiv verstimmter Klient hat auch als erwachsener Mann noch die Phantasie, dass er sich in einem Meer von Tränen auflösen würde, wenn ihn jemand fest und sicher in den Arm nähme. Als er in einer Gruppe seine Haltephantasie konkret überprüft, geschieht zu seinem großen Erstaunen etwas völlig Unerwartetes. Nach einer Phase des Suchens nach seinem vertrauten Gefühl überwältigender Traurigkeit spürt er eher Verwirrung, da er das langjährig gewohnte »schwarze Loch« nicht findet. Stattdessen fühlt er mehr und mehr, wie ein mächtiger Strom von Lebenslust in ihm aufsteigt. Und er tut etwas, was er nur noch aus fernen Zeiten kannte: Er lacht nach Herzenslust. Seine Körperphantasie war für ihn so übermächtig, dass er lange Jahre nicht wahrnahm, dass er sie nicht mehr brauchte. Er war bereits an einem Punkt seiner Selbst-Findung angelangt, wo sie längst entbehrlich war. Hätte er nicht die Gelegenheit gehabt und den Mut gefunden, seine Haltephantasie zu überprüfen, würde sie ihn heute noch im Bann halten. Er empfand seine Vorstellung immer als lebenseinschränkend. Der Klient vollzog durch das Loslassen seiner Phantasie einen regelrechten inneren »Progressionssprung«.

Nicht jeder Klient reagiert auf so intensiven körperlichen Halt gleich. Für viele süchtig Abhängige wäre ein Halt in »Abrahams Schoß« wie im obigen Beispiel eine ungeheure Grenzüberschreitung, auf die sie mit Panik reagieren würden. Doch in der Regel finden Menschen sehr genau heraus, was sie an Halt brauchen und wünschen. Umgekehrt spürt der Therapeut über seine eigenen antwortenden Gefühle deutlich, was ein Halt im Klienten bewirkt. Wenn sein Gegenüber konkreten körperlichen Halt nur suchtartig konsumiert, wird sich der Therapeut seinerseits invasiv geklammert fühlen. Davon unterscheiden wird er ein ruhiges oder stillendes Tanken des Klienten, das seinen nächsten Schritt in der Selbst-Bewegung vorbereitet. Ein Halten, das unmittelbares inneres Wachstum des Klienten bewirkt, wird noch während der körpertherapeutischen Intervention eine individuierende Abgrenzungsbewegung des Klienten als Antwortverhalten spürbar werden lassen.

Das Rufen und Antworten des Körpers hat in jedem Fall seine eigene Sprache. Bei leiblich-organismisch-affektiv durchlebten Prozessen werden die Selbst-Grenzen daher deutlicher spürbar, als in rein verbalen Therapien. Sie bieten Klient wie Therapeut zusätzliche Hinweise, um die ursprünglichen Interaktions- und Beziehungserfahrungen aufzudecken oder zu rekonstruieren. Leiblichseelisch erfahrene Realität, die verdrängt, »vergessen« oder bis zur Unkenntlichkeit narrativ umgearbeitet ist, kann sich als nonverbale Körper-Erinnerung melden. Das Problem besteht darin, ein sichtbares Phänomen richtig zu verstehen, um an seinem Ursprungsort eine korrigierende Erfahrung bewirken zu können. Das folgende Beispiel gibt einen kleinen Einblick in die möglichen Wirkungszusammenhänge.

Eine berufstätige Frau, Ende zwanzig und kontrollierte Konsumentin von Amphetaminen und LSD, klagte darüber, dass sie sich im Privat- wie Berufsleben nie ihren Wünschen gemäß durchsetzen könne. Vor ihr wichtigen Entscheidungen spürte sie häufiger ein schlagartiges Anschwellen ihrer Kraft und dann ein regelrechtes Ersterben aller Energie. Zurück blieb regelmäßig eine Gefühlsmischung aus Entmutigung, Ausgelaugtsein und Zorn. Verbale Deutungen hatten bisher wenig geholfen. Keine Erklärung hatte nachhaltig etwas in ihr ausgelöst. Im situativen Kontext ergab es sich, dass ich ihr vorschlug, einmal ihre Kraft und ihren Zorn in ihre Arme zu geben, während ich sie an den Handgelenken festhielt, um ihr Widerstand zu geben. Zu spüren war ein kurzes Aufflackern von vorwärts drängender Kraft und alsbald deren totales Ersterben. Ihre Arme fühlten sich schlaff und kraftlos an. Ich bemerkte aber, dass ihre Hände kreisende Bewegungen vollführten. Sie selbst nahm das kaum bewusst wahr. Meine eigenen assoziativen Bilder dazu waren: Folterbank, Eisenklammern, Handfesseln. Als ich ihr meine Bilder mitteilte, dämmerte eine unscharfe Erinnerung in ihr. Sie glaubte, als kleines Mädchen an ihrem Bettchen angebunden gewesen zu sein. Genaueres wusste sie zunächst nicht. Ihre Eltern konnte sie nicht mehr befragen. Ihr Vater hatte die Familie nach ihrer Geburt verlassen, die Mutter war bereits verstorben. Eine entfernt wohnende Schwester der Mutter bestätigte ihr auf Nachfragen, dass sie mit ungefähr zwei bis drei Jahren des Öfteren von der Mutter ans Bett angebunden wurde, damit diese mit ihren wechselnden Freunden ihre Ruhe vor ihr hatte. Durch die Re-Inszenierung der Ursprungssituation mit den sie begleitenden regressiven Prozessen sowie weitere körpertherapeutische Interventionen, bei denen die Klientin ihre ganze blockierte Wut durchmessen konnte, gelang es ihr, ihre Bewegungsfreiheit wiederzuerlangen. Sie trennte sich von ihrem sie sehr einschränkenden Lebensgefährten. Etwa ein Jahr später wurde sie in ihrem Betrieb befördert. Rauschmittel spielen keine Rolle mehr für sie. Ich bezweifle, dass wir auf rein verbaler Ebene den gleichen Erfolg gehabt hätten.

Bei Klienten, die mit heilsamen Berührungen wenig vertraut sind, sie ablehnen oder gar eine Verletzung ihrer Grenzen befürchten, sowie bei Jugendlichen, denen berührende körpertherapeutische Interventionen allein schon aufgrund ihres Entwicklungsstadiums unangenehm sind, kann der Therapeut deren Aufmerksamkeit dennoch auf und in den Körper lenken. Mit Interventionen, die auf das jeweilige leiblich-seelische Erleben abzielen, wird die körperliche Selbst-Erfahrung in das therapeutische Geschehen miteinbezogen. Solche Interventionen können beispielsweise lauten: »Was passiert gerade in Ihnen?«, »Was spürst du im Moment in deinem Körper?«, »Wo im Körper spüren Sie besonders Ihr Gefühl?«, »Was passiert gerade mit deiner Atmung?«, »Schau mal, was dein Bein jetzt macht!«, »Wie möchte Ihr Körper darauf reagieren?«, »Probier doch mal, was passiert, wenn du eine Faust machst!« usw.

Klienten, die mit Leibarbeit vertraut sind, machen öfter selbst Vorschläge für konkrete Handlungs- und Bewegungsproben. Manche kommen von vorneherein mit körpertherapeutischen Erwartungen. Wenn sie in regressiven Prozessen unkontrolliert abzutauchen drohen, kann der Therapeut sie auffordern, sich z.b. an seinem Arm festzuhalten. Festhalten und zudrücken verändert augenblicklich die Selbst-Bewegung wie die Befindlichkeit des Klienten. Er taucht aus der Regression auf. Klienten, die gerade einen sehr schmerzlichen Prozess durchlaufen haben, in Tränen aufgelöst und entkräftet sind, kann man etwas in die Hände geben zum Greifen. Nicht, um sie vorschnell oder »billig« zu trösten, sondern um ihnen etwa zu signalisieren: »Du darfst mit deiner ganzen Traurigkeit hier sein. Ich biete dir aber etwas zum Festhalten an, damit du nicht verloren gehst, und das deine Lebensgeister wieder weckt.« Hervorragend geeignet sind hierzu beispielsweise Jonglierbälle oder Handschmeichler aus Holz und Mineralien.

Körpertherapeutische Interventionen bieten gleichfalls hervorragende Möglichkeiten, typische Reaktionen suchtkranker Menschen wie überschießende Aggressionen, grenzenlos wuchernde Grandiositätsvorstellungen, aber auch situative Höhenflüge, die unrealistische Selbst-Herrlichkeit nähren könnten, durch angemessene Begrenzung zu limitieren. Destruktive Potentiale werden dadurch im Dienst der Selbst-Entwicklung umgeleitet. Das hat auf einen durch seine aggressiven Impulse bedrohten Klienten eine fundamental andere Wirkung, als wenn der Therapeut beispielsweise mit ihm vereinbart, kurzfristig den Raum oder die Gruppe zu verlassen, wenn er spürt, dass seine Aggressionen überzuschießen drohen. Selbst wenn im Anschluss daran ein Gespräch mit dem Klienten erfolgt, bleibt er mit seinen Gefühlen hoffnungslos allein. Ein solcher Umgang mit seinen bedrohlichen Gefühlen wird seinen Selbst-Wert weiter untergraben und seine Angst vor Zerstörung wachsen lassen. Er kann sich nur als gefürchtetes Monster erleben.

Ein vergleichbares Vorgehen ist therapeutisch arm. Eine situativ stimmige, *leib*haftig erlebte Limitierung seiner Affekte ermöglicht dem Klienten viel eher eine langfristige Selbst-Beherrschung. In der Regel sind selbst aggressiv reagierende Menschen in der Lage, vorher vereinbarte Regeln für konkrete Handlungsproben einzuhalten, wenn sie dadurch mit ihren Gefühlen nicht alleine bleiben. Selbstverständlich wahrt auch der Therapeut seine Grenzen. Niemand ist verpflichtet, sich auf ein unkalkulierbares körpertherapeutisches Wagnis mit einem wirklich gewalttätigen Menschen einzulassen. Der »durchschnittliche« Suchtklient zählt allerdings eindeutig nicht zu ihnen.

Bedenken gegen die Einbeziehung des Körpers in die Arbeit mit suchtkranken Klienten entspringen theoretischer Erwägungen zur therapeutischen Abstinenz sowie eigener Unerfahrenheit mit der Methode. Körper-Psychotherapie über heilsame Berührungen ist ein höchst wirksames Medium, Not leidenden Menschen wirksame Unterstützung zukommen zu lassen, die rein verbale Therapieverfahren kognitiv unterlaufen oder die mit ihren präverbalen »Störungen« sprachlich im Kern gar nicht zu erreichen sind. Beim Einsatz solcher Techniken gilt wieder die Regel des absoluten Respekts vor dem beschädigten Seelenleben des Klienten. Als Vorsichtsmaßnahme gilt: »Je labiler das Selbst des Klienten, desto behutsamer die Vorgehensweise.«

Die Arbeit mit Inszenierungen

Die Arbeit mit Inszenierungen lässt sich in der Einzel-, Paar-, Familien- und Gruppentherapie sowie der Prävention anwenden. Inszenierung meint nicht ein beliebiges Agieren der Klienten, sondern eingebunden in den therapeutischen Kontext ein Gestalten bedeutungsvoller Lebensszenen der Klienten, die ihre Selbst- und Beziehungserfahrungen enthalten.

Über inszenierende Verfahren werden Repräsentationen in Form von Erinnerungen, Gefühlen, Handlungsmustern und Beziehungsschemata rekonstruiert. Das szenische Gestalten einer Lebenssituation aktiviert alle damit verbundenen verbalen wie nonverbalen Gedächtnisspeicher. Insbesondere meldet sich ganz unmittelbar das Körpergedächtnis. Der große Vorteil von Inszenierungen ist fraglos, dass die Klienten etwas *tun*, sie sind in Bewegung. Im Wiedererleben prägender Lebenssituationen wird durch die Inszenierung eine Korrektur und Neufassung der Szene möglich. Zwar wird der Klient vom Therapeuten einfühlsam unterstützt, doch im Wesentlichen handelt er eigen-mächtig. Er erfährt also einen unmittelbaren Zuwachs an Wirkmächtigkeit. Eine Inszenierung verdeutlicht auch greifbar die momentanen Handlungsgrenzen eines Klienten. Durch weitere Vorschläge für angemessene Handlungsproben, durch zusätzlichen Schutz oder haltenden Beistand vermag der Klient die Grenzen zu weiten und Fortschritte in der Selbst-Behauptung zu machen. Menschen, die viele Grenzverletzungen erlitten haben, vermögen umgekehrt korrigierende Erfahrungen zu machen, indem sie ihre Grenzen in der Inszenierung deutlicher spüren, sie gewahrt und respektiert fühlen und sie näher an sich heranholen. So erleben sie über den Weg selbst-tätiger Inszenierungen vielfältige affektmotorische Korrekturen, die durch verstärkende Wiederholung in das Selbst integriert werden. Durch Inszenierungen veränderte Repräsentationen und Beziehungsschemata führen zu einem Gewinn an Urheberschaft und bewirkender Handlungsfähigkeit.

In der Einzelarbeit kann ein Klient beispielsweise mithilfe der Technik des »leeren Stuhls« eine Szene gestalten. »Leere Stühle« symbolisieren für ihn bedeutsame Andere, mit denen er über die Inszenierung in einen Kontakt tritt, der weit über ein »Darüber-Sprechen« hinausreicht. Über leere Stühle hinaus kann alles, was sich im Raum befindet, in die Gestaltung einer Szene einbezogen werden. Dadurch, dass der Klient etwas für seine Geschichte auswählt, verleiht er ihm (symbolische) Bedeutung. Je reichhaltiger der Therapieraum für ein solches Vorgehen ausgestattet ist, desto größer sind natürlich die Wahlmöglichkeiten des Klienten.

Für den Ablauf einer Inszenierung gibt es keine Regel, außer der Angemessenheit für den Klienten. Manche vermögen nur kleinste Schritte zu gehen und bewegen sich dennoch. Ihre Gestaltung einer Szene mag deshalb kurz, still und leise verlaufen. Andere nehmen sich viel Zeit. Haben sie ihre Gestaltung erst einmal in Gang gesetzt, gehen sie ganz hinein, durchlaufen einen tief greifenden Prozess, behutsam oder höchst dramatisch. Der Therapeut darf dabei ruhig auf die Kompetenz seines Klienten vertrauen, der so weit geht, wie es für ihn stimmig ist. Darüber hinaus vertraut der Therapeut in der Unterstützung des Klienten selbstverständlich auf seine eigene menschliche wie professionelle Erfahrung.

Die Arbeit mit Inszenierungen macht nicht nur für den Klienten Sinn, sondern gleichfalls für den Therapeuten. Im Kontakt mit süchtig Abhängigen, deren tiefere Ursachen ihres Verhaltens in traumatischen Lebenserfahrungen wurzeln, lassen sich so z.B. negative Übertragungen vermeiden. Üblicherweise behandelt ein Therapeut Klienten mit Persönlichkeits- und Beziehungs»störungen« vorzugsweise auf der Beziehungsebene, indem er sich als authentisch antwortende Realperson zur Verfügung stellt. Sein Gegenüber soll sich in der therapeutischen Beziehung mit all seinen persönlichen Eigenheiten angenommen fühlen und durch das Antwortverhalten des Therapeuten korrigierende Erfahrungen machen. Das Verfahren setzt die Fähigkeit des Therapeuten voraus, in der Beziehung erst einmal vieles auszuhalten, bevor es einer Veränderung zugänglich wird. Der süchtigen Beziehungsstruktur wohnt die Tendenz inne, die zwischenmenschliche Bezogenheit durch Machtvorbehalt, Grandiosität, Abwertung und Verachtung, idealisierende Allmachtsübertragung, Drohgebärden oder gänzlich dissoziales Verhalten zu vergiften. Der Therapeut kann sich anstrengen, die schleichende Vergiftung auszuhalten, um über diesen Weg die langsame Veränderung des Klienten anzustreben. Doch vermutlich wird er mit einem solchen Vorgehen an seine eigenen Grenzen der Belastbarkeit stoßen. Schlimmstenfalls antwortet er seinerseits mit negativer Diagnostik und emotionalen Befreiungsschlägen gegenüber dem Klienten.

Es ist schlichtweg entbehrlich, dass der Therapeut sich ein solches Verfahren zumutet. Speziell süchtig Abhängige, deren Suchtmittelmissbrauch eine posttraumatische Reaktion auf unerträgliche, grenzverletzende Lebenserfahrungen ist, versuchen mit allen ihnen zur Verfügung stehenden Mitteln, den Zusammenbruch des Selbst zu verhindern. Traumatisierte Menschen sind objektifizierte Opfer. Um der Opferrolle zu entkommen, können sie ihrerseits zu Tätern werden. Menschen mit Gewalt- und Missbrauchserfahrungen bilden unter Umständen eine dissoziale Persönlichkeit aus und werden ihrerseits zu Missbrauchern und Gewalttätern. Selbst dort, wo Traumafolgen nicht zu einem aktiven Täterverhalten führen, dringen sie vergiftend in jede zwischenmenschliche Beziehung ein. Konsequenterweise setzen sich Therapeuten, die mit Traumaopfern arbeiten, traumatisierendem Beziehungsgeschehen aus. In der negativen Übertragungsbeziehung wird der Therapeut sich verlieren und zur Wirkungslosigkeit verurteilt sehen. Die Atmosphäre, die der Klient herstellt, sowie sein Beziehungsangebot enthalten die Botschaft:»So machtlos, gelähmt, gedemütigt, entwertet, benutzt, schuldig, ängstlich, wie Sie sich mit mir fühlen, habe ich mich selbst als Opfer gefühlt.« Die Gesamtheit der leiblich-seelischen und zwischenmenschlichen Verheerungen eines Klienten, der Misshandlung, Missbrauch, Verbrechen, Folter, Vertreibung, Krieg usw. ausgesetzt war, lässt sich nicht per Übertragung in die therapeutische Beziehung holen. Selbst wenn es möglich wäre, liefe der Therapeut Gefahr, in der negativen Übertragung unterzugehen. Er wäre nicht mehr in der Lage, hilfreich zu wirken. Folgerichtig wird er sinnvolle alternative therapeutische Techniken einsetzen. Eine sich anbietende Methode ist die Re-Inszenierung des traumatischen Geschehens. Der Therapeut verändert konsequent das Setting und seine eigene Rolle. Er wird unterstützender Begleiter, Zeuge, Schutzengel und Regisseur. Zusammen mit dem Klienten inszeniert er dessen Drama, statt es in der Übertragung an der eigenen Person ohnmächtig zu erleiden, zu verfehlen oder mit einer weiteren Deckschicht zu verfremden.

Wohl dosiert und angemessen gesteuert, wird das Geschehen einer neuen Verarbeitung zugänglich gemacht. Das real erlebte Trauma ist durch kein Verfahren aus der Welt zu schaffen. Seine organismisch-seelische Langzeitwirkung, die – wie wir heute wissen – bei den betroffenen Menschen auch eine komplex veränderte Stress- und Gehirnphysiologie einschließt, ist hingegen veränderbar.[1] Die Inszenierung geht über die bloße Beziehungsebene hinaus.

---

1 Zur Arbeit mit Traumaopfern siehe den übersichtlichen Beitrag von L. Reddemann/U. Sachsse: Trauma first! In: Persönlichkeitsstörungen, 3, Heft 1/ 1999, S. 16–20, dort auch weiterführende Literaturangaben.

Sie umfasst alle Kanäle der körperlich-seelischen Wahrnehmung. Leiblich-organismische Erinnerungspuren, vielfältige Affekte in ihrer jeweiligen Intensität und Kontur, verinnerlichte Bilder, Worte und Stimmen, Gerüche, Geräusche usw. werden wieder wachgerufen und durch die Inszenierung, in der der Klient sich als handelndes Wesen erlebt, einer korrigierenden Bearbeitung zugänglich. Wenn traumatisierende, objektifizierende oder untolerierbar übergriffige Verhaltensweisen des Klienten in die therapeutische Beziehung drängen, lehne ich persönlich es ab, mich oder Gruppenmitglieder stellvertretend entsprechend destruktiv behandeln zu lassen. Stattdessen schlage ich dem Klienten vor, seine Geschichte in Szene zu setzen. Ich begründe meinen Vorschlag auch damit, dass ich ihm ansonsten kaum hilfreich sein kann. Der Vorteil des Verfahrens für den Klienten liegt nicht nur in dessen eigenem Tun, über das er sich als handelnd erfährt. Er selbst oder andere Gruppenmitglieder nutzen meine persönliche Abgrenzung anschließend fast immer als Bestätigung für ihr Recht auf eigene Abgrenzung gegenüber grenzverletzender zwischenmenschlicher Ausbeutung. Jede Inszenierung fördert die innere Achtsamkeit des Klienten. Die nachstehenden Beispiele geben einen Einblick in die Fülle möglicher Vorgehensweisen.

Eine 25-jährige Frau wurde als junge Erwachsene unter Alkoholeinfluss von zwei Bekannten sexuell missbraucht. Ein Dritter war zwar nicht aktiv beteiligt, griff aber nicht schützend ein. Die Klientin hatte ihre Vergewaltigung nicht verdrängt. Da sie während des Geschehens angetrunken war, wurde sie von intensiven Schamgefühlen und Zweifeln geplagt, ob sie an ihrem Missbrauch nicht mit schuld gewesen sei. Mit stark stimulierenden Drogen versuchte sie über drei Jahre hinweg ihren beschmutzt erlebten Körper unter Kontrolle zu bringen. Zudem bescherte ihr die Wirkung von Amphetaminen und gelegentlich Kokain ein Gefühl gesteigerter Mächtigkeit. Kurz nach einer Präventionsveranstaltung bei ihrem Arbeitgeber kam sie aus eigenem Antrieb in Therapie. Es ging bei ihr nicht um die Aufarbeitung ihrer Kindheitsgeschichte oder eine Nachreifung blockierter Entwicklungsschemata. Der Fokus lag eindeutig auf ihrem Erleben, als junge Erwachsene missbraucht worden zu sein. Bisher hatte sie mit niemandem über ihr Erleben gesprochen. In der Re-Inszenierung des Geschehens bediente sich die Klientin der Technik des »leeren Stuhls«. Zunächst konnte sie sich dem Erleben kaum stellen, aber sie war in der Lage zu prüfen, was sie brauchte. Als sie sich einen zusätzlichen schützenden Wall gebaut und sich meiner Person als unterstützendem Zeuge vergewissert hatte, konnte sie die drei Angreifer in sicherer Distanz vor sich aufbauen. Während der wiederholten Gestaltung der Szene zu verschiedenen Terminen vermochte die Klientin das Geschehen in all seinen Dimensionen für sie wieder zu beleben und gefühlsmäßig zu sortieren. Letztlich war sie in der Lage, die Täter aufrecht und im Gefühl der eigenen Standfestigkeit direkt zu konfrontieren. Sie konnte deren jeweilige Beteiligung an der Tat zuordnen. Vor allem gelang es ihr, sich von ihren eigenen Schuld- und Schamgefühlen zu befreien, was sie sichtlich entlastete. Wichtig war für sie meine Funktion als Zeuge, der ihr bestätigte: »Du bist nicht schuld. Du bist nicht verantwortlich für das, was dir angetan wurde. Du hast ein Recht auf deine Anklage.« In vielen unterschiedlichen Situationen bedürfen Klienten einer solchen Zeugenfunktion, wenn sie mit ihrem inneren Erleben allein waren.

Wenn mit der Technik des »leeren Stuhls« gearbeitet wird, der für den Klienten einen bedeutsamen Menschen symbolisiert, sollte der Therapeut darauf achten, dass für die negativen und positiven Anteile einer Person zwei Stühle aufgestellt werden. Das hat nichts mit »guten« und »bösen« Objektrepräsentanzen oder mit Spaltungen zu tun. Erfahrungen im Zusammensein mit Anderen werden als ganzheitliche Beziehungsschemata verinnerlicht. Wenn Klienten in einer Inszenierung beispielsweise eine Szene mit ihrer Mutter oder ihrem Vater gestalten, ist es für sie gleichwohl hilfreich zu wissen, dass sie nur den Teil der Person konfrontativ angehen, unter dem sie persönlich gelitten haben. Die symbolische Trennung der negativen und positiven Anteile einer bedeutsamen Person vermeidet daher von vorneherein die mögliche Verstrickung in neue Schuldgefühle.

In der Gruppenarbeit besteht die Möglichkeit, dass Gruppenmitglieder, die ein Klient für seine Inszenierung auswählt, für ihn die Rolle von bedeutsamen Anderen übernehmen. Die Ausgewählten teilen dem Klienten dann ausdrücklich mit: »Ich spiele jetzt für dich die Rolle von …« Im Rollenspiel spielen sie die Rolle. In einer Pesso-Struktur führt der Therapeut in Abstimmung mit dem Klienten die Regie.[1] Wird eine Szene aufgelöst, sollte der Therapeut unter allen Umständen darauf achten, dass jeder wieder seine Rolle abgibt:»Ich spiele für dich jetzt nicht mehr die Rolle des … Ich bin jetzt wieder …« Dabei nennt der Betreffende seinen eigenen Namen. Vergisst der Therapeut darauf zu achten, können je nach der Dynamik des vorangegangenen Geschehens ernsthafte Verwicklungen folgen, die zu ihrer Auflösung großer Mühe bedürfen. Es versteht sich weiterhin von selbst, dass der Therapeut von vorneherein dafür Sorge tragen muss, dass Gruppenmitglieder mit tief greifenden Persönlichkeitsstörungen und allzu durchlässigen Selbst-Grenzen durch die Übernahme von Rollen nicht in zusätzliche Konfusion gestürzt werden.

Bei der Arbeit mit drogenabhängigen Müttern, der Begleitung von Familien mit Kindern oder der Therapie mit »sprachlosen« Opfern kann eine wirksame Inszenierung darin bestehen, dass der Therapeut die Stimme eines Kindes oder des verstummten, hilflosen Opfers übernimmt. Er führt Regie über die geliehene Stimme, indem er stellvertretend ausdrückt, was die Person, für die er spricht, vermutlich empfindet, z.B.: »Ich fühle mich so allein und ängstlich, wenn du nicht mit mir sprichst«, oder »Ich fühle mich so wertlos, wenn du mir nie etwas zutraust«, bzw. »Ich muss mich tot stellen und verstummen, weil ich solche Angst vor dir habe«.

Für die situative Vielgestaltigkeit von inszenierenden Verfahren in der Therapie gibt es keine Grenzen, außer dem gebührenden Respekt vor dem beschädigten Seelenleben des Klienten, der seine Geschichte gestaltet, um sie neu zu integrieren. Die therapeutische Redlichkeit gebietet darüber hinaus, dass ein Therapeut Eigen-Erfahrungen mit der Methode erwirbt, bevor er beginnt, selbst damit zu arbeiten.

---

1 Zur Einführung in die psychomotorische Arbeit mit Pesso-Strukturen siehe Moser/Pesso 1991.

Urheberschaftliche oder wirksamkeitsorientierte Interventionen

Es empfiehlt sich, in der Arbeit mit Menschen, die Suchtmittelmissbrauch betreiben oder ein stoffungebundenes Suchtverhalten praktizieren, einen Fokus auf die Selbst-Empfindungen von Urheberschaft, Willensbekundung und Wirksamkeit zu legen. Süchtig Abhängige haben in ihrer Herkunftsgeschichte in der Regel ein prägendes Muster im Zusammensein mit Anderen erworben, dessen Kern-Erfahrung darin besteht, den Anderen mit dem eigenen Handeln nicht wirksam erreichen zu können. Eine Flucht in die Sucht droht überdies, wenn das Selbst-Gefühl von Wirkmächtigkeit durch die aktuellen Lebensumstände untolerierbar belastet wird. In der Auseinandersetzung mit der Realität sowie in ihren konkreten Lebens-Bewältigungsstrategien sind Abhängige vorwiegend passiv gehemmt. Oder ihre selbst-behauptenden Aktivitäten sind bloß notdürftige Versuche zur Gestaltung ihrer Lebensthemen. Ihre erlernte oder induzierte Hilflosigkeit, ihr Rückzug in Passivität oder Symbiose aufgrund unmittelbarer Überforderung blockieren die bestimmungsgemäße Entwicklung derjenigen affektmotorischen Schemata, die auf Urheberschaft und Wirksamkeit abzielen. Um Letztere gezielter anzusprechen, kann man in der Beziehung mit süchtig Abhängigen sowie in der Prävention mit Interventionstechniken arbeiten, die ich als *urheberschaftliche* oder *wirksamkeitsorientierte Interventionen* bezeichne.

Ihre Wirkkomponente besteht darin, dass im Klienten durch die auf ihn abgestimmten Interventionen die Erfahrungen belebt und bestärkt werden, die die vermeintliche Ausweglosigkeit durch den hoffnungsvollen Blick nach vorne ersetzen. Durch die korrigierenden Grunderfahrungen: »Ich kann den Anderen erreichen und in ihm etwas bewirken« sowie »Ich kann etwas in Bewegung setzen«, erlebt sich der Klient als wirkmächtig.

Eine meiner Grundinterventionen besteht darin, den Klienten von Beginn an zu ermutigen, sein Maß für Nähe und Distanz herauszufinden. An welchem Platz genau im Raum möchte er sitzen, stehen oder liegen? Wie möchte er die Nähe oder den Abstand zum Therapeuten regulieren? Was kann er tun, wenn er Impulse zu einer Veränderung verspürt?

Klienten, die kaum eine Vorstellung davon haben, dass sie mit ihrem Verhalten überhaupt etwas im Gegenüber bewirken, antwortet der Therapeut in seiner authentischen Selbst-Bewegung, indem er ihnen beispielsweise signalisiert:»In mir bewirken Sie gerade …« oder »Wenn ich Ihnen so zusehe, lösen Sie in mir aus …« Solche Rückmeldungen muss der Therapeut angemessen dosieren. Dann fördern sie im Klienten die Vorausahnung seines Verhaltens in seiner Wirkung auf Andere, also seine Fähigkeit zur Antizipation. In objektifizierenden Beziehungssituationen, in denen der Klient versucht, den Therapeuten manipulativ zu benutzen, vermögen klarstellende Rückkoppelungen überdies die Frustrationstoleranz des Klienten zu steigern. Vorausgesetzt, sie sind stimmig dosiert und dienen nicht einfach der gefühlsmäßigen Entlastung des unter Druck geratenen Therapeuten. Abgrenzende Antworten des Therapeuten wie:»Das lasse ich mit mir nicht machen«, bestärken möglicherweise auch sein Gegenüber in seinem Recht auf Abgrenzung gegenüber Fremdbestimmung.

Um das Selbst-Gefühl für die eigene Urheberschaft schützend zu bewahren, braucht es die Fähigkeit zur Abgrenzung gegenüber fremdem Willen. Stukturierende Interventionen können deshalb sein:»Wie können Sie sich wirksam schützen«? oder »Wie grenzen Sie sich ab, wenn Sie unter Druck geraten?« Hat der Klient viele Erfahrungen mit übergriffigen Beziehungsangeboten erlebt, bedarf es einer tief reichenden Sicherung seiner Selbst-Grenzen. Der Therapeut kann ihn auffordern:»Finden Sie heraus, wie viel Abstand Sie brauchen, wo Sie sich hier sicher fühlen!« In einem inszenierenden oder leiborientierten Setting kann das einschließen, dass der Klient sich einen sicheren Unterstand baut, von dem aus er weiter agiert. Bei schwer »gestörten« Klienten mit durchlässigen Selbst-Grenzen können erste Interventionen darin bestehen, dass sie in Form einer Selbst-Massage ganz konkret ihre Körper-Grenzen begreifen.

Wenn im Klienten bereits früh die Hoffnung resigniert hat, den bedeutsamen Anderen berühren und erreichen zu können, ist es hilfreich zu prüfen:»Was können Sie tun, um Kontakt herzustellen«? oder »Spüren Sie nach, wie viel Kontakt Sie brauchen!« Klienten, die mit der Einbeziehung des Körpers in die Arbeit vertraut sind, prüfen ganz konkret, wie, in welcher Form und Intensität sie

Kontakt herstellen möchten. Der Therapeut unterstützt ihr Suchverhalten durch fein abgestimmte Vorschläge für Handlungsproben.

Um einen eher rezeptiv-passiven Lebensmodus in eine aktivere Lebensgestaltung zu wandeln, können folgende Anregungen unterstützend wirken: »Wie möchten Sie die Situation gerne nach Ihren Vorstellungen gestalten«? oder »Was können Sie tun, um Ihr Leben Ihren Wünschen gemäß zu verändern? Was tut Ihnen gut und was nicht?« bzw. »Worauf haben Sie direkten Einfluss, um Ihr Ziel zu erreichen?« Interventionen, die auf die unmittelbare Handlungs- und Bewegungsebene abzielen, sind: »Wie möchten Sie diesem Gefühl oder Impuls direkt Ausdruck verleihen?« oder »Prüfen Sie, was Sie bewirken, wenn Sie diesem Impuls nachgeben!«

Wird in der Therapie auch mit konkreten Handlungsproben und Berührungen gearbeitet, können blockierte affektmotorische Schemata auf noch tieferen Ebenen angesprochen und wieder belebt werden. Der Klient hat die *leib*haftige Chance herauszufinden und zu spüren, was er möchte bzw. was für ihn richtig und angemessen ist. Im aktiven Umgang mit Interventionen wie: »Wie weit möchten Sie gehen?« »Reicht dieser Schritt für heute oder möchten Sie weitergehen?«, erlebt er unmittelbar einen Zuwachs an Urheberschaft und Handlungskompetenz, weil er selbst sein eigener Steuermann bleibt. Nichts geschieht mit ihm gegen seinen Willen.

Um ein beschädigtes Selbst-Gefühl von Urheberschaft und Wirksamkeit mit all den daran gebundenen affektmotorischen Blockaden neu zu aktivieren, genügt bisweilen schon eine einzige tief reichende korrigierende Erfahrung. Um es zu heilen, bedarf es in der Regel jedoch beständiger Wiederholungen, die die ursprünglich erworbenen Beziehungsschemata wirksam überschreiben. Anfänglich fallen Klienten immer wieder in die erlernten Verhaltensmuster zurück, produzieren Hilflosigkeit und Nicht-Können. Auch wenn der Therapeut die Eigen-Mächtigkeit eines Klienten zu (über)fordernd anspricht, wird jener verstärkt mit Regression in anklammernde Ohnmacht oder Allmachtsübertragungen auf den Therapeuten antworten. Nicht selten wollen Klienten aufgrund der gerade vorherrschenden Refigurationen von bestimmten Beziehungsmustern mit bedeutsamen Anderen noch gar nicht erfahren, wozu sie eigentlich in der Lage wären. In dem Fall kann der Therapeut sie immer wieder kleine Erfolge nachvollziehen lassen, indem er sie, ihrem eigenen Lebenslauf folgend, fragt: »Wie ist es Ihnen in dieser und jener Situation gelungen, dies und jenes zu bewerkstelligen, und worin besteht für Sie der Unterschied zu Ihrer aktuellen Situation?« Die Fortschritte eines Klienten in der Selbst-Behauptung müssen für ihn angemessen sein. Sie bedürfen der wiederholten Bestätigung, damit sein sich vortastendes Verhalten zum festen Verhaltensrepertoire werden kann. Es gibt im therapeutischen Prozess immer wieder Gelegenheiten, bei denen der Fokus gezielt auf die Weiterentwicklung der Handlungskompetenz des Klienten gelegt werden kann. Die hier vorgestellten Interventionen sind nur ein winziger Ausschnitt aus der Fülle möglicher Vorschläge an den Klienten, die geeignet sein können, sein Selbst-Gefühl von Wirkmächtigkeit nachhaltig zu stärken.

Selbstverständlich bedarf es bei süchtig Abhängigen vorgeschalteter oder paralleler Interventionen auf der Oberflächenebene des Symptoms, damit sie für eine weitreichendere Arbeit überhaupt den Kopf frei bekommen. Im Einzelfall bedeutet das Entgiftung oder Absprachen auf der Symptomebene, um langfristig wieder die achtsame Herrschaft im eigenen Haus zurückzuerobern.

Wider den süchtigen Kulturpessimismus oder: Das überlebensfähige Maß an Hoffnung

Der Kreis schließt sich: Die innere Achtsamkeit ist ein unschätzbares Gut. Sie enthält immer die ausgesprochene oder bloß gedachte Frage: »Wozu sind wir auf der Welt?« Doch wir finden für unsere existentielle Grundfrage keine zweifelsfreie Lösung: »Der Gedanke kann alle Fragen über den Sinn des Lebens stellen, aber er kann nicht eine einzige beantworten, denn die Antworten liegen jenseits des Gedankens«[1] und jenseits der fassbaren Realität. Die Wirklichkeit des Lebens wiederum lässt uns mit ihrer scheinbaren Sinnlosigkeit nur allzu häufig ratlos zurück.

Es gibt in der Realität genügend Gründe, die Menschen am Leben verzweifeln lassen können. Das Leiden von Menschen ist keine Phantasie, es ist bedrückende Wirklichkeit. Allerorten auf der Welt fühlen sich Kinder, Frauen und Männer ohnmächtig nicht oder nur schwer greifbaren Gewalten ausgeliefert. Sie werden gedemütigt, misshandelt, missbraucht, geschlagen, gefoltert, getötet. Sie hungern leiblich wie seelisch nach guter Nahrung. Der wirtschaftliche wie politische Wahn-Sinn auf unserem Globus hat Methode.

Auf unserem Kontinent zählen wir eindeutig zu den Privilegierten. Wir leben in relativem Wohlstand und Sicherheit. Gleichwohl reduziert sich auch in der technisierten Zivilisation der Wert eines Menschen zunehmend auf den einer zu verbrauchenden Ware. Wer an der erfahrenen Realität verzweifelt, sich nicht mehr als wirksam handelndes Wesen erfahren kann, sucht sein Heil vielfach in den lindernden, psychoaktiven Wirkungen potenter Suchtmittel. Wohin wir auch blicken, wenn wir die Augen öffnen, wohin wir hören, wenn unsere Ohren gewillt sind zu hören, wohin wir auch spüren, wenn wir noch sensibel genug sind, unsere Umwelt

---

1 Nach M. Fredriksson: Simon. Frankfurt 1998, S. 169.

achtsam wahrzunehmen, überall treffen wir auf Missstände. Sie sind real, sie sind grausam, sie sind entsetzlich und oftmals kaum zu ertragen. Sie sind eine nicht zu verleugnende Wahrheit. Und doch sind sie nicht alles.

Wo Menschen aufeinander treffen, können sie im positivsten Sinne des Wortes Beziehung aufleben lassen. Sie vermögen Freundschaft zu schließen, zu lieben, respektvoll miteinander zu streiten oder sogar Zeugen von Akten uneigennütziger Menschlichkeit zu werden. Ihre vitalen Gefühle bringen Licht und Farben in die geschäftsmäßige Grautönigkeit. In vielen Nischen mit gestaltbaren Freiräumen vermögen Menschen ihre individuellen Fähigkeiten zu entfalten. Wir haben keinerlei Anlass, die Realität auch nur im geringsten zu beschönigen. Beständige Schwarzmalerei müssen wir als von den äußeren Gegebenheiten des Lebens Begünstigte allerdings ebenso wenig betreiben. Trotz wachsender neuer Armut ist die alltägliche Not in unserer zivilisierten Gesellschaft weniger die des existentiellen Überlebenskampfes, wie ihn unzählige Menschen in anderen Regionen der Welt täglich zu führen gezwungen sind, als die der seelischen Verarmung. Maßloser Konsum macht nicht glücklich, sondern erzeugt auf Dauer innere Leere und verdrießliche Langeweile. Ob ein Mensch unter solchen Bedingungen am Leben verzweifelt oder es begrüßt, hängt zwar mit Gewissheit wesentlich, aber nicht ausschließlich von seinen realen Einflussmöglichkeiten auf seine Lebensumstände ab. Neben den gesellschafts- und wirtschaftspolitischen Lebensverhältnissen spielt unser persönlicher Blick in die Welt eine maßgebliche Rolle. Es ist ein wenig wie mit dem vertrauten Beispiel, ob wir ein Glas als halb leer oder halb voll bezeichnen. Über Lebensverdruss oder Lebensgenuss entscheidet in unseren recht gesicherten Verhältnissen zu einem Gutteil die innere Haltung eines Menschen. Menschen jedoch, die ohne bejahende Zukunftserwartung sind und sich selbst nicht mehr mögen, lassen Andere das teuer bezahlen.

Trotz aller widrigen Umstände ist es möglich, sein Leben in die Hand zu nehmen, um sinnvoll etwas daraus zu machen und es mit all seinen menschlichen Höhen und Tiefen zu genießen. Es bedarf dazu allerdings einer einzigen unverzichtbaren Bedingung: eines *überlebensfähigen Maßes an Hoffnung.* Diese Hoffnung fühlt sich qualitativ entscheidend vitaler an als das gewohnte Sich-Trainieren vieler Menschen im Akzeptieren der Realität.

Bei öffentlichen Tagungen, Kongressen oder Diskussionen zum Thema »Sucht und Abhängigkeit« erlebe ich nun betrüblicherweise immer wieder, dass namhafte geladene Referenten mit ihren Beiträgen erheblich dazu verhelfen, bei ihren Zuhörern exakt das überlebensfähige Maß an hoffnungsvoller Zukunftserwartung zu mindern. Auf der Sachebene liefern sie mit ihren präzisen Analysen der Realität eine treffliche Einschätzung dessen, was in unserer Gesellschaft im Argen liegt. Dagegen ist in der Regel nichts einzuwenden. Auf der untergründigen, atmosphärischen Ebene vermitteln sie freilich eine unheilvolle Botschaft, wenn sie die Unveränderlichkeit und Ausweglosigkeit der Umstände beschwörend zementieren. Bewusst oder unbewusst signalisieren sie den meist helfende Berufe ausübenden Menschen im Publikum: »Ihr könnt ohnehin kaum etwas tun. Eure präventive oder therapeutische Arbeit ist umsonst. Ihr könnt die fatalen Verhältnisse, die Menschen in die süchtige Abhängigkeit führen, nicht wirksam verändern. Euer Handeln ist zum Scheitern verurteilt.« Konkret formuliert, klingt das in der Regel zwar moderater. Wo der Beschwörung der kritikwürdigen Verhältnisse nichts Hoffnung tragendes entgegengesetzt wird, setzt sich jedoch leicht eine ohnmächtige Hilflosigkeit verursachende Atmosphäre durch. Ich kann mich gelegentlich des Eindrucks nicht erwehren, dass bei öffentlichen Auftritten aufgrund persönlicher resignativer oder aggressiver Gefühle mancher Referenten bisweilen eine regelrechte Lust am Untergang inszeniert wird. Sie verbreiten einen geradezu süchtigen Kulturpessimismus, da ihnen der zuversichtliche Glaube an positive Veränderungen abhanden gekommen ist. Gemeint sind übrigens automatisch immer die großen, abstrakten Veränderungen von »oben«, die die Rahmenverhältnisse vorgeben. Der solcherart vorgetragene Angriff auf das überlebensnotwendige Maß an Hoffnung bewirkt bei den Menschen im Publikum, die sich dessen innerlich nicht erwehren können, unterschwellig ein »mehr desselben«: die zunehmende Untergrabung ihres Selbst-Gefühls von Urheberschaft und Wirksamkeit. Der vertrauende Glaube in eine kollektive Bündelung der Kräfte wird gleichfalls zersetzt. Erfreulicherweise habe ich als Gegengewicht aber auch schon mehrfach erlebt, dass Zuhörer bei solchen Gelegenheiten aufstehen und fragen: »Und wo bleibt die Hoffnung?«

Sich ein überlebensfähiges Maß an Hoffnung zu bewahren sowie eigen-mächtig etwas *tun* und darin *sein* ist die Freiheit des Menschen.

Literaturverzeichnis

Aßfalg, R./Rothenbacher, H.: Die Diagnose der Suchterkrankung. Ein Leitfaden für die Praxis. Hamburg 1990

Balint, M.: Die Urformen der Liebe und die Technik der Psychoanalyse. Stuttgart 1966

Balint, M.: Therapeutische Aspekte der Regression. Reinbek bei Hamburg 1973

Bateson, G./Jackson, D./Haley, H./Weakland, J. (1956): Vorstudien zu einer Theorie der Schizophrenie. In: G. Bateson: Ökologie des Geistes, Frankfurt 1981

Baudis, R.: Psychotherapie von Sucht und Drogenabhängigkeit oder Der goldene Vogel. 2. Aufl., Rudersberg 1995

Beland, H.: Die unbewußte Phantasie. Kontroversen um ein Konzept. Forum Psychoanalyse 5, 1989, S. 85–98

Blanck, G./Blanck, R.: Ich-Psychologie, II: Psychoanalytische Entwicklungspsychologie. 3. Aufl., Stuttgart 1994

Blos, P.: Adoleszenz. Eine psychoanalytische Interpretation. 3. Aufl., Stuttgart 1983

Blos, P.: Sohn und Vater. Diesseits und jenseits des Ödipuskomplexes. Stuttgart 1990

Bohleber, W. (Hrsg.): Adoleszenz und Identität. Stuttgart 1996

Bohleber, W.: Psychoanalyse, Adoleszenz und das Problem der Identität. In: Psyche, 53, Heft 6/1999, S. 507–529

Boszormenyi-Nagy, I./Spark, G. M.: Unsichtbare Bindungen. Die Dynamik familiärer Systeme. 5. Aufl., Stuttgart 1995

Buijssen H./Hirsch, R.: Probleme im Alter. Diagnose, Beratung, Therapie, Prävention. Weinheim 1997

Cierpka, M. (Hrsg.): Handbuch der Familiendiagnostik. Berlin, Heidelberg, New York 1995

Cirillo, St./Berrini, R./Cambiaso, G./Mazza, R.: Die Familie des Drogensüchtigen. Eine mehrgenerationale Perspektive. Stuttgart 1998

Criss, C.: Loslassen Wege aus Sucht und Abhängigkeit. München 1992

Cousto, H.: Drogeninduzierte und andere außergewöhnliche Bewußtseinszustände. Ein Bericht über Sucht und Sehnsucht, Transzendenz, Ich-Erfahrungen und außergewöhnliche Bewußtseinszustände. Solothurn 1998 (hrsg. v. Eve & Rave Schweiz)

Dalen, P. van: Was sich hinter der Maske verbirgt. In: SuchtReport 1/1999

Dilling, H./Mombour, W./Schmidt, M.H. (Hrsg.): Internationale Klassifikation psychischer Störungen: ICD-10. Klinisch-diagnostische Leitlinien. Weltgesundheitsorganisation, 2. Aufl., Bern, Göttingen, Toronto, Seattle 1993

Dornes, M.: Der kompetente Säugling. Die präverbale Entwicklung des Menschen. Frankfurt 1993

Dornes, M.: Die frühe Kindheit. Entwicklungspsychologie der ersten Lebensjahre. Frankfurt 1997

Dornes, M.: Das Verschwinden der Vergangenheit. In: Psyche, 53, Heft 6/1999, S. 530–571

Downing, G.: Körper und Wort in der Psychotherapie. Leitlinien für die Praxis. München 1996

Eccles, J. C./Robinson, D. N.: Das Wunder des Menschseins – Gehirn und Geist. Neuausgabe, München 1991

Eccles, J. C./Zeier, H.: Gehirn und Geist. München 1980

Erikson, E. H.: Identität und Lebenszyklus. Frankfurt 1970

Erikson, E. H.: Jugend und Krise. Die Psychodynamik im sozialen Wandel. München 1988

Erikson, E. H.: Kindheit und Gesellschaft. 11., veränd. Aufl., Stuttgart 1992

Ewig, H.: Einstieg zum Ausstieg. Ratingen 1993

Flaake, K./King, V. (Hg.): Weibliche Adoleszenz. Zur Sozialisation junger Frauen. 3. Aufl., Frankfurt, New York 1995

Fraiberg, S.: Die magischen Jahre in der Persönlichkeitsentwicklung des Vorschulkindes. Reinbek bei Hamburg 1991

Fredriksson, M.: Simon. 3. Aufl., Frankfurt 1998

Freud, S.: Aus den Anfängen der Psychoanalyse – Briefe an Wilhelm Fließ. Abhandlungen und Notizen aus den Jahren 1887–1902. Frankfurt 1962

Freud, S.: Das Unbehagen in der Kultur. Und andere kulturtheoretische Schriften. 5. Aufl., Frankfurt 1997

Fritze, J.: Zur Biologie der Abhängigkeit und der Sucht. In: G. Nissen (Hrsg.): Abhängigkeit und Sucht. Prävention und Therapie. Bern, Göttingen, Toronto, Seattle 1994

Glaser, G. K.: Geheimnis und Gewalt. Stuttgart und Hamburg 1953

Glaser, G. K.: Jenseits der Grenzen. Düsseldorf 1985

Goldhagen D. J.: Hitlers willige Vollstrecker. Ganz gewöhnliche Deutsche und der Holocaust. Berlin 1998

Grof, S.: Topographie des Unbewußten. LSD im Dienst der tiefenpsychologischen Forschung, 6. Aufl., Stuttgart 1993

Grof, S.: Das Abenteuer der Selbstentdeckung. Heilung durch veränderte Bewußtseinszustände. Reinbek bei Hamburg 1994

Heigl-Evers, A./Ott, J.: Zur Einführung in die psychoanalytisch-interaktionelle Therapie. In: Heigl-Evers, A./Ott, J. (Hg.): Die psychoanalytisch-interaktionelle Methode. Theorie und Praxis. 3. überarb. Aufl., Göttingen 1998

Heigl-Evers, A./Rosin, U./Heigl, F. S.: Psychoanalytisch-interaktionelle Annäherung an Patienten mit strukturellen Störungen. In: Heigl-Evers, A./Ott, J. (Hrsg.): Die psychoanalytisch-interaktionelle Methode. Theorie und Praxis. 3. überarb. Aufl., Göttingen 1998

Heigl, F./Heigl-Evers, A./Schultze-Dierbach, E.: Überlegungen zur Indikation von Einzel- und Gruppentherapie bei Suchtkranken, insbesondere Alkoholkranken. In: Sozialtherapie in der Praxis. Kassel 1983

Heim, B.: Postmortale Zustände? Die televariante Area integraler Weltstrukturen. Innsbruck 1980

Heim, B.: Der Elementarprozeß des Lebens. 3. Aufl., Innsbruck 1994

Heim, B.: Der kosmische Erlebnisraum des Menschen. 3. Aufl.,
Innsbruck 1995

Heisterkamp, G.: Heilsame Berührungen. Praxis leibfundierter analytischer Psychotherapie. München 1993

Hinshelwood, R.: Wörterbuch der kleinianischen Psychoanalyse.
Stuttgart 1993

Hinshelwood, R.: Die Praxis der kleinianischen Psychoanalyse.
Stuttgart 1997

Hoffmann-Axthelm, D.: Wenn Narziß Athena küßt. Über die Verachtung. Frankfurt 1998

Kernberg, O. F.: Borderline-Störungen und pathologischer Narzißmus. Frankfurt 1978

Kernberg, O. F.: Schwere Persönlichkeitsstörungen. Theorie, Diagnose, Behandlungsstrategien. Stuttgart 1988

Kohut, H.: Narzißmus. Eine Theorie der psychoanalytischen Behandlung narzißtischer Persönlichkeitsstörungen. 2. Aufl. Frankfurt 1979

Kohut, H.: Die Heilung des Selbst. Frankfurt 1979

Klein, M.: Das Seelenleben des Kleinkindes und andere Beiträge zur
Psychoanalyse. Reinbek bei Hamburg 1972

Krystal, H./Raskin, H. A.: Drogensucht: Aspekte der Ichfunktion.
Göttingen 1983

Kuntz, H.: Ecstasy – auf der Suche nach dem verlorenen Glück.
Vorbeugung und Wege aus Sucht und Abhängigkeit. Weinheim
und Basel 1998

Ladewig, D.: Sucht und Suchtkrankheiten. Ursachen, Symptome,
Therapien. München 1996

Lawrence, M.: »Ich stimme nicht«. Identitätskrise und Magersucht.
Reinbek bei Hamburg 1986

Liedloff, J.: Auf der Suche nach dem verlorenen Glück. Gegen die
Zerstörung unserer Glücksfähigkeit in der frühen Kindheit,
253.–280 Tsd., München 1992

Löcherbach, P.: Sind Drogen wirklich verlogen? In: SuchtReport 5/
1995

Magerl, S. : Die Geister, die ich rief. In: ZEITmagazin Nr. 20/1998

Mahler, M. S./Pine, F./Bergman, A.: Die psychische Geburt des
Menschen. Symbiose und Individuation. Frankfurt 1978

Massing, A./Reich, G./Sperling, E.: Die Mehrgenerationen-Familientherapie. 3. Aufl., Göttingen 1994

Matussek, P.: Süchtige Fehlhaltungen. In: Grundzüge der Neurosenlehre. München, Berlin, Wien 1972

Mentzos, S.: Interpersonale und institutionalisierte Abwehr. Frankfurt 1977

Mertens, W.: Psychoanalyse. 5., überarb. und erw. Aufl., Stuttgart, Berlin, Köln 1996

Miller, A.: Das Drama des begabten Kindes und die Suche nach dem wahren Selbst. Frankfurt 1979

Mollehave, H.: Lene. Reinbek bei Hamburg 1983

Moser, T.: Das erste Jahr. Frankfurt 1986

Moser, T./Pesso, A.: Strukturen des Unbewußten. Protokolle und Kommentare. Stuttgart 1991

Moser, T.: Dämonische Figuren. Die Wiederkehr des Dritten Reiches in der Psychotherapie. Frankfurt 1996

Naranjo, C.: Die Reise zum Ich – Psychotherapie mit heilenden Drogen. Frankfurt 1979

Naranjo, C.: Gestalt: Präsenz – Gewahrsein – Verantwortung: Grundhaltung und Praxis einer lebendigen Therapie. Freiamt 1996

Niederberger, J. M.: Rauchen als sozial erlerntes Verhalten. Physiologie und Sozialisationstheorie einer alltäglichen Sucht. Stuttgart 1987

Nietzsche, F.: Also sprach Zarathustra. Ein Buch für Alle und Keinen. Goldmann, 12. Aufl. 1996

Ogden, T. H.: Die projektive Identifikation. Forum der Psychoanalyse 4, 1988, S. 1–21

Piontelli, A.: Vom Fetus zum Kind. Die Ursprünge des psychischen Lebens. Eine psychoanalytische Beobachtungsstudie. Stuttgart 1996

Popper, K. R./Eccles, J. C.: Das Ich und sein Gehirn. 11. Aufl., München 1994

Radó, S.: Die psychischen Wirkungen der Rauschgifte. Versuch einer psychoanalytischen Theorie der Süchte. In: Internationale Zeitschrift für Psychoanalyse, 12/1926, S. 540–556

Radó, S.: Psychoanalyse der Pharmakothymie (Rauschgiftsucht).

In: Internationale Zeitschrift für Psychoanalyse, 20/1934, S. 16–32

Reddemann, L./Sachsse, U.: Trauma first! In: Persönlichkeitsstörungen, 3, Heft 1/1999, S. 16–20

Reichmann, L.: Wege aus der Drogensucht. Berichte über Menschen, die den Ausstieg geschafft haben. München 1996

Rennert, M.: Co-Abhängigkeit. Was Sucht für die Familie bedeutet. 2. Aufl., Freiburg 1990

Richter, H. E.: Eltern, Kind und Neurose. Die Psychoanalyse der kindlichen Rolle. Stuttgart 1969

Richter, H. E.: Patient Familie. Entstehung, Struktur und Therapie von Konflikten in Ehe und Familie. Reinbek bei Hamburg 1970

Rohde-Dachser, Chr.: Das Borderline-Syndrom. 5. überarb. und erg. Aufl., Bern, Göttingen, Toronto, Seattle 1995

Rost, W. D.: Psychoanalyse des Alkoholismus. Theorie, Diagnostik, Behandlung, Stuttgart 1992

Roth, G.: Das Gehirn und seine Wirklichkeit. Kognitive Neurobiologie und ihre philosophischen Konsequenzen. 5., überarb. Aufl., Frankfurt 1996

Saunders, N.: Ecstasy, 2. Aufl., Zürich 1994

Scheidt, J. vom: Der falsche Weg zum Selbst – Studien zur Drogenkarriere, München 1976

Schwoon, D. R./Krausz, M. (Hrsg.): Psychose und Sucht. Krankheitsmodelle, Verbreitung, therapeutische Ansätze. Freiburg 1992

Seidler. G. H.: Der Blick des Anderen. Eine Analyse der Scham. Stuttgart 1995

Sieber, M.: Zwölf Jahre Drogen. Verlaufsuntersuchung des Alkohol-, Tabak- und Haschischkonsums. Bern 1988

Simmel, E.: Die psychoanalytische Behandlung in der Klinik. In: Internationale Zeitschrift für Psychoanalyse, 14/1928, S. 352–370

Simmel, E.: Psychoanalyse und ihre Anwendungen. Ausgewählte Schriften. Frankfurt 1993

Snyder, S. H.: Chemie der Psyche. Drogenwirkungen im Gehirn. Heidelberg 1994

Steiner, J.: Orte des seelischen Rückzugs. Pathologische Organisationen bei psychotischen, neurotischen und Borderline-Patienten. Stuttgart 1998

Stern, D. N.: Die Lebenserfahrung des Säuglings. 2. Aufl., Stuttgart 1992

Stern, D. N.: Die Mutterschaftskonstellation. Eine vergleichende Darstellung verschiedener Formen der Mutter-Kind-Psychotherapie. Stuttgart 1998

Stern, D. N.: Das narrative Selbst. In: P. Buchheim, M. Cierpka, Th. Seifert (Hrsg.): Das Narrativ – aus dem Leben Erzähltes. Lindauer Texte. Berlin, Heidelberg, New York 1998

Stierlin, H.: Delegation und Familie, Frankfurt 1978

Stierlin, H.: Eltern und Kinder. Das Drama von Trennung und Versöhnung im Jugendalter. 4., erw. Aufl., Frankfurt 1980

Stierlin, H.:»Psychosomatische« und »schizopräsente« Familien: Wechselfälle der bezogenen Individuation. In: Familiendynamik 9/1984, S. 278–294

Textor, M. R.: Drogensucht und Familie. In: Familiendynamik 1/1989, S. 13–26

Weber, G./Stierlin, H.: In Liebe entzweit. Ein systemischer Ansatz zum Verständnis und zur Behandlung der Magersuchtsfamilie. Reinbek bei Hamburg 1989

Welter-Enderlin, R.: Familienarbeit mit Drogenabhängigen. In: Familiendynamik 7/1982, S. 200–210

Willi, J.: Die Kollusion als Grundbegriff für die Ehetherapie. In: Gruppendynamik 6/1972, S. 147–154

Willi, J.: Die Zweierbeziehung. Spannungsursachen, Störungsmuster, Klärungsprozesse, Lösungsmodelle. Reinbek bei Hamburg 1975

Willi, J.: Therapie der Zweierbeziehung. Reinbek bei Hamburg 1978

Winnicott, D. W.: Reifungsprozesse und fördernde Umwelt. München 1974

Winnicott, D. W.: Von der Kinderheilkunde zur Psychoanalyse. München 1976

Winnicott, D. W.: Vom Spiel zur Kreativität. 4. Aufl., Stuttgart 1987

Wittchen, H. U./Saß, H./Zandig, M./Koehler, K.: Diagnostisches

und Statistisches Manual Psychischer Störungen, DSM-III-R.
Weinheim und Basel 1989

Wurmser, L.: Die Maske der Scham. Die Psychoanalyse von Scham-
affekten und Schamkonflikten. 3., erw. Aufl., Berlin, Heidelberg,
New York 1997

Wurmser, L.: Die verborgene Dimension. Psychodynamik des Drogenzwangs. Göttingen 1997

Yalom, I. D.: Gruppenpsychotherapie. Grundlagen und Methoden.
Ein Handbuch. München 1974

Yalom, I. D.: Und Nietzsche weinte. München 1996

Yalom, I. D.: Die rote Couch. München 1998

»Glückspillen« und »Partydrogen«

Helmut Kuntz
Ecstasy -
auf der Suche nach dem verlorenen Glück
Vorbeugung und Wege aus Sucht und Abhängigkeit

BELTZ

Ecstasy und andere Rauschdrogen, die gerade »in« sind, füllen eine innere Leere und stillen den emotionalen Hunger, der immer mehr Jugendliche und junge Erwachsene zu den Glückspillen greifen lässt. Und in viele Fällen erschließt Ecstasy Erlebniswelten, die von den Benutzern als zu fantastisch erlebt werden, um sie ohne weiteres wieder aufzugeben. Und davor die Augen zu verschließen und die Droge nur zu verteufeln ist keine Lösung. Mit seinem umfassenden Konzept von Vorbeugung und Therapie bietet Kuntz allen eine Hilfe, die mit diesem Phänomen in Berührung kommen: Eltern, Lehrern, Erziehern, Therapeuten, Ärzten und Betroffenen.

»Ein lohnenswerter Band, sowohl für Fachleute als auch für Laien, der es erlaubt, die Licht- und Schattenseiten des Ecstasy-Konsums zu betrachten und sinnvolle Strategien aufzeigt, aus dem Konsum wieder auszusteigen bzw. Personen beim Ausstieg zu begleiten.
Drogen report

Helmut Kuntz
Ecstasy – auf der Suche nach dem verlorenen Glück
Vorbeugung und Wege aus Sucht und Abhängigkeit
Beltz Taschenbuch 830, 248 Seiten
ISBN 3 407 22830 9

BELTZ Taschenbuch